权威·前沿·原创

皮书系列为

“十二五”“十三五”“十四五”时期国家重点出版物出版专项规划项目

智库成果出版与传播平台

太平洋岛国发展报告（2023）

ANNUAL REPORT ON DEVELOPMENT OF PACIFIC ISLAND COUNTRIES (2023)

组织编写／聊城大学太平洋岛国研究中心
主　编／赵少峰　王作成
副主编／田　耘

社会科学文献出版社
SOCIAL SCIENCES ACADEMIC PRESS (CHINA)

图书在版编目（CIP）数据

太平洋岛国发展报告. 2023 / 赵少峰，王作成主编；
田耘副主编. --北京：社会科学文献出版社，2024.4
（太平洋岛国蓝皮书）
ISBN 978-7-5228-3236-4

Ⅰ. ①太… Ⅱ. ①赵… ②王… ③田… Ⅲ. ①太平洋
岛屿-国家-社会发展-研究报告-2023②太平洋岛屿-
国家-经济发展-研究报告-2023 Ⅳ. ①D76②F160.4

中国国家版本馆 CIP 数据核字（2024）第 029880 号

太平洋岛国蓝皮书
太平洋岛国发展报告（2023）

主　　编 / 赵少峰　王作成
副 主 编 / 田　耘

出 版 人 / 冀祥德
组稿编辑 / 张晓莉
责任编辑 / 叶　娟
责任印制 / 王京美

出　　版 / 社会科学文献出版社 · 区域国别学分社（010）59367078
地址：北京市北三环中路甲 29 号院华龙大厦　邮编：100029
网址：www.ssap.com.cn
发　　行 / 社会科学文献出版社（010）59367028
印　　装 / 天津千鹤文化传播有限公司

规　　格 / 开 本：787mm × 1092mm　1/16
印 张：22.25　字 数：331 千字
版　　次 / 2024 年 4 月第 1 版　2024 年 4 月第 1 次印刷
书　　号 / ISBN 978-7-5228-3236-4
定　　价 / 178.00 元

读者服务电话：4008918866

本书获得泰山学者工程专项经费、
聊城大学冲一流学科经费支持。

《太平洋岛国蓝皮书》编委会

主要编撰者简介

赵少峰 历史学博士，教授，硕士研究生导师，聊城大学太平洋岛国研究中心副主任（常务）、区域国别研究院执行院长，山东师范大学博士研究生导师。泰山学者青年专家、山东省理论人才“百人工程”入选专家，山东省智库决策咨询专家，山东省高层次人才，山东省高等学校青创人才引育计划团队学术带头人，首批山东省哲学社会科学青年团队带头人，山东史学会副理事长、中国太平洋学会太平洋岛国研究分会秘书长、中国史学会史学理论分会理事。主要从事区域国别研究、太平洋岛国研究和中外关系史研究。主持国家社科基金项目2项、教育部人文社科基金项目1项、其他省部级项目7项。在商务印书馆、人民出版社、中国社会科学出版社、社会科学文献出版社出版专著5部，在《世界民族》《历史档案》《学术探索》等发表论文60余篇。

王作成 历史学博士，聊城大学太平洋岛国研究中心高级研究员，聊城大学历史文化与旅游学院副教授，硕士研究生导师，兼任中国太平洋学会太平洋岛国研究分会常务理事。主要从事太平洋岛国史研究。出版《新版列国志·库克群岛》等专著，在《山东社会科学》《思想战线》等学术杂志发表论文30余篇。主持国家社科基金一般项目1项，主持山东省社科规划课题与山东省高等学校人文社科项目各1项。

田　耘 历史学博士，聊城大学太平洋岛国研究中心助理研究员，聊城大学历史文化与旅游学院讲师，主要从事战后国际关系史研究。

摘 要

2022年，太平洋岛国政治形势较为平稳。斐济、巴布亚新几内亚、瓦努阿图、瑙鲁分别进行了领导人选举，完成政府换届。斐济的选举表现出更加民主的倾向，瑙鲁的选举也比较顺利。但是，在巴布亚新几内亚的大选中，暴力事件频发，新政府面临重重挑战。受到乌克兰危机升级、新冠疫情持续、全球通货膨胀等多重因素的影响，2022年太平洋岛国的经济回暖缓慢。太平洋岛国的基础产业深受影响，再加上海洋产业的消极影响尚未消除，海洋经济发展和海洋治理面临较大压力，太平洋岛民遭遇生活成本危机，贫困人口的生活负担加剧。在外交方面，太平洋岛国地区面临地区主义分化、大国竞争加剧等多重挑战，太平洋岛国努力以外交手段修复内部分歧，抵御大国博弈牵扯，在赈灾援助、气候治理等领域推动区域合作。

地区发展方面，在巴布亚新几内亚，虽然詹姆斯·马拉佩（James Marape）击败竞争对手，成功连任巴布亚新几内亚第十二任总理，但由于受新冠疫情的影响，国内政治局势、社会治安、经济状况、人民生活仍然面临诸多问题。瓦努阿图的修宪危机导致议员签署针对总理鲍勃·拉夫曼（Bob Loughman）的不信任动议，议会遭到解散；瓦努阿图提前举行大选，成立了以伊什梅尔·卡尔萨考（Ishmael Kalsakau）为首的第十三届政府，并且议会中首次出现女性议员。帕劳的惠普斯（Whipps）政府积极推动最低工资改革，并且重新与美国进行《自由联系条约》的续约谈判。所罗门群岛面临物价攀升、进出口贸易受阻、失业和贫困人口增加、生活物资短缺等难题，索加瓦雷（Sogavare）政府积极应对，采取重启经济、保障民生以及开拓外交等措施，多重政策加力提效，稳经济保民生。

2022 年是美国拜登政府执政的第二年，美国政府外交工作仍然以“印太战略”为重心。对太平洋岛国政策是美国“印太战略”的组成部分，拜登政府在华盛顿主办首届“美国-太平洋岛国峰会”，发布了历史上首个“太平洋伙伴关系战略”。新西兰积极参加太平洋岛国论坛领导人会议以及部长会议，双方就民主、经济、安全、社会福利、气候和抗灾等领域开展合作。日本也不断深化与太平洋岛国之间的交流与合作，加大对太平洋岛国基础设施建设的援助力度，合作应对全球气候变化与复杂的国际形势。中国与太平洋岛国高层交往密切。中国同瓦努阿图迎来了建交 40 周年，中国首次对建交太平洋岛国开展“全覆盖”访问。在中国举办冬奥会时，瓦努阿图、基里巴斯、所罗门群岛等国家领导人对北京成功举办冬奥会表示祝贺。巴布亚新几内亚总理应邀出席冬奥会开幕式，并对中国举办冬奥会做出高度评价。中太之间经贸合作不断深入，“一带一路”框架下的合作持续推进。

2023 年，太平洋岛国面临气候变化、海洋治理、大国地缘竞争、经济复苏等多重压力。在此背景下，太平洋岛国地区实现稳定与发展仍然是头等大事。各国政府加速推进“蓝色太平洋计划”“蓝色太平洋大陆 2050 年战略”，实现与“一带一路”倡议的对接，维护双边利益，促进太平洋岛国实现经济平稳复苏。

关键词： 太平洋岛国　地缘竞争　气候变化　“一带一路”倡议

目 录

Ⅰ 总报告

Ⅱ 分报告

Ⅲ 国别篇

Ⅳ　专题篇

Ⅴ　中国-太平洋岛国关系篇

皮书数据库阅读**使用指南**

总报告

General Report

B.1

2022年太平洋岛国地区总体形势

赵少峰　〔斐济〕邹瑟夫·维拉姆　杨鸿濂*

摘　要： 2022年，太平洋岛国政治基本稳定，斐济、巴布亚新几内亚等国举行了大选。各太平洋岛国社会治理能力不断提升。在边境开放以后，太平洋岛国地区的经济取得了一定的增长。太平洋岛国在维持与澳大利亚和新西兰等传统伙伴的贸易关系的同时，也在不断加强与亚洲国家的贸易往来。域外大国既为该地区带来了风险，也扩大了各国获取外来援助的机会。美国升级了对太平洋岛国的政策与战略，试图通过扩大外交存在提升地区影响力。太平洋岛国希望中国援助建设当地基础设施，提升地区互通能力，期待搭乘中国“一带一路”倡议的发展快车，实现经济复苏，增

* 赵少峰，博士，教授，硕士研究生导师，聊城大学太平洋岛国研究中心副主任（常务）、区域国别研究院执行院长，主要从事区域国别研究、太平洋岛国研究和中外关系史研究；〔斐济〕邹瑟夫·维拉姆，博士，斐济著名经济学家、文学家，斐济总理府前高级顾问，南太平洋岛国亚洲研究院院长，斐济国立大学高级顾问，主要从事太平洋岛国研究；杨鸿濂，博士，南太平洋岛国亚洲研究院研究员、秘书长，聊城大学太平洋岛国研究中心特约高级研究员，主要从事太平洋岛国研究。

加就业岗位。同时，太平洋岛国都面临着共同的挑战——极易受到自然灾害、气候变化和全球经济下行的影响。这些都影响太平洋岛国长期进行资金投入和进一步提升经济的韧性，进而阻碍了太平洋岛国经济社会发展。

关键词： 太平洋岛国　政治形势　经济形势　“一带一路”倡议

2022 年，太平洋岛国地区形势总体平稳。斐济和巴布亚新几内亚（简称“巴新”）等国完成了大选后的政府组建。在边境开放以后，太平洋岛国经济逐渐恢复，国际访客的到来促进了旅游业的发展。太平洋岛国论坛再次走向统一，各国为了一致的目标前进。由于受气候变化的影响，太平洋岛国宣布进入气候危机状态。虽然中国与太平洋岛国关系面临各种来自外部的挑战，但是总体发展趋势向好。

一　太平洋岛国地区总体政治形势

（一）多国举行投票选举

2022 年 4 月 28 日，巴布亚新几内亚发布选举令，拉开全国大选序幕。正式大选投票于当地时间 7 月 4 日开始，118 个选区的 3499 名候选人角逐 118 个席位。竞争主要在时任总理詹姆斯·马拉佩（James Marape）领导的潘古党和前任总理彼得·奥尼尔领导的人民全国大会党之间展开。最终，潘古党大获全胜，获得 39 个席位。8 月 9 日，巴新第 11 届议会召开首次会议，马拉佩高票连任，再次当选总理。

2022 年 12 月 14 日，斐济大选完成投票，时任总理乔萨亚·沃伦盖·姆拜尼马拉马（Josaia Voreqe Bainimarama）领导的斐济优先党得票数居第一位，西蒂维尼·兰布卡（Sitiveni Rabuka）领导的人民联盟党得票数居第二位。但各政党均未获得超过28个席位，因此不能独立组阁。12月23日，社会民主自由党决定与人民联盟党、民族联盟党组建联合政府，击败长期执政的斐济优先党。兰布卡宣誓就任总理，这是斐济民主历史上的一个重要里程碑。

瓦努阿图的选举因修改宪法而产生政治危机。与危机相伴随，该国进行了新一任总统的选举，2022年7月23日，尼克尼克·武罗巴拉武（Nikenike Vurobaravu）当选第12任总统。因瓦努阿图政治不稳定，拉夫曼政府建议总统解散议会，提前选举总理，2022年11月14日，伊什梅尔·卡尔萨考（Ishmael Kalsakau）当选总理，组建了由8个政党组成的政府联盟。

2022年9月，瑙鲁总统选举顺利举行，没有发生冲突和政治斗争。最终，拉斯·库恩（Russ Kun）胜出，担任瑙鲁总统。

太平洋岛国女性参政人数不断增加。多年来，巴新和瓦努阿图议会中女性议员为零，但2022年发生了变化。鲁菲娜·彼得（Rufina Peter）和凯西·萨旺（Kessy Sawang）在巴新当选议员，格洛丽亚·朱莉娅·金（Gloria Julia King）在瓦努阿图提前选举中赢得了一个席位。继2022年11月汤加举行补选后，现在每个太平洋岛国议会中都至少有一名民选女议员，这是历史发展中的突破。

（二）南太平洋地区主义发展

太平洋岛国论坛作为区域性国际组织，为南太平洋地区发展做出了重要贡献，同时也面临大国地缘竞争的压力。鉴于太平洋岛国论坛运作体系和秘书长人选更替遴选机制问题，各国通过讨价还价和威胁退出等方式来确保各国的利益得到满足。这种做法可能阻碍了公正和有效的决策制定，同时也影响了太平洋岛国论坛的发展。

当然，当地的政治家和学者对太平洋岛国论坛的发展提出了不同看法。有学者认为，太平洋岛国地区的合作和一体化应该建立在开诚布公的基础上，不应在讨论和决策过程中过分追求和谐，而忽视了真实的分歧和问题。

此外，是否真的有必要沿用殖民时代的遗留划分方式，将太平洋岛屿地区划分为密克罗尼西亚、波利尼西亚和美拉尼西亚三个次区域，这种划分方式是否有助于区域合作和一体化，是否反而加深了区域内的分裂和对立，还有待深入观察。在太平洋岛国与世界打交道的过程中，特别是在面对诸如气候变化、海洋保护、可持续发展以及应对海平面上升等对太平洋地区产生切实影响的全球性问题时，太平洋岛国应该向世界发出统一的声音。在这种情况下，太平洋岛国地区内的次区域划分是否真的有必要、太平洋岛国是否应该寻求更大范围的一体化和合作有待地区各国反思。由此可以看出，“太平洋岛国论坛危机”不仅反映了三个次区域国家的不同诉求，还反映了太平洋岛国论坛面临的内部机制改革问题。

2019 年，时任太平洋岛国论坛秘书长梅格·泰勒（Meg Taylor）呼吁太平洋岛国应从地区的角度出发，而不是只考虑双边关系带来的利益。这意味着她希望各太平洋岛国在处理国际关系和全球问题时，应该考虑区域合作和一体化，而不仅仅是考虑自己与其他国家的双边关系。然而，实际上，各太平洋岛国在处理国际关系时，往往还是以自己国家的利益为主，因此采取了不同的立场和策略。① 密克罗尼西亚联邦呼吁同外部大国之间实现关系缓和与合作，这是因为该国希望通过稳定的国际环境来保障自己的国家利益；帕劳和马绍尔群岛则支持美国介入地区事务，因为它们与美国有密切的安全和经济合作；而斐济和所罗门群岛则试图平衡各国间外交关系，希望在多个大国之间找到最有利于自己的外交立场。

一些太平洋岛国地区的领导人考虑问题时仅从本国利益出发，这些领导人更关心的是他们能从区域合作中得到多少利益，以满足本国选民，而非真正推进太平洋区域主义的发展。这种以国家利益优先的思维方式使得区域合作讨论沦为空谈，因为这些讨论不能真正实现整个太平洋地区的共同利益。地区领导人需要超越这种民族主义的认知，更多地从区域整体利益出发，虽

① Denghua Zhang, Walter Diamana, “Is There a Future for Pacific Regionalism? Entering Uncharted Waters”, https://www.policyforum.net/is-there-a-future-for-pacific-regionalism/.

然这意味着他们国家的短期利益可能会有所减少。一些太平洋岛国地区的领导人在公开场合经常高调发表区域合作声明，但在回到自己国家后，却优先考虑自己的政治生存，而忽视了他们之前宣扬的区域合作。鉴于此，太平洋岛国领导人需要具备真正的远见卓识。

经过多方努力，五个密克罗尼西亚群岛成员——基里巴斯、瑙鲁、马绍尔群岛、密克罗尼西亚联邦和帕劳最终在2022年和2023年重返太平洋岛国论坛。2023年，太平洋岛国地区再次成为地缘政治争夺之地，引起美国和其他西方大国的关注。民主规范和实践在太平洋岛国地区有着坚实的基础，选举和议会是民主制度的基石，但民主的力量依赖于更广泛的政治生态系统，包括媒体、民间社会、教育系统以及少数群体。

二　太平洋岛国地区总体经济形势

受益于中日韩印等亚洲国家经济的增长，太平洋地区的经济也取得了一定的增长。太平洋岛国在维持与澳大利亚、新西兰等传统伙伴的贸易关系的同时，也不断加强与亚洲国家的贸易往来。2022年，标准普尔全球市场情报（S&P Global Market Intelligence）称，亚太经济体将主导2023年的全球经济增长。标普全球市场情报预测，2023年亚太地区的实际增长率将达到3.5%左右。在区域自由贸易协定、高效供应链和具有竞争力的成本支持下，亚太地区GDP占世界GDP的35%，将在2023年主导全球经济增长。[①] 太平洋岛国2023年预期经济增长情况见图1。

2022年，太平洋岛国经济恢复增长，但仍需谨慎应对财政赤字、债务累计和通货膨胀等问题，各国积极采取增加就业岗位和减少财政负债的措施以维持财政平衡。2022年，太平洋岛国各国的经济增长幅度不一。2022年上半年，边境管制措施使以旅游业为支柱产业的太平洋岛国经济遭受重创。

① Jihye Lee, “Asia-Pacific Will Lead Global Economic Growth in 2023”, https://www.cnbc.com/2022/10/27/asia-pacific-will-lead-global-economic-growth-in-2023-sp-says.html.

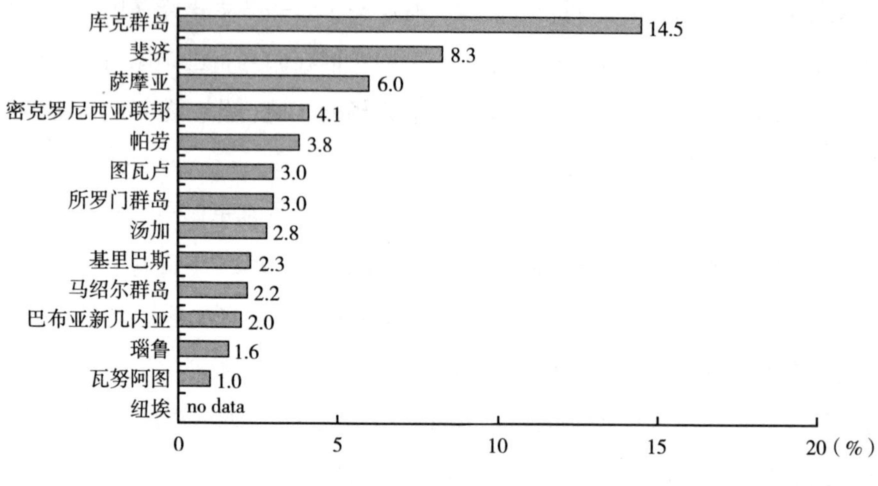

图 1　2023 年太平洋岛国地区 GDP 增长率预测

资料来源：亚洲开发银行，2023 年 9 月，https：//www. adb. org/countries/fiji/economy。

根据亚洲开发银行预测，2023 年，库克群岛、斐济、萨摩亚等岛国旅游经济将有所恢复，GDP 或将取得较大涨幅。此外，由于俄乌冲突引发的通货膨胀和全球经济增长严重放缓，航运和进口成本已经上升到 20 年来的最高水平。2023 年初，物价缓慢回落，通货膨胀也开始下行，预计太平洋岛国物价将有所下降。但是萨摩亚情况不容乐观，其通货膨胀率可能仍维持在 12%的高位，2024 年后可能开始回落。①

太平洋岛国面临着共同的挑战——极易受到自然灾害、气候变化和全球经济下行的影响，国内生产不稳定且总值较低，获得国际贷款机会有限。这些都影响太平洋岛国长期投入经济建设，进而严重阻碍了岛国经济发展。太平洋岛国是较为脆弱的发展中国家，财政赤字问题不容小觑。此外，太平洋岛国还因其经济多样化程度低，往往高度依赖旅游产业和海外汇款，易受到海外劳工收入减少和原材料价格波动的影响。在因自然灾害遭受重大损失的

① “The Pacific Economic Update”，February 2023，https：//reliefweb. int/report/fiji/pacific-economic-update-february-2023.

国家中，太平洋岛国占据了 2/3 的席位，每年遭受的损失占当年 GDP 的 1%～9%。[①]

2022 年，虽然太平洋岛国已经从新冠疫情的阴霾中走出，但各国的经济和财政均遭受了重创。2020 年，太平洋岛国 GDP 下降了 6.9%，其他发展中国家仅下降了 4.8%。这主要是由于太平洋岛国主要依赖的滨海旅游业和海洋经济受疫情影响较大。过度依赖个别经济部门导致太平洋岛国财政赤字严重和公共债务高筑；缺乏调动公共和私人资本的能力，则导致太平洋岛国经济下行。[②]

实际上，太平洋岛国拥有丰富的海洋资源，可以依赖私营经济部门的发展。但是，充分开发海洋资源的前提是各国必须处理好本国债务，维持财政平衡。只有这样各国才能有余力投资建设具有可持续性和有韧性的经济。太平洋岛国需要一些援助，发展海洋经济和提高经济韧性。此外，太平洋岛国还需要探索海洋资产保护和可持续利用的国际合作方式，加强海洋经济活动知识储备和完善风险评估体系。[③] 太平洋岛国可以通过解决长期债务问题，将可持续发展列入优惠贷款和援助计划，加入新发起的国际发展合作计划等，加强本国经济韧性建设。[④]

三　太平洋岛国总体外交形势

2022 年，大国继续强化了在太平洋岛国地区的外交存在，提升自身在

---

① "Small Islands Developing States", https://www.oecd.org/dac/financing-sustainable-development/development-finance-topics/small-island-developing-states.htm.

② "Small Islands Developing States", https://www.oecd.org/dac/financing-sustainable-development/development-finance-topics/small-island-developing-states.htm.

③ "COVID-19 Pandemic: Towards a Blue Recovery in Small Island Developing States", https://www.oecd.org/coronavirus/policy-responses/新冠肺炎疫情-pandemic-towards-a-blue-recovery-in-small-island-developing-states-241271b7/.

④ "COVID-19 Pandemic: Towards a Blue Recovery in Small Island Developing States", https://www.oecd.org/coronavirus/policy-responses/新冠肺炎疫情-pandemic-towards-a-blue-recovery-in-small-island-developing-states-241271b7/.

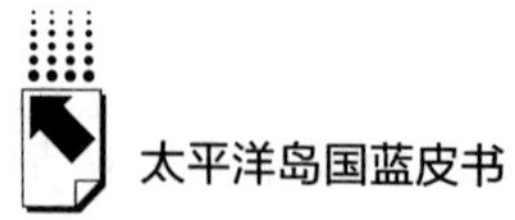

该地区的影响力。各大国在该地区的力量角逐，为太平洋岛国的均衡外交发展、扩大自身利益提供了机遇。

军事安全是美国在太平洋岛国地区追求的首要利益，这决定着美国对太平洋岛国政策的根本特征和走向。拜登政府不断升级对太平洋岛国安全政策，积极巩固和发展与其盟友的多边合作机制，并加强与太平洋岛国的双边安全合作。美国发布首项“太平洋伙伴关系战略”，提高太平洋岛国战略定位。2022 年 9 月，拜登政府在华盛顿主办首届为期两天的“美国-太平洋岛国峰会”。此次参会的国家包括密克罗尼西亚联邦、斐济、巴布亚新几内亚等 12 个太平洋岛国以及新喀里多尼亚和法属波利尼西亚，商讨了“气候变化、疫情应对、经济复苏、海事安全、环境保护以及推进自由和开放的印太地区等关键问题”。[①] 拜登政府还主导建立了“蓝色太平洋伙伴关系”（PBP）机制。2022 年 6 月，澳大利亚、日本、新西兰、英国和美国宣布建立“蓝色太平洋伙伴关系”机制。该机制主要有三个战略方向：一为更加高效地向太平洋岛国交付项目成果，二为支持太平洋区域主义并将“太平洋岛国论坛”作为对外合作区域架构平台，三为扩大太平洋岛国与世界之间的合作机会。[②] 2022 年 5 月，美国参议员马齐·广野（Mazie Hirono）和汤姆·科顿（Tom Cotton）提出了《2022 年扩大美国太平洋外交存在法案》（The Expanding America’s Pacific Diplomatic Presence Act of 2022），旨在通过研究美国在太平洋岛国（地区）设立新的美国外交机构的可行性，来增强美国在太平洋岛屿地区的存在，使美国外交官能够与太平洋岛屿人民和政府建立持久的关系，并使在该地区居住和访问该地区的美国国民更容易获得外

① “U. S. – Pacific Island Country Summit”, U. S. Department of State, September 27, 2022, https://www.state.gov/u-s-pacific-islands-country-summit/.

② “Statement by Australia, Japan, New Zealand, the United Kingdom, and the United States on the Establishment of the Partners in the Blue Pacific（PBP）”, The White House, June 24, 2022, https://www.whitehouse.gov/briefing-room/statements-releases/2022/06/24/statement-by-australia-japan-new-zealand-the-united-kingdom-and-the-united-states-on-the-establishment-of-the-partners-in-the-blue-pacific-pbp/.

交服务和援助。[①] 12 月，美国通过了《太平洋岛屿大使馆法案》（The Pacific Islands Embassy Act），旨在提升美国的外交影响力。该法案提出在所罗门群岛、基里巴斯和汤加等太平洋岛国设立美国大使馆，并授权扩大在瓦努阿图的外交存在，以加强美国在太平洋岛国地区的领导地位。该法案已作为《2023 财年国防授权法》的修正案纳入其中。[②]

太平洋岛国仍然是澳大利亚外交和国防的核心焦点。2022 年初，在中国与所罗门群岛签订双边安全合作框架协议前，澳大利亚和美国对所罗门群岛政府施加了巨大压力，派出多名高官出访。澳大利亚在斐济和巴布亚新几内亚展开了密集的军事外交。2022 年 5 月，澳大利亚政府更迭，新政府加大了与战略文化紧密结合的举措力度。总理安东尼·阿尔巴尼斯（Anthong Albanese）和外交部长黄英贤（Penny Wong）前往东京参加四方会议。此外，黄英贤前往太平洋地区访问。太平洋岛国领导人担心大国角逐给太平洋地区带来新的冷战，强化了澳大利亚作为该地区首选安全伙伴的角色。

同时，日本、韩国、印度、法国、欧盟等也加大了与太平洋岛国的合作，通过资金援助、设立使馆、高层互访等形式，扩大外交影响力。2022 年 10 月，日本提供 690 万美元加强太平洋岛国应对传染病的边境控制能力。[③] 帕劳和密克罗尼西亚联邦两国总统访问日本。6 月 23 日至 24 日，韩国外交部次官补（部长助理）余承培访问太平洋岛国论坛秘书处所在地斐济。这是韩国外交高官时隔约 7 年再次访问斐济。余承培在太平洋岛国论坛研讨会发表演讲时表示，韩方计划任命驻太平洋岛国特别代表，并

---

① "Hirono Cotton Introduce Bill to Expand US Diplomatic Presence in the Pacific Islands", May 13, 2022, https://www.hirono.senate.gov/news/press-releases/hirono-cotton-introduce-bill-to-expand-us-diplomatic-presence-in-the-pacific-islands.

② "The Pacific Islands Embassy Act Becomes Law", December 28, 2022, https://barr.house.gov/2022/12/the-pacific-islands-embassy-act-becomes-law.

③ "Japan Provides USD 6.9 Million to Strengthen Pacific Island Countries' Border Control Capacity of Responding to Infectious Diseases", October 19, 2022, https://www.iom.int/news/japan-provides-usd-69-million-strengthen-pacific-island-countries-border-control-capacity-responding-infectious-diseases.

将在近期向斐济派遣特使，深化双方在国际舞台上的合作。[1] 6 月 16 日，欧盟驻太平洋岛国大使席姆（Sujiro Seam）称，随着该地区地缘战略竞争的加剧，欧盟正努力通过经济联系和新的安全承诺来加强其在太平洋地区的存在，席姆称：“太平洋的地缘战略重要性得到了所有人的认可，包括欧盟在内。”

四　中国与太平洋岛国关系发展

中国是太平洋岛国重要的经济和贸易伙伴。截至 2022 年底，与中国建交的 10 个太平洋岛国均与中国签署了“一带一路”合作谅解备忘录。中国与太平洋岛国在政策制定、基础设施建设、贸易、金融以及人文交流方面取得一定进展，双边贸易持续增长。1992~2021 年，中国与太平洋岛国的贸易总额从 1.53 亿美元增长至 53 亿美元，年均增长率为 13%，在 30 年内取得了 30 多倍的增长。截至 2021 年底，中国同 10 个建交太平洋岛国的直接投资总额达 27.2 亿美元。[2] 截至 2022 年底，中国 11 家企业在 7 个太平洋岛国的农渔业投资存量达到 1.08 亿美元。[3]

2022 年，国务委员兼外交部长王毅访问太平洋岛国地区时表示，无论国际风云如何变幻，中国对太平洋岛国的友好政策始终如一，对太平洋岛国的合作承诺坚定不移。只要是符合太平洋岛国利益的事，中国就坚定支持；只要是太平洋岛国有需要的事，我们就义无反顾。对太平洋岛国来说，中国并不是“新来者”，而是相知相交多年的“老朋友”。中国同太平洋岛国建立外交关系已近半个世纪，彼此已成为守望相助、相知相亲的朋友和伙伴。中国和太平洋岛国关系的全面发展更不是“横空出世”，而是“水到渠成”。

---

① 韩雯：《韩推进与太平洋岛国合作》，环球网，2022 年 8 月 18 日，https：//m. huanqiu. com/article/48aaCklXNIB。

② “Fact Sheet：Cooperation Between China and Pacific Island Countries”，https：//www. fmprc. gov. cn/mfa_ eng/wjdt_ 665385/2649_ 665393/202205/t20220524_ 10691917. html.

③ 马有祥：《中方愿从四个方面进一步深化与太平洋岛国的农渔业合作》，中国新闻网，2023 年 5 月 10 日，https//www. chinanews. com/gn/2023/05-10/10004968. shtml。

中国同太平洋岛国的合作公开透明、光明磊落，不附加任何政治条件，不做强加于人的事情，不针对任何第三方，不谋求所谓“势力范围”，经得起时间和历史的检验。[①] 中国是一个发展中大国，也是一个负责任大国，我们不仅帮助支持南太平洋岛国，也帮助支持非洲、亚洲、拉丁美洲等广大发展中国家。[②]

中国华为公司正在投身于太平洋岛国地区数字经济的建设，通过与当地电信供应商、政府和企业合作，通过海底电缆、4G 和 5G 网络、数据中心和智能设备的部署实现互联互通，旨在为太平洋岛国地区提供更可靠和更高速的互联网连接。有了这些基础设施建设，地处偏远的太平洋岛国也可以有效地参与数字经济，提高其社会经济地位，减缓自然灾害和气候变化的影响，发展数字化的公共卫生和教育服务，引入电子商务，并推动旅游业的发展。华为技术公司南太平洋 ICT 解决方案营销部的首席信息官指出，华为致力于将智能设备送到每一位太平洋岛民手中。这些智能设备是通往世界各地的一个窗口，它们能够弥合数字鸿沟，使每一个人都能获得充足的信息，还能支持电子商务交易。此外，互联网使太平洋岛国能够与全球数字经济互联互通。华为主要在当地提供 LTE 技术和海底电缆，前者用于促进岛内连通性，后者用于支持全球连通性。

太平洋岛国开始积极参与太平洋地区事务，积极发声；同时，中国也希望增加在太平洋岛国地区的参与。一位太平洋岛国论坛官员称，中国和一些太平洋岛国有签署正式贸易协定的意向，太平洋岛国致力于为太平洋产地货物争取更多的市场准入优惠政策。此外，中国互联网公司全球闻名，太平洋

---

① “Pacific Nations Walk Away from Trade and Security Deal with China as Australia Aims to ‘Build Stronger Family’ ”, May 30, 2022, https://www.abc.net.au/news/2022-05-30/pacific-nations-shelve-region-wide-china-deal/101109614；《践行大小国家一律平等外交理念　助力太平洋岛国加快发展振兴——王毅国务委员兼外长就出访南太岛国接受中央媒体采访》，中国政府网，2022 年 6 月 6 日，https://www.gov.cn/guowuyuan/2022-06/06/content_5694179.htm。

② 《王毅：中国和发展中国家实现共同发展繁荣将使世界更加公平、和谐、稳定》，澎湃网，2022 年 5 月 31 日，https://www.thepaper.cn/newsDetail_forward_18350582。

岛国企业希望与中国企业进行合作。截至2023年，已有10个太平洋岛国与中国建交，希望可以与中国签订自由贸易协定。①

2022年，国务委员兼外交部长王毅太平洋岛国之行，同建交太平洋岛国签署并达成了52项双边合作成果，主要涉及贸易、旅游、渔业等领域。受历史渊源影响，部分太平洋岛国更倾向于与澳大利亚和美国建立紧密的伙伴关系。但太平洋地区各国也逐渐意识到岛国经济发展应该超越传统联盟关系，鉴于经贸合作有利于共同利益，不应从竞争对抗的角度考虑经济合作。

太平洋岛国希望中国援助建设当地基础设施。中国商务部宣布，中国正在与斐济和巴布亚新几内亚就签署自由贸易协定进行沟通。与中国签订贸易协定将极大补充《太平洋更紧密经济关系协定》（PACER Plus）② 的覆盖范围，该协定主要覆盖11国间的商品、服务和投资往来。③

太平洋岛国新闻协会（The Pacific Islands News Association）发表报道称，中国是经济转型、数字创新的领导者，在人工智能和电子商务领域的快速增长成果瞩目。致力于促进太平洋岛国与中国经贸和投资往来的太平洋岛国论坛驻华贸易与投资专员署贸易专员莫纳·马托（Tere Moana Mato）称，中国极大地促进了太平洋岛国的出口增长，这同时也满足了中国对高附加值产品日益增长的需求。中国驻密克罗尼西亚联邦大使黄铮称，密克罗尼西亚联邦等10个太平洋岛国论坛成员国与中国签署了“一带一路”合作谅解备忘录。现在中国已经成为密克罗尼西亚联邦的重要贸易伙伴，是当地第四大进出口伙伴。中国一直坚持在不附带任何政治条件的情况下提供经济和技术

① Ralph Jennings, “China, South Pacific Trade Talks Being Explored, and the Islands Want to Gauge China's ‘Appetite’ ”, https://www.msn.com/en-xl/news/other/china-south-pacific-trade-talks-being-explored-and-the-islands-want-to-gauge-china-s-appetite/ar-AA18GacL.

② 据新西兰国会网站发布，《太平洋更紧密经济关系协定》（PACER Plus）于2020年12月13日开始生效。该协定目前有11个签署国（澳大利亚、库克群岛、基里巴斯、瑙鲁、新西兰、纽埃、萨摩亚、所罗门群岛、汤加、图瓦卢、瓦努阿图）。

③ Ralph Jennings, “China, South Pacific Trade Talks Being Explored, and the Islands Want to Gauge China's ‘Appetite’ ”, https://www.msn.com/en-xl/news/other/china-south-pacific-trade-talks-being-explored-and-the-islands-want-to-gauge-china-s-appetite/ar-AA18GacL.

援助，提供了诸多重要的援助项目，包括修建道路、桥梁、学校、政府建筑、体育场馆和农业示范园，同时还向当地援赠飞机、船只、车辆、文化和体育设备等物资。此外，中国还为数百名密克罗尼西亚人在各个领域提供了培训。新冠疫情发生后，中国已向密克罗尼西亚联邦提供了数批防疫物资和现金援助，并协助建设了 30 间隔离舱。[①] 2022 年，中国对密克罗尼西亚联邦的出口增速为 66.9%。[②] 2023 年 3 月 15 日，中国驻斐济大使周剑举行两会专题媒体学者见面会时表示，中国将坚定奉行独立自主的和平外交政策，实施互利共赢的开放战略。中国对太平洋岛国政策的内涵可以概括为“四个坚持”：一是坚持平等相待，中方将继续秉持正确义利观和真实亲诚理念，发展同岛国的友好关系；二是坚持相互尊重，中方始终尊重岛国的主权和领土完整，尊重岛国人民探索符合自身国情的发展道路，不干涉岛国的内政；三是坚持合作共赢，中方将深化同岛国各领域务实合作，真诚帮助岛国发展经济、改善民生，同岛国人民共享中国发展红利；四是坚持开放包容，中国同岛国的合作不针对任何国家，也不受任何国家干扰。中方始终愿以开放态度，同有意愿的发达国家在岛国开展三方或多方合作，实现多赢和共赢。[③]

结　语

南太平洋地区和其他地区的小国在国际社会中起着重要作用。根据联合国的成员国数据，大约 2/3 的成员是小国。这些小国由于其规模较小，所面临的问题类型可能相对有限，但这些小国面临的问题同样紧迫和严重，需要得到国际社会的关注。太平洋岛国根据各自的文化、地理、政治和社会经济

① Yin Yeping, “China’s Cooperation with Micronesia Yields Tangible Results, Generally Welcomed: Ambassador”, https://www.globaltimes.cn/page/202206/1267214.shtml.

② 根据中国海关进出口数据计算。

③ Zhou Jian, “Understanding China’s Democracy through the ‘Two Sessions’”, Chinese Embassy in Fiji Suva.

条件，形成了不同的集团。太平洋岛国意识到，通过加强多边外交，可以扩大其在国际场合的话语权，并为本国争取更公平的待遇。然而，这些小国也面临着一些挑战，其缺乏必要的交换资源获得他国的支持。尽管如此，太平洋岛国也有可能通过集体发声，引导全球关注它们迫切关心的议题（如气候变化），从而推动议题的解决。①

太平洋岛国应建立经济联盟，形成规模经济并从中获益，促进各国经济增长。小国往往对外部经济冲击较为敏感：一是因为其经济高度开放且诸多战略物资依赖从他国进口，如粮食、能源和工业供应；二是这些岛国过于依赖特定的商品或服务的出口。因此，太平洋岛国往往面临经济脆弱的困境，进而更应该建立经济联盟以增强经济安全。同时，在进行经济外交时，各岛国应考虑其经济开放程度、国家地理位置、经济发展水平、经济韧性和抵御冲击能力。通过考虑这些因素，各岛国可以更好地理解和评估本国在全球经济环境中的脆弱性，从而制定更好的经济政策和外交策略，以及参与双边和多边经济外交。② 区域经济联盟为各岛国提供了将本国经济融入更大经济框架的机会。通过区域经济整合，成员国可以在一个共同的平台上更好地推动其集体利益，并在国际社会和多边机构中提出对地区有利的认知和合作方案。③

在太平洋岛屿地区，尤其是波利尼西亚、美拉尼西亚和密克罗尼西亚三个次区域之间，以及这些地区内部的一些国家之间，紧张的关系暗流涌动。尽管各岛国和地区之间暗中较劲的情况确实存在，但是这些地区的领导人仍坚持通过对话和协商的方式来解决问题，保持区域的稳定与和谐。为了进一步促进太平洋地区经济发展，太平洋岛国论坛应该更加透明，并形成问责机制。现行的太平洋岛国论坛中重要职位人员的选拔方式是让地区内各个国家的代表轮流担任，而不是根据任职官员个人的能力或业绩。如密克罗尼西亚五个国家的领导人曾扬言要退出太平洋岛国论坛，除非他们可以担任太平洋

① “Diplomacy of Small States”, https://www.diplomacy.edu/topics/diplomacy-of-small-states/.
② “Diplomacy of Small States”, https://www.diplomacy.edu/topics/diplomacy-of-small-states/.
③ “Diplomacy of Small States”, https://www.diplomacy.edu/topics/diplomacy-of-small-states/.

岛国论坛秘书长。为了避免这一事情的发生，瑙鲁前总统巴伦·瓦卡（Baron Waqa）被任命为下一任论坛秘书长，然而太平洋岛国领导人之间同样存在分歧。因此，太平洋岛国论坛亟须制度性改革，以更有效地推动区域发展。

在太平洋岛国地区迈向区域融合的进程中出现了许多的分歧和冲突，包括不同国家[①]和次区域[②]之间、大国和小国[③]之间、资源丰富的国家和资源贫乏的国家之间，使得地区合作项目开展举步维艰，甚至部分项目惨遭失败。太平洋岛国在推动区域合作的过程中应回顾历史并充分理解这些分歧和冲突的原委。只有理解和尊重区域的过去，才能构建未来的尊重和包容。[④]

① 20世纪70年代，斐济宣称本国隶属于波利尼西亚地区。然而，1987年政变后，斐济重新塑造国家身份，宣布是美拉尼西亚国家。密克罗尼西亚群岛国家质疑，如果法国的海外领土（如法属波利尼西亚）可以成为太平洋岛国论坛的成员，那么为什么美国的海外领土，如关岛、美属萨摩亚和北马里亚纳不能加入太平洋岛国论坛。

② 在次区域层面，1975年，美拉尼西亚群岛领导人表示，波利尼西亚群岛国家领导人的语气使他们感觉在太平洋岛屿地区低人一等。20世纪90年代，密克罗尼西亚联邦、马绍尔群岛和帕劳三国实现了非殖民化并被接纳为太平洋岛国论坛成员，这标志着密克罗尼西亚作为一个次区域在太平洋区域主义中的出现。在此之前，瑙鲁和基里巴斯尽管都是论坛的成员（瑙鲁是创始成员，基里巴斯从1979年起成为成员），但它们并未自我认同为密克罗尼西亚次区域的一部分。

③ 例如，澳大利亚和新西兰作为太平洋岛国论坛的成员，通常倾向于支持美拉尼西亚和波利尼西亚次区域的国家。同样，有些太平洋岛国（斐济、巴新）表示抵制《太平洋更紧密经济关系协定》，它们认为这个协定主要是为了维护澳大利亚和新西兰的地位，用来确保澳、新与来自该地区以外的竞争对手竞争的优势地位。再如，太平洋岛国领导人认为密克罗尼西亚群岛国家与美国和日本关系密切，对太平洋岛屿地区发展不利，影响太平洋岛国论坛的平衡。

④ Greg Fry, “The Pacific Islands Forum Split: Possibilities for Pacific Diplomacy”, https://devpolicy.org/the-pacific-islands-forum-split-possibilities-for-pacific-diplomacy-20210223/.

分报告

Topical Reports

B.2
2022年太平洋岛国政治形势

王作成　吕亚洲　庄欣彤*

摘　要： 2022年，太平洋岛国政治形势较为平稳，个别国家在选举中出现动荡，政治体制运转也出现一些问题。斐济、巴布亚新几内亚、瓦努阿图、瑙鲁分别进行了领导人选举，完成政府换届。斐济的选举表现出更加民主的倾向，瑙鲁的选举也比较顺利。但是，瓦努阿图提前解散议会进行了选举，巴布亚新几内亚选举过程中出现了混乱。萨摩亚和基里巴斯的现任政府与反对派之间冲突激烈。新喀里多尼亚和布干维尔的独立依然需要继续谈判，前景不明。太平洋岛国论坛的分裂危机解除，密克罗尼西亚群岛的4个国家先后取消退出计划，太平洋岛国重新走向合作。

关键词： 太平洋岛国　政治形势　国家大选　太平洋岛国论坛

* 王作成，博士，聊城大学太平洋岛国研究中心高级研究员，聊城大学历史文化与旅游学院副教授，主要从事太平洋岛国研究；吕亚洲，聊城大学历史文化与旅游学院硕士研究生，主要从事太平洋岛国研究；庄欣彤，聊城大学历史文化与旅游学院外国语言与外国历史专业本科生。

2022 年，巴布亚新几内亚、斐济、瓦努阿图、瑙鲁举行了大选，尽管个别国家选举过程中出现一些波折，但是从总体上看，太平洋岛国政治形势稳定，未发生大的动荡。但是，地区热点问题依然较为突出，太平洋岛国政治转型与自主发展也面临着诸多问题。

一　斐济等四个国家举行大选，完成政权更迭

长期以来，太平洋岛国的选举政治常伴随着社会动荡，“逢选易乱”也成为太平洋岛国地区政治的痼疾之一。但是，近年来随着民主化进程的发展，太平洋岛国的选举政治日趋理性。2022 年太平洋岛国地区的斐济、巴布亚新几内亚、瓦努阿图、瑙鲁迎来了大选。

（一）斐济

2022 年 12 月 14 日，斐济大选完成投票，时任总理乔萨亚·沃伦盖·姆拜尼马拉马（Josaia Voreqe Bainimarama）以及总检察长艾亚兹·赛义德-凯尤姆（Aiyaz Sayed-Khaiyum）领导的斐济优先党获得 200246 票（占总票数的 42.55%），得票数居第一位；其主要竞争者西蒂维尼·兰布卡领导的人民联盟党获得 168581 票（35.82%）；与兰布卡结盟的民族联盟党则获得 41830 票（8.89%）；社会民主自由党（简称社民党）获得 24172 票（5.14%）；其他各党派均未获得超过 5%的选票而不具备进入议会的资格。斐济优先党获得 26 个议会席位，人民联盟党拥有 21 个席位，而民族联盟党获得 5 个席位，社会民主自由党获得 3 个席位。各政党均未获得超过 28 个席位，因此不能独立组阁。[①] 2022 年 12 月 23 日，社会民主自由党召开了管理委员会工作会，委员会以 13：12 的微弱优势决定社民党维持原有决议，与人民联盟-民族联盟党阵营组建联合政府，以 29 席对 26 席击败长期执政

① 《姆拜尼马拉马 16 年执政终结　社民党将与兰布卡联合执政》，中国新闻网，2022 年 12 月 20 日，https：//www.chinanews.com.cn/gj/2022/12-20/9918299.shtml。

的斐济优先党。[①] 斐济在 2022 年大选计票工作结束后正式召开了议会的首次会议。在之后的关键选举中，西蒂维尼·兰布卡以 28 票成功当选斐济新任总理，执政 16 年之久的沃伦盖·姆拜尼马拉马则以 1 票之差而失败。[②] 至此，议会暂时休会。兰布卡此前在 1999 年的大选中失去了总理职位，这是兰布卡在 23 年后重掌总理府。大选结束后，沃伦盖·姆拜尼马拉马成为反对党领袖。

12 月 24 日，兰布卡率领新一届全体内阁部长在斐济总统府进行宣誓就职。兰布卡兼任外交部长、气候变化部长等多个职务。新内阁成员还包括副总理比曼·普拉萨德（Biman Prasad）、维利亚姆·加沃卡（Vlliame Gavoka）、马诺阿·卡米卡米加（Manoa Kamikamica），内政及移民部长皮奥·蒂科杜阿杜瓦（Pio Tikoduadua）等。

（二）巴布亚新几内亚

巴布亚新几内亚大选过程曲折，最终，时任总理詹姆斯·马拉佩（James Marape）高票连任。2022 年 4 月 28 日，巴布亚新几内亚发布选举令，拉开全国大选序幕。2022 年大选，巴新共划分为 118 个选区，其中包括 7 个新设的选区。巴新选举委员会为大选预先准备了 14000 个金属投票箱。应巴新政府要求，澳大利亚派遣出由空军、陆军和网络技术人员 160 余人组成的支援团队。正式大选投票于当地时间 7 月 4 日开始。118 个选区的 3499 名候选人角逐 118 个席位，有 53 个注册政党参加大选。竞争主要在时任总理詹姆斯·马拉佩领导的潘古党和前任总理彼得·奥尼尔领导的人民全国大会党之间展开，最终，潘古党大获全胜，获得 39 个席位。2022 年 8 月 9 日，巴新第 11 届议会召开首次会议，波马特（Job Pomat）再度当选国民

---

① “Vote for Prime Minister to Take Place in Fiji’s Parliament”, RNZ, December 24, 2022, https://www.rnz.co.nz/news/pacific/481363/vote-for-prime-minister-to-take-place-in-fiji-s-parliament.

② “Sitiveni Rabuka Is Fiji’s New Prime Minister”, RNZ, December 24, 2022, https://www.rnz.co.nz/international/pacific-news/481392/sitiveni-rabuka-is-fiji-s-new-prime-minister.

议会议长，马拉佩以 97 票赞成、8 票弃权、0 票反对再次当选总理。2022 年 8 月 24 日，马拉佩宣布由 33 人组成的政府内阁名单，总理马拉佩兼任国家计划和监控部长，约翰·罗索（John Rosso）担任副总理兼土地规划和城市化部长，其中，两个职位为巴新首次设立，即咖啡部长和油棕部长，分别由乔·库里（Joe Kuli）和弗朗西斯·马内克（Francis Maneke）担任，再加上农业部长艾耶·坦布阿（Aiye Tambua）、畜牧部长赛基·阿吉萨（Sekie Agisa），新内阁中有 4 位属于农业领域，可见马拉佩政府对农业的重视与期许。

巴新本次大选中暴力行为不断。在 7 月大选之前，巴新国内局势就趋于紧张。据统计，从 5 月开始，一直持续到 8 月大选结束，尤其是投票选举期间，冲突最为严重，共导致 50 余人死亡。暴力冲突行为多与大选直接相关，但在一些地区，长期存在的痼疾如土地争端和部族之间悬而未决的争端等，在大选不稳定时期推波助澜。另外，近年来受新冠疫情的影响，巴新当地经济社会发展和民生遭受严重冲击，社会治安趋于恶化，安全风险上升。各种因素导致本次大选过程一波三折，暴力行为使一些地方受损严重。在恩加省的波尔格拉县、莱亚甘县和孔皮亚姆县，海拉省的玛格里马县和南高地省的尼帕县，几乎一半的人口——相当于 264590 人或 49175 户家庭受到持续冲突和与选举有关的暴力的影响。在恩加省，暴力冲突导致大约 25700 名儿童失学。[①] 不少地方的医疗设施、市场和学校被关闭。针对恩加省孔皮亚姆-安布姆（Kompiam-Ambum）选区的选举官员贝托·波卡莱（Beto Pokale）被枪手袭击一案，巴新总理马拉佩予以强烈谴责，并向议会提交了《2022 年枪支修正案》（Firearms Amendment Bill 2022），得到所有国会议员的支持，该修正案规定，非法持有枪支最高可判处无期徒刑。[②] 英联邦观察小组也观察了巴新的选举，认为巴新选举中存在一些漏洞和问题，提出选举委员

① “Papua New Guinea：Conflict and Election-related Violence Trigger Wave of Displacement”，UN，September 6，2022，https：//news. un. org/en/story/2022/09/1126051.

② “PNG PM Condemns Shooting of Returning Officer”，RNZ，June 7，2022，https：//www. rnz. co. nz/international/pacific-news/468656/png-pm-condemns-shooting-of-returning-officer.

会高度集中的状况破坏了选举的有效进行，选举名册缺少大量名字，这在某些情况下意味着多达50%的合格选民不在名册上。[1]

（三）瓦努阿图

2022年，瓦努阿图解散议会，从而提前举行大选。2022年6月，鲍勃·拉夫曼（Bob Loughman）政府计划修改宪法，拟议修正案包括将议会任期从4年延长到5年，并允许双重国籍的公民担任公职，建立4个新的部委，对首席大法官设定任期限制等，同时，他提议召开瓦努阿图议会特别会议以通过修宪建议。但是鲍勃·拉夫曼政府修改宪法的行为，遭到各方抵制。众议院的反对党以及由前总理夏洛特·萨尔维（Charlot Salwai）领导的政府联盟成员抵制这次特别会议。反对党领袖拉尔夫·雷根瓦努（Ralph Regenvanu）呼吁众议院更多议员加入他的团队，抵制此次会议。身为律师的雷根瓦努表示，这样的会议是违宪的，因为宪法明确规定，要修改宪法，必须先组织公民投票，征求人民的意见。[2] 前国家元首索科马努（Ati George Sokomanu）也对修宪改革提出质疑。6月10日和6月17日，由于出席瓦努阿图议会特别会议的议员人数不足，拉夫曼政府原本希望讨论通过16项宪法修正案的计划流产。8月初，27名议员签署了一份要求召开议会特别会议的呼吁书，讨论对拉夫曼总理的不信任动议。所涉及的27名议员来自议会中的不同党派，包括两个反对党（统一变革运动党、瓦努阿库党）以及温和派联盟等。拉夫曼政府面临严峻挑战。

因修宪改革得不到议员的支持且面临8月19日议会不信任投票的威胁，拉夫曼会见新任总统武罗巴拉武并表示，鉴于政治不稳定要求解散议会。总统武罗巴拉武随后于8月18日解散了议会。9月7日，瓦努阿图选举委员

---

① "Observers Call for Big Changes in PNG Electoral Process", RNZ, July 27, 2022, https: //www. rnz. co. nz/international/pacific－news/471609/observers－call－for－big－changes－in－png－electoral－process.

② "Vanuatu PM Constitutional Changes Shelved", RNZ, June 21, 2022, https: //www. rnz. co. nz/international/pacific－news/469436/vanuatu－pm－constitutional－changes－shelved.

会在维拉港宣布了正式提前选举的时间表。根据时间表，9 月 12 日开始提名候选人，9 月 21 日结束。正式竞选期从 10 月 1 日开始，候选人的最终名单也在同一天公布。竞选活动于 10 月 10 日午夜结束，投票于 10 月 13 日开始。10 月 13 日，超过 30 万名登记在册的选民前往投票站为 52 名议员进行了投票。

投票结果显示，参加 10 月 13 日提前选举的政党都没有赢得议会 52 个席位的多数。瓦努阿图政党之间进行了谈判，并决定建立联合政府。11 月 4 日，温和党联盟主席伊什梅尔·卡尔萨考（Ishmael Kalsakau）当选为瓦努阿图新一届总理，组建了由 8 个政党组成的政府联盟。拉夫曼的阵营败选，扮演反对派的角色。瓦努阿图大选从一个侧面反映出太平洋岛国政党政治发育不够成熟，国小党多，大多数政党缺乏明确的政治主张与党的纲领，主要基于利益集团与地区和部族认同，政党的组织架构尚不够健全，政党分化现象突出。瓦努阿图独立建国仅 40 余年，总理已有 24 任，除首任总理沃尔特·利尼（Walter Lini）执政 11 年外，之后历任政府执政时间短，政府换届较为频繁。

（四）瑙鲁

2022 年，瑙鲁进行了大选，过程比较顺利。9 月 24 日，瑙鲁选民前往投票站。瑙鲁约有 7000 名登记选民。选举进行了一周。在选举中，选民将从 8 个选区的 2~4 名候选人中选出由 19 名议员组成的议会。选民需要在投票卡上为他们喜欢的候选人编号，并将投票卡放入投票箱。最后，在莱昂内尔·安吉米亚（Lionel Aingimeal）内阁中担任财政、瑙鲁港口、旅游、国家遗产和博物馆副部长的拉斯·库恩（Russ Kun）胜出，担任瑙鲁总统。[①] 马库斯·斯蒂芬（Marcus Stephen）再次当选为议会议长，前总统莱昂内尔·安吉米亚当选为副议长。

---

① “Nauruans Vote for a New Parliament”, RNZ, September 24, 2022, https://www.rnz.co.nz/international/pacific-news/475357/nauruans-vote-for-a-new-parliament.

二　部分太平洋岛国国内政治出现波折

萨摩亚、纽埃和基里巴斯的政府运转出现了一些问题，现任政府与反对派之间的斗争较为突出。不过总体来看，这些分歧均在可控范围内，这也是太平洋岛国政治现代化转型中的必经过程。

（一）萨摩亚

2022 年 3 月 23 日，海外法官罗伯特·费舍尔（Robert Fisher）和雷诺·阿舍（Raynor Asher）判处萨摩亚反对派人权保护党领袖图伊拉埃帕·萨伊莱莱·马列勒高伊（Tuilaepa Sailele Malielegaoi）藐视议会罪，令他无限期停职。[①] 图伊拉埃帕向法庭提出申诉，写信向议长指出该动议是非法的，应该予以驳回。根据图伊拉埃帕的说法，议会第 185 号议事规则规定，对特权问题的蔑视行为必须是明显阻碍议会或议会议员履行其职责的，所以他受到的指控并没有法律依据。萨摩亚反对派在法庭上对判决该党领袖图伊拉埃帕无限期停职和取消该党秘书长里欧莱普勒·里莫尼·艾亚菲（Lealailepule Rimoni Aiafi）的议会议员资格提出法律质疑。图伊拉埃帕还指出，此议事规则中的第 187 条规定，任何被判藐视议会罪的议员都可以被停职一段时间，期限由议会决定，然而此项裁决中未明确说明具体期限，不具法律效力。[②]

记者图亚索·乌埃尔塞·佩塔亚（Tuiasau Uelese Petaia）说，图伊拉埃帕的停职让萨摩亚的反对党陷入困境，“这个决定使反对党失去了自己的领袖，我不知道这会导致反对党走向何方，他们是否会等着看停职多久，或者

---

① “Court Finds Former Samoa PM Guilty of Contempt”, RNZ, March 24, 2022, https://www.rnz.co.nz/international/pacific-news/463887/court-finds-former-samoa-pm-guilty-of-contempt.

② “Samoa’s Opposition Left Leaderless Following Ban on Tuilaepa”, RNZ, May 26, 2022, https://www.rnz.co.nz/international/pacific-news/467872/samoa-s-opposition-left-leaderless-following-ban-on-tuilaepa.

决定寻找新的领袖”。总理菲娅梅·内奥米·马塔阿法（Fiame Naomi Mata'afa）表示，议会处理问题的方式不同于传统的村议事会。[①] 根据负责调查正式投诉的议会特权委员会的建议，反对党领袖图伊拉埃帕和秘书长里欧莱普勒·里莫尼·艾亚菲于5月24日被判处无限期停职。6月2日，图伊拉埃帕在媒体会议上声明，由于反对党对政府没有信心，现已向法院起诉，交由法院处理。他表示，党内将持续就此事抗议。[②] 为应对争议，最高法院最终撤回无限期停职的决定。法院做出有利于图伊拉埃帕的裁决后，萨摩亚议会投票决定两名议员的停职期限为24个月。[③]

图伊拉埃帕虽然是反对派领袖，但具有很大影响力。首席演说家奥埃卢瓦·萨穆鲁·埃纳里（Auelua Samuelu Enari）表示，尽管对图伊拉埃帕的停职感到失望，但他的选民始终坚定不移地支持这位前总理，并将召开专门会议讨论选区的发展方向。奥埃卢瓦补充说，他们正在研究萨摩亚已经批准的国际人权公约，以制定一项战略来帮助他们被停职的议会议员，“仅这一点就说明了我们人民的信仰和立场。我们仍然对我们的领导人充满信心，依旧相信他是我们的代表。”[④]

图伊拉埃帕的支持者认为，图伊拉埃帕代表了两个选区的利益，因此他被停职并不是单纯的法律案件，还意味着萨摩亚的民主遭到了破坏，“这意味着在两年的时间里，两个选区选民的代表权被剥夺了，他们的利益诉求在法律制定过程中将不会被充分考虑”。萨摩亚宪法规定，每个选民都需要有

① “Samoa's Opposition Left Leaderless Following Ban on Tuilaepa”, RNZ, May 26, 2022, https://www.rnz.co.nz/international/pacific-news/467872/samoa-s-opposition-left-leaderless-following-ban-on-tuilaepa.

② “Samoan Opposition Challenges Suspension of Leader in Court”, RNZ, June 3, 2022, https://www.rnz.co.nz/international/pacific-news/468407/samoan-opposition-challenges-suspension-of-leader-in-court.

③ “Two Leading Samoa Opposition MPs Suspended from Parliament for Two Years”, RNZ, October 19, 2022, https://www.rnz.co.nz/international/pacific-news/476941/two-leading-samoa-opposition-mps-suspended-from-parliament-for-two-years.

④ “Former Samoa Leader's Constituency Unwavering Despite Suspension”, RNZ, October 21, 2022, https://www.rnz.co.nz/international/pacific-news/477107/former-samoa-leader-s-constituency-unwavering-despite-suspension.

代表权，人们有权投票选出代表他们参加议会的人，取消代表权这一行为违反了宪法。[①]

图伊拉埃帕被停职两年的判决并不代表事情的结束。萨摩亚反对派人权保护党的两名高级议员退出政党，成为议会独立人士。两人告诉当地媒体，选民对他们候选人资格的支持并不是因为他们是反对党的成员，他们的选民支持他们退出该党。[②]

（二）纽埃

纽埃反对党议员特里·科（Terry Coe）提交了一份申请，要求对多尔顿·塔格拉吉（Dalton Tagelagi）政府进行不信任投票。在由 20 名成员组成的酋长会议中，有 4 名成员支持该动议，议长希玛·塔克莱西（Hima Takelesi）进行了听证。在纽埃收到第一例新冠病例报告后，特里·科表示，政府开放国际旅行的计划为时过早，住宿设施尚未重新装修，纽埃旅游业没有做好承载大量游客的准备。塔格拉吉告诉纽埃广播公司，特里·科在破坏集会的完整性，因为只有当国家面临动荡时，才可以对严重的问题进行不信任投票。但特里·科表示，该动议的主要目的是允许成员公开提出问题。[③]双方争执不下，这反映了纽埃政府的权力受到反对党的挑战。

（三）基里巴斯

2022 年，基里巴斯政府因解除首席大法官和 3 名上诉法院海外法官的职务而陷入政治危机。事情起因与 2018 年被任命为基里巴斯高等法院法官的

① "Legal Expert Says Samoa Parliamentary Suspensions Unconstitutional", RNZ, October 21, 2022, https://www.rnz.co.nz/international/pacific-news/477145/legal-expert-says-samoa-parliamentary-suspensions-unconstitutional.

② "Samoan Opposition MPs Quit Party to Become Independents", RNZ, November 4, 2022, https://www.rnz.co.nz/international/pacific-news/478029/samoan-opposition-mps-quit-party-to-become-independents.

③ "Niue Govt Facing No Confidence Motion", RNZ, March 21, 2022, https://www.rnz.co.nz/international/pacific-news/463714/niue-govt-facing-no-confidence-motion.

澳大利亚人戴维·兰伯恩相关，他的妻子泰西·兰伯恩（Tessie Lambourne）于2020年成为反对派领袖。作为法官的戴维·兰伯恩的客观性随之遭到质疑。基里巴斯停止向兰伯恩发放工作签证并要求其签署新合同，将其法官任期缩短至3年。兰伯恩批评基里巴斯政府的做法违背宪法，向法院提起上诉。时任首席大法官的比尔·黑斯廷斯（Bill Hastings）指责基里巴斯政府破坏法治，最终做出有利于戴维·兰伯恩的判决。基里巴斯政府随后中止了黑斯廷斯和兰伯恩的职务，二人被控存在不当行为。2022年9月，基里巴斯政府免去3位上诉法院海外法官的职务，10月，基里巴斯政府任命总检察长泰提若（Tetiro）为代理首席大法官。基里巴斯政府免掉的5位法官均为海外法官，除兰伯恩为澳大利亚人外，其余4位法官均为新西兰人。基里巴斯总统塔内西·马茂（Taneti Maamau）指责海外法官借权力之便谋求私利，企图帮助戴维·兰伯恩获得终身任职，属于“新殖民主义”行为，对国家主权有害。

基里巴斯政府的做法遭到西方国家及国内反对派的质疑。英联邦律师协会（CLA）等国际法律机构指责基里巴斯政府破坏司法独立，不符合司法独立的基本原则，这样做的后果是基里巴斯人民将无法享受由公正独立的法庭进行公平审判的权利。英联邦法官协会（CMJA）、英联邦法律教育协会（CLEA）和英联邦律师协会都表达了担忧，并表示他们对这种情况感到“震惊”。这些协会敦促基里巴斯当局尊重法治并遵守法院的命令，敦促英联邦部长级行动小组（CMAG）将基里巴斯政府的行动列为紧急事项。① 澳大利亚法律委员会对基里巴斯政府的行为表示关切。② 基里巴斯政府则认为出现的问题是：司法机构是否会尊重政府允许其履行宪制责任；司法机构是否会保持权力平衡并尊重基里巴斯的习俗和传统惯例，而不是将基里巴斯主

① “Ex-Kiribati President Warns Judicial Crisis Could Undermine Democracy”, RNZ, August 18, 2022, https://www.rnz.co.nz/international/pacific-news/473077/ex-kiribati-president-warns-judicial-crisis-could-undermine-democracy.

② “Aust Law Council Urges Kiribati to Respect Independence of Judiciary”, RNZ, August 24, 2022, https://www.rnz.co.nz/international/pacific-news/473320/aust-law-council-urges-kiribati-to-respect-independence-of-judiciary.

权独立共和国转变为“司法暴政”的工具。政府表示，在调查兰伯恩涉嫌不当行为的法庭做出决定之前，兰伯恩将继续被停职。政府表示会尊重和维护司法机构的独立性，因为“没有人可以凌驾于法律之上”，同时将继续采取集体行动，确保基里巴斯人民的宪法和正义得到保护。在基里巴斯政府发表声明之际，基里巴斯反对派也称其行为违宪，并向塔内希·马茂政府提交不信任动议。基里巴斯的一位前领导人对此发出警告，称这次政府和法院的危机使这个岛国“司法机构功能失调”。①

近年来，太平洋岛国对西方国家的殖民遗产进行了清理，力图通过融入本国传统、习俗以抵消西方国家的影响。就海外法官制度而言，目前萨摩亚的司法改革较为彻底，地区法院与最高法院的法官悉数由本国人担任。相比较而言，基里巴斯本土法官严重缺乏，依赖域外法官支持，本国司法改革任重而道远。

三　地区热点问题依然突出

2022 年，新喀里多尼亚及布干维尔地区依然颇受关注。这两个地区的热点问题呈现僵持未决的状态。

（一）新喀里多尼亚

2021 年 12 月，根据《努美阿协议》，新喀里多尼亚举行了第三次也是最后一次独立公投。超过 96%的选票拒绝新喀里多尼亚从法国独立，但超过 56%的选民没有参加公投活动。由于新冠疫情的影响，支持新喀里多尼亚独立的政党希望将投票推迟到 2022 年 9 月，在法国完成大选之后再进行投票，但法国坚持在 2021 年 12 月举行公投。支持独立的政治代表在公投前几天访问了联合国，他们拒绝接受公投结果，认为公投结果不合法，他们希

① “Ex-Kiribati President Warns Judicial Crisis Could Undermine Democracy”, RNZ, August 18, 2022, https://www.rnz.co.nz/international/pacific-news/473077/ex-kiribati-president-warns-judicial-crisis-could-undermine-democracy.

望就独立问题进行谈判。①

法国则计划在2022年6月举行另一次全民公决，讨论在法国设立新喀里多尼亚的新法规。然而，党主席丹尼尔·果阿（Daniel Goa）重申了支持独立阵营的立场，即他不会加入关于将新喀里多尼亚重新纳入法国的讨论。他告诉代表们，“喀里多尼亚联盟除了愿意倾听和讨论必然实现主权的解放进程之外，其他没什么可以谈判的”。②

法国新任海外领土部长让-弗朗索瓦·卡伦科（Jean-Francois Carenco）被告知要为新喀里多尼亚的僵局“寻找解决方案”。9月14日，卡伦科会见了新喀里多尼亚政府总统路易斯·马普（Louis Mapou）领导的全国独立联盟和卡纳克民族阵营。他说，“需要做出澄清，以便支持独立和反对独立的阵营能够为了新喀里多尼亚人民的利益一起工作”。③ 10月27日，新喀里多尼亚支持独立和反对独立的政党在巴黎举行会议，法国总理伊丽莎白·伯恩（Elisabeth Borne）主持会议。伯恩的目标是在2023年年中，完成对非殖民化的审计，以评估法国政府1988年以来对新喀里多尼亚的支持。法国政府排除了就新喀里多尼亚的新法规再一次举行全民公投的可能性。④

支持独立且曾担任新喀里多尼亚副总统的吉尔伯特·蒂伊埃农（Gilbert Tyuienon）（2021年7月22日离任）表示，新喀里多尼亚的会谈必须是与法国政府的双边交流，并补充说这不是“咖啡伙伴之间的聊天”，而是被殖民者与殖民者之间的讨论。他重申，虽然喀里多尼亚联盟永远不会承认2021

① “Call for Consensus in Charting New Caledonia's Next Statute”, RNZ, January 11, 2022, https://www.rnz.co.nz/international/pacific-news/459341/call-for-consensus-in-charting-new-caledonia-s-next-statute.

② “Caledonian Union Adamant on Complete Decolonisation”, RNZ, April 5, 2022, https://www.rnz.co.nz/international/pacific-news/464611/caledonian-union-adamant-on-complete-decolonisation.

③ “Anti-independence Groups Say Referendum Delay Is Not an Option”, RNZ, September 14, 2022, https://www.rnz.co.nz/international/pacific-news/474743/anti-independence-groups-say-referendum-delay-is-not-an-option.

④ “France's PM Meets with New Caledonia's Anti-independence Leaders in Paris”, RNZ, November 11, 2022, https://www.rnz.co.nz/international/pacific-news/477795/france-s-pm-meets-with-new-caledonia-s-anti-independence-leaders-in-paris.

年 12 月的全民投票结果，但该党致力于按照《努美阿协议》的设想逐步建立一个新国家。蒂伊埃农表示，他的政党根本不信任法国政府，因为法国政府坚持组织最后一次公投的举措，违背了支持独立阵营的意愿。蒂伊埃农还警告不要改变选民名册以加入法国移民，这样才能确保新喀里多尼亚人自己管理自己的事务。支持新喀里多尼亚独立的阵营再次强调，该领土的主权完整必须在 2025 年之前实现。①

喀里多尼亚联盟表示，它只会在努美阿与法国内政部长达尔马宁（Gerald Darmanin）举行的会谈中讨论恢复新喀里多尼亚主权的问题。卡纳克民阵希望支持独立的联盟成员党派形成统一立场，与法国政府就如何恢复新喀里多尼亚的主权进行谈判。然而，支持独立的喀里多尼亚联盟却只想与法国讨论结束殖民的具体日期。果阿表示，只有涉及国家解放问题的谈判才有价值。② 在新喀里多尼亚问题上，法国政府与支持独立的政党很难有调和的余地，未来双方可能会继续僵持下去。

（二）布干维尔

2021 年 12 月，布干维尔自治区主席伊什梅尔·托罗阿马（Ishmael Toroama）强烈表达了要求独立的立场，但巴布亚新几内亚总理詹姆斯·马拉佩发表讲话，宣布关于布干维尔最终政治解决方案的投票应该于 2025 年在国民议会进行，并表示希望布干维尔问题在巴布亚新几内亚的能力范围内进行协商。

2022 年 2 月 25 日，布干维尔宪法委员会成立，该委员会由 40 人组成，预计在 2025 年 3 月前制定宪法草案。2 月 28 日，布干维尔自治区主席伊什梅尔·托罗阿马表示，布干维尔自治区需要一部强有力的宪法来保障人民的

---

① “Pro-independence Camp Insistent on 2025 Date for Sovereignty”, RNZ, November 18, 2022, https://www.rnz.co.nz/international/pacific-news/478997/pro-independence-camp-insistent-on-2025-date-for-sovereignty.

② “Party Proposes Date for Independence Accord”, RNZ, January 30, 2023, https://www.rnz.co.nz/international/pacific-news/483336/party-proposes-date-for-independence-accord.

公民权利。[①] 4月，布干维尔自治区与中央政府签署了《埃孔拉协议》（The Era Kone Covenant）。《埃孔拉协议》规定了独立公投结果提交议会的过程及议会批准结果的方式。布干维尔自治区主席托罗阿马赞扬了巴新中央政府对这一举措的坚定支持，“通过磋商，双方共同‘为布干维尔未来的政治地位制定了一条决定性的道路’”。双方制定了2025~2027年时间表，以及议会批准公投结果的路线图。[②]

巴布亚新几内亚总理詹姆斯·马拉佩重申其政府对成果的承诺。他向布干维尔人民保证，他的政府将继续本着和平协议的精神开展工作。马拉佩说，“我们已经建立了一条我们应该为之努力的道路，想向布干维尔保证，在3个月里谁坐在这把椅子上并不重要，我们制定好的布干维尔工作计划将继续进行”。这项工作将包括起草宪法条例，概述如何将公投结果提交议会。《埃孔拉协议》还规定政府间联合磋商的三项结果将在2023年提交给第11届议会。[③]

2022年8月，布干维尔自治政府表示，议会将批准公投是否施行，不需要征求巴布亚新几内亚公民的意见。布干维尔自治政府独立任务执行部长马萨特（Ezekiel Massatt）表示，拟议的全国协商没有法律依据。在2019年的公投中，97.7%的选票支持独立，因此只有布干维尔自治政府和中央政府两方需要协商。马萨特说，《布干维尔和平协定》旨在以和平方式促进和平，解决布干维尔的政治前途问题，独立是受宪法保障的选项。根据《埃孔拉协议》，双方政府达成一致，将公投结果提交议会进行最终批准。[④]

① “Bougainville Leader Details What He Wants in Constitution”, RNZ, February 28, 2022, https://www.rnz.co.nz/international/pacific-news/462447/bougainville-leader-details-what-he-wants-in-constitution.

② “PNG and Bougainville Sign Key Covenant to Usher in Referendum Results”, RNZ, April 25, 2022, https://www.rnz.co.nz/international/pacific-news/465713/png-and-bougainville-sign-key-covenant-to-usher-in-referendum-results.

③ “Bougainville Says PNG Dragging Feet over Covenant”, RNZ, October 29, 2022, https://www.rnz.co.nz/international/pacific-news/477593/bougainville-says-png-dragging-feet-over-covenant.

④ “Bougainville Govt Dismisses Call for PNG-wide Consultation on Independence”, RNZ, August 26, 2022, https://www.rnz.co.nz/international/pacific-news/473531/bougainville-govt-dismisses-call-for-png-wide-consultation-on-independence.

但是，直到10月，巴新政府仍未能与布干维尔合作制定法规草案。布干维尔自治政府独立任务执行部长马萨特表示，中央政府的失信令布干维尔自治政府领导层感到沮丧。11月23日，澳大利亚国立大学的安东尼·里根（Anthony Regan）在接受新西兰广播电台采访时说，巴布亚新几内亚政府可能准备放弃布干维尔独立的想法。① 由此可见，未来布干维尔的独立进程仍然充满了不确定性。

四 回顾与展望

2022年太平洋岛国的政局发展态势受多方面因素的影响。新冠疫情加剧了各种政治矛盾和冲突。疫情的发生和蔓延导致以旅游业为支柱的太平洋岛国经济形势进一步恶化，还造成太平洋岛国地区原有的结构性矛盾以及不平等、贫困与社会脆弱性等痼疾加剧。疫情冲击之下，气候变化、公共卫生体系、社会安全、财政资源和政府治理能力等均经受严峻考验，各太平洋岛国民主政治的发展受到一定程度的影响。从国际关系视角来看，2022年太平洋岛国地区地缘竞争空前激烈。美国推出并实施的"印太战略"，对太平洋岛国的国内政局也产生了不可忽视的影响。多种因素叠加之下，太平洋岛国地区政局不稳和社会动荡的风险依然不可忽视。2022年，瑙鲁、瓦努阿图和斐济政府更迭，詹姆斯·马拉佩成功连任巴布亚新几内亚总理。2023年3月，密克罗尼西亚联邦举行全国大选。在所罗门群岛，索加瓦雷政府推动立法延长了议会的任期，以举行太平洋运动会为由将选举推迟到2024年举行。基里巴斯也在谋求回归太平洋岛国论坛。太平洋区域主义得到加强，区域间合作的重要性更为凸显。

---

① "Expert Fears PNG Cooling on Bougainville Independence", RNZ, November 23, 2022, https://www.rnz.co.nz/international/pacific-news/479324/expert-fears-png-cooling-on-bougainville-independence.

B.3
2022年太平洋岛国经济形势

朱 璇　李友怡　于昕禾*

摘　要： 2022年，受乌克兰危机升级、新冠疫情持续等多重因素影响，全球面临通货膨胀、粮食危机、能源安全等诸多复杂问题，世界各国经济复苏普遍迟滞乏力。远离世界经济中心的太平洋岛国同样深受影响，在艰难的环境中逐步实现经济复苏。经历了新冠疫情期间的旅行限制及隔离政策，2022年下半年，太平洋岛国重新与世界接轨，多数岛国打开国门，开放边境。在旅游业回暖和资源出口产业拉动下，2022年太平洋岛国经济形势出现好转，地区经济增长率上升。由于各种经济、金融、地缘政治和环境风险持续存在，太平洋岛国经济复苏的进程仍然具有高度不确定性。

关键词： 太平洋岛国　经济形势　旅游　贸易　通货膨胀

2022年，受新冠疫情形势延宕反复和地缘政治冲突升级等因素影响，世界经济下行压力逐步加大，增长动力明显不足。据国际货币基金组织数据，全球经济增速从2021年的6.0%放缓至2022年的3.2%。① 受2022年1月汤加火山爆

---

* 朱璇，聊城大学太平洋岛国研究中心研究员，聊城大学历史文化与旅游学院副教授，主要研究方向为全球海洋治理、蓝色经济；李友怡、于昕禾，聊城大学历史文化与旅游学院2020级本科生。

① 《世界经济展望：应对生活成本危机》，国际货币基金组织网站，2022年10月11日，https：//www.imf.org/zh/Publications/WEO/Issues/2022/10/11/world－economic－outlook－october－2022#Projections。

发和新冠疫情的影响，太平洋岛国地区 2022 年上半年经济恢复进程缓慢。2022 年下半年，太平洋岛国重新开放边境，推出旅游业强势复苏计划，斐济、库克群岛到访游客人数迅速回升，巴布亚新几内亚矿产出口恢复，岛国地区经济实现了显著复苏，2022 年地区经济增长率上升至 5.3%。①

一 太平洋岛国经济有所回暖，但仍存在不确定性

2022 年，太平洋岛国经济总体呈现上升趋势，特别是在 2022 年下半年实现平稳增长，全年经济增长率达到 5.3%。太平洋岛国地区经济强势复苏与地区大国政策有紧密关联。开放边境后，斐济旅游业快速回暖，2022 年实现 14.5%的高速增长；太平洋岛国矿产部门恢复生产后，巴布亚新几内亚经济实现了 3.5%的稳定增长。2022 年，斐济、巴布亚新几内亚举行大选并增加了政府支出，对经济具有一定的拉动作用。相比而言，萨摩亚、汤加、马绍尔群岛等小岛屿经济体，由于受火山喷发等自然灾害和疫情的持续影响，经济出现下滑（见表 1）。

表 1 2022~2023 年太平洋岛国 GDP 增长情况

单位：%

太平洋岛国	2022 年	2023 年(预估值)
库克群岛	10.5	11.2
斐济	14.5	5.6
基里巴斯	1.8	2.3
马绍尔群岛	-1.2	1.5
密克罗尼西亚联邦	2.2	4.1
瑙鲁	1.2	2.2
帕劳	-1.0	4.3
巴布亚新几内亚	3.5	4.9
萨摩亚	-6.0	2.0

① International Monetary Fund, "Global Financial Stability Report—Navigating the High-Inflation Environment", International Monetary Fund, October 2022, https://www.imf.org/en/Publications/GFSR/Issues/2022/10/11/global-financial-stability-report-october-2022.

续表

太平洋岛国	2022 年	2023 年(预估值)
所罗门群岛	-4.2	3.0
汤加	-2.2	2.5
图瓦卢	2.5	2.7
瓦努阿图	2.0	4.0

资料来源：Asian Development Bank，“Pacific Economic Monitor”，Asian Development Bank，December 2022，https：//www.adb.org/sites/default/files/publication/840771/pem-december-2022.pdf。

受到新冠疫情与俄乌冲突等因素的不利影响，全球通胀水平持续攀升。国际货币基金组织估计，2022 年全球全年平均通胀率为 8.8%，较 2021 年上涨 4.0 个百分点，全球大宗商品价格指数为 227.2，较 2021 年上涨 40.9%，燃料价格同比上涨 98.1%。[①] 小岛屿经济体经济基础薄弱、高度依赖进口，在能源价格上涨影响下国内通货膨胀率急剧上升（见表 2），密克罗尼西亚联邦、巴布亚新几内亚、汤加、基里巴斯、帕劳、萨摩亚、图瓦卢 2022 年通胀率达 5%~10%，给太平洋岛国经济复苏增加了不稳定因素。

表 2　2022~2023 年太平洋岛国通货膨胀情况

单位：%

太平洋岛国	2022 年	2023 年(预估值)
库克群岛	4.2	7.7
密克罗尼西亚联邦	8.8	4.1
斐济	4.8	4.2
基里巴斯	5.0	3.7
马绍尔群岛	3.5	5.5
瑙鲁	2.3	2.5
帕劳	10.2	5.0

① 张宇燕、徐秀军：《2022~2023 年世界经济形势分析与展望》，中国社会科学院世界经济与政治研究所网站，2023 年 1 月 8 日，http：//iwep.cssn.cn/xscg/xscg_ sp/202301/t20230107_5578510.shtml。

续表

太平洋岛国	2022 年	2023 年(预估值)
巴布亚新几内亚	6.0	5.1
萨摩亚	8.8	10.6
所罗门群岛	4.0	4.0
汤加	8.5	9.4
图瓦卢	7.6	3.3
瓦努阿图	4.8	3.2

资料来源：Asian Development Bank，“Pacific Economic Monitor”，Asian Development Bank，December 2022，https：//www. adb. org/sites/default/files/publication/840771/pem-december-2022. pdf。

（一）支柱产业不均衡发展

1. 旅游业呈不稳定性恢复

截至 2022 年 10 月，太平洋岛国地区的所有旅游目的地都向国际游客重新开放。在澳大利亚和新西兰持续强劲的旅游政策推动下，太平洋岛国旅游业进一步复苏（见图 1）。统计数据显示，2022 年 1 月至 8 月，前往斐济的澳大利亚游客总数达到了新冠疫情发生前的 84%，斐济的游客流量已超过了 2019 年的 50%。[①] 2022 年 7 月，瓦努阿图开放边境，已逐渐恢复了 10%~11%的常规游客数量，游客主要来自澳大利亚和新西兰。2022 年 1 月至 8 月，库克群岛接待的游客总数达 15000 人次，他们主要来自中国、澳大利亚、新西兰等地区。2022 年 8 月，萨摩亚、汤加重新开放旅游业，萨摩亚游客恢复到新冠疫情发生前的 4%~5%，汤加恢复到新冠疫情发生前的 3%~9%，旅游业平缓增长。[②]

2. 贸易收入可观

对外贸易是太平洋岛国经济的重要来源。2021 年，贸易相关收入占太平洋地区（包括澳大利亚和新西兰）GDP 的 45.3%，主要来自货物贸易收

① Asian Development Bank，“Pacific Economic Monitor”，Asian Development Bank，December 2022，https：//www. adb. org/publications/pacific-economic-monitor-december-2022.

② Asian Development Bank，“Pacific Economic Monitor”，Asian Development Bank，December 2022，https：//www. adb. org/publications/pacific-economic-monitor-december-2022.

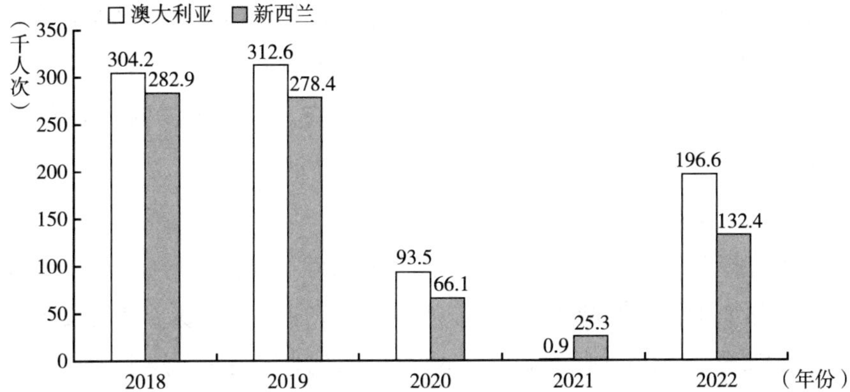

图 1　2018~2022 年澳大利亚与新西兰前往太平洋岛国地区的出境人次

资料来源：Asian Development Bank, "Pacific Economic Monitor," Asian Development Bank, December 2022, https://www.adb.org/publications/pacific-economic-monitor-december-2022。

入。2017~2021 年，太平洋地区货物出口平均每年增长 13.9%，高于亚太地区平均水平。根据 ESCAP 2022 年 1 月的评估，太平洋地区 2022 年货物出口增长率为 12.6%。①

太平洋岛国地区最大的经济体巴布亚新几内亚成为该地区最大的资源出口国。2021 年，巴布亚新几内亚 GDP 收入的 54.5%来自贸易收入，货物出口较 2020 年增长 12.3%，但仍低于疫情之前水平。② 2022 年，受俄乌冲突造成的能源价格上涨影响，巴布亚新几内亚油气出口收入继续增长，油气产业实现了 2.7%的增长，高于该国政府此前预期的-0.9%的水平，③ 对该国

① United Nations Economic and Social Commission for Asia and the Pacific (ESCAP), Asia-Pacific Trade and Investment Trends Brief 2022/2023 : the Pacific, January 9, 2023, https://www.unescap.org/kp/2023/asia-pacific-trade-and-investment-trends-brief-20222023-pacific.

② United Nations Economic and Social Commission for Asia and the Pacific (ESCAP), "Asia-Pacific Trade and Investment Trends 2022/2023-Papua New Guinea Trade Brief", ESCAP, April 23, 2023, https://www.unescap.org/kp/2023/asia-pacific-trade-and-investment-trends-brief-20222023-papua-new-guinea.

③ Papua New Guinea Department of Treasury, "Mid-year Economic and Fiscal Outlook Report", Papua New Guinea Department of Treasury, June 30, 2022, https://www.treasury.gov.pg/html/national_budget/files/2013/budget_documents/Related%20Budget%20Documents/2022%20MYEFO.pdf.

经济形成强劲拉动。除能源产品外，太平洋岛国地区的主要出口商品价格有所波动，咖啡和椰子油的价格大幅上升，而可可和原木的价格有所下降，糖的价格保持平稳。[①] 2022 年，所罗门群岛煤炭、木材等货物出口总额提高 9%。[②]

3. 基础产业深受影响

在新冠疫情、小麦价格上涨、能源和运输成本增加的不利影响下，太平洋岛国地区农业、渔业产业基础受到严重削弱，粮食安全保障能力受到严重威胁。2022 年，瑙鲁本地的液化石油价格与 2021 年相比上涨了 41%，帕劳燃料价格在 2021 年 1 月至 6 月上涨了 53%，萨摩亚的燃料价格上涨了 44%。[③] 能源价格上涨导致粮食和渔业生产成本增加、生产模式转变，造成粮食和渔业减产。所罗门群岛中央银行 2022 年 12 月第四季度报告显示，在新冠疫情防控和不利的天气条件影响下，渔业总捕捞量下降了 6%。[④]

（二）民生受通胀影响严重

1. 生活成本危机

由于全球通货膨胀高涨以及俄乌冲突引起的贸易和供应链中断，世界银行估算 2022 年全球食品价格指数同比上涨近 25%，鸡蛋、鱼和罐头等日常消费食品价格大幅上涨。太平洋岛国的主要食品高度依赖进口（见表 3），粮食和肉类以进口为主，对国际食品价格上涨更为敏感。2022 年 1 月到 9

① World Bank, "World Bank Commodities Price Data (The Pink Sheet)", World Bank, March 2, 2022, https://thedocs.worldbank.org/en/doc/5d903e848db1d1b83e0ec8f744e55570-0350012021/related/CMO-Pink-Sheet-March-2022.pdf.

② Solomon Islands Government, "Solomon Islands Government 2023 Financial Policy Objectives and Strategies", Solomon Islands Government, January 1, 2023, https://solomons.gov.sb/wp-content/uploads/2023/01/2023-Financial-Policy-Objectives-and-Strategies-Vol-1-FINAL.pdf.

③ United Nations Food and Agriculture Organization (UN FAO), "Pacific Island Countries: Impact of Rising Costs of Food, Feed, Fuel, Fertilizer and Finance Bulletin", UN FAO, November, 2022, https://www.fao.org/publications/card/en/c/CC3304EN.

④ Central Bank of Solomon Islands, "Quarterly Review December 2022", Central Bank of Solomon Islands, https://www.cbsi.com.sb/wp-content/uploads/2023/03/December-Q4-2022-Report.pdf.

月，萨摩亚本地生产的食品和进口食品价格分别上涨了22%和13%。[①] 由于国际能源价格上涨，大部分太平洋石油公司的燃料零售价格显著上升，太平洋岛国进口商品的运输成本和居民日常出行成本增加。斐济的公共汽车票价提高了1/3以上，所罗门群岛运输指数同比上升了12.8%。[②] 食品和燃料价格上涨使太平洋岛国民众遭受生活成本危机，进一步加重了贫困人口的健康和营养问题，使太平洋岛国实现包容性均衡增长受到阻碍。

表3　太平洋岛国食品主要进口来源

食品	主要进口来源
用于加工面粉的小麦	澳大利亚　美国
面粉	澳大利亚
大米	澳大利亚　中国　越南　美国(北太平洋地区)
糖	澳大利亚　新西兰　中国　泰国　印度　斐济　巴西
冷冻鸡肉	美国　南美洲国家　澳大利亚　新西兰　一些欧洲国家
水果和蔬菜	澳大利亚　美国　新西兰

资料来源：Asian Development Bank，"Pacific Economic Monitor"，Asian Development Bank，August 2022，https：//www. adb. org/sites/default/files/publication/814231/pem-august-2022. pdf。

2. 失业压力有所缓解

国际劳工组织2022年1月监测，2020年亚太地区的劳动收入下降了3%，近一半的青年劳动力受雇于受新冠疫情打击最严重的部门，青年失业率高达36.8%。[③] 以斐济为例，国际劳工组织估算，2020年的青年失业率在29.8%~36.8%。2022年太平洋岛国的失业率有所下降，由2020年的5.6%

① United Nations Food and Agriculture Organization（UNFAO），"Pacific Small Island Developing States Solutions Forum"，UNFAO，November 15，2022，https：//www. fao. org/asiapacific/news/detail-events/en/c/1618604/.

② Asian Development Bank，"Pacific Economic Monitor"，Asian Development Bank，August 2022，https：//www. adb. org/publications/pacific-economic-monitor-august-2022.

③ International Labour Organization，"World Employment and Social Outlook：Trends 2022"，International Labour Organization，January 17，2022，https：//www. ilo. org/wcmsp5/groups/public/---dgreports/---dcomm/---publ/documents/publication/wcms_ 834081. pdf.

下降至4.6%。随着旅游业的恢复，斐济的失业问题有所缓解，超过10万名斐济人重新获得工作。[①] 得益于澳大利亚劳工流动计划、新西兰季节性雇主计划的实施，2022年有34400名太平洋工人通过劳工计划实现就业，缓解地区就业压力。

二　太平洋岛国实现经济恢复发展的路径

为更好地统筹疫情防控和经济社会发展，太平洋岛国政府采取了多层次、宽领域的经济恢复措施。由于在经济结构、治理体系方面的差异，各国为刺激经济增长和抑制通货膨胀采取了不同的策略。与此同时，国际社会向太平洋岛国提供了一系列援助项目，助力太平洋岛国经济回稳向好发展。

（一）开放和重建：促进区域复苏

1. 健全社会保障体系

新冠疫情凸显了太平洋岛国民众在医疗和健康保障上的需求，体现出加强社会保障的必要性。太平洋岛国政府日益认识到，面对自然灾害及流行疾病等各类危机，国家需要建设一套正式的社会保护制度。为了在经济复苏“新常态”中加强对各类社会人群的保障，太平洋岛国实行了社会保险、社会援助、劳动力市场计划三类保障计划，采取了失业援助、物资支持、提供临时工作和发放公用事业补贴等措施，为失业人员、老年人、残疾人等不同人群提供保障项目，促进构建具有包容性的经济体系。

2022年5月，库克群岛政府宣布实施一项财政刺激方案，将2022财政年度社会保护资金在2018财政年度的水平上增加13.5%，达到2360万新西

① Asian Development Bank, “Pacific Economic Monitor”, Asian Development Bank, December 2022, https://www.adb.org/publications/pacific-economic-monitor-december-2022.

兰元，相当于 2022 财政年度国内生产总值的 5.5%或政府运营支出的 10.5%。[①] 库克群岛的经济复苏计划包含提供工资补贴、培训补贴、失业津贴、学校关闭津贴、紧急艰苦条件基金和向弱势群体发放一次性补贴款等，有效减少个人和企业在经济衰退中遭受的负面影响。密克罗尼西亚联邦财政部实施了总额 5870 万美元的经济恢复方案，包括新冠疫情防范和应对计划、企业和工人经济刺激计划，以及针对弱势群体的社会保护方案。此外，密克罗尼西亚联邦拨款 600 万美元，为参与非正规部门生产活动的家庭提供救济。[②] 斐济、巴布亚新几内亚、所罗门群岛均实行了公共救济措施，对主要的食品和燃料等选定其中的关键商品免税和免除进口关税，巴布亚新几内亚、所罗门群岛、汤加对电费和燃料费用等公用事业费用采取补贴的方式，从各个方面帮助居民降低生活开支。[③]

2. 促进旅游业复苏

随着太平洋岛国实现疫苗接种高覆盖率，各国逐步放开边境控制。为恢复旅游业增长，太平洋岛国加大公共卫生体系保障力度，加强旅游业的区域合作。

太平洋岛国普遍实施了国家疫苗接种计划，第一剂接种覆盖率大多数达到 100%[④]，将旅行健康风险降到最低。2022 年初，前往太平洋岛国地区的游客数量已经有逐步增加的趋势。到 2022 年第三季度，所有太平洋岛国地区都重新向国际游客开放了边境。此外，太平洋岛国政府逐步健全公共卫生体系，加强非传染性疾病的预防，采取早期干预措施，实现旅游业复苏，促

① The Cook Islands Ministry of Internal Affairs, "Cook Islands Economic Development Strategy 2030 Consultation Draft", Government of the Cook Islands, November, 2020, https://www.mfem.gov.ck/images/ECON/1-EDS_Draft_report_Nov20_20_finalWEB.pdf.

② FSM Department of Finance and Administration, "Social Protection Program", FSM Department of Finance and Administration, August 25, 2022, https://dofa.gov.fm/social-protection-program/.

③ Asian Development Bank, "Pacific Economic Monitor", Asian Development Bank, December, 2022, https://www.adb.org/publications/pacific-economic-monitor-december-2022.

④ Te Whatu Ora Health New Zealand, "Pacific Peoples Weekly Trends and Insights", Te Whatu Ora Health New Zealand, August 14, 2022, https://www.health.govt.nz/system/files/documents/pages/covid-19_pacific_data_summaryweek_ending_14_august_2022_corrected.pdf.

进游客人数的稳定恢复。

3. 政府严格管理财政

受经济下滑压力影响，大多数太平洋岛国政府社会保障预算处于较低水平。为此，太平洋岛国政府积极调动国内资源，制定合理的财政规划，以扩充财政资源；加强财政规划管理，平衡财政收入增速放缓和支出刚性增长之间的矛盾；进行战略性公共投资，重点夯实关键基础设施，保护供应链安全。具体而言，斐济有序引导女性进入劳动力市场，提升女性有效劳动参与，进一步释放家庭增收潜力，有效保障居民家庭持续稳定增收；库克群岛推行扩张性财政政策，调整工资和养恤金；萨摩亚增加政府借款要求；瓦努阿图采取补充预算政策；瑙鲁发放公务员惠给金，从而缓解居民生活费用较高的压力。

4. 稳定发展基础产业

太平洋岛国政府高度重视农业部门对于维持生计和粮食安全的关键作用，一直把农业视为长期经济发展的重中之重。由于太平洋岛国农业高度依赖家庭粮食生产和小规模渔业，推进粮食生产转型和可持续渔业发展是实现粮食安全的重要途径。各国政府主动与联合国粮农组织（FAO）合作，借助数字技术实现农业粮食体系转型。各国积极参与联合国粮农组织发起的“小岛国解决方案”，提出加强粮食农业部门的信息基础设施，推进在国家层面实施“数字农业”技术，支持本土化方案发展等数字化农业发展方向。基里巴斯、所罗门群岛、斐济和瓦努阿图等国开展基于社区的渔业管理计划，帕劳为减少化肥成本使用有机替代品进行农作物种植，所罗门群岛和库克群岛推动城市周边农业价值链项目，努力构建地方粮食安全体系。

5. 发展数字产业

为使当地居民更好地获得生计机会，太平洋岛国政府积极推进包容性数字技术发展。对于地理位置偏远分散、发展规模经济困难的岛屿，数字经济无疑提供了绝佳的发展机会，帮助岛国与区域和国际市场建立联系。2021年，太平洋岛国论坛贸易部长会议通过了“太平洋区域电子商务战略和路线图”，提出了包括加强通信设施和服务、促进便利贸易、实行电子支付在内的七项政策举措。2022 年，斐济、瓦努阿图、所罗门群岛启动了太平洋电子商务门户计划，致力于建设太平洋电子商务发展区域信息库。联合国贸易和发展会议、联合国开发计划署联合发起“太平洋数字经济计划”，2022 年发布《太平洋岛国数字经济报告》，为太平洋岛国数字经济发展提供最新研究支持。

（二）支持和监督并重：国际援助

国际社会对太平洋岛国进行各类援助，帮助岛国应对经济衰退风险和自然灾害影响。澳大利亚、新西兰、美国、日本等持续开展援助，中国深化同岛国各领域务实合作，支持岛国多元化发展。世界银行、亚洲开发银行、联合国粮农组织等国际组织对岛国基础设施建设、卫生、农渔业发展提供财政和技术援助。

1. 澳大利亚和新西兰

澳大利亚和新西兰作为太平洋岛国的主要援助来源国，持续开展对岛国经济的援助支持。2022 年，面向太平洋发展中成员国的澳大利亚季节性工人计划、新西兰季节性雇主计划和澳大利亚劳工流动计划三项劳工计划，为太平洋岛国和东帝汶的工人提供了就业机会，同时解决了澳大利亚地区的劳动力短缺问题。澳大利亚通过新冠疫情应对计划向太平洋岛国和东帝汶提供 3 亿澳元①，提供检测试剂、个人防护用品和医疗设施。此外，澳大利亚每年向太平洋岛国论坛渔业局捐助 500 万美元，向太平洋共同体捐助 300 万美元，推进该地区渔业的可持续发展；在 2020～2024 年，澳大利亚每年投资 800 万美元，用于支持基里巴斯、所罗门群岛和瓦努

① FSM Department of Finance and Administration, “Partnering with Our Pacific Family to Build COVID-19 Resilience”, FSM Department of Finance and Administration, April 24, 2023, https://www.dfat.gov.au/geo/pacific/partnering-with-our-pacific-family-to-build-covid19-resilience.

阿图的社区渔业管理。①

2. 中国

2022 年 5 月，中国国务委员兼外长王毅应邀访问太平洋岛国并主持召开第二次中国-太平洋岛国外长会，致力于同岛国增进互信、凝聚共识、扩大合作、深化友谊。以太平洋岛国需要为前提，中国同岛国合作聚焦经济发展，关注民生改善，帮助岛国在应对气候变化、推进多元化发展、保护和可持续利用海洋、拓展数字经济等领域取得进展。第二次外长会期间，中国与太平洋岛国签署并达成 52 项双边合作成果，提出了 24 项具体合作举措，继续推进六个合作新平台建设，具体包括应急物资储备库、应对气候变化合作中心、减贫与发展合作中心、农业合作示范中心、防灾减灾合作中心、菌草技术示范中心，切实满足岛国专业技术发展和能力建设需求，帮助岛国提高自主发展能力。

根据岛国实际，中国有针对性地提供多种形式的融资支持。2022 年中国向所罗门群岛、基里巴斯等国派出首批医疗队，援助巴新恩加省医院项目顺利竣工交接，帮助太平洋岛国克服新冠疫情影响。中国鼓励更多中资企业赴太平洋岛国投资兴业，在斐济、汤加、密克罗尼西亚联邦、萨摩亚等岛国实施多个农业技术援助项目，通过派遣农业专家、建设示范农场、培训示范农户、推广作物良种、提供技术支持等方式，帮助岛国提升农业生产能力。

3. 美国

2022 年 9 月 28 日，美国总统拜登在华盛顿主持了首届美国-太平洋岛国峰会，再次强调构建美国-太平洋岛国伙伴关系的重要性，聚焦气候变化、疫情应对、经济复苏、海上安全、环境保护、推进自由开放的“印太”

① Australian Government Department of Foreign Affairs and Trade, “Australia and the Pacific: Partnering to Support Sustainable Oceans and Livelihoods”, Australian Government Department of Foreign Affairs and Trade, April 24, 2023, https://www.dfat.gov.au/geo/pacific/engagement/supporting-sustainable-oceans-and-livelihoods.

等问题。[①] 拜登政府将深化与太平洋岛国关系提升为其外交政策的优先事项。2022 年，美国宣布超过 8.1 亿美元的额外扩大计划，包含应对气候危机、启动新的贸易和投资对话、提供发展援助、加强海上安全、扩大教育机会、加强安全、卫生和数字能力等。另外，拜登政府向国会提出为期 10 年的 6 亿美元的经济援助提议，在未来 10 年内每年申请 6000 万美元，用于执行《南太平洋金枪鱼协定》，促进渔业可持续发展并加强海洋恢复能力。[②] 基于气候变化危机对太平洋岛国的威胁，2022 年美国提供超过 2200 万美元帮助太平洋岛国应对气候变化和极端天气事件，加强天气、海洋监测及极端天气预测。

4. 国际组织

国际组织在太平洋岛国经济恢复和发展的过程中起着重要的作用。亚洲开发银行针对不同国家的突出问题采取不同的援助措施，对萨摩亚的援助侧重于海路运输、卫生和抗灾能力的建设，在帕劳的援助重点是促进私营部门发展、维持良好的财政管理和加强卫生系统，对瓦努阿图承诺提供总额达 2.044 亿美元的 97 笔公共部门贷款、赠款和技术援助（见表 4）[③]。2022 年 8 月，亚洲开发银行发布《太平洋私营部门发展倡议（PSDI）2021 年度财政报告》，2021 年度对岛国私营部门的支持主要集中在能源转型发展方面，具体项目包括：继续改善汤加群岛的可再生能源发电和基础设施建设，支持太平洋地区的可再生能源转型；支持瓦努阿图水力发电厂建设；支持基里巴斯太阳能光伏和电池能源储存系统项目。国际货币基金组织向太平洋岛国提供不同层面的财政技术援助，

① U. S. Department of State，“U. S. -Pacific Island Country Summit”，U. S. Department of State，September 28，2022，https：//www. state. gov/u-s-pacific-islands-country-summit/.

② The White House，“Fact Sheet：Roadmap for a 21st-Century U. S. -Pacific Island Partnership”，The White House，September 29，2022，https：//www. whitehouse. gov/briefing - room/statements-releases/2022/09/29/fact-sheet-roadmap-for-a-21st-century-u-s-pacific-island-partnership/.

③ Asian Development Bank，“Asian Development Bank and Vanuatu：Fact Sheet”，Asian Development Bank，January 2023，https：//www. adb. org/sites/default/files/publication/27812/van-2021. pdf.

对萨摩亚实行气候宏观经济评估计划，对所罗门群岛提供中央银行风险管理方面的技术援助，同时建立财政监督机制帮助太平洋岛国逐步恢复经济。

表 4　瓦努阿图累计接收的承诺金额（截至 2023 年 1 月）

单位：百万美元

部门类别	金额总数
农业、自然资源和农村发展	2.00
教育	7.31
能源	19.37
财政	12.92
卫生	20.48
信息和通信技术	0.23
公共管理	51.16
交通	130.69
水资源和其他城市基础服务设施	27.01
工业与贸易	0.63
总计	271.8

资料来源：Asian Development Bank，“Asian Development Bank and Vanuatu：Fact Sheet”，Asian Development Bank，January 2023，https：//www.adb.org/sites/default/files/publication/27812/van-2021.pdf。

三　太平洋岛国经济发展前瞻

据亚洲开发银行的报告，2023 年太平洋岛国经济增长预期为 4.8%~5.4%。[①] 由于矿产资源国际价格变化，占据该地区经济总量 2/3 的巴布亚新几内亚，2023 年预测经济增长率下滑至 2.4%；经历了旅游业推动的高速增

① Asian Development Bank，“Asia Economic Outlook 2023”，Asian Development Bank，April 2023，https：//seads.adb.org/report/asian-development-outlook-ado-september-2023.

长，斐济经济增长将趋于平稳，2023 年预测经济增长率为 6.3%；太平洋岛国地区其余经济体平均经济增长率预测在 3.5%。① 随着旅游业平稳恢复，2023 年岛国经济将进一步摆脱新冠疫情影响并实现复苏，然而在世界经济下行压力持续增大和通胀水平持续攀升的影响下，太平洋岛国的复苏之路仍然困难重重。

（一）经济复苏面临不确定性

经历了新冠疫情的严重冲击，太平洋岛国的经济恢复历程缓慢，面临多重阻力。太平洋各岛国经济恢复状况存在明显差异。根据亚洲开发银行数据，斐济和库克群岛 2022 年实现了强劲经济增长，GDP 增长率超过 10%，瑙鲁、基里巴斯、瓦努阿图、密克罗尼西亚联邦、图瓦卢、巴布亚新几内亚实现了不同程度的经济增长，增长率在 1%~5%，萨摩亚、所罗门群岛和汤加经济衰退较为明显。② 太平洋岛国不均衡的经济增长态势，将给整个地区经济持续稳定提升带来不利影响。

大多数太平洋岛国的财政状况相对较弱，负债水平较高，公共财政支出面临重大挑战。面对日益增长的通货膨胀压力，许多国家处于中度或高度债务风险之中。亚洲开发银行 2022 年 12 月统计数据显示，2022 年大部分岛国的通胀率在 4%~10%的高位水平，汤加、萨摩亚、密克罗尼西亚联邦和帕劳的通胀率高达 8%~10%。③ 太平洋岛国 2023 年的预期通胀率从 4.8%上调到 5.0%④，进一步加重债务危机。

支柱产业恢复面临不确定性。受俄乌冲突和能源价格上涨影响，澳大利

① Asian Development Bank, "Pacific Economic Monitor", Asian Development Bank, December 2022, https://www.adb.org/sites/default/files/publication/840771/pem-december-2022.pdf.

② Asian Development Bank, "Pacific Economic Monitor", Asian Development Bank, December 2022, https://www.adb.org/sites/default/files/publication/840771/pem-december-2022.pdf.

③ Asian Development Bank, "Pacific Economic Monitor", Asian Development Bank, December 2022, https://www.adb.org/sites/default/files/publication/840771/pem-december-2022.pdf.

④ "Asian Development Outlook Supplement", Asian Development Bank, December 2022, https://www.adb.org/outlook.

亚、新西兰、中国和美国等主要贸易伙伴的商品和服务进口需求预计将会下降，影响岛国的出口收入。上述国家也是太平洋地区依赖旅游业的经济体的主要来源市场，入境游客减少将会进一步加重岛国经济复苏困难。

太平洋岛国经济恢复面临气候变化和自然灾害潜在威胁影响。气候变化和海平面上升对低洼岛屿构成长期威胁。随着飓风等极端天气事件频率和强度的增加，岛国受灾难威胁状况可能进一步恶化。除人员安全受到影响外，灾害还导致基础设施和商业设施受到严重破坏，旅游业遭受重创，严重削弱岛国经济发展能力。

（二）经济恢复任重道远

面对新冠疫情影响，太平洋地区的社会保护主要倾向于通过提供失业援助、实物支持、临时工作和公用失业补贴等措施，减轻疫情对该地区的影响。在疫情常态化之后，太平洋岛国政府必须重新关注长期存在的社会发展问题，制定长远措施刺激经济恢复，通过综合措施加强社会安全，抵御气候变化、灾害，预防卫生紧急情况所带来的冲击。

1. 完善社会保障政策，刺激经济与社会保护并举

在实施相应的社会保障措施之外，太平洋岛国地区要考虑经济复苏需求，加强政府机构与福利部门的合作，利用现有的社会援助制度实行工资补贴、培训补贴、失业津贴援助政策，减少政府的财政压力，从而进一步刺激其经济的复苏。

2. 扩大青年就业，减少人才外流

太平洋岛国面临较为严重的青年失业问题。太平洋岛国政府有必要开展青年就业促进计划，提升青年职业技能水平，面向青年开展就业培训和指导，创造友好的就业环境，加大在劳动力技能培训和提升方面的投资，确保教育和培训政策与劳动力市场需求保持一致。通过建设数字基础设施，开展高质量、灵活的线上培训，提升劳动力的质量。随着新出现的财政风险，各国劳动力流动问题日益凸显，有必要重新审视立法、预算、监测和评估框架，制定可持续的社会保护方案，保障流动人口权益。就业和劳动人口保护

政策有利于实现更广泛的减贫目标，为太平洋岛国提供更具包容性的劳动力市场，促进经济可持续增长。

3. 注重气候融资，实现可持续发展

气候变化是太平洋岛国面临的重大挑战之一，加强气候融资以应对风险挑战是太平洋岛国经济发展的长期策略之一。为此，太平洋岛国政府应制定应对气候变化行动战略，增强国家经济面对气候变化影响的复原能力；积极探索气候投融资模式和机制，制定相关的融资工具；拓展融资渠道，扩大融资伙伴范围，支持政府的气候资金以及灾难救援资金支出，为气候融资提供制度保障；等等。

结　语

2022 年，太平洋岛国振兴旅游业发展，加强民生和就业保障，推动经济复苏，经济增长速度明显上升。然而，2022 年国际形势动荡不安、能源价格攀升、通货膨胀高涨，太平洋岛国民生深受影响，农渔业等基础产业遭受冲击，财政压力加大，未来经济增长面临诸多不确定和不稳定因素。从地区内部来看，太平洋岛国地区的经济复苏呈现不均衡态势，巴布亚新几内亚、斐济经济恢复效果显著，为带动地区增长做出了重要贡献，萨摩亚、汤加、马绍尔群岛、图瓦卢等小岛屿经济体在高通胀和国外市场需求乏力的影响下经济复苏缓慢。增强地区经济发展的均衡性和产业发展的均衡性，将是太平洋岛国政府未来促进经济发展的一个主要方向。

与就业有关的劳动力问题也是岛国经济发展面临的一个主要障碍。多数太平洋岛国青年失业率偏高，斐济 2020 年的青年失业率高达 30%以上。由于年轻人往往受雇于临时性职位，在经济衰退期最容易受到影响，特别是在交通、零售和旅游部门。受澳大利亚、新西兰等区域内发达经济体的劳动力招募计划影响，太平洋岛国面临较为严重的高质量劳动力外流问题。经济活动恢复后，相关产业将会面临劳动力不足的限制。太平洋岛国论坛发布的《蓝色太平洋大陆 2050 年战略》（2050 Strategy for the Blue Pacific Continent）高度关注经济发展和社会公平问题，提出应制定聚焦青年和女性就业的经济促进政策，鼓励中小企业发展，提高女性和青年在经济活动中的参与度，从而缓解经济不景气带来的社会不公平现象。如何妥善解决劳动力供需不匹配等结构性问题，提升劳动力素质，加强可持续经济发展的保障，是太平洋岛国政府实现长期经济增长需要关注的重要事项。

在促进经济恢复增长的道路上，太平洋岛国积极探索新增长点和创新发展方式。2021 年，太平洋岛国论坛发布了《太平洋区域电子商务战略和路线图》，包括总计投入 5500 万美元的 54 项举措，并计划与国际电信联盟（ITU）、国际贸易中心（ITC）、联合国国际贸易法委员会（UNCTRAL）、联合国贸易和发展会议（UNCTAD）等国际组织合作，推动太平洋岛国连接全球电子商务市场，创造新的经济增长点。正如太平洋岛国论坛秘书长亨利·普纳（Henry Puna）所言："新冠疫情的发生促使消费者和商业转向线上平台；线上经济能够解决我们太平洋地区面临的距离问题，并且推动我们进入更大更畅通的市场。"① 然而，太平洋岛国的数字经济发展仍然面临通信基础设施薄弱、政策规范不足、网络成本过高等发展困难，需要在基础设施、政策环境、能力建设等多方面增加投入。2022 年，中国提出开展共建"一带一路"同太平洋岛国地区电子商务战略的对接，举办中国-大洋洲及南太地区国际贸易数字博览会，深化电子商务领域互利合作。电子商务合作将成为深化中国与太平洋岛国全面战略伙伴关系的重点领域，为推动太平洋岛国实现可持续韧性发展提供创新方案。

---

① United Nations Conference on Trade and Development（UNCTAD），"Digital Economy Report Pacific Edition 2022"，UNCTAD，April，2022，https：//unctad.org/publication/digital-economy-report-pacific-edition-2022.

B.4

2022年太平洋岛国外交形势

林 铎　宁团辉*

摘　要： 2022年，南太平洋地区面临地区主义分化、大国竞争加剧等多重挑战，太平洋岛国努力以外交手段修复内部分歧，抵御大国博弈牵扯，在赈灾援助、气候治理等领域推动区域合作。2022年，中国与太平洋岛国关系发展迎来多重突破；美国则空前提高对岛国的战略定位和资源投入；澳大利亚新任政府力求打造对岛国外交"新气象"；日本、新西兰等则持续推进与岛国的发展援助合作。在南太地区大国博弈背景下，太平洋岛国竭力维护独立自主及战略平衡。

关键词： 太平洋岛国　南太平洋地区主义　大国博弈　气候外交

在大国博弈持续加剧背景下，2022年太平洋岛国面临多重内外部挑战。岛国一方面努力以外交手段修复内部分歧，另一方面则尽力避免卷入大国博弈的旋涡。为重振南太平洋地区主义，各国积极援助遭遇火山海啸灾害的汤加，并在多边场合积极开展气候外交，敦促国际社会就应对气候变化达成实效性共识。2022年，在高层引领和务实合作"双轮驱动"下，中国与太平洋岛国关系不断迈上新台阶；将此视为"威胁"的美国空前提高对太平洋岛国的战略定位和资源投入；澳大利亚在政府换届后多角度发力修复与岛国

* 林铎，中国国际问题研究院亚太研究所研究实习员，主要研究方向为南太平洋地区国际关系、太平洋岛国外交政策；宁团辉，博士，中国国际问题研究院海洋安全与合作研究中心助理研究员，主要研究方向为中国与太平洋岛国关系、中国周边外交。

关系；日本、新西兰等则延续自身特有的援助模式，持续推进与岛国的合作。从总体上看，2022 年太平洋岛国地区外交形势变化体现出浓厚的大国博弈色彩，如何保持独立自主及战略平衡、助力疫后经济顺利复苏成为岛国外交的新课题。

一　南太平洋地区主义在挑战中前行

二战以来，在南太平洋地区的独立浪潮中，太平洋岛国主权和自主意识不断增强。随着气候变化、海洋保护等全球治理议题重要性的不断上升，太平洋岛国之间建构出以自主引领、协商一致、广泛参与、集体外交等为鲜明内核的南太平洋地区主义。2022 年，太平洋岛国论坛仍面临内部分化的风险，而外部大国博弈不断撕扯地区团结，南太平洋地区主义在内外双重挤压下面临突出挑战。对此，太平洋岛国竭力维护长期珍视的地区主义精神和战略自主性，积极以气候治理等具体议题为导向，在多边外交舞台凝聚和发出太平洋岛国共同声音，并通过援助遭受火山海啸灾害的汤加重建，寻求内部合作契机。2022 年，南太平洋地区主义在多重因素冲击下负重前行，仍有所进。

（一）“退群”风波逐渐平息，太平洋岛国论坛力塑共识

2021 年初，由于不满太平洋岛国论坛（PIF）秘书长换届选举结果，密克罗尼西亚联邦、瑙鲁、基里巴斯、马绍尔群岛和帕劳五个密克罗尼西亚群岛国家发表联合声明，宣布退出太平洋岛国论坛这一南太平洋域内最重要的外交、政治、经济多边机制，给论坛庆祝成立 50 周年的大会蒙上了阴影。

根据半个世纪来约定俗成的轮值规则，太平洋岛国论坛秘书长默认由来自波利尼西亚、美拉尼西亚和密克罗尼西亚三个次区域的候选人轮流担任。但在 2021 年初选举中，密克罗尼西亚候选人扎基奥斯（Gerald Zackios）输给了波利尼西亚候选人普纳（Henry Puna），打破了三区轮值的“君子协定”，引发“退群”危机。风波发生后，多个岛国以及澳大利亚、新西兰领

导人试图从中斡旋，努力阻止太平洋岛国论坛分崩离析。

2022 年 6 月，在斐济等国领导人的大力推动下，萨摩亚、库克群岛、密克罗尼西亚联邦、斐济、帕劳、马绍尔群岛六国领导人签署了《苏瓦协定》，就太平洋岛国论坛秘书长选举分歧达成和解，并就论坛改革方案达成一致。7 月，太平洋岛国论坛领导人会议正式表决通过该协定。[①] 在协定中，各签署方均做出了一定让步和妥协：密克罗尼西亚群岛国家不再要求现任秘书长普纳立刻下台；密联邦候选人将在 2024 年接任秘书长；库克群岛、汤加和所罗门群岛将轮流主办未来三年的太平洋岛国论坛领导人会议；为贯彻分区轮值规则，澳大利亚将归入美拉尼西亚次区域，新西兰将归入波利尼西亚次区域。该协定回应了密克罗尼西亚群岛国家改革论坛秘书长选举规则的诉求，以正式文件确立了此前不成文的规矩，为防止未来发生内部争端做出了政治承诺。各国随即启动国内立法程序“重回”论坛。10 月底，马绍尔群岛议会较快地通过了两项决议，其一废除 2021 年支持马方退出论坛的决议，其二重申保留论坛成员资格对马方外交政策和区域合作“至关重要”。[②]

尽管在各方努力下，论坛内部保持了团结，但裂痕仍然存在。最初“退群”的五个国家中四国重返论坛，基里巴斯保留了退出决定。2022 年 6 月，基里巴斯总统马茂称，基方因反对普纳留任，决定退出新冠疫情发生以来首次线下召开的太平洋岛国论坛领导人会议，并希望推迟该次会议。[③] 8 月，时任斐济总理姆拜尼马拉马派出斐济渔业部长作为特使，与基里巴斯领导人就重新接触展开磋商。[④] 2022 年内，多个岛国付出诸多外交努力希望

① Pita Ligaiula, “Forum Leaders Endorse the Suva Agreement”, PINA, July 14, 2022, https://pina.com.fj/2022/07/14/forum-leaders-endorse-the-suva-agreement/.

② Pita Ligaiula, “Marshall Islands Confirms Membership in the Pacific Islands Forum”, PINA, November 7, 2022, https://pina.com.fj/2022/11/07/marshall-islands-confirms-membership-in-the-pacific-islands-forum/.

③ Kate Lyons, “Kiribati Withdraws from Pacific Islands Forum in Blow to Regional Body”, The Guardian, July 10, 2022, https://www.theguardian.com/world/2022/jul/10/kiribati-withdraws-from-pacific-islands-forum-pif-micronesia.

④ Mar-Vic Cagurangan, “PIF Hasn't Given Up on Kiribati”, Pacific Island Times, September 12, 2022, https://www.pacificislandtimes.com/post/pif-hasn-t-given-up-on-kiribati.

“挽留”基里巴斯，但收效甚微。

2022 年 7 月，在密克罗尼西亚群岛国家“先退后返”、基里巴斯坚持退出的阴影下，第 51 届太平洋岛国论坛领导人会议如期召开。各成员国努力重塑团结，对外彰显太平洋岛国论坛一致发声的正面形象，在斐济首都苏瓦举行了 2019 年以来首次线下会晤，围绕气候治理优先事项、南太平洋无核区问题、能源安全实现途径、供应链稳定、食品价格上涨、教育可持续发展、优质农业和渔业等方面进行了深入探讨。除表决通过各方瞩目的《苏瓦协定》外，该次会议的另一大成果是正式启动了酝酿已久的《蓝色太平洋大陆 2050 年战略》（The 2050 Strategy for a Blue Pacific Continent），为南太地区未来 30 年的发展规划明确了路径。

（二）大国博弈冲击地区主义，岛国力塑区域团结

2022 年，围绕太平洋岛国论坛“退群”风波等话题，岛国之间浮现一定分歧；在域外大国显著加大援助力度，或明或暗迫使“选边站队”形势下，岛国的战略自主性受到严重挤压。在内部分裂与外部拉扯的双重压力下，太平洋岛国力求维护团结一致。

除上文所述“退群”风波外，大国博弈是 2022 年南太平洋地区的重要特征和推高地区外交紧张局势的突出变量。上半年，针对中国与所罗门群岛签署政府间安全合作框架协议，以美国、澳大利亚为主的部分西方国家在南太地区大肆渲染“中国威胁论”，抹黑中国与岛国关系持续发展，利诱与威逼并举阻挠岛国同中方深化正常合作。在 3 月底中所安全合作框架协议正式签署前夕，密克罗尼西亚联邦领导人曾公开致信所罗门群岛总理索加瓦雷（Manasseh Sogavare），称协议可能“加剧太平洋岛国分裂”，令地区国家成为“大国博弈工具”。① 在 9 月举行的美国-太平洋岛国领导人峰会上，部分岛国一度拒绝签署峰会成果文件，因为美国试图在原文中加入影射中国的表

① “Pacific Leader Urges Solomon Islands to Rethink China Security Deal”, The Guardian, March 31, 2022, https://www.theguardian.com/world/2022/mar/31/pacific-leader-urges-solomon-islands-to-rethink-china-security-deal.

述，且要求删除有关美方曾在马绍尔群岛进行核试验产生遗留问题的措辞。①

在部分西方国家试图挑拨岛国间分歧，甚至裹挟岛国加入“排华阵营”的形势下，岛国希望重申地区国家对经济复苏、应对新冠疫情和气候变化等急迫问题的重视。巴布亚新几内亚总理马拉佩公开表示地缘政治竞争不是本地区国家关切，并“告知西方国家‘你们的敌人不是我们的敌人’”②。然而，作为资源有限、急求脱困发展的小型经济体，太平洋岛国正愈加陷入两难境地：为维护独立自主避免卷入大国博弈，为生存发展又离不开外部力量尤其是大国援助。③

2022 年初，汤加发生了 30 年来最剧烈的海底火山爆发，赈灾援助为南太平洋地区主义合作创造了空间。1 月 15 日，大规模海啸影响了汤加近 85%的人口，损毁了攸关国民生计的 200 艘小型渔船。据世界银行估算，此次火山爆发造成约 9040 万美元损失，约等于汤加 GDP 的 18.5%。④ 由于汤加唯一的海底光缆被大范围损毁并被火山碎屑深埋，其与外界的互联网连接一度完全中断，全国范围内的有线电视服务预计需要一年时间恢复。灾害发生后，其他岛国迅速集结人力、物力、财力，积极驰援。作为经济体量最大的两个岛国之一，巴布亚新几内亚对汤加提供了价值 1000 万基那（约合 284 万美元）的一揽子援助，分两个阶段向汤加人民提供紧急救

① Kirsty Needham, David Brunnstrom and Michael Martina, “Solomon Islands Tells Pacific Islands It Won’t Sign White House Summit Declaration - Note”, Reuters, September 28, 2022, https://www.reuters.com/world/solomon-islands-tells-pacific-islands-it-wont-sign-white-house-summit-2022-09-28/.

② Kate Lyons, “Papua New Guinea Can’t Afford Australia and US Standoff with China, James Marape Warns”, The Guardian, December 5, 2022, https://www.theguardian.com/world/2022/dec/05/papua-new-guinea-cant-afford-australia-and-us-standoff-with-china-james-marape-warns.

③ 孙璐：《中国深化与太平洋岛国合作的机遇与挑战——以中国与所罗门群岛签署安全合作协议为例》，《和平与发展》2022 年第 6 期，第 133~152 页。

④ World Bank, “Tonga Volcanic Eruption and Tsunami: World Bank Disaster Assessment Report Estimates Damages at US $90M”, World Bank, February 14, 2022, https://www.worldbank.org/en/news/press-release/2022/02/14/tonga-volcanic-eruption-and-tsunami-world-bank-disaster-assessment-report-estimates-damages-at-us-90m.

生物资和灾后重建资金[①]；曾在近年遭遇 8 级以上强震的斐济派出了包含工程师、医务人员等专家的 50 人军方团队，协助汤加进行快速重建，并提供了 244 吨人道主义救援物资。[②] 1 月 21 日，太平洋岛国论坛驻联合国各成员国代表在联合国举行集会，承诺本国政府将对汤加的救灾工作提供支持，在汤加政府的协调下开展救灾行动。在摧枯拉朽的自然灾害面前，太平洋岛国用快速而默契的救援行动，在一定程度上重振了出现裂痕的南太平洋地区主义。

（三）就气候问题持续发声，在多边场合力推实措落地

太平洋岛国大都人口规模和经济体量较小，社会发展水平低，国际影响力微弱。在气候变化尤其是全球变暖引发海平面上升的冲击下，生活在广袤太平洋中的岛国面临突出的生存危机，急需国际力量尤其是大国助其摆脱气候困境。在此大背景下，气候外交成为近年来太平洋岛国在国际社会中最鲜亮的名片，也是岛国在全球多边合作中最主要的施力方向。2022 年，太平洋岛国一方面积极引导多边合作聚焦气候治理，另一方面努力推动《联合国气候变化框架公约》第 27 次缔约方大会（以下简称“COP27 大会”）达成实质性成果。

7 月初，第 51 届太平洋岛国论坛领导人会议宣布太平洋进入“紧急气候状态”（Climate Emergency），呼吁国际社会关注攸关岛国存亡的气候变化优先事项。[③] 7 月 27 日，在距离 COP27 大会开幕还剩 100 多天之际，太平洋岛国论坛秘书处召开了一场高级别气候圆桌会议，邀请 COP26 大会主席

① “PNG Government Approves K10 Million in Relief Assistance to the Kingdom of Tonga”, January 31, 2022, https: //reliefweb. int/report/tonga/png-government-approves-k10-million-relief-assistance-kingdom-tonga.

② Benjamin Felton, “What's Been the Local Response to the Tonga Eruption?”, OVD, February 7, 2022, https: //www. overtdefense. com/2022/02/07/whats-been-the-local-response-to-the-tonga-eruption/.

③ Pacific Islands Forum Secrefariat, “Communique of the 51st Pacific Islands Forum Leaders Meeting”, Pacific Islands Forum, July 7, 2022, https: //pina. com. fj/2022/07/18/51st-pacific-islands-forum-leaders-communique-2022/.

夏尔马（Alok Sharma）、COP27 大会主席扎耶德（Mahmoud Zayed）以及 COP28 大会主席哈希米（Hana AlHashimi）参会，南太平洋域内外多个气候治理、环境规划相关组织派出高级别代表参会。[①] 此次圆桌会为各岛国与全球气候治理关键人士探讨合作方向、敦促碳排放大国尽早实现净零排放目标提供了机会。太平洋岛国论坛副秘书长马诺尼（Filimon Manoni）称，三届 COP 大会主席齐聚太平洋岛国缔造了“太平洋地区最重要的时刻”。[②]

2022 年 11 月，COP27 大会在埃及落下帷幕。在太平洋岛国等各方的不懈努力下，大会同意设立“损失与损害基金”（Loss and Damage Fund）。该基金是太平洋岛国等发展中国家持续呼吁多年的产物，旨在以机制性手段敦促发达国家每年为发展中“气候变化受害国”提供 1000 亿美元补偿。这些气候融资将帮助太平洋岛国等发展中国家，以“气候适应性”为目标规划政策实现的路径。联合国秘书长古特雷斯（António Guterres）对该基金表示欢迎，称其标志着“向气候正义迈出了重要一步”。[③] 近年来，“逆全球化”之声甚嚣尘上，应对气候变化等全球治理进程倍受阻滞，该基金的设立堪称 COP27 大会最亮眼成果。

在 COP27 大会上，萨摩亚政府和太平洋共同体还正式启动了“太平洋能源安全和弹性框架”（Framework for Energy Security and Resilience in the Pacific）。当前，太平洋岛国大都依赖传统化石能源，地区商用能源的 80% 以及海运、陆运所用能源的几乎 100% 是石油。该框架将有力促进太平洋岛国推动能源消费结构由化石能源转向可再生能源，确保南太地区能源安

① “Pacific Climate Roundtable Hears Solidarity Call from Three COP Presidencies”, Pacific Islands Forum, July 28, 2022, https://www.forumsec.org/2022/07/28/release-pacific-climate-roundtable-hears-solidarity-call-from-three-cop-presidencies/.

② “Pacific Climate Roundtable Hears Solidarity Call from Three COP Presidencies”, Pacific Islands Forum, July 28, 2022, https://www.forumsec.org/2022/07/28/release-pacific-climate-roundtable-hears-solidarity-call-from-three-cop-presidencies/.

③ Kiara Worth, “COP27 Closes with Deal on Loss and Damage: ‘A Step towards Justice’, Says UN Chief”, United Nations, November 20, 2022, https://news.un.org/en/story/2022/11/1130832.

全和清洁。①

由于自身声音较微弱，太平洋岛国在2022年继续利用多边平台的“扩音器”效应，放大气候治理的急迫呼声。在太平洋岛国内部存在分化裂痕之际，气候外交不仅是岛国维护自身发展权益的手段，更成为岛国凝聚集体共识、以同一个“太平洋声音”促全球治理变革的重要载体。

二　中国-太平洋岛国关系稳步发展，多个领域合作迈上新台阶

2022年，中国与太平洋岛国关系持续迈上新台阶。双方领导人加强对话沟通，国务委员兼外长王毅5月底至6月初访问太平洋岛国，并主持首次线下召开的中国-太平洋岛国外长会，为双边关系发展注入新动能；中国与岛国之间的务实合作呈现“百花齐放”局面，多个新设立的专职机构为双方合作不断走深走实提供了机制性保障；中所安全合作框架协议是这一年南太地区绕不开的“重磅话题”，尽管遭到美、澳等国抨击抹黑，协议充分尊重国家主权、助所维护社会稳定、与地区机制并行不悖的三大原则为中国与太平洋岛国开展安全合作树立了新范式。

（一）高层交往提质升级，双边关系平稳上升

一直以来，高层交往为中国与太平洋岛国关系稳步发展锚定了航向。2022年2月，巴布亚新几内亚总理马拉佩应邀访华并出席北京冬奥会开幕式，成为疫情发生以来首个访华的太平洋国家领导人。中巴双方发布《中华人民共和国和巴布亚新几内亚独立国联合声明》，同意加强双方“一带一路”倡议和巴新“2050年愿景”“2010~2030年发展战略规划”“联通巴布

① Sharm El-Sheikh, “COP27: Samoa and the Pacific Community Launch the Framework for Energy Security and Resilience in the Pacific (FESRIP)”, Pacific Community, November 19, 2022, https://www.spc.int/updates/news/2022/11/cop-27-samoa-and-the-pacific-community-launch-the-framework-for-energy.

亚新几内亚”等发展战略对接，中方承诺继续向巴新提供不附加任何政治条件的经济技术援助。① 5月，习近平主席向第二届中国-太平洋岛国外长会发表书面致辞，指出近年来，中国同太平洋岛国相互尊重、共同发展的全面战略伙伴关系不断向前发展，取得丰硕成果，成为南南合作、互利共赢的典范；强调中方愿同岛国一道，构建更加紧密的中国同太平洋岛国命运共同体。② 11月，习近平主席在曼谷出席 APEC 领导人非正式会议期间会见马拉佩时指出，中方愿同巴新建设更高水平、更加互惠的全面战略伙伴关系，为构建更加紧密的中国同太平洋岛国命运共同体发挥引领和示范作用。2022年还是多个太平洋岛国的大选年，习近平主席先后向萨摩亚、瓦努阿图等国新任领导人致贺电。

2022年5月26日至6月4日，国务委员兼外长王毅应邀对所罗门群岛、基里巴斯、萨摩亚、斐济、汤加、瓦努阿图、巴布亚新几内亚等国进行正式访问，对密克罗尼西亚联邦进行“云访问”，同全部10个建交岛国的17位领导人、30余位部长级官员广泛深入沟通交流，达成52项双边合作成果。此访系疫情发生以来中方访问太平洋岛国的最高级别代表团。基里巴斯破例为中方代表团打开了因疫情防控关闭的国境。在所罗门群岛与所外长共答记者问环节中，王毅阐释了中所政府间安全合作的三项原则：一是充分尊重所方国家主权；二是协助维护所社会稳定，中方将应所方要求，维护所国内稳定与长治久安；三是与地区安排并行不悖。

5月30日，王毅同斐济总理兼外长姆拜尼马拉马在斐济首都苏瓦共同主持第二届中国-太平洋岛国外长会，建交岛国领导人或外长及太平洋岛国论坛秘书长普纳等以线上线下方式与会。会上王毅宣布中方若干合作倡议：将持续打造六个合作新平台，包括应急物资储备库、应对气候变化合作中心、减贫与发展合作中心、农业合作示范中心、防灾减灾合作中心、菌草技

① 《中华人民共和国和巴布亚新几内亚独立国联合声明（全文）》，中国政府网，2022年2月6日，http://www.gov.cn/xinwen/2022-02/06/content_5672210.htm。

② 《习近平向第二次中国-太平洋岛国外长会发表书面致辞》，中国政府网，2022年5月30日，http://www.gov.cn/xinwen/2022-05/30/content_5693037.htm。

术示范中心；将在年内举行第二届中国-太平洋岛国农业部长会议；将举办中国-大洋洲及南太地区国际贸易数字博览会等。会后，中方发布《中国关于同太平洋岛国相互尊重、共同发展的立场文件》，集中提出 15 条原则倡议和 24 项具体举措，包括任命首位中国政府太平洋岛国事务特使等。[①] 此次会议基于 2021 年双方线上召开的首届外长会，第一次采取线下面对面方式召开，在双边关系及合作史上有突出意义。

（二）中国-太平洋岛国多领域合作全面铺开

长期以来，务实合作是中国-太平洋岛国关系发展的核心驱动力。2022 年 5 月，在第二届中国-太平洋岛国外长会召开之际，中方发布《中国-太平洋岛国合作事实清单》及广东、山东、福建三省与太平洋岛国的合作事实清单，详尽梳理了双方建交以来的合作成果。2022 年，在前述成果基础上，中国与太平洋岛国在气候变化、疫情防控、赈灾援助、基础设施建设、人文交流等领域的合作全面提升。

气候治理是中国与太平洋岛国重要的合作领域。自 2021 年起筹划建设的中国-太平洋岛国应对气候变化合作中心 2022 年 4 月在山东省聊城市正式启用，中国外交部副部长谢锋以视频方式出席启用仪式。11 月，由该中心主办，中国科学院及自然资源部相关研究所协办的中国-太平洋岛国应对气候变化高级培训班启动，来自斐济、萨摩亚、基里巴斯等共 7 个太平洋岛国的 36 名学员参加了为期 10 天的培训。作为气候变化合作的试点项目，中国在 6 月与基里巴斯等国签署了应对气候变化南南合作光伏物资援助项目协议。[②] 中方还积极推动气候变化领域的高级别对话，9 月，中国-太平洋岛国应对气候变化对话交流会在北京召开，中国气候变化事务特使解振华以及外

① 《中国关于同太平洋岛国相互尊重、共同发展的立场文件》，中国外交部网站，2022 年 5 月 30 日，https://www.mfa.gov.cn/web/wjb_673085/zfxxgk_674865/gknrlb/tywj/zcwj/202205/t20220530_10694631.shtml。

② 《中国与基里巴斯签署应对气候变化南南合作光伏物资援助项目第一期执行协议》，生态环境部网站，2022 年 6 月 2 日，https://www.mee.gov.cn/ywgz/ydqhbh/qhbhlf/202206/t20220602_984300.shtml。

交部、生态环境部相关司局负责人参会，与7位太平洋岛国的驻华使节就应对气候变化政策行动、COP27大会成果预期、气候变化南南合作等交换意见。中方表示将提前超额完成2030年控制温室气体排放行动目标，愿与太平洋岛国一道推动COP27大会在气候适应和气候融资等问题上取得突破。中方愿进一步通过合作建设低碳示范区、实施减缓和适应气候变化项目、开展能力建设培训等方式为岛国应对气候变化提供支持。

2022年，新冠疫情持续侵扰南太平洋地区，中国积极帮助各岛国应对疫情。1月中下旬，所罗门群岛新冠病毒感染病例激增，中国向所方紧急提供了抗疫物资以及32万美元人道主义援助，并在后续派出中国医疗队赴所罗门群岛开展义诊。2月，中方又向巴布亚新几内亚捐赠了价值420万基那的重要医疗设备。4月，在中瓦建交40周年之际，中国向瓦努阿图捐赠了第三批新冠病毒疫苗，以累计20万剂疫苗成为瓦努阿图最大的疫苗来源国。

在汤加火山海啸灾害发生后，中国向汤加政府提供了其灾后收到的首批应急援助物资。1月19日，中国驻汤加使馆为汤加紧急筹措了价值28万元人民币的饮用水、食品等应急物资，以及一笔10万美元的紧急人道主义现汇援助。设在广东的中国-太平洋岛国应急物资储备库迅速启动物资调拨，以最快速度发运了一批瓶装水、肉类罐头、医疗包、发电机、高压水泵等物资和设备。1月27日，中国政府紧急筹措的100万元人民币物资运抵汤加。此后，中方再向汤加提供了价值2000万元人民币的应急救灾物资，并专门委派军机军舰送达。2月，中国向汤加交付了110余台援助的推土机等设备，包括500座预制房屋在内的共1400多吨援助物资随后运抵汤加。中方迅速而有针对性的援助行动为灾害中的汤加人民解了燃眉之急。2022年5月，汤加首相胡阿卡瓦梅利库（Hu'akavameiliku）向到访的中国外长表示了衷心感谢。[①]

作为实现了高质量脱贫增长的发展中大国，中国非常重视基础设施建

① 《汤加首相胡阿卡瓦梅利库会见王毅》，中国外交部网站，2022年5月31日，https://www.fmprc.gov.cn/web/wjbz_673089/bzzj/202205/t20220531_10696698.shtml。

设对太平洋岛国经济社会全面发展的支柱性作用。2022 年 7 月，双方长期致力推动的合作成果中国-太平洋岛国减贫与发展合作中心在福建省福州市正式启用。同年 6 月，由中企承建的巴新数字电视改造项目正式启动实施。该项目由中国进出口银行提供优惠贷款，中建巴新公司负责实施，旨在完成包括模拟信号电视系统到数字电视系统的全面升级改造。项目将为巴新数字信息化建设夯实技术根基，帮助巴新迈入数字电视时代。8 月，中方通过中国进出口银行向所罗门群岛提供了价值 6600 万美元、为期 20 年的优惠贷款，用于在所修建 161 座华为通信基站，并在同年 4 月完成交付了中资援建的体育馆项目，2023 年 11 月所方主办的太平洋运动会在中国援建的体育场馆举行。11 月，基里巴斯政府举行中国政府援助拖驳船项目交接仪式，包括该国代总统在内的多名政要出席。此项目是中基共建“一带一路”、落实“全球发展倡议”的重要合作成果。从时间上看，相比美澳等西方大国，中国与太平洋岛国共建“一带一路”合作的启动时间较晚，但效果显著。①

在人文领域，中国与太平洋岛国积极开展治国理政、人文教育方面的交流互鉴。2022 年 7 月，中共中央对外联络部以视频连线方式举办了第二届中国-太平洋岛国政党对话会。中联部部长刘建超参会并发表主旨讲话，多个太平洋岛国的政党政要和工商界人士以线上方式参会，太平洋岛国驻华使节现场出席会议。8 月，刘建超集体会见太平洋岛国驻华使节，表示中国支持岛国积极探索符合本国国情的发展道路，希望双方加强“一带一路”倡议同《蓝色太平洋大陆 2050 年战略》对接。12 月，来自中国聊城大学的多名援外教师结束了在汤加的 3 年援教工作，在当地学校的年终颁奖大会上获汤加王储颁发象征友谊的“国王奖牌”。

相较以往，2022 年中国与太平洋岛国的合作呈现更强的领域多元性、议题导向性和机制引领性，包括中国-太平洋岛国应对气候变化合作中心、

① 吕桂霞:《中国与太平洋岛国的“一带一路”合作及未来前景》,《人民论坛》2022 年第 17 期，第 70~77 页。

中国-太平洋岛国应急物资储备库、中国-太平洋岛国减贫与发展合作中心在内的一批近两年启用的合作机制发挥了重要作用。

（三）中国-所罗门群岛政府间安全合作框架协议

纵观 2022 年，中国与所罗门群岛政府间安全合作框架协议（下称“中所协议”）无疑是南太平洋地区话题度最高的事件之一，引发相关大国对太平洋岛国加大战略关注和投入，也大幅提升了南太地区在全球战略格局中的能见度和关注度。

2021 年 11 月，所罗门群岛首都霍尼亚拉发生大规模骚乱，导致数人丧生。所罗门群岛政府根据“澳大利亚-所罗门群岛安全协议”，要求澳大利亚派出警力赴霍尼亚拉执法。然而，所罗门群岛前总理菲利普（Danny Philip）指出，澳大利亚警察团队曾接到指示不保护中资商企，放任其遭受破坏。[①] 为进一步强化社会治安和执法力量，扩充安全合作伙伴选择，所罗门群岛与中国稳步推进安全执法合作。2022 年 3 月底，中国驻所罗门群岛大使和所方外交与外贸部常务秘书草签了中所双边安全合作框架协议。4 月 9 日，两国外长正式签署了两国政府间安全合作框架协议。根据协议，中方将应所方要求，协助所方依法维持社会秩序、保护人员生命和财产安全、实施人道主义救援和应对自然灾害。协议目的在于帮助所方加强警察能力建设，弥补安全治理赤字，维护所国内稳定与长治久安。

与中所协议本身一样获得高度关注的，是协议引发的美、澳等西方国家对华和对所发起的外交战和舆论战。中国外交部发言人表示，中所安全合作本质上是两个主权独立国家之间正常的交往合作，以平等互利为原则，以尊重所方意愿和实际需求为前提。[②] 然而，以美、澳为代表的西方国家不断抹

---

① Stephen Dziedzic and Andrew Greene, “Solomon Islands MP Defends Military Pact with China by Comparing It to Secretive Pine Gap Facility in NT”, ABC News, April 21, 2022, https://www.abc.net.au/news/2022-04-21/china-solomon-islands-agreement-australia/101005022.

② 《2022 年 4 月 19 日外交部发言人汪文斌主持例行记者会》，中国外交部网站，2022 年 4 月 19 日，https://www.mfa.gov.cn/web/wjdt_674879/fyrbt_674889/202204/t20220419_10669711.shtml。

黑和攻击中所协议，竭力阻挠所罗门群岛和其他岛国同中国深化合作。4月初，澳大利亚接连派出情报、外交部门多位高官紧急访问所罗门群岛，时任澳国际发展与太平洋事务部部长瑟赛利亚（Zed Seselja）甚至对索加瓦雷总理明确表态“澳方希望所罗门群岛不要与中国签署安全协议”[①]。4月底，美国白宫国家安全委员会印太事务协调员坎贝尔（Kurt Campbell）率高级别代表团访问所罗门群岛，希望“劝说”所方放弃与中国开展更多安全合作。[②] 中所协议甚至成为澳大利亚“内政议题”，时任澳总理莫里森称中国“踩踏了澳大利亚的红线”[③]；在2022年澳联邦大选辩论中，时任澳反对党影子内阁外交部长、现任澳外长黄英贤借此抨击莫里森政府“无能”，称“放任”中所达成安全合作框架协议是澳大利亚“二战以来最大的外交政策失败”。[④]

美、澳等国与所罗门群岛显然有着不同的需求和目标。应对乃至“推回”中国在南太平洋地区日益增长的影响力是美国“印太战略”的重要目标，对太平洋岛国宣扬“中国威胁论”已成为一些美西方国家的官方行为。[⑤] 对于美、澳种种反对言论，索加瓦雷称其“侮辱”所方主权国家身份，所“未受到‘新朋友’（指中国）的任何压力”，而西方大国只把所当作“后院”，

① Catie Mcleod, “Australian Minister Dispatched to Solomon Islands over China Deal”, The Australian, April 13, 2022, https://www.theaustralian.com.au/breaking-news/australian-minister-dispatched-to-solomon-islands-over-china-deal/news-story/909d932be605f7d38c83f71623dad8f9.

② Kazuhiro Nogi, “U. S. Advisor Kurt Campbell Visits Solomon Islands after Nation Signed Security Deal with China”, CNBC, April 21, 2022, https://www.cnbc.com/2022/04/22/kurt-campbell-visits-solomon-islands-after-china-security-deal.html.

③ Georgia Hitch, “Scott Morrison Says Chinese Military Base in Solomon Islands Would Be ‘Red Line’ for Australia, US”, ABC News, April 24, 2022, https://www.abc.net.au/news/2022-04-24/scott-morrison-china-naval-base-solomon-islands-red-line/101011710.

④ Stacey Eldridge, “Penny Wong Calls on Scott Morrison to Take Responsibility for ‘Australia's Biggest Foreign Policy Blunder since World War II’ ”, Skynews, April 22, 2022, https://www.skynews.com.au/australia-news/penny-wong-calls-on-scott-morrison-to-take-responsibility-for-australias-biggest-foreign-policy-blunder-since-world-war-ii/news-story/aad99a42dd1ea35793a662a17c2193f8.

⑤ 陈晓晨：《“人的安全”与地区主义：太平洋岛国地区安全研究》，《国际政治研究》2022年第5期，第70~89页。

不在乎岛国是否会因气候变化而被海水淹没。[①] 对于以所罗门群岛为代表的小岛屿发展中国家而言，安全与发展系一体两面。西方大国忽视太平洋岛国应对内部安全威胁的需求，一味以“大国战略”视角对其捆绑，以“棋子”角色定位后者，无疑忽视了岛国真正的发展诉求。

中国与所罗门群岛的安全合作公开透明，不针对第三方，旨在助所维护社会稳定和长治久安，与所方同澳大利亚等伙伴合作的地区安全机制相互补充，符合所方和南太平洋地区的共同利益。2022 年 10 月，所罗门群岛皇家警察部队派遣 32 名警官赴华参加为期 1 个月的警务技能培训，系中所安全合作框架协议签署以来所方首次派员赴华参训，标志着两国安全合作步入正轨。[②]

三　大国角力加剧，地缘政治局势升温

美国将南太平洋地区视为实施“印太战略”的重要一环。2022 年，美国对太平洋岛国的关注和投入达到前所未有的程度。澳大利亚经历了政府换届，新上台的工党政府努力以新的外交姿态和实际行动，扭转莫里森政府对南太地区的忽视，修复、巩固与太平洋岛国的紧密关系。作为岛国的传统施援方，日本和新西兰以自身特有的模式延续与岛国的合作。在大国角力日趋激烈的背景下，2022 年太平洋岛国也面临更复杂的地缘政治局面。

（一）美国大幅提升对岛国战略定位和资源投入

近年来，在“印太战略”指导下，美国对南太平洋地区的战略定位和

① Eva Corlett and Daniel Hurst, “Solomon Islands Prime Minister Says Foreign Criticism of China Security Deal ‘Very Insulting’ ”, The Guardian, March 29, 2022, https://www.theguardian.com/world/2022/mar/29/solomon-islands-prime-minister-says-foreign-criticism-of-china-security-deal-very-insulting.

② Kate Lyons, “First Solomon Islands Police Head to China for Training Amid Deepening Security Ties”, The Guardian, October 12, 2022, https://www.theguardian.com/world/2022/oct/12/first-solomon-islands-police-head-to-china-for-training-amid-deepening-security-ties.

资源投入逐年提升，密集展开外交攻势。2022 年，美国对太平洋岛国的重视达到史所罕见的程度，主要体现在以下五个方面。

第一，空前拔高战略定位。2 月初，拜登政府发布《美国印太战略》文件，将太平洋岛国定位为“不可或缺的伙伴”；7 月，美国副总统哈里斯（Kamala Harris）以视频方式出席太平洋岛国论坛渔业机构会议，称美国“也是一个太平洋国家，并以此为豪”①；8 月，美国常务副国务卿舍曼（Wendy Sherman）到访太平洋岛国，宣称“世界的未来将在太平洋地区书写”②；9 月，美国在“印太战略”框架下发布了历史上首份《美国-太平洋岛国伙伴关系战略》，提出建立伙伴关系、加强岛国与世界联系、建设岛国“韧性”、赋能岛国实现繁荣发展四大目标。

第二，显著加大外交资源倾注。9 月，首届美国-太平洋岛国领导人峰会在华盛顿召开，美国总统拜登史无前例地邀请 14 位岛国领导人出席，并发布美国对岛国援助的事实清单和《美国-太平洋岛国伙伴关系战略》；在 2 月《美国印太战略》文件发布之际，美国国务卿布林肯（Anthony J. Blinken）高调访问斐济，成为近 40 年来首位访斐的美国国务卿，力图凸显美国“加大承诺”的标志性意义；宣布重开关闭已久的美国驻所罗门群岛大使馆，在基里巴斯和汤加新设美国大使馆，宣布承认库克群岛和纽埃的主权国家地位；任命美国前驻斐济等国大使、有丰富与发展中国家开展外交工作经历的里德（Frankie A. Reed）为首位美国驻太平洋岛国论坛特使；全年对南太平洋地区派出由国务卿、白宫国家安全委员会印太事务协调员、常务副国务卿等高官领衔的多支高级别访问团。

第三，大幅增加发展援助。在全年出台的多份战略、宣言、事实清单和“路线图”等文件中，以及在多场峰会、外长会和高访团组出访过程中，美

① “Remarks by Vice President Harris at the Pacific Islands Forum”, The White House, July 12, 2022, https://www.whitehouse.gov/briefing-room/speeches-remarks/2022/07/12/remarks-by-vice-president-harris-at-the-pacific-islands-forum/.

② “Deputy Secretary Sherman at a Press Availability in Honiara, Solomon Islands”, U.S. Department of State, August 7, 2022, https://www.state.gov/deputy-secretary-sherman-at-a-press-availability/.

国宣布在气候治理、海洋保护、渔业可持续发展、数字联通性、创新型人才培养等多个领域加大对岛国的发展援助，增投 8.1 亿美元建设岛国民生项目，其中 1.3 亿美元用于提升后者“气候韧性”和“蓝色经济可持续性”，并在未来十年将美国对岛国渔业发展援助资金翻番，每年对该地区投入 6000 万美元等；任命美国务院前对朝政策特别代表尹汝尚为总统特使，牵头推进美国与密克罗尼西亚联邦、帕劳、马绍尔群岛的“自由联系条约”谈判，加快以协议形式确定美国未来对三国的持续援助。8 月，美国国际开发署（USAID）公开了其 2022~2027 年的太平洋岛屿战略框架，指导其接下来 5 年内在 12 个太平洋岛国的援助工作。

第四，拉拢盟友伙伴组建小多边机制。6 月，美国发表声明，宣布同日本、澳大利亚、英国、新西兰共同建立“蓝色太平洋伙伴关系”（Partners in the Blue Pacific，PBP）。五国宣称将在该框架下，探索“更有力、更高效”的方式，应对“基于规则的自由开放国际秩序承压上升”等各方面挑战，携手在气候变化、交通运输、海上安全、医疗卫生、教育发展等领域支持南太平洋地区的繁荣、韧性和安全。[①] 在中所签署安全合作框架协议及中国外长访问南太地区之际，美国借 PBP 机制“合力”制衡中国地区影响力的战略考量十分突出。[②]

第五，打造“贬华捧美”的地区话语叙事。2022 年，美国着力在南太地区构建政府主导、媒体和智库助力的排华叙事话语体系。[③] 美国试图将南太平洋地区描述为美、澳势力范围，将太平洋岛国描述为缺乏“反抗大国

① The White House，“Statement by Australia，Japan，New Zealand，the United Kingdom，and the United States on the Establishment of the Partners in the Blue Pacific（PBP）”，The White House，June 24，2022，https：//www.whitehouse.gov/briefing-room/statements-releases/2022/06/24/statement-by-australia-japan-new-zealand-the-united-kingdom-and-the-united-states-on-the-establishment-of-the-partners-in-the-blue-pacific-pbp/.

② “Readout of the Partners in the Blue Pacific（PBP）Ministerial”，U.S. Department of State，September 22，2022，https：//www.state.gov/briefings-foreign-press-centers/readout-of-the-partners-in-the-blue-pacific-ministerial.

③ 陈晓晨、常玉迪：《“印太战略”对太平洋岛国地区秩序的影响》，《社会科学》2022 年第 3 期，第 20~33 页。

压迫”能力的脆弱群体，并将美、澳等描述为“地区利益捍卫者”。

纵观2022年，美国大幅提升与太平洋岛国关系的举措不胜枚举，其背后明显有四层动因。首先，太平洋岛国有独特的战略位置。在美国眼中，南太平洋地区对其具有重要的战略和军事意义。所罗门群岛的瓜达尔卡纳尔岛曾在第二次世界大战中扮演日本“掐住”美、澳军力的支点角色。其次，太平洋岛国有丰富的自然资源。虽然国土面积、人口规模较小，但大多数岛国有广阔的领海和专属经济区，在渔业、矿业、林木业等初级产品领域有较大的资源潜力，美国希望为其所用。再次，太平洋岛国有突出的国际舆论属性。美国可以借与岛国发展援助合作、共同应对气候变化等名目，在国际舆论体系塑造其援助中小国家发展的正面形象。最后，美国希望维系自己在该地区的霸主地位，遏制中国的影响力。二战以来，美国以三个自由联系国为基石，在南太平洋地区长期保持霸主性的影响力，视太平洋岛国为“自家后院”。在中美博弈加剧背景下，美国希望巩固这一“优势地区”，遂在2022年频频打出外交“组合拳”。

（二）澳大利亚工党政府欲扭转对岛国的忽视

在2022年澳大利亚联邦大选中，工党击败联盟党时隔9年再度执政。在竞选辩论中，工党就曾猛烈攻击联盟党政府对澳大利亚与太平洋岛国关系的忽视和工作不力，这也成为其赢得大选的重要因素之一。上台之后，阿尔巴尼斯总理领导工党政府加大对太平洋岛国的外交重视和经济援助，以兑现竞选承诺，恢复澳大利亚对南太地区的影响力优势。

一是加大外交接触力度。澳大利亚外长黄英贤在上任首月便三次造访太平洋岛国，向岛国传递了澳“认真倾听”“尊重主权”“加强支持”“正视气候变化”的信号；7月阿尔巴尼斯线下出席太平洋岛国论坛领导人峰会，展现与其前任政府截然不同的形象。二是调整应对气候变化政策的目标。在岛国最为关切的气候变化问题上，工党政府较为迅速地扭转了澳大利亚在气候治理中的消极立场，将减排目标上调至“2030年将温室气体排放较2005年水平降低43%”，并宣布向气候治理规划投入760亿澳元。三是改革劳工流动政策。澳方针对岛国劳动力优化了劳动力流动和移民政策，扩充“太平洋澳大利亚劳工流动计划”（PALM），使之覆盖更多适合岛国劳动力的服务业岗位。四是“柔化”对岛国的外交言辞。工党政府明显弱化了前任政府外交辞令中的“宗主国式”语气和“反华”色彩，回应岛国“聚焦发展而非地缘战略竞争”的呼声，向后者释放出安抚信号。

在上述四重努力下，澳大利亚在大选前与部分太平洋岛国的紧张关系得以改善，澳国内智库有声音认为澳大利亚在太平洋岛国论坛上的“精彩回归”转变了莫里森治下澳在岛国心中的“地区主义破坏者”形象，结束了“澳中竞争南太影响力的首轮比赛”。[①]

然而，在新政府的“外交闪电战”之后，澳大利亚与太平洋岛国的分歧日渐凸显。一方面，岛国多个与气候相关的非政府组织不满澳大利亚在COP27大会上的表现，认为澳政府只是推动气候议题被关注和讨论，自身未拿出任何表率性、实质性举措，未对岛国长期呼吁设立的“气候补偿融资”机制予以回应，阿尔巴尼斯甚至缺席了岛国极为看重的COP27大会，体现出澳气候治理政策改革“后继乏力”。[②] 另一方面，澳大利亚的一些政策仍不可避免地带有浓厚的殖民时期“宗主国”色彩。第一次世界大战后，时任澳总理休斯（Billy Hughes）曾在巴黎和会上提出著名的“澳版门罗主义”言论，称“太平洋岛屿之于澳大利亚，如护城河之于城邦”，如果“其落入敌对势力之手，则澳大利亚无和平”。[③] 2022年，澳大利亚以“限制中国在南太地区影响力”为目标的一些言论和政策仍有其遗风，引发岛国强烈反感。所罗门群岛政府以“干涉内政”为由，直接拒绝了澳外长黄英贤

① Andrew Tillett, “How Australia Can Counter China in the Pacific”, Australian Financial Review, June 3, 2022, https://www.afr.com/politics/federal/how-australia-can-counter-china-in-the-pacific-20220602-p5aqjq.

② Rachael Nath, “COP27: Australia's Level of Commitment Disappointing Say Pacific NGOs”, RNZ, November 15, 2022, https://www.rnz.co.nz/international/pacific-news/478760/cop27-australia-s-level-of-commitment-disappointing-say-pacific-ngos.

③ “How Billy Hughes Scored”, Trove, https://trove.nla.gov.au/newspaper/article/235680464?searchTerm=billy%20hughes%20new%20guinea%20paris%20peace%20conference.

向其提供选举资金的提议。① 5月，斐济前总理姆拜尼马拉马在会见了上任首周便到访斐济的澳外长黄英贤后表示，“斐济不是任何人的后院——我们是太平洋大家庭的一员”。②

（三）日本、新西兰延续自身模式，增加对岛国援助

作为太平洋地区大国和对太平洋岛国的传统援助国，日本在2022年延续其独特的援助模式，不断强化与岛国的关系及合作。日本对岛国的援助方向主要聚焦基建和经济开发，援助载体主要为议题导向的“小而精”项目，援助模式通常是政府注资、非政府机构和私营部门贯彻落实。以日本对帕劳的能源试点项目为例，2022年1月，日本双日公司宣布与澳大利亚CS能源公司及日本工程顾问有限公司合作，在帕劳进行绿色氢能传输项目，将澳大利亚制造的绿色氢气运输到帕劳，用作动力船的备用电源。该项目得到了日本环境部的资金支持。③ 作为日本对外援助体系的核心执行机构，日本国际协力机构（JICA）在2022年庆祝了其在萨摩亚开展志愿工作50周年。在半个世纪中，JICA对萨摩亚的援助工作由基础设施和农业部门逐渐拓展至覆盖教育、工业、卫生、环境、体育等领域，共有676名日本志愿者赴萨摩亚，为萨摩亚经济社会发展做出了较大贡献。④ 此外，日本与岛国的军事防务合作也在不断提升。2022年8月，日本海上自卫队分别和所罗门群岛、汤加海军举行海上联合军演。

2022年，在日本延续对岛国多领域援助的同时，双方在日本核废水排放等问题上存在严重分歧。3月适逢“太平洋无核与独立日”，在全球核问

① Kirsty Needham, “Solomon Islands Says Australian Election Offer Is ‘Interference’ ”, Reuters, September 6, 2022, https://www.reuters.com/world/asia-pacific/solomon-islands-govt-says-australian-election-offer-inappropriate-2022-09-06/.

② Phoebe Loomes, “Fiji PM Takes Veiled Swipe at Morrison”, The Canberra Times, May 28, 2022, https://www.canberratimes.com.au/story/7757254/fiji-pm-takes-veiled-swipe-at-morrison/.

③ “Sojitz to Provide Green Hydrogen Produced in Australia to Pacific Island Countries”, Sojitz Corporation, January 12, 2022, https://www.sojitz.com/en/news/2022/01/20220112.php.

④ “JICA Celebrates 50 Years of Volunteer Service in Samoa”, Newsline Samoa, December 8, 2022, https://newslinesamoa.com/jica-celebrates-50-years-of-volunteer-service-in-samoa/.

题专家组成的独立小组支持下，太平洋岛国与日本就后者向太平洋排放福岛核电站核废水的意图进行磋商。4 月，该专家组经研究宣布，日本核废水排放计划可能存在安全风险，小组成员里士满（Robert Richmond）表示，海洋中有大量的浮游植物，氚等放射性元素将可能大量地进入食物链，而日本对核废水的采样分析样本容量与总体占比过小，不够安全可信。[①] 此后，尽管日本外务大臣曾向太平洋岛国论坛秘书长普纳承诺“若排放核废水不安全，将停止排放计划”[②]，双方围绕核废水排放的安全性、透明性等问题展开了多次辩论。

新西兰是南太平洋地区发达国家，历来是太平洋岛国重要的援助合作方。2022 年 1 月，新西兰为遭受火山海啸侵袭的汤加提供了 300 万美元紧急物资和人道主义救援金。作为距汤加最近的西方发达国家，新西兰海军在灾害发生之初迅速派遣“坎特伯雷”号两栖多任务舰运送物资，并出动舰载直升机与登陆艇展开勘测与搜救工作。年中，面对南太地区不断恶化的新冠疫情，新西兰分别向瓦努阿图、所罗门群岛等国提供了大量医用物资以及针对公共卫生部门的援助资金。11 月，新西兰代表出席南太共同体（SPC）部长级会议时宣布，新方将向瓦努阿图提供 1000 万新元，用于修建三座适应气候变化的码头。在以援助为驱动力的交往模式下，新西兰同岛国关系稳步前行，与斐济签署了两国伙伴关系的扩展文件《杜瓦塔伙伴关系声明》，并与纽埃达成新的伙伴关系协议。

结 语

经济结构单一、产业基础薄弱、社会发展滞后、生存困境突出是大部分

① Robert H. , Richmond and Marcie Grabowski, “Dumping Treated Nuclear Wastewater in Pacific Ocean Not Recommended”, University of Hawaii at Manoa, May 2, 2022, https://manoa.hawaii.edu/news/article.php?aId=11888.

② “RELEASE: Japan Assures Pacific Islands Forum No Discharge of Treated Wastewater if Unsafe,” Pacific Islands Forum, May 7, 2022, https://www.forumsec.org/2022/05/09/mr/.

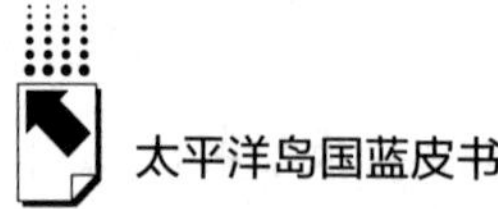

太平洋岛国短期内难以改变的基本国情。自身有限的能力和巨大的发展需求使岛国必须依赖外部力量以应对疫后经济复苏、气候变化等挑战，但这也使得域外势力能够以援助为杠杆，撬动岛国在大国博弈中的战略价值。2022年，大国博弈在一定程度上奠定了南太平洋地区外交形势的基调。中国和太平洋岛国以全面战略伙伴关系为引领，以相互尊重与共同发展为原则和目标，不惧外部干扰，深入开展务实合作，积极开拓合作领域，双方关系继续向前发展。美、澳等国以制衡和推回中国在该地区日益增长影响力为目标，显著加大了对岛国的外交和资源投入，持续对中国与太平洋岛国关系进行挑拨离间，试图继续维持地区霸权。虽然各大国的竞相介入大幅推高了南太平洋地区在全球战略格局中的话语地位和战略价值；但从现实角度看，太平洋岛国均不愿在大国博弈中“选边站队”，而希望以多元包容的外交姿态保持战略自主和促进自身利益。

国别篇

Countries Reports

B.5

2022年巴布亚新几内亚政治、经济和外交发展形势评析

卢庆洪*

摘　要： 2022年，巴布亚新几内亚举行了全国大选，时任总理詹姆斯·马拉佩击败竞争对手、前任总理彼得·奥尼尔，成功连任巴布亚新几内亚第十二任总理。此时的巴布亚新几内亚因新冠疫情的影响，国内政治局势、社会治安、经济状况、人民生活堪忧。马拉佩政府在政治、经济等领域采取了一系列措施，稳定政局，发展经济，改善民生。中国和巴新作为发展中国家团结协作、互利共赢的典范，加强了两国全面战略合作伙伴关系。西方大国不断加大对巴新的外部干预，影响了巴新的外交走向。

* 卢庆洪，聊城大学太平洋岛国研究中心研究员，聊城大学历史文化与旅游学院副教授，主要从事巴布亚新几内亚研究。

关键词： 巴布亚新几内亚　政治选举　经济　对外关系

巴布亚新几内亚（以下简称巴新）作为太平洋 14 个岛国中面积最大、人口最多、经济总量最大的国家，是“21 世纪海上丝绸之路”南线延伸国。2022 年 5 月，在新冠疫情依旧肆虐、社会治安形势日趋严峻的情形下，巴新迎来了五年一度的全国大选。经过激烈的角逐，时任总理、潘古党（PANGU PATI）[①] 领袖詹姆斯·马拉佩（James Marape）击败了竞争对手彼得·奥尼尔（Peter O'Neill），成功连任巴新第十二任总理，开始了他的第二个总理任期，并联合国民联盟党（National Alliance Party）、社会民主党（Social Democratic Party）、联合资源党（United Resource Party）以及胜利、传统与实力党（Triumph Heritage Empowerment Party）等组成新一届内阁。新政府成立伊始，在新冠疫情形势不容乐观、经济形势下滑的影响下，巴新政治、经济、外交等领域面临着诸多挑战。

一　巴新大选，马拉佩继续执政

（一）巴新大选前的形势

2022 年，巴新迎来了五年一度的大选，但因受新冠疫情的影响，巴新经济社会发展和民生一度受到严重冲击，社会治安恶化，抢劫、偷盗、聚众滋事等案件经常发生。同时，巴新政治竞争和部落冲突加剧，暴力事件在各地集会选举中频频出现。3 月 29 日，赫拉省塔里（Taree）1 名预备役警察在与民兵的武装冲突中被杀，2 名警察受伤。4 月，莫罗贝省发生武装冲突，造成 12 人丧生，100 栋房屋被摧毁；西高地省芒特哈根（Mount Hagen）发

① 潘古党，又称为巴布亚新几内亚联盟党，是巴新政治影响力最大的党派，成立于 1967 年。该党主要以原住民为主，以城市为主要活动范围，其成员大多有地方公职背景，接受过良好教育，具有丰富的城市生活经验。

生学生群殴事件，导致 4 人死亡，20 多人受伤。5 月 26 日，莫罗贝省 2 名持不同立场候选人的支持者发生冲突，造成 2 人死亡、多人受伤。5 月 27 日，巴新能源部部长雷恩博·帕塔（Rainbo Paita）在东高地省欧卡伯（Okapa）遭到袭击，数辆汽车被焚毁。6 月 5 日，恩加省孔皮亚姆-安布姆（Kompiam Ambum）选区选举官员贝托·波卡莱（Beto Pokale）遭遇袭击。6 月 7 日，为反对新任选举监察官，西高地省芒特哈根发生机场跑道被泼油料及群众集会示威事件。6 月 8 日，北部省波蓬德塔（Popondetta）发生团伙械斗事件，市总医院及城镇商业设施被迫关闭。8 月 18 日，南高地省门迪（Mendy）因选举发生暴力事件，造成人员伤亡和大量财产损失。[①] 大选期间，巴新全国范围内共有 30 人因相关暴力犯罪死亡。

面对巴新社会治安风险加剧，5 月 11 日，巴新政府通过《枪支法案》，规定任何人被抓到持有枪支，无论是合法的还是非法的，以及未经许可在公共场合携带武器的人，都将被强制判处终身监禁。巴新国家疫情应对管控官兼警察总长大卫·曼宁（David Manning）称全国范围内所有枪支必须全部上交给警察局。5 月 12 日，巴新警察局宣布自即日起至 7 月 29 日选举期间，实施为期 3 个月的禁酒令。禁令实施期间所有商店都不得出售酒类，所有黑市都将受到监控。

（二）巴新全国大选

3 月 23 日，经巴新国民议会与选举委员会双方协商，决定 2022 年巴新全国大选增加 7 个选区，议员席位由 111 个增至 118 个。5 月，巴新第十一届国民议会大选拉开序幕。7 月 4 日开始投票，3625 名候选人角逐国民议会 118 个议员席位，共有 52 个政党参加了选举。竞争主要在时任总理詹姆斯·马拉佩领导的左翼政党潘古党、反对党领袖贝尔登·纳马赫（Belden Namah）领导的巴布亚新几内亚党（Papua and New Guinea Party）和前任总

① 《巴布亚新几内亚门迪市冲突双方达成临时停火协议》，环球网，2022 年 8 月 26 日，https：//m. gmw. cn/baijia/2022-08/26/1303110278. html。

理彼得·奥尼尔领导的人民全国代表大会党（People's National Congress Party）之间展开。另外，帕特里克·普鲁埃奇（Patrick Pruaitch）和伊恩·林-斯塔基（Ian Ling-Stuckey）领导的国民联盟党、威廉·杜马（William Duma）领导的联合资源党和唐·波利（Don Polye）领导的胜利、传统与实力党等在竞选中具有一定的竞争力。这些政党及其领袖在竞选活动中投入了大量资金，并使用社交媒体宣传与年轻人及农村地区的支持者建立联系。

8月4日，彼得·奥尼尔声称巴新急需一位有远见的领导人，以改善巴新现政府领导下的经济和社会混乱，并推动巴新向前发展。随之，他宣布退出总理竞选，表示巴新应进行社会变革，并鼓励有能力的人积极参选总理。在随后的议员席位选举中，詹姆斯·马拉佩、约翰·罗索（John Rosso）、乔布·波马特（Job Pomat）等所在的潘古党成为第一大党，获得38个席位。人民全国代表大会党获得17个席位，联合资源党获得7个席位。① 8月9日，詹姆斯·马拉佩以97票赞成、8票弃权、0票反对再次当选巴新总理。8月24日，詹姆斯·马拉佩宣布成立新内阁，成员包括副总理兼土地、规划和城市化部部长约翰·罗索，国企部部长威廉·杜马，国库部部长伊恩·林-斯塔基，外交部部长贾斯廷·特卡琴科（Justin Tkatchenko），高等教育、研究、科技和体育部部长唐·波利等32人，其中潘古党拥有22个部长职位。

（三）新政府面临的重重挑战

詹姆斯·马拉佩领导的潘古党在大选中赢得议会118个席位中的38个席位，但远低于组建政府所需要的57个席位。因此，詹姆斯·马拉佩不得不做出妥协，与10多个小党派组建联合政府。此外，前总理彼得·奥尼尔领导的人民全国代表大会党是巴新国民议会中的第二大党。8月9日，在国民议会投票选举总理时，彼得·奥尼尔投了弃权票。新一届政府成立后，共

---

① 《马拉佩再次当选巴新总理并组建内阁》，中华人民共和国驻巴布亚新几内亚独立国大使馆经济商务处网站，2022年8月24日，http://pg.mofcom.gov.cn/article/jmxw/202208/20220803343332.shtml。

有 12 名落选人士向当局提出申请，要求重检个人选举结果。

巴新新政府成立后，暴力事件持续发生。9 月 19 日，东高地省戈罗卡（Goroka）纳加米亚法村（Nagamiufa Village）发生部族冲突，多栋建筑被烧，400 多人流离失所，戈罗卡综合医院等被迫关闭。10 月 9 日，莫尔兹比港（Port Moresby）库木尔立交桥附近发生东高地省与赫拉省团伙冲突，造成 4 人死亡、6 人受伤。10 月 24 日，赫拉省塔里居民和警察发生暴力冲突。同日，米尔恩湾省基里维纳岛（Kiriwina Island）发生部落冲突，造成 32 人死亡。10 月 26 日，为反对驱逐“9 英里地区”定居点人员，莫罗贝省莱城（Lae）布提巴姆（Butibam）、坎库蒙（Kamkumung）和唐人街地区发生抗议活动。

布干维尔自治区长期谋求独立。8 月 26 日，布干维尔自治政府拒绝詹姆斯·马拉佩总理就布干维尔 2019 年独立公投结果进行全国协商的声明，坚持认为：2019 年全民公投结果只需国民议会批准，不要求全国就此事进行协商。自治政府总检察长埃泽基尔·马萨特（Ezekiel Masatt）声称全国协商没有法律依据。

（四）新政府采取的举措

詹姆斯·马拉佩组阁后，针对全国大选中出现的欺诈事件和暴力事件，立即要求巴新警方和国防军采取行动，调查与大选相关的暴力犯罪案件，确保将犯罪分子绳之以法。截至 2022 年 8 月 23 日，巴新警方共逮捕 242 名与全国大选有关的暴力犯罪嫌疑人，其中 21 名候选人在大选期间涉嫌参与暴力事件。同时，詹姆斯·马拉佩总理表示，国民议会将成立一个包含反对党和执政联盟议员在内的委员会，全面审查 2022 年议会选举相关问题，以确保 2027 年大选不再出现同样问题。

10 月 17 日，巴新政府在莫尔兹比港发起安全行动，打击该地区不断增加的暴力犯罪和武装冲突事件，并决定 11 月 24 日前在莫尔兹比港部署 300 名以上的国防军人员，加强警力巡逻。同时，向南高地省门迪增派 150 名防暴部队和国防军人员，实行每天 18 时至次日 6 时的宵禁，协助当地警方调查、逮捕暴力犯罪分子。西新不列颠省警方在金贝（Kimbe）及周边地区加强安全措施，以防范之前越狱的26名囚犯。

总之，詹姆斯·马拉佩虽赢得了2022年的巴新大选，但其执政所面临的政治形势极为严峻，反对党虎视眈眈，民族分裂势力公开叫板，社会治安令人担忧，这对新一届政府是严峻的考验。

二　巴新经济形势与发展对策

2022年，新冠疫情持续对巴新产生影响。巴新是典型的外向型经济国家，对国际市场依赖比较重，因此2022年巴新的经济发展不容乐观，不得不调整政策加以应对。

（一）巴新经济面临的巨大挑战和困难

2021年，由于新冠疫情冲击和国际市场波动，巴新经济增速放缓，经济增长率仅为1.5%，政府财政困难增多。巴新人口增长较快，大量农村人口流向城市，造成失业率居高不下，社会治安形势严峻。联合国开发计划署（United Nations Development Programme）人类发展指数显示，巴新在191个国家中列第156位。[①] 2022年3月16日，巴新工商会会长伊恩·塔鲁蒂亚（Ian Tarutia）列举了导致巴新经营环境欠佳、对企业构成巨大挑战和困难的多种因素。主要包括电力价格高，供电不稳定，导致许多企业不得不使用备用电源，增加了非生产性业务成本；政府在未与企业充分协商的情况下，征收政府服务和许可费，加剧了企业的负担；巴新道路和桥梁损毁严重，产品进入市场和人员出行受阻；外汇短缺影响了离岸采购制造业原料和商品；

① 《巴布亚新几内亚国家概况》，中国外交部网站，最新更新时间：2023年7月，https://www.mfa.gov.cn/web/gjhdq_676201/gj_676203/dyz_681240/1206_681266/1206x0_681268/。

巴新防疫措施存在问题，而且全国范围内疫苗接种率偏低。[①] 同时，新冠疫情对巴新的影响不断加大。截至 9 月 23 日，巴新新冠病毒感染确诊病例累计超过 4.4 万例，累计死亡病例达到 664 例。[②]

（二）巴新政府振兴经济的措施

10 月 2 日，詹姆斯·马拉佩总理在出席巴布亚新几内亚大学活动时表示，巴新政府在疫情期间采取扩张性财政政策，补贴农业等主要生产部门，刺激消费需求，使巴新经济增长率得以接近 4%的增长目标，预计将历史性地达到 1100 亿基那。同时，詹姆斯·马拉佩总理称新一届政府将为国家创造持续性增长机会，目标是将巴新建成 2000 亿基那的经济体，带领民众在政治独立后寻求实现经济独立。[③]

1. 新设咖啡部和油棕部部长，积极发展农业生产

巴新约 82%的人口依赖农业生存。但随着矿产、油气等能源出口的增加，巴新农业生产下降。为此，詹姆斯·马拉佩总理提出“农业是政府可以对这个国家的人口产生最大影响的领域……我们必须鼓励我们的人民从事农业生产”。针对棕榈油、咖啡分别占农产品年出口额的 40%和 27%，巴新政府将重振农业的重心放在咖啡和棕榈的种植上，成为世界上首个设置咖啡部部长和油棕部部长的国家，希望通过重振咖啡和油棕产业，增加出口收入。这是巴新政府在农业领域“收回巴新”（Take Back PNG）愿景的一部分，凸显了政府扩大农业生产的决心。

---

① 《巴新商会负责人称巴新营商环境欠佳》，中华人民共和国驻巴布亚新几内亚独立国大使馆经济商务处网站，2022 年 3 月 2 日，http://pg.mofcom.gov.cn/article/jmxw/202203/20220303287032.shtml。

② 《巴布亚新几内亚：东高地省府发生暴力部族冲突，超 400 人流离失所，莫罗贝省附近海域发生 7.6 级地震致多人死伤、多处停电，部族暴力冲突、重大自然灾害风险持续预警》，福建省商务厅网站，2022 年 9 月 30 日，https://swt.fujian.gov.cn/xxgk/jgzn/jgcs/dwtzyjjhzc/yjxx_6067/202209/t20220930_6009222.htm。

③ 《巴新经济规模预计将在今年突破 1100 亿基那》，中华人民共和国驻巴布亚新几内亚独立国大使馆经济商务处网站，2022 年 10 月 25 日，http://pg.mofcom.gov.cn/article/hg/202210/20221003361459.shtml。

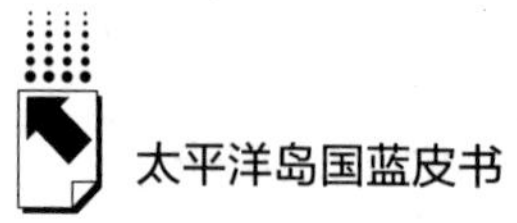

2. 调整疫情防控政策，振兴国际旅游产业

2 月 12 日，巴新国家疫情应对管控官兼警察总长大卫·曼宁宣布自 2 月 16 日起，从海外抵达巴新的乘客将不再需要隔离，各国旅客只要已完全接种疫苗，全部允许入境。[①] 3 月 31 日，新几内亚航空公司（Air Niugini）恢复飞往澳大利亚的航班，并免费为登机乘客提供新冠抗原检测。随着新冠疫情防控措施放松，2022 年第一季度，巴新迎来了 9845 名国际旅客，同比增长了 100%。[②]

4 月 18 日起，新几内亚航空公司宣布从莫尔兹比港飞往澳大利亚的旅客旅行前停止接受新冠抗原检测，飞往新加坡和马尼拉、香港的乘客在出发前抗原检测结果为阴性即可。8 月 6 日起，新几内亚航空公司恢复飞往所罗门群岛霍尼亚拉和斐济楠迪的航班，拉动了美拉尼西亚三国之间贸易、投资和人员流动。10 月 6 日，巴新撤销在候机楼内、飞机上佩戴口罩等与航空旅行有关的新冠疫情限制措施，取消海外乘客必须出示接种新冠疫苗的证据要求，由此推动了巴新旅游业的发展。[③] 截至 2022 年底，巴新国际入境人数增加到 69376 人，比 2021 年增加了 300%。同时，前往巴新的国际邮轮游客人数也比 2021 年大幅增长。在抵达巴新的总人数中，就业者占 50%，出差者占 25%，度假者占 9%，拜访亲友者占 8%。[④]

3. 调整矿业开采政策，启动矿山开采项目

2019 年马拉佩政府成立后，提出了“收回巴新”政策，此举严重影响了巴新采矿业的发展，导致部分矿山被迫关闭。为此，2022 年 2 月 3 日，恩加省矿业资源局与巴新中央政府签署《波格拉项目继续协议》。根据协

---

① 《巴新调整国际旅行防疫措施》，中国侨网，2022 年 2 月 14 日，http://big5.china.com.cn/gate/big5/m.china.com.cn/appdoc/doc_1_44_2163654.html。

② 《巴新 2022 年第一季度游客人数创纪录》，中华人民共和国驻巴布亚新几内亚独立国大使馆经济商务处网站，2022 年 6 月 21 日，http://pg.mofcom.gov.cn/article/jmxw/202206/20220603320404.shtml。

③ 《紧随澳大利亚之后，巴新移除全部航空旅行限制措施》，巴新中文网，2022 年 10 月 8 日，http://www.png-china.com/forum.php?mod=viewthread&tid=14236&extra=page%3D3。

④ 《2022 年有将近 7 万国际游客入境巴新》，巴新中文网，2023 年 3 月 28 日，http://www.png-china.com/forum.php?mod=viewthread&tid=14313&extra=page%3D1。

议，加拿大巴里克黄金公司（Barrick Gold Corp.）与巴新国有矿业公司和恩加省矿业资源局共同成立合资公司，推动波格拉（Porgera）金矿项目启动。[①] 2月22日，巴新政府与美国埃克森美孚公司（Exxon Mobil Corp.）及其合作伙伴澳大利亚桑托斯石油公司（Santos Oil Corp.）和新日本油气勘探有限公司（JX Nippon Oil Gas Exploration Corp.）签署天然气项目开发协议，为巴新西部省平阳（P'nyang）气田开发扫清了障碍。[②] 9月27日，詹姆斯·马拉佩总理与日本首相岸田文雄会谈时，同意为日本公司提供新气田优先开采权，并开展液化天然气加工项目。12月5日，詹姆斯·马拉佩总理敦促矿业投资者推动巴新下游加工企业发展，计划借助法国道达尔能源公司（Total Energies Corp.）经营的巴布亚液化天然气项目、澳大利亚纽克雷斯特矿业公司（Newcrest Mining Corp.）和南非的哈莫尼金矿公司（Harmony Gold Mining Corp.）共同经营的瓦菲-戈尔普（Wafi-Golpu）铜金矿等五大项目，带动当地就业。到2029年将国内生产总值扩大到2000亿基那（约合550亿美元）。[③]

4. 积极推进“联通巴新”，发展交通运输业

为推动“联通巴新”计划的实施，1月14日，詹姆斯·马拉佩总理宣布了内阁关于为全国新建公路提供14亿基那资金的决定。项目包括：莫罗贝省马卡姆山谷雅鲁（Yalu）桥—纳德扎布（Nadzab）公路（4亿基那），中央省马吉（Magi）公路乌普利马（Upulima）桥—莫尔圭亚（Moreguiea）段（1.64亿基那），马当省拉姆（Ramu）公路拉姆—马当（Madang）段（1.59亿基那），莫马斯走廊瓦尼莫（Vanimo）—威瓦克（Wewak）公路（1.475亿基那），西新不列颠省金贝到东新不列颠省科科波（Kokopo）公路（1.385亿基那），马努斯省莫莫特（Momote）机场—

① 《巴新恩加省波格拉金矿土地主与国家签署项目继续协议》，中华人民共和国商务部网站，2022年2月4日，http://pg.mofcom.gov.cn/article/jmxw/202202/20220203278100.shtml。

② 《桑托斯与埃克森美孚签署天然气项目协议》，中国石化新闻网，2022年2月23日，http://www.sinopecnews.com.cn/xnews/content/2022-02/23/content_7020526.html。

③ 《巴布亚新几内亚敦促矿企加快开发》，中华人民共和国自然资源部网站，2022年12月7日，https://geoglobal.mnr.gov.cn/zx/kczygl/zcdt/202212/t20221207_8416967.htm。

西海岸公路（1.159 亿基那），赫拉省哈利姆库（Halimku）—科罗巴（Koroba）公路封层工程（8000 万基那），西部省基永加（Kiunga）—塔布比尔（Tabubil）公路封层工程（5000 万基那），等等。①

5. 加强国际合作，推动下游加工业发展

2022 年 8 月 17 日，詹姆斯·马拉佩总理呼吁澳大利亚企业从巴新进口更多产品，以平衡两国之间严重不对称的进出口规模。同时，巴新政府希望更多的澳大利亚投资者与巴新合作，推动巴新下游加工业工业化方面的目标尽快实现，以实现巴新经济发展。10 月 25 日，詹姆斯·马拉佩总理在发表加强林业等经济活动的讲话时表示：为了将国内林木产业向下游加工业转移，巴新将在 2025 年前停止所有原木出口。12 月 2 日，巴新财政和执行部部长兼国家计划部部长伦博·帕伊塔（Rainbo Paita）在 2023 年预算会议上，提议将原木出口税在 59%的基础上再提升 20%。②

6. 依托海洋资源，建立沿海渔业中心

2022 年 1 月，巴新渔业和海洋资源部投资 1.05 亿基那，在莫罗贝省修建了沿海渔业中心。该渔业中心包括 1 个用于上岸、卸货和销售鲜鱼的海滨设施，1 个用于加工和分销冷冻鱼和其他海产品的设施以及国家渔业局（National Fisheries Agency，NFA）办公大楼。该项目投产，将提高巴新整体渔获量和渔民收入，成为临近省份的渔业中心。

7. 多措并举，关注民生发展

俄乌冲突发生后，国际油价骤然飙升。3 月 8 日，巴新汽油、柴油和煤油每升价格分别提高了 0.31 基那、0.31 基那、0.26 基那。燃油价格的上涨，导致包括公交车费用在内的商品和服务价格上涨。为缓解燃油价格上涨带来的消极影响，4 月 8 日，巴新政府采取一系列举措：对部分民生基

---

① 《巴新总理马拉佩宣布 14 亿基纳公路建设合同》，中华人民共和国驻巴布亚新几内亚独立国大使馆经济商务处网站，2022 年 1 月 19 日，http://pg.mofcom.gov.cn/article/jmxw/202201/20220103237985.shtml。

② 《巴新政府要将原木出口税从 59%提升至 70%》，中国木业信息网，2022 年 12 月 12 日，http://www.wood168.net/src/newsdetail.asp?this=56323。

本商品停收10%的商品税与服务税，将公共服务部门和私营部门的所得税起征点提高到1.75万基那，取消学校项目费用，等等。这些措施增加了居民可支配收入，拉动了经济增长。同时，南太平洋银行宣布降低个人账户客户的“昆度（Kundu）套餐”账户月费和提款现金手续费，取消存款现金手续费。

三　巴新与中国及西方国家的交往

在新冠疫情的影响下，巴新经济发展陷入困境。2022年1月，巴新因拖欠联合国会费已达两年以上，根据《联合国宪章》第十九条规定，巴新被取消了在联合国大会的投票权。

（一）巴新与中国的密切合作与交流

巴新与中国不断深化全面战略伙伴关系。2022年2月3~6日，詹姆斯·马拉佩总理出席在北京举办的第二十四届冬季奥运会开幕式时与李克强总理举行会谈，两国签署《中华人民共和国和巴布亚新几内亚独立国联合声明》，重申坚定致力于深化双方相互尊重、共同发展的全面战略伙伴关系，拓展广泛领域的交流与合作；一致同意加强“一带一路”倡议与巴新“2050年愿景”“联通巴新”等发展战略的对接，推动实现互利共赢，促进共同发展。[①] 6月3日，中国国务委员兼外交部部长王毅访问巴新时表示，在巴新走向振兴繁荣的进程中，中方支持巴新设立经济特区，大力发展加工业，提高商品附加值，加快工业化进程，增强自主发展能力，将资源优势转化为发展优势。11月18日，亚太经合组织（APEC）领导人峰会在曼谷举行期间，习近平主席在与詹姆斯·马拉佩总理会谈时指出，中国和巴新是好朋友、好伙伴、好兄弟，是发展中国家团结协作、互利共赢的典范，中方愿

---

① 《中华人民共和国和巴布亚新几内亚独立国联合声明》，中华人民共和国商务部网站，2022年2月7日，http://pg.mofcom.gov.cn/article/jmxw/202202/20220203278188.shtml。

同巴新高质量共建“一带一路”，拓展农林渔业、基础设施、经济特区建设、防灾救灾、绿色发展等领域合作，扩大进口巴新优势产品，鼓励中国企业赴巴新投资合作，实施好电网、菌草和旱稻技术援助等项目。[①] 12月13日，詹姆斯·马拉佩总理在参加巴新中资企业商会年度招待会上表示，中国是巴新的关键贸易投资伙伴，巴新愿进一步拓展同中国在政治、经贸、人文等各领域交流合作，欢迎中资企业参与巴新能矿和农林渔业等加工业发展。

两国加强经济领域合作。2022年1月21日，中国-巴新天然气合作视频会议召开，中国国家能源局副局长任京东与巴新副总理兼商贸与工业部部长萨姆·巴西尔（Sam Basil）围绕深化两国天然气全产业链合作交换了意见。2月7日，巴新渔业部与中国海关总署签署《巴布亚新几内亚输华食用水生动物检疫和卫生要求议定书》和修订的《巴布亚新几内亚输华野生水产品的检验检疫和兽医卫生要求议定书》，巴新产品获得直接进入中国市场的机会。[②] “中国建造”项目在巴新纷纷落地。1月，中建科工集团巴新公司签约莫尔兹比港埃拉（Ela）海滩海边公寓项目，合同额为1.71亿元人民币；中铁建工集团南太区域总部中标西部省基永加区欧凯泰迪路面封层项目。2月，中国海外工程有限责任公司巴新公司中标桑道恩省沿海公路和马努斯省公路升级改造项目。3月，中铁建设集团巴新公司签约新爱尔兰省卡维恩招待所项目和莫罗贝省莱城面粉厂市政项目。5月，中铁建工集团南太区域总部签约西新不列颠省40公里路桥设计施工和东高地省戈罗卡大学行政办公楼项目。6月，中国建筑集团巴新公司与巴新国家石油公司签署莫尔兹比港总医院扩建项目协议；中国中冶集团与巴新国家工程部签署莫罗贝省莱城纳扎布—东高地省亨加诺菲（Henganofi）桥路段沿线35座桥梁设计、修复和施工项目，合同额为6亿元人民币。7月，中国武夷实业股份有限公司巴新分公司签约东高地省亨加诺菲—曼吉里（Mangiro）段5座钢混桥梁

---

① 《习近平会见巴布亚新几内亚总理马拉佩》，中国共产党新闻网，2022年11月19日，http://cpc.people.com.cn/BIG5/n1/2022/1119/c64094-32569804.html。

② 《中巴新签署输华海产品议定书》，中华人民共和国商务部网站，2022年2月9日，http://pg.mofcom.gov.cn/article/jmxw/202202/20220203278768.shtml。

维修和14座新钢混桥梁施工总承包协议，合同额为4.5亿元人民币。12月，中国土木工程集团签约赫拉省科罗巴28公里公路升级改造、132kV输变电工程勘察设计、西高地省6公里道路施工和高地地区17座桥梁设计施工项目。与此同时，中国加大了对巴新的援助工作。7月22日，由重庆大学附属肿瘤医院牵头的第12批援巴新中国医疗队赴莫尔兹比港总医院开展援外任务。8月19日，中国政府援助巴新警方1000件防弹背心与防弹帽，增强了警方履职信心和能力。8月24日，中国政府决定在巴新建立国家毒品实验室，以便在日益增长的跨国有组织犯罪活动中提高警察的毒品监察能力。9月29日，莫罗贝省发生地震灾害后，中国红十字会向巴新政府提供了人道主义援助。12月2日，中国政府向巴新政府捐赠了一批医疗设备物资。2022年，两国贸易额达到52.6亿美元，同比增长30.8%。其中中方出口额为14.3亿美元，同比增长36.2%；中方进口额为38.2亿美元，同比增长28.6%。2022年，中国从巴新进口液化天然气252.37万吨，巴新成为中国第六大天然气进口来源国。

（二）西方国家强化与巴新各领域的合作

在政治领域，美国和澳大利亚、新西兰政府官员频频造访巴新。4月，美国白宫国家安全委员会印太事务协调员库尔特·坎贝尔（Kurt Campbell）访问巴新。7月3日，澳大利亚外交部部长黄英贤（Hon Penny Wong）访问巴新，声称中国在海湾省科考瑞（Kikori）地区建设的拥有深水港、机场、高速公路等基础设施和科技、制造业等园区的经济特区，对澳大利亚国家战略利益造成挑战，建议美国、澳大利亚、新西兰、巴新四国签订多边安全协议。9月，新西兰外交部部长纳纳娅·马胡塔（Nanaia Mahuta）访问巴新。10月，澳大利亚副总理理查德·马勒斯（Richard Marles）访问巴新，为援建的莫罗贝省莱城安高（Angau）纪念综合医院重建项目、莫尔兹比港陶拉马（Taurama）军营教堂项目揭牌。11月，美国众议院外交事务委员会民主党主席、纽约新保守主义者格雷戈里·米克斯（Gregory Meeks）访问巴新。

在军事领域，西方国家与巴新开展深度合作。2月11日，美国白宫发布新版《印太战略报告》(Indo-Pacific Strategy of the United States),将巴新视为“促进自由和开放的印太地区的重要合作伙伴”。随后,美国海岸警卫队访问了巴新,与巴新总理詹姆斯·马拉佩及国防部部长索兰·米里森(Solan Mirisim)举行会谈。4 月 27 日,美国众议院负责东亚和太平洋事务的助理国务卿丹尼尔·克里滕布林克(Daniel Kritenbrink,又译为康达)称,美国希望扩大与巴新的安全合作,增进两国关系。8 月 23 日,美国海岸警卫队再次访问巴新,双方就打击非法海上活动进行了谈判。与此同时,澳大利亚与巴新在军事领域合作不断增强。2022 年 3 月,澳大利亚派出 90 名国防军人员与巴新国防军开展联合训练演习。5 月,澳大利亚再次派遣 100 多名空军、陆军和网络人员,帮助巴新培训步兵技能和网络专家,打击网络攻击。同时,澳大利亚与美国决定投入 1.75 亿美元,升级改造巴新马努斯岛具有重要战略意义的深水港洛伦高(Lorengau)海军基地,建造发电、供水和污水处理设施、社区工作设施、培训和住宿设施,为巴新巡逻艇和澳大利亚澳新军团级护卫舰提供支持。作为澳大利亚和美国的追随者,4 月 8 日,新西兰帮助巴新国防军在莫尔兹比港默里军营建立了新的领导中心。新西兰国防军太平洋领导人发展计划负责人戈登·米尔沃德(Gordon Milward)表示:“新西兰援助巴新的设施是新西兰外交部和国防军在太平洋地区更广泛承诺的一部分,旨在帮助巴新官员进行自我培训。”

在经济领域,西方国家加大了对巴新的援助。4 月,美国国际开发署(United States Agency for International Development)负责亚洲事务的代理高级副助理署长克雷格·哈特(Craig Hart)与巴新国家规划和监测部部长科尼·塞缪尔(Kony Samue)签署 1200 万美元的新发展目标赠款协议。[①] 7 月,美国国际开发署提供 500 万美元的援助,在莫尔兹比港综合医院和莱城安高纪念综合医院安装综合液态医用氧气系统,同时,为恩加省、赫拉省和南高地省部分地区提供卫生用品包、尊严用品包、水容器和避难所用品等价

① U. S. Renews Its Commitment to Papua New Guinea with $12 Million USD Agreement, https://www.usaid.gov/pacific-islands/press-releases/4-22-2022-us-renews-its-commitment-papua-new-guinea-12-million-usd-agreement.

值 10 万美元的人道主义援助。① 8 月，美国国际开发署与美国国际开发金融公司向巴新全国小额银行有限公司（Nationwide Microbank Limited）提供 500 万美元投资担保，旨在增强其向巴新中小微企业提供贷款的能力。② 9 月，美国国际开发署为巴新提供 1850 万美元，用于保护森林资源。③ 10 月，美国国际开发署追加 310 万美元，援助巴新高地地区。2021/2022 财年，澳大利亚为巴新提供了约 5. 9 亿澳元的援助，计划 2022/2023 财年增加到 6. 02 亿澳元。④

结　语

2022 年巴新全国大选已落下帷幕，新政府已经成立。面对一系列社会问题，马拉佩政府雄心勃勃，准备加强各领域的管理，抓稳定，抓发展，抓民生，克服新冠疫情带来的不利影响，提出为国家创造持续性增长机会，将巴新建成 2000 亿基那经济体的目标，带领民众在政治独立后寻求实现经济独立。在对外交往方面，新政府继续与中国保持密切的政治、经济联系，与西方国家的交往与日俱增，尤其是在军事方面尤为突出。

① The United States Provides Immediate Assistance to Respond to Displacement in Papua New Guinea, https：//www. usaid. gov/news-information/press-releases/jul-29-2022-united-states-provides-immediate-assistance-new-guinea.

② Home Pacific Islands Economic Growth, https：//www. usaid. gov/pacific - islands/economic - growth.

③ USAID Announces New Up to ＄18. 5 Million Effort to Conserve Forests in Papua New Guinea, https：//www. usaid. gov/news- information/press - releases/sep - 13 - 2022 - usaid - announces - new-185-million-effort-conserve-forests-papua-new-guinea.

④《巴布亚新几内亚国家概况》，中国外交部网站，最近更新时间：2023 年 7 月，https：//www. mfa. gov. cn/web/gjhdq _ 676201/gj _ 676203/dyz _ 681240/1206 _ 681266/1206x0 _ 681268/。

B.6

2022年瓦努阿图政治、经济、外交发展述评

韩玉平　黄薇霏*

摘　要： 2022年，瓦努阿图政治局势发生动荡：修宪危机导致议员签署针对总理鲍勃·拉夫曼的不信任动议，议会遭到解散；提前举行大选，成立了第十三届政府，议会中首次出现女性议员；成立了瓦努阿图国家习惯法条约委员会，加强了习惯法在政府决策上的影响。经济上，政府加强了对农业的支持，7月1日向国际游客重新开放边境，旅游业开始复苏。在国际舞台上，瓦努阿图与周边国家保持了较为紧密的联系，在应对气候变化等问题上展示了领导力，与美国、澳大利亚、新西兰等大国保持了密切的联系，但因为护照问题与欧盟产生纠纷。同时，瓦努阿图加强了与中国的交流，成为太平洋岛国地区与中国团结合作的典范。

关键词： 瓦努阿图　修宪危机　中国-瓦努阿图合作

对瓦努阿图来说，2022年是一个不平常的年份，政治、经济、外交等领域出现了一些新的发展。6月，瓦努阿图成立了国家习惯法条约委员会（National Custom Treaty Commission），加强了习惯法在政府决策上的影响。同月，瓦努阿图总理鲍勃·拉夫曼（Bob Loughman）推动的修宪改革以惨

* 韩玉平，博士，聊城大学太平洋岛国研究中心研究员，聊城大学国际教育交流学院副教授，主要从事翻译学、瓦图阿图研究等；黄薇霏，聊城大学外国语学院硕士研究生。

败告终，为提出针对他的不信任动议埋下了伏笔。8 月，17 名议员对总理鲍勃·拉夫曼提出了议会不信任动议。8 月 18 日，总统尼克尼克·武罗巴拉武（Nikenike Vurobaravu）签署文件，宣布解散议会。10 月 13 日，瓦努阿图开始提前进行大选。11 月 4 日，瓦努阿图温和党联盟主席伊什梅尔·卡尔萨考（Ishmael Kalsakau）当选新一届政府总理并宣誓就职。经济方面，瓦努阿图政府延续了几年来的农业政策，继续加强对农业的支持；为了恢复旅游业的发展，瓦努阿图 7 月 1 日重新向全球旅游者开放边境，并采取一系列措施，吸引国际旅游者的到来。外交方面，瓦努阿图继续保持与周边国家和大国的密切联系，在应对气候变化等问题上在国际舞台展示了领导力，但因为护照问题与欧盟产生了矛盾。同时，随着中国国务委员兼外交部长王毅到访瓦努阿图，中、瓦两国关系日益紧密。

一 政治局势变化

（一）新总统当选

2022 年 7 月 23 日，经过激烈角逐和选举机构 8 轮投票，尼克尼克·武罗巴拉武当选瓦努阿图新任总统。武罗巴拉武来自桑马省的马洛岛，于 23 日当天宣誓就职。但是，瓦努阿图总统作为国家元首，是国家团结统一的象征，具有监督宪法的权力，不掌握实权，对议会工作无权干涉。因此，新总统的当选对瓦努阿图的政治局势不会产生大的影响。

（二）修宪危机

鲍勃·拉夫曼 2020 年 4 月担任瓦努阿图总理以来，一直进行修改宪法的活动，拟议宪法修正案的主要内容包括：将议员任期从 4 年延长至 5 年；修改首席大法官的任期为 5 年；允许双重国籍公民在政府中担任公职；扩大国家部委的数量，新设立 4 个部委等。共 16 项内容。

2022 年 6 月 10 日，瓦努阿图议会计划召开特别会议对拟议修正案进行投票，但是参加会议的议员人数没有达到法定人数，议会被迫宣布休会。根据瓦努阿图宪法，需要出席会议的议员人数达到52个席位的2/3（即34个议席）才能讨论并通过宪法修正案，这导致拟议宪法修正案无法表决。议长瑟尔·西米恩（Seoule Simeon）决定，将于6月17日再次召开特别会议对拟议修正案进行投票。政府阵营的统一变革运动领导人、前总理夏洛特·萨尔维（Charlot Salwi）表示，拉夫曼总理提出的修宪不符合法定程序，把修正案提交到议会之前并没有征求民众的意见，因此敦促议员继续抵制议会召开修宪特别会议。① 反对派领导人拉尔夫·雷根瓦努（Ralph Regenvanu）称，反对派人士不会出席6月17日的议会特别会议。雷根瓦努证实，提案在6月10日遭到反对后，政府在一夜之间废除了16项拟议修正案中的“某些项目”。雷根瓦努认为，“这些议会修正案中有两个令人不安和危险的提议，直接破坏了国家的良好治理”。这两项修正案包括修改首席大法官的任期为5年及改变任命督察员的程序。雷根瓦努说，此前，督察员是由总统与总理、议长、政党领导人、酋长委员会和省议会主席、公共服务委员会和司法服务委员会主席协商后任命的。然而，该修正案将只要求总统与总理协商后做出任命。② 在6月17日召开的议会特别会议上，仅有32人出席会议，仍然达不到法定人数，导致拉夫曼政府原希望讨论并通过宪法修正案的计划彻底流产。修宪改革惨遭失败，为议员们签署针对总理鲍勃·拉夫曼的不信任动议埋下了伏笔。

（三）针对总理鲍勃·拉夫曼的不信任动议

2022年8月5日，鲍勃·拉夫曼离开维拉港对沙特阿拉伯进行正式访问。8月8日，27名议员签署了一份召开议会特别会议的呼吁，讨论对拉夫

① Hilaire Bule, “Government Boycott Its Own Bill－No Quorun”, *Daily Post*, June 10, 2022, https://www.dailypost.vu/news/government-boycott-its-own-bill--no-quorum/article_3512c008-b4a3-5445-9c84-47bb92f67ed7.html.

② Hilaire Bule, “Parliament to Fall off”, *Daily Post*, June 10, 2022, https://www.dailypost.vu/news/parliament-to-fall-off/article_0cf5152d-6897-5335-808b-dd928196f0d2.html.

曼提出不信任动议。这 27 名议员是议会中不同团体的代表，包括统一变革运动党、瓦努阿库党以及温和党联盟等。①

8 月 9 日，在议长瑟尔・西米恩召集的议会会议中，17 名议员对总理鲍勃・拉夫曼提出了不信任动议。此外，一些部长表示他们将支持这项动议。②

签署该动议的议员们对拉夫曼总理提出不信任动议主要基于以下几个方面。

第一，修宪改革试图改变政府的民主制度。议员们认为，对政府结构和宪法进行重大改革的尝试显然是试图通过削弱法律和几个关键的宪法职位来掌握权力，这是对民主核心的攻击。③ 这是对总理拉夫曼提出不信任动议最重要的理由。

第二，公务员委员会管理混乱。议员们称，公务员委员会目前的管理混乱不堪。动议的签署者表示，在拉夫曼担任总理的两年时间里，公务员委员会的决定在各级公共服务中造成了不信任和不忠诚，以至于沮丧的官员们都在默默地抗议，导致国家计划的实施和公共服务的提供出现延误。④

第三，医院设施建设合同招标违规。签署该动议的议员们认为，在维拉中心医院新医院设施建设和破土动工兴建维拉中心医院新冠病毒感染治疗区时，拉夫曼涉嫌无视法律和政府招标法案，未遵守法定投标程序，没有经过适当的法律招标过程。他们认为拉夫曼总理一意孤行，同意将价值数亿瓦图的合同授予一个政治盟友和赞助人，后者先行建造了病房，但现在中央招标委员会拒绝批准该投标，称其在授标过程中存在若干违规行为，并告知高级

① Glenda Wille, "Motion Lodged", *Daily Post*, August 9, 2022, https://www.dailypost.vu/news/motion-lodged/article_e241d4a3-4a4f-5360-bf5d-cc7940c94015.html.

② Hilaire Bule, "Ministers Expected to Support the Motion against PM Loughman", *Daily Post*, August 9, 2022, https://www.dailypost.vu/news/ministers-expected-to-support-the-motion-against-pm-loughman/article_f9c4fd92-0607-51d0-a53f-8aadab0c3432.html.

③ Hilaire Bule, "5 Reasons for Motion", *Daily Post*, August 10, 2022, https://www.dailypost.vu/news/5-reasons-for-motion/article_ee11ee96-fdd5-58e9-ad66-447aa0bdc831.html.

④ Hilaire Bule, "5 Reasons for Motion", *Daily Post*, August 10, 2022, https://www.dailypost.vu/news/5-reasons-for-motion/article_ee11ee96-fdd5-58e9-ad66-447aa0bdc831.html.

官员，如果该投标获得批准，他们将面临严重的法律风险。①

第四，政府对公民身份计划（Citizenship Program）管理不善。公民身份计划即瓦努阿图捐献入籍计划。签署不信任动议的议员们指责总理拉夫曼对公民身份计划的管理不善，从而导致在2022年初瓦努阿图护照失去了在欧盟的签证豁免权。② 公民身份计划是瓦努阿图获取财政收入的重要途径，仅2020年1月至12月中旬，政府通过公民身份项目获取122亿瓦图的收入。③ 因此，政府对公民身份计划的管理不善将导致瓦努阿图最大的收入来源遭受严重损失。

第五，政府对政府奖学金管理不善。签署不信任动议的议员们称，拉夫曼领导的政府连续两年未能为数百名在国外留学的瓦努阿图学生妥善实施和管理政府奖学金与国家公积金学生贷款津贴。议员们说，这导致学生失去一年的教育机会，一些人被赶出宿舍，被迫沿路寻找食物，并受到被取消注册的威胁。④

根据《瓦努阿图共和国宪法》第21条和议会议事规则第15条，瓦努阿图议会于2022年8月16日召开第一次特别会议，审议对总理的不信任动议并选举新总理。8月10日，不信任动议文件中列出了28名议员的名字，但只有25人签名。8月13日，拉夫曼给议长写了一封信，要求他立即撤回动议。8月16日上午，议会开始就不信任动议进行辩论，但由于22名议员的抵制，出席会议的议员人数没有达到法定人数的2/3，议会未能通过罢免总理的议案，议长瑟尔·西米恩宣布将特别会议延期至8月19日再次举行。8月18日，瓦努阿图总统尼克尼克·武罗巴拉武签署文件，宣布解散议会。

① Hilaire Bule, "5 Reasons for Motion", *Daily Post*, August 10, 2022, https://www.dailypost.vu/news/5-reasons-for-motion/article_ee11ee96-fdd5-58e9-ad66-447aa0bdc831.html.

② Hilaire Bule, "5 Reasons for Motion", *Daily Post*, August 10, 2022, https://www.dailypost.vu/news/5-reasons-for-motion/article_ee11ee96-fdd5-58e9-ad66-447aa0bdc831.html.

③ GLS Private Office, "Vanuatu's Citizenship by Investment Program: Impressive Revenue Results", https://glspo.com/vanuatus-citizenship-by-investment-program-impressive-revenue-results/.

④ Hilaire Bule, "5 Reasons for Motion", *Daily Post*, August 10, 2022, https://www.dailypost.vu/news/5-reasons-for-motion/article_ee11ee96-fdd5-58e9-ad66-447aa0bdc831.html.

根据《瓦努阿图共和国宪法》，必须在议会解散后的 30～60 天内举行临时选举。

瓦努阿图议会反对派向最高法院提出指控，认为总统解散议会的行为是非常不负责的，但最高法院首席大法官文森特·鲁纳贝克（Vincent Lunabeck）认为，总统的行为并没有违背宪法，“瓦努阿图人民有权利在新的议会选举中民主地表达自己的观点”①，因此最高法院驳回了这项指控，这就意味着瓦努阿图将不得不提前两年进行大选。

（四）新政府的产生

10 月 13 日，瓦努阿图提前进行大选。经过长达 3 周的选举，瓦努阿图温和党联盟主席伊什梅尔·卡尔萨考在 11 月 4 日举行的投票中获得议会 52 个席位中的 50 个，当选瓦努阿图新一届总理，并随后举行了就职仪式。温和党联盟、瓦努阿图领袖党、统一变革运动党、土地和正义党、人民进步党、民族联合党等成立执政联盟并组阁。

来自埃皮岛选区（Epi constituency）的瑟尔·西米恩当日被选为议会新的议长，他曾担任第 12 届议会的议长。随着西米恩当选为新议长，第一副议长由前议长、来自瓦努阿图领袖党的议员格拉西亚·沙德拉克（Gracia Shadrack）担任，第二副议长由土地和正义党议员安德鲁·那普阿特（Andrew Napuat）担任，第三副议长由格洛丽亚·朱利娅·金（Gloria Julia King）担任，她是瓦努阿图议会中唯一的女性议员，也是瓦努阿图历史上第一位女性议员，标志着瓦努阿图女性开始走上政治舞台。所有 52 名议员于 11 月 4 日宣誓就职。选举结束后，总理卡尔萨考任命各部部长。前总理兼人民进步党主席、议员萨托·基尔曼（Sato Kilman）被任命为副总理和国土部长；土地和正义党议员约翰·萨隆（John Salong）担任财政部长；土地和正义党主席、议员拉尔夫·雷根瓦努出任气候变化部长；瓦努阿图领袖党主

① ABC News，“Vanuatu to Have Snap Election after Opposition's Supreme Court Challenge Dismissed”，September 9，2022，ABC News，https：//www. abc. net. au/news/2022-09-09/vanuatu-parliament-snap-election-parliament-dissolve/101399584.

席约坦·纳帕特（Jotham Napat）担任外交部长；瓦努阿图国家发展党议员克里斯托弗·埃梅里（Christophe Emelee）担任内政部长；温和党联盟议员纳可欧·纳图曼（Nakou Natuman）担任农业部长；统一变革运动党议员瑞克·泰克马克·马赫（Rick Tchmako Mahe）担任卫生部长；民族联合党主席、国会员兰肯·布鲁诺（Lenkon Bruno）出任教育部长；民族联合党议员约翰·斯提尔·塔利·克图（John Still Tari Qetu）担任司法部长；统一变革运动党议员马塞利诺·特鲁克鲁克（Marcellino Telukluk）担任基础设施部长；瓦努阿图领袖党议员玛塔伊·塞瑞迈伊阿（Matai Seremaiah）担任旅游、贸易和商业部长；统一变革运动党议员汤姆克·奈特乌内（Tomker Netvunei）担任青年和体育部长。

（五）成立国家习惯法条约委员会

2022 年 6 月 17 日，瓦努阿图成立国家习惯法条约委员会。该委员会有 42 名成员，均为来自维拉港和全国各地的首席代表。该委员会认为，借鉴西方的法律不适合瓦努阿图的国情，需要通过一项民主习惯法（Democratic Custom Law）来取代现有宪法，支持政府解决部落社区之间的土地纠纷问题，从而使国家的发展项目得以推进。

国家习惯法条约委员会主席提塔斯·西蒙（Titus Simon）说：“目前的宪法没有保障民众的福利，因为国家背负着更多的外债，这已经成为国家发展的巨大挑战。”他强调，瓦努阿图独立以来，越来越多的瓦努阿图人通过季节性工人项目为国家获取收入，但是瓦努阿图人并没有在本土为国家获取效益。因此，尽管瓦努阿图获得了政治独立，但没有获得经济独立。① 瓦努阿图当地人把传统法律或习惯法律以及生活方式都当作习惯法（比斯拉玛语 kastom），是一个社区内社会组织、行为模式、经济与政治组织、决策和文化活动的基础。习惯法不仅制约人们的行为，也是人们的信仰。习惯法包

① Jason Abel, “Commission Established to Address Economic Independence”, *Daily Post*, July 16, 2022, https://www.dailypost.vu/news/commission-established-to-address-economic-independence/article_88800e2d-6467-5578-8f18-8998b0d4eea4.html.

括内容丰富的规则或礼节，也非常有效，能很好地协调人与人之间、人与社会之间以及人与自然之间的关系。同时，由于酋长在社区层面起着各种各样的作用，他们是习惯法的守护者，国家习惯法条约委员会认为，政府应当加强与部落酋长的联系，通过民主习惯法来帮助国家获得经济独立。

国家习惯法条约委员会的成立对于瓦努阿图来说具有重要的意义，标志着瓦努阿图在法律建设上已经意识到西方法律没有与本土社会充分结合，因此应当充分发挥本国习惯法的力量，支持国家走经济独立的道路。

（六）政府反腐败效果显著

近年来，瓦努阿图政府在反腐败领域取得了很大的进步。2022 年 7 月，联合国太平洋区域反腐败项目（United Nations Pacific Region Anti-Corruption，UNPRAC）在发布的一份信息权状况调查报告中指出，瓦努阿图在反腐败领域取得的进步位列太平洋岛屿国家之首。该项目由联合国毒品和犯罪问题办公室（United Nations Office on Drugs and Crimes，UNODC）和联合国开发计划署（United Nations Development Program，UNDP）联合发起，得到了澳大利亚政府和新西兰援助计划的支持。该项目满分为 150 分，瓦努阿图获得了 119 分。①

二　经济发展状况

2022 年，瓦努阿图政府各部门执行“无疫苗证明不准入内”政策，主岛埃法特岛被封锁。4 月，全国各地的政府工作人员在居家办公一个月后逐渐恢复正常工作，宵禁解除，学校和工作场所重新开放。6 月，前往瓦努阿图旅行开始实行免检疫政策。随着新冠疫情在瓦努阿图的缓和，瓦努阿图经济开始复苏。

① “Vanuatu Scored Highest in UNDP's PICs RTI Status Rating”, *Daily Post*, July 9, 2022, https://www.dailypost.vu/news/vanuatu-scored-highest-in-undp-s-pics-rti-status-rating/article_97924b01-1812-5f14-8696-042873bbbba3.html.

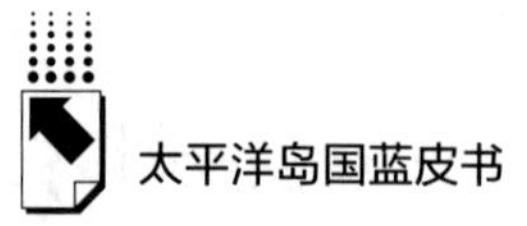

（一）旅游业开始复苏

新冠疫情在全球发生以来，瓦努阿图的支柱产业旅游业受到了重创。7月1日，瓦努阿图政府开始向国际游客重新开放边境。为了促进旅游业的发展，瓦努阿图政府采取了一系列的措施，吸引国际游客到访瓦努阿图。

第一，签署《太平洋地区领导人关于可持续旅游的承诺声明》（The Pacific Leaders' Statement of Commitment to Sustainable Tourism）。2022年2月，瓦努阿图旅游、贸易和商业部部长布莱（Silas Bule）签署了《太平洋地区领导人关于可持续旅游的承诺声明》，致力于推动太平洋地区可持续旅游业的发展。《太平洋地区领导人关于可持续旅游的承诺声明》由太平洋国家、各行业、发展伙伴和全球机构发起，以推动太平洋地区可持续旅游业的发展。根据《太平洋地区领导人关于可持续旅游的承诺声明》，由来自太平洋旅游组织（the Pacific Tourism Organization）20个成员国的旅游部长组成的理事会支持将《太平洋可持续旅游政策框架》（Pacific Sustainable Tourism Policy Framework）付诸行动，该框架将引领其到2030年实现可持续复苏。布莱部长表示，“通过签署《太平洋地区领导人关于可持续旅游的承诺声明》，我们将以国家的名义，承诺支持太平洋地区的战略努力，发展一个繁荣、包容、有韧性的旅游模式”，“为了实现这一目标，应进行战略区域合作和协调，还必须在国家层面表现出一定的领导能力”。①

此外，瓦努阿图旅游局（Department of Tourism）主任杰瑞·斯布尔（Jerry Spooner）表示，瓦努阿图已经带头根据《太平洋可持续旅游政策框架》制订了本国可持续旅游政策计划。2019年，瓦努阿图旅游部启动了《2019~2030年瓦努阿图可持续旅游政策》（The 2019－2030 Vanuatu Sustainable Tourism Policy）。斯布尔指出，“《2019~2030年瓦努阿图可持续旅游政策》于2019年推出，它概述了瓦努阿图以保护文化和环境资产的方

① Pacific Tourism Organization, "Vanuatu Signs Pacific Leaders' Statement of Commitment to Sustainable Tourism", February 2, 2022, https://southpacificislands.travel/vanuatu-signs-pacific-leaders-statement-of-commitment-to-sustainable-tourism/.

式发展旅游业的承诺。瓦努阿图正在以更负责任和可持续的方法，为未来旅游业的发展铺平道路”。根据《2019～2030 年瓦努阿图可持续旅游政策》，瓦努阿图可持续旅游政策的总体愿景是“通过可持续和负责任的旅游业保护瓦努阿图独特的环境、文化、传统和人民”①。

第二，重启纳拉旺节（Nalawan Festival）。2022 年 8 月 23 日，马勒库拉岛重启了原本一年一度的纳拉旺节。纳拉旺节是马勒库拉岛西南海湾地区（South West Bay）的拉博村（Labo）和拉瓦村（Lawa）的传统节日，在每年收获第一批庄稼之前对祖先的神灵进行祭祀、纪念。在纳拉旺节上，村民会表演传统的章鱼舞、红顶鸽子舞和水芋舞，并现场宰猪举行等级评选仪式（grade-taking ceremonies）。2022 年的纳拉旺节共持续两天，每位游客每天的入场券费用为 3500 瓦图。来自首都维拉港和其他岛屿的本国客人，以及来自瑞典、法国、瑞士、新西兰、美国和新喀里多尼亚等国家和地区的国际游客参加了纳拉旺节的庆祝活动。

第三，启动“2022 马纳洛徒步运动”（Grand Manaro Trek 2022）。位于安姆巴岛（Ambae）上的马纳洛（Manaro）火山原本是岛上民众的圣地，在传统信仰中，马纳洛火山及其火山湖是人们死后灵魂居住的地方，被视为安姆巴岛民众的“天堂”。2022 年 10 月，瓦努阿图旅游局、瓦努阿图旅游、贸易和商业部一起启动了“2022 马纳洛徒步运动”，安姆巴岛最高长官、前政府高官雅克·塞西（Jacques Sese）说，政府准备把神圣的马纳洛打造成马纳洛徒步胜地，使之成为一个旅游目的地。②

第四，解除与新冠疫情相关的限制。6 月，瓦努阿图政府宣布结束国际边境关闭政策，外国游客可以进入瓦努阿图。9 月，瓦努阿图取消了出发前新冠病毒感染测试，飞往瓦努阿图的国际航班不再要求旅客佩戴口罩。瓦努

① IISD, “Policy Brief: Vanuatu Launches Campaign to Support Post-pandemic Sustainable Tourism”, January 21, 2021, http://sdg.iisd.org/commentary/policy-briefs/vanuatu-launches-campaign-to-support-post-pandemic-sustainable-tourism/.

② “Southwest Bay Revives Nalawan Festival”, *Daily Post*, October 1, 2022, https://www.dailypost.vu/news/southwest-bay-revives-nalawan-festival/article_31168d0e-2e0e-5a08-b900-20e7daaa44d3.html.

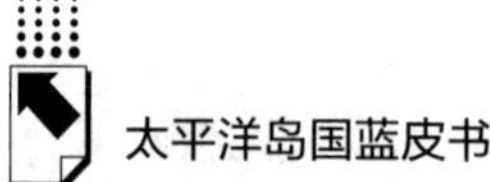

阿图政府采取的一系列措施取得了较好的效果。2022 年 9 月，桑托岛被国际旅游网站“Big 7 Travel”评为世界 50 佳岛屿之一，在全球最佳 50 个岛屿中列第 18 名。① 11 月 9 日，第一艘国际邮轮抵达维拉港。11 月 19 日，皇家加勒比国际邮轮有限公司的邮轮“海洋赞礼”（Ovation of The Seas）号抵达维拉港。

（二）政府加大对农业的支持

近年来，为了提高农民种植积极性，保持经济稳定，并促进经济作物的生产，瓦努阿图政府成立了商品销售委员会。该委员会执行平价保底政策，对来自瓦任何地方的椰干，不管市场价格如何变化，都要保证向生产者按照不低于全国统一的最低价格收购。同时，为了鼓励农业发展，尤其是经济作物的种植与出口，政府开展了一些经济作物种植的培训，并为一些经济作物的种植、出口提供政府补贴。例如，20 世纪末 21 世纪初，香草是瓦努阿图重要的出口作物，但是由于瓦北方岛屿的香草产量不稳定，该作物在瓦农业中的重要性日渐降低。自 2017 年开始，政府鼓励农民种植香草。2022 年 6 月，瓦农业部门开始在安内特亚姆岛和塔纳岛培训当地农民高质量种植香草，并为他们提供种植材料。目前，桑托岛、马洛岛等岛屿也开始种植香草，高品质香草豆价格达到每公斤 20000 瓦图。② 自 2018 年开始，瓦政府为椰干生产提供补贴。2022 年 9 月，瓦政府决定为椰干出口每吨最高提供 10000 瓦图补贴。③

① “Santo Named One of World's 50 Best Islands”, *Daily Post*, September 2, 2022, https://www.dailypost.vu/news/santo-named-one-of-worlds-50-best-islands/article_b860ab9f-163b-5c1e-b1b6-59ec55f77e22.html.

② “Farmers to Improve Curing Process of Vanilla to Produce Top Quality Product”, *Daily Post*, September 22, 2022, https://www.dailypost.vu/news/farmers-to-improve-curing-process-of-vanilla-to-produce-top-quality-product/article_5e1b4c09-6d55-5c34-b8b3-f60a2bfaed43.html.

③ Hilaire Bule, “Copra Subsidy Increased by vt 10, 000 per Tonne”, *Daily Post*, September17, 2022, https://www.dailypost.vu/news/copra-subsidy-increased-by-vt10-000-per-tonne/article_ec21c856-efda-5141-87b6-c2e3f51c1621.html.

（三）马武阿（MAUA）电商平台入驻瓦努阿图

2022 年 9 月 23 日，马武阿电商平台入驻瓦努阿图，这是首家在瓦努阿图运营的电商平台。马武阿电商平台 2018 年首次出现于萨摩亚，旨在通过数字贸易加强该国各个行业之间的联系，进行货物和服务贸易。该平台建立的最初动机之一是将当地企业与澳大利亚、新西兰、美国和其他国家的太平洋侨民社区联系起来，为当地企业创造经济机会。目前该平台在萨摩亚有 200 多个活跃卖家。

2021 年，太平洋岛国地区的贸易部长们批准了《太平洋地区电子商务战略和路线图》（the Pacific Regional E-commerce Strategy and Roadmap），该地区电子商务发展的势头正在加速。2022 年 5 月，瓦努阿图推出了自己的《电子商务战略和路线图》，该国旅游、贸易和商业部长布莱称这份文件将“从根本上改变在瓦努阿图做生意的性质……”①

马武阿电商平台进入瓦努阿图，表明瓦努阿图的电子商务投资生态系统有利且快速发展，将为该国的企业创造机会，扩大客户基础，克服地理位置和距离的挑战，为消费者提供方便和轻松的购物，为加速瓦努阿图的经济复苏提供机会。

三　外交开展状况

2022 年，瓦努阿图延续了以往的外交政策，在应对气候变化问题等领域展示了一定的领导力，与周边国家及大国继续保持紧密关系的同时，进一步加大了与中国的合作，中瓦关系成为发展中国家之间相互尊重、协调发展的典范。

---

① “Maua Platform Expansion to Vanuatu-Harnessing the Potential of E-commerce to Enable MSMs to Trade Online ”, Pacific E-commerce Initiative, September 29, 2022, https://pacificecommerce.org/pei-project/maua-platform-harnessing-the-potential-of-ecommerce-to-enable-msmes-to-trade-online/.

（一）在应对气候变化问题等领域争取更强的话语权

近年来，瓦努阿图在全球气候正义运动中起到了领导作用，有了更强的话语权，正带领太平洋地区争取国际法院就人权和政府保护人民免受气候变化影响的义务提出咨询意见。2022 年 9 月 23 日，瓦努阿图总统尼克尼克·武罗巴拉武在第 77 届联合国大会上的庄严宣告，让瓦努阿图成为全球第一个呼吁签署化石燃料不扩散条约的国家。武罗巴拉武总统敦促所有联合国会员国支持瓦努阿图及其全球联盟，因为他们把气候变化决议提交给联合国大会本届会议。他历史性地呼吁签署一项全球化石燃料不扩散条约，将煤炭、石油和天然气生产逐步减少，将全球气温升幅限制在 1.5 摄氏度，并为每一个依赖化石燃料的工人、社区和国家实现全球公正转型。武罗巴拉武总统还呼吁各国加入提议将生态灭绝罪纳入《罗马规约》的国家集团。他和其他领导人一起呼吁联合国会员国，特别是发展伙伴支持小岛屿国家联盟和其他联合国会员国提出的一项倡议，制定一个多层面的脆弱性指标，以便获得优惠融资。①

2022 年 11 月 14 日，瓦努阿图气候变化部长雷根瓦努抵达埃及沙姆沙伊赫参加气候峰会时发表了一份强有力的声明，敦促志同道合的国家支持《化石燃料不扩散条约》，要求化石燃料公司对包括太平洋地区在内的许多经济体造成的损失和损害做出赔偿。

（二）深化与本地区其他国家的关系

2022 年，瓦努阿图与本地区其他国家保持了较紧密的关系。

2017 年 9 月，瓦总理萨尔维正式签署《太平洋更紧密经济关系协定》（The Pacific Agreement on Closer Economic Relations Plus，PACER Plus）。该协定的目标是以区域发展为中心，合力改善太平洋地区的商贸投资环境，为

① “Time to Act Now：Vanuatu Calls for Fossile Fuel Treaty”，October 7，2022，*Daily Post*，https：//www.dailypost.vu/news/time－to－act－now－vanuatu－calls－for－fossil－fuel－treaty/article_ceb4d513-35b5-51e6-8b78-8b2349b3d38f.html.

每一个成员国创造可持续发展的经济环境。该协定于2020年12月13日开始生效。2022年5月，经瓦议会批准，该协定在瓦正式生效。瓦努阿图是第十个加入《太平洋更紧密经济关系协定》的国家，表明其对贸易和经济发展的信心。加入《太平洋更紧密经济关系协定》的好处很多，它将为瓦努阿图人民提供更多的就业机会，开辟新的就业途径，帮助减少贫困并改善社区整体环境。

2022年8月10日至12日，太平洋岛国论坛经济部长会议（Pacific Island Forum Economic Minister Meeting，PIFEMM）在瓦努阿图首都维拉港举行，会议的主题是“实现弹性经济复苏和稳定”（Towards a Resilient Economic Recovery and Stability）。瓦努阿图副总理伊什梅尔·卡尔萨考在会议开幕式上代表总理鲍勃·拉夫曼发表讲话，指出“团结的太平洋岛国论坛是太平洋在区域和全球表达其共同关切和利益的重要支柱”。[①] 太平洋岛国论坛经济部长会议为与会各国经济部长提供了一个讨论关键问题的平台，包括新冠疫情、经济复苏、供应链中断、社会保护和气候变化、气候融资等。

（三）与美国的关系

2022年，美国重新重视与包括瓦努阿图在内的太平洋岛国的外交关系。2022年9月，美国举办首届美国-太平洋岛国峰会，并发表了《美国-太平洋伙伴关系宣言》（Declaration on U. S. -Pacific Partnership），美国宣布向该地区增加8.1亿美元投资，承诺与包括瓦努阿图在内的太平洋岛国加强在气候变化、海洋经济等领域合作。2022年，美国国际开发署（USAID）与和平队为瓦努阿图在气候变化、良政、卫生等方面提供发展援助，主要包括以下几个方面。

---

① Bob Loughman, “Opening Remarks at the PIF Economic Minister Meeting”, August 10, 2022, https://www.forumsec.org/wp-content/uploads/2022/08/Remarks-by-Prime-Minister-Vanuatu-FEMM22.pdf.

1. 为瓦努阿图利用应对气候变化资金提供支持

2022 年 7 月，美国国际开发署为瓦努阿图利用 9640 万美元的应对气候变化资金提供支持。该资金将被应用到两个项目：一是瓦努阿图沿海地区适应气候变化项目（第二期），资金 6370 万美元（包括全球环境基金的资助），由美国国际开发署与联合国开发计划署联合实施，旨在通过保护生物多样性与自然生态系统、保持可持续生计与粮食生产来建设弹性社区；二是瓦努阿图基于社区的气候弹性项目，资金 3270 万美元（来源于绿色气候基金的资助），由美国国际开发署、澳大利亚救助儿童会（Save the Children Australia）和瓦政府共同实施，旨在通过改善社区获取气候信息与早期预警系统的状况来提高社区适应气候变化的能力。

2. 与亚洲开发银行合作，为包括瓦努阿图在内的太平洋岛国提供资金

2022 年 8 月，美国国际开发署与亚洲开发银行签署协议，为包括瓦努阿图在内的 12 个太平洋岛国在未来 5 年内提供 620 万美元的资金，“加强该地区的社区弹性发展、可持续经济发展和民主治国”。[①]

3. 与瓦渔业部门、瓦国立大学签署合作协议

2022 年 8 月，美国国际开发署与瓦渔业部门、瓦国立大学签署谅解备忘录，实施“我们的渔业 我们的未来”项目，就海洋保护、学术与教育交流进行合作。

4. 美国和平队对瓦努阿图的援助

2021 年 4 月，美国和平队驻瓦努阿图队长回到瓦首都维拉港，但截至 2022 年底瓦努阿图没有和平队志愿者。2022 年 2 月，和平队联合瓦政府为瓦国立大学护理学院、瓦卫生部和桑马省卫生部门举办为期两天的“新冠病毒感染接触者追踪”工作坊，有 11 人参加。2022 年 2 月，和平队联合瓦卫生部与澳大利亚政府举办针对利用“瓦努阿图疫情警报系统”的培训，

---

① “USAID and ADB Sign New Agreement to Advance Sustainable Resilent Growth in the Pacific Island Region”, August 23, 2022, US AID, https://www.usaid.gov/pacific-islands/press-releases/aug-23-2022-usaid-and-adb-sign-new-agreement-advance-sustainable-resilient-growth-pacific-islands-region.

有 30 人参加。2022 年 4 月，和平队在瓦举办“性侵害认知月”线上研讨会。2022 年 9 月 2 日，瓦首都维拉港中心学校的特教中心正式运营，和平队为该中心提供椅子及其他设备。

（四）与澳大利亚、新西兰及欧盟的关系

2022 年，瓦努阿图与澳大利亚继续保持了较为密切的关系。澳大利亚继续通过援助等形式，为瓦努阿图提供资金。2022 年 4 月 8 日，澳大利亚与瓦努阿图在瓦首都维拉港签署《太平洋融合中心长期运营谅解备忘录》（Memorandum of Understanding for the Long-Term Operation of the Pacific Fusion Centre）。该中心由太平洋地区领导，受太平洋岛国论坛批准的宪章管理，并接待来自论坛成员国的安全分析师，就地区面临的关键安全问题，包括气候、人力和资源安全、环境和网络威胁等，向太平洋决策者提供评估和建议。① 此外，澳大利亚还为瓦努阿图学生提供到澳大利亚及周边国家学习奖学金，奖学金类型包括澳大利亚奖学金项目（Australian Awards）、“新科伦坡计划”（New Colombo Plan）等。2022 年共有 23 人获得澳大利亚奖学金。② 2022 年 11 月，澳国际发展和太平洋事务部长康罗伊（Pat Conroy）访瓦。12 月，澳外长黄英贤率跨党派代表团访瓦，其间瓦澳签署双边安全协议。

2022 年瓦努阿图与新西兰保持了一直以来较为密切的关系。新西兰是除澳大利亚之外对瓦努阿图援助金额最多的国家，2022 年新西兰继续对瓦努阿图进行援助，主要援助领域集中在以下几个方面：通过发展旅游业、加强基础设施建设和私有企业发展，来发展瓦努阿图经济；提高瓦基本教育质量；为瓦学生提供奖学金；等等。2022 年 2 月，新西兰和瓦努阿图签署并敲定《国家电气化总体规划》的资金安排，新西兰高级专员西蒙德斯

---

① “Australia and Vanuatu Sign Pacific Fusion Center MOU”, Department of Foreign Affairs and Trade, Australia, April 8, 2022, https://www.foreignminister.gov.au/minister/marise-payne/media-release/australia-and-vanuatu-sign-pacific-fusion-centre-mou.

② “Farewelling a New Cohort of Australian Awards Scholars”, Australian High Commission Vanuatu, June 27, 2022, https://vanuatu.embassy.gov.au/.

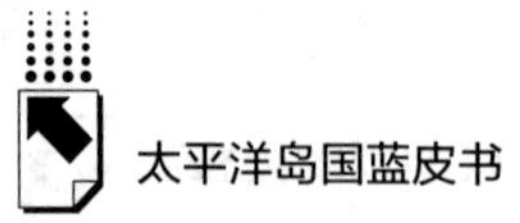

(Nicola Simmonds) 和瓦努阿图气候变化总干事加雷比蒂 (Esline Garaebiti) 签署了《国家电气化总体规划》的资金安排。新西兰支持使用可再生能源,并减少太平洋地区的温室气体排放,并期待与瓦努阿图能源部在这个项目上进一步合作。2022 年 2 月,瓦副总理兼内政部长卡尔萨考在新疗养期间会见了新外长马胡塔、贸易和出口增长部长奥康纳。

2022 年,瓦努阿图与欧盟的关系因为签证问题产生了一些小摩擦。2022 年 1 月 12 日,欧盟委员会提议部分暂停瓦努阿图公民免签证协议。3 月 3 日,欧盟在其官方公报上公布了这个决定,暂停令将于两个月后生效。欧盟委员会认为,瓦努阿图投资公民计划的审核拒签率太低,审核周期太短,缺少与申请人原国籍的信息交换,因此有严重缺陷和安全漏洞,可能会对欧盟构成风险,给洗钱、避税以及腐败分子进入欧盟提供了机会。欧盟理事会决定部分暂停与瓦努阿图的免签证协议,但是,暂停仅涉及持有 2015 年 5 月 25 日瓦努阿图投资公民计划生效以来签发的普通护照的瓦努阿图公民。2 个月之后,此类护照的持有人将需要签证才能前往欧盟。瓦努阿图针对这一问题,向欧盟表示抗议,同时,这一问题在瓦努阿图国内也引起了政治风波,成为议员对总理拉夫曼提出不信任动议的一个重要原因。12 月,瓦努阿图总理伊什梅尔·卡尔萨考赴欧洲协商欧盟免签证问题,要求欧盟到 2023 年 3 月为瓦努阿图提供一个窗口期,以解决导致欧盟决定暂停免签证进入欧盟国家的问题。在其他问题上,瓦努阿图与欧盟继续发展以前的外交关系。2022 年 5 月 3 日,第七次瓦努阿图-欧盟对话会以视频会议形式召开;2022 年 8 月,欧盟驻太平洋岛国大使苏基若·席姆 (Sujiro Seam) 访问瓦努阿图,但这些都没有对瓦努阿图与欧盟的关系产生重大影响。

(五)与中国关系的发展

2022 年是中国与瓦努阿图建交 40 周年。一年来两国关系取得了长足进展,处于历史最好时期,中瓦关系也成为发展中国家相互尊重、团结协作的典范。

第一,积极开展交流活动,提升政治互信。两国首脑加强互动。2022

年是中瓦建交40周年。2022年3月26日，习近平主席同瓦总统摩西就中瓦建交40周年互致贺电。习近平主席在贺电中进一步从国际关系维度指出，中瓦关系已成为发展中国家相互尊重、团结协作的典范。2022年7月29日，国家主席习近平致电尼克尼克·武罗巴拉武，祝贺他就任瓦努阿图共和国总统。习近平指出，瓦努阿图是中国在太平洋岛国地区的好朋友、好伙伴、好兄弟。中瓦全面战略伙伴关系日益深化，各领域交流合作成果丰硕，已成为发展中国家相互尊重、团结协作的典范。习近平主席邀请瓦努阿图参加第二次中国-太平洋岛国外长会。2022年5月30日，国务委员兼外长王毅同斐济总理兼外长姆拜尼马拉马在苏瓦共同主持第二次中国-太平洋岛国外长会。瓦努阿图外长阿蒂（Marc Ati）及其他与中国建交的太平洋岛国领导人、太平洋岛国论坛秘书长普纳等以线上线下相结合方式与会。瓦努阿图外长阿蒂在致辞中表示，瓦方愿继续积极推动全球发展倡议与瓦努阿图“2030愿景”对接，在“一带一路”框架下与中方进一步加强各领域务实合作，共同构建人类命运共同体，以更多成果造福两国人民。6月1日，中国国务委员兼外交部长王毅访问瓦努阿图。瓦方高度重视，以最高规格和礼遇接待王毅国务委员来访，体现出瓦对发展对华关系的高度重视。拉夫曼总理同王毅国务委员共同见证了5项重要合作文件的签署，合作内容既覆盖经济技术、医疗卫生等传统领域，又包括海洋经济等新突破方向。双方还宣布就中瓦民航运输协定文本达成一致，启动中瓦联合观测站项目二期建设。这不仅体现了中瓦合作优势互补的特点，而且反映了两国经济合作向更多新领域拓展，体现出中瓦交流合作的高水平。2022年7月14日，中共中央对外联络部以视频连线方式举办第二届中国-太平洋岛国政党对话会，瓦努阿图瓦努阿库党秘书长、财政部长科纳坡（Johnny Koanapo）以线上方式参会。科纳坡在致辞中高度赞扬中国共产党团结带领中国人民取得的一系列伟大成就，高度赞同中国-太平洋岛国政党对话会是双方加强战略沟通、增进政治互信、促进务实合作的重要平台，必将进一步造福双方政党、政府和人民。瓦努阿图发表官方声明支持一个中国政策。2022年8月5日，瓦努阿图代理外交部长布莱（James Bule）就美国众议院议长佩洛西访台代表瓦政府发

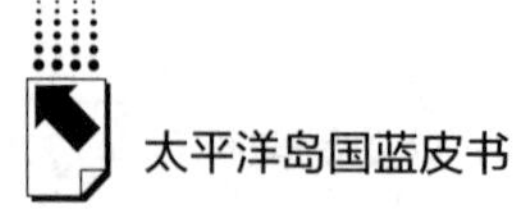

表官方声明支持一个中国政策，指出一个中国政策是瓦努阿图外交政策的重要支柱，是中瓦全面战略伙伴关系的基石。①

第二，深化中瓦医疗卫生合作。2022 年，中、瓦两国继续在医疗卫生领域进行合作。在上半年瓦疫情最严重时期，中国全力帮助瓦方抗击疫情。2022 年 4 月，中国政府向瓦捐赠 10 万剂新冠疫苗；7 月，中国再次向瓦努阿图捐助防疫物资，该批防疫物资包括医用口罩、隔离衣、隔离面罩、护目镜、呼吸机等；12 月，再次向瓦提供医疗设备物资援助。9 月，中方派出新一批 9 名医疗队员到瓦，继续为瓦人民提供优质医疗服务。一直以来，中国与瓦努阿图在医疗卫生等领域有众多交流合作，中国帮助瓦改善公共卫生服务，中方秉持“授人以渔”援助理念，派出援瓦医疗队诊治当地病人，同时指导和培训瓦医务人员，并捐赠先进的医疗设备物资，有力促进瓦公共卫生事业发展，维护瓦人民身体健康。

第三，中国对瓦努阿图进行基础设施和应对气候变化援助。2022 年，中国对瓦努阿图基础设施援助主要包括彭特考斯特岛公路项目一期工程和马勒库拉岛公路二期工程。6 月 6 日，彭特考斯特岛公路项目一期工程开工典礼在彭特考斯特岛隆重举行，瓦基础设施部长尼威利（Jay Ngwele）、财长科纳坡、气候变化部长布莱、多名议员、前总理萨尔维、有关政府官员、帕那马省省长、当地酋长、媒体记者、社区民众等出席活动。12 月 28 日，马勒库拉岛公路二期项目举行部分路段交接仪式。马岛公路项目由中国土木工程集团南太平洋有限公司承建，自 2015 年开工建设，一期已投入使用，极大地便利了当地民众出行和货物运输，在完成工程建设工作的同时，带动当地经济发展，带领当地居民参与工程建设，共同见证中瓦务实合作惠民成果。马勒库拉岛二期公路部分路段沿着岛屿北部海岸建设，沿途是一个个小村庄，村落居民住房大多为茅草搭建，很多地区至今尚未通电，经济发展相当落后。从飞机上俯瞰该岛北部，由中国土木工程集团南太平洋有限公司承

① Government of the Republic of Vanuatu, “Official Statement on Taiwan”, Government of the Republic of Vanuatu, Port Vila, August 5, 2022.

建的公路是唯一一条柏油马路。这条绵延的公路为当地带来了勃勃生机，也正在成为当地民众通往幸福美好生活的康庄大道。2022 年 4 月，中国-太平洋岛国应对气候变化合作中心在山东省聊城市正式启用。该合作中心旨在提升中国与包括瓦努阿图在内的太平洋岛国的合作水平，为建立公平合理、合作共赢的全球气候治理体系打造国际合作新标杆。合作中心将通过平台搭建、培训交流、教育学术、对外援助等方式，推动中国与太平洋岛国在气候变化领域开展互利合作，同时还将在农业、渔业、卫生健康、教育和基础设施建设等领域开展交往。

结　语

2022 年瓦努阿图政治、经济和外交都出现了新的发展。政治上，拉夫曼政府被推翻，导致瓦努阿图政府不得不提前进行大选，而新当选总统卡尔萨考所领导的执政党联盟组织松散，且反对派议员人数较多，一旦反对派议员对政府做出的决定表示不满，就很容易会提出不信任动议来推翻现有政府，从而导致瓦政局的混乱。经济上，随着瓦努阿图重开边境，到访瓦努阿图的外国游客人数逐渐增加，但由于瓦基础设施不够完善，很难完全满足日益增长的游客需求，旅游业给瓦努阿图带来的经济收益很难在近期有大的增加。同时，由于欧盟对瓦努阿图暂停免签证的问题仍然存在，瓦努阿图政府的投资公民计划带来的收入也会受到较大影响。外交上，瓦努阿图与各邻国、中国、美国等仍然保持较为紧密的外交关系，但作为受气候变化影响最大的国家之一，瓦努阿图与发达大国的外交中仍然存在着一些挑战。

B.7

2022年帕劳政治、经济、外交发展评析

李德芳　孙学美*

摘　要： 2022年，帕劳政治、经济、外交领域出现具有里程碑意义的事件。政治领域，惠普斯政府积极推动最低工资改革，重新与美国进行《自由联系条约》的续约谈判，并举行多场"特殊"政治选举。经济领域，帕劳的支柱产业旅游业得到恢复，全年游客人数比2021年增长了近两倍，经济下滑趋势得到抑制。外交领域，2022年帕劳成为大国争相关注的对象，美、澳、日、德等国高官纷纷到访，惠普斯政府的气候外交让世界多次听到帕劳的声音。

关键词： 帕劳　政治　经济　《自由联系条约》　外交

2022年，帕劳仍然深受新冠疫情影响。从年初首次出现新冠病毒感染人数激增合并4例死亡病例，到国民100%接种新冠疫苗，再到年底取消新冠病毒检测，医院恢复正常服务，新冠疫情对帕劳的政治、经济、教育、医疗和社会生活产生了深远影响。政治上，萨兰格尔·惠普斯（Surangel Whipps Jr.）政府继续推行"新政"，积极推动公务员最低工资改革，并重启与美国的《自由联系条约》续约谈判。经济上，惠普斯政府着力恢复遭受新冠疫情重创的帕劳旅游业，但帕劳经济仍然未能走出负增长的泥潭。外

* 李德芳，博士，聊城大学太平洋岛国研究中心高级研究员，聊城大学马克思主义学院副教授，研究方向为太平洋岛国外交及帕劳问题；孙学美，博士，聊城大学太平洋岛国研究中心助理研究员，研究方向为英国与太平洋岛国关系。

交上，惠普斯政府的“气候外交”取得显著成效，在区域和世界多边气候舞台频频发声。此外，帕劳双边外交也异常活跃，帕劳不仅接待了来自美、澳、日、德等大国的高级访问团，惠普斯总统还访问了日本和美国。

一　政治发展

与美国进行《自由联系条约》续约谈判是2022年帕劳最大的政治事件。谈判进程遭遇的各种波折，也是前两次续约谈判所没有遇到的。2022年，帕劳还举行了多场政治选举，最低工资改革也取得了初步成效。

（一）波折不断的续约谈判

2022年，与美国完成“自由联系条约审查”谈判是惠普斯政府的一项优先事项，它涉及未来20年的帕美关系及帕劳政府的运作。第二次世界大战后，帕劳成为美国在太平洋岛屿的托管地。1994年帕劳独立后，双方签订了《自由联系条约》（The Compact of Free Association），帕劳成为美国在太平洋地区的三个自由联系国之一。根据美国与帕劳的《自由联系条约》，帕劳与美国保持“自由联系”这一特殊关系，美国在规定的时间段内向帕劳提供相应的财政援助，美国在帕劳享有驻军权等特殊权利，同时，美国为帕劳提供安全防御保障。帕劳和美国之间的《自由联系条约》要求每15年进行一次审查，上次审查是2010年，该条约将于2024年到期。

为顺利完成帕劳-美国《自由联系条约》的续约谈判，双方从2019年开始就条约审查问题进行接触。2019年5月，时任美国总统特朗普在华盛顿会见了帕劳、马绍尔群岛和密克罗尼西亚联邦总统。这是美国总统首次在白宫接待三位自由联系国的领导人，体现了美国与自由联系国之间的“特殊伙伴关系”。2019年8月，美国国务卿蓬佩奥访问太平洋岛国，承诺“美国愿意于2020年底前完成关于《自由联系条约》即将到

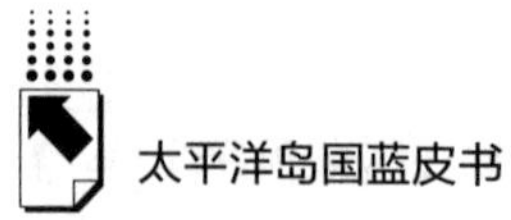

期的财政方案的谈判”。① 2019 年 10 月，美国和帕劳官员就两国《自由联系条约》谈判举行磋商会议，开始了第二次条约审查谈判的初步磋商。不过，此后两国的谈判并不顺利，而且谈判一度被搁置。

为推动谈判顺利进行，2020 年帕劳组建了一个谈判小组，由时任帕劳总统雷门格绍（Tommy Esang Remengesau Jr.）与副总统雷诺·奥卢奇（Raynold Oilouch）担任帕劳首席谈判代表。美国组成了以美国驻帕劳大使约翰·亨尼西·尼兰（John Hennessey Niland）、驻马绍尔群岛大使凯伦·斯图尔特（Karen B. Stewart）和助理国务卿道格·多梅内克（Doug W. Domenech）为谈判代表的谈判小组。2020 年 5 月，帕劳谈判小组与美国谈判代表举行了首次线上谈判。此后，双方又举行了多次线上会议，但一直到 2020 年底，双方也没有最终确定或发布任何结果。此后，由于受到美国和帕劳总统大选、政府更迭及新冠疫情的影响，双方关于《自由联系条约》的续约谈判被搁置。

2021 年，美国与帕劳没有进行任何有关续约的谈判，帕劳对此深感不满。2021 年 9 月，帕劳总统惠普斯在联合国大会上发表讲话时表示，帕劳与美国签订的《自由联系条约》使帕劳的发展受到了限制。惠普斯指出，根据帕劳-美国《自由联系条约》，帕劳允许美国“控制我们的国家安全和国防”这类“国家主权的基本要素”。② 而这种“允许美国进入我们的土地和水域而拒绝其他国家进入”的条款，最终“限制我们与国际社会一些成员的联系，并限制未来的经济发展机会”。惠普斯指出，美国的这种控制，增加了帕劳面对当今世界挑战的脆弱性，并表示希望美国政府在这次条约审查谈判中“纠正缺陷”。③ 帕劳前总统约翰逊·托里比翁（Johnson Toribiong）

---

① Rhealyn C. Pojas and Kerdeu Uong, US Vows to Fast Track COFA Talks, Island Times, August 16, 2019, https://islandtimes.org/us-vows-to-fast-track-cofa-talks/.

② Leilani Reklai, Denial Rights Limits Development: Whipps, Island Times, September 24, 2021, https://islandtimes.org/whipps-called-out-limits-of-cofa-at-un-general-assembly/.

③ Leilani Reklai, Denial Rights Limits Development: Whipps, Island Times, September 24, 2021, https://islandtimes.org/whipps-called-out-limits-of-cofa-at-un-general-assembly/.

也曾表示，美国对帕劳的控制是帕劳仍然不发达的原因之一。[①] 因此，惠普斯要求美国与帕劳的此次续约谈判是平等的，而不应单“由美国规定条款”。两国的分歧在于，美国想继续在帕劳拥有驻军、使用帕劳领土的权利但不想增加对帕劳的援助资金，而帕劳想从美国获得更多的援助资金以弥补财政赤字。

根据1994年10月生效的帕劳-美国《自由联系条约》，美国通过设立“条约信托基金”（The Compact Trust Fund）每年向帕劳提供1500万美元的资金援助。加上其他援助资金，到2009年援助协议到期时，美国向帕劳提供了超过6亿美元的援助资金。[②] 2010年，两国续签了下一个15年（2010~2024年）的援助协议。新协议规定，到2024年，美国要向帕劳提供2.29亿美元直接资金援助。[③] 据美国审计署（Government Accountability Office，GAO）统计数据，2019年帕劳获得的条约赠款、条约信托基金支出和其他美国赠款占帕劳政府2019年支出的25%。[④] 由于通货膨胀、养老金负债及新冠疫情，帕劳需要美国提供更多的信托基金和资金援助。惠普斯指出，《自由联系条约》谈判不能仅围绕如何确保防御性安全，还应讨论经济安全和复原力以及气候变化等问题。[⑤] 惠普斯坦言，帕劳不愿意接受美国政府先前提出的4亿美元援助资金的提议，帕劳希望开展更广泛的谈判，一个“慷慨和全面的……并按照我们自己的条件”的谈判。[⑥]

美国总统拜登上台后，任命尹汝尚（Joseph Yun）担任美国与帕劳《自

① Leilani Reklai, Denial Rights Limits Development: Whipps, Island Times, September 24, 2021, https: //islandtimes. org/whipps-called-out-limits-of-cofa-at-un-general-assembly/.

② “U. S. and Palau Agreement”, the U. S. Department of Interior, https: //www. doi. gov/ocl/hearings/112/USandPalauAgreement_ 113011.

③ “U. S. and Palau Agreement”, the U. S. Department of Interior, https: //www. doi. gov/ocl/hearings/112/USandPalauAgreement_ 113011.

④ We Are Prepared for Compact Review, Said Whipps, Island Times, February 18, 2022, https: //islandtimes. org/we-are-prepared-for-compact-review-said-whipps/.

⑤ We Are Prepared for Compact Review, Said Whipps, Island Times, February 18, 2022, https: //islandtimes. org/we-are-prepared-for-compact-review-said-whipps/.

⑥ US Seeks to Expedite Compact Negotiations, Island Times, May 17, 2022, https: //islandtimes. org/us-seeks-to-expedite-compact-negotiations/.

由联系条约》谈判的特使，2022 年 3 月双方首次正式接触。2022 年 9 月，帕劳总统惠普斯和新任条约谈判首席代表——帕劳财政部部长卡勒布·乌杜伊（Kaleb Udui Jr.）在访问美国期间同美国国家安全顾问沙利文（Jacob Jeremiah Sullivan）、白宫印太事务协调员坎贝尔（Kurt Campbell）和尹汝尚进行了会面，双方达成尽快开展续约谈判共识。此后，双方就续约谈判举行了几次会议，到 2022 年底，双方就协议内容基本达成一致，并商定 2023 年 1 月正式签署新的《自由联系条约》谅解备忘录。根据条约谅解备忘录，美国承诺向帕劳提供双倍援助，并重申美国在帕劳拥有的特殊权利和义务，包括美国有权“拒绝其他国家的军队进入帕劳的领空和领海”，帕劳则继续履行“避免采取美国认为会危及其安全的行动”的义务。①

（二）多场政治选举接续举行

2022 年，帕劳国内举行了三次政治选举，包括两次州选举和一次参议院特别选举，这三次选举再次显现出特殊因素对帕劳政治的影响。

第一场选举是位于帕劳最西南端的哈托博海伊州（Hatohobei）举行的州立法机构选举，而这次选举也成为一次“特别”的州议会选举。选举结果爆出冷门，一名提出竞选申请却没有参加竞选的“书面候选人”赢得了选举，而参加竞选的候选人落选。在此次州议会议员选举只有两名候选人申请参与竞选。在竞选过程中，只有候选人保罗·霍马尔（Paul Homar）参加了竞选活动，另一名候选人威廉·安德鲁（William Andrew）没有参加竞选活动，只是停留在“书面候选人”阶段。最后选举的结果却显示，“唯一”竞选参与者保罗·霍马尔获得了 63 张选票中的 15 票，而没有参加竞选的“书面候选人”威廉·安德鲁却获得了 22 张选票。2022 年 12 月，帕劳选举

① 如果美国国会批准美国与帕劳新的《条约审查协定》（Compact Review Agreement），帕劳将在未来 20 年内（2024~2044 年）获得 8.9 亿美元的条约资金。Palau to Receive ＄890M from ＄7.1B Allocated under New Compact Agreements, Island Times, March 14, 2023, https://islandtimes.org/palau-to-receive-890m-from-7-1b-allocated-under-new-compact-agreements/.

委员会（Palau Election Commission，PEC）核证了哈托博海伊州此次特别选举的结果，最终宣布威廉·安德鲁当选哈托博海伊州立法机构的议员。

第二场选举是雅庞州（Ngatpang）举行的第五届州政府选举，而此次选举由于“缺席选票”，选举结果出现大反转。此次选举是雅庞州州长大选，最后计票阶段因为“缺席选票”出现逆转，从而导致州长易人，再一次显示了“缺席选票”在帕劳选举中的特殊作用。[①] 选举投票结束后，雅庞州国内选票计票结果显示时任州长弗朗西斯卡·奥通（Francesca Otong）领先 8 票。不过，这一结果在一周后被推翻。在一周后的“缺席选票”计算后，此次州长竞选的另一位候选人泽西·伊亚尔（Jersey Iyar）以多出 18 票胜选。2022 年 12 月，帕劳选举委员会确认了此次选举结果，泽西·伊亚尔当选雅庞州的新州长。

第三场选举是帕劳参议院特别选举。2022 年 9 月，帕劳第 11 届议会参议员雷吉斯·秋谷（Regis Akitaya）因患癌症去世。雷吉斯·秋谷 2009 年以来一直担任参议员职务，曾连续 4 次当选为参议院议员。雷吉斯·秋谷去世后，为表彰他为国家做出的杰出贡献，帕劳政府为其举行了国葬，并连续 5 天降半旗志哀。2022 年 12 月，帕劳参议院举行了特别选举以填补雷吉斯·秋谷去世留下的议员空缺，共有 4 名候选人进行了角逐。最终，候选人萨尔瓦多·特纳姆斯（Salvador Tellames）赢得了选举，成为帕劳第 11 届参议院的新参议员。[②]

（三）推行最低工资改革

2022 年是惠普斯政府实行“新政”的第二年。推动最低工资改革，提高工资待遇，是惠普斯政府践行“以人民为中心”（people-centered）的政府承诺的体现。惠普斯总统在 2022 年 1 月召开的记者招待会上表示，通过

---

① 缺席选票是指生活在海外的帕劳人因不能回到帕劳（缺席）投票而在海外进行选举而产生的选票。缺席选票往往要通过邮寄的方式进行收取，而受到寄出、寄回的时间因素影响，缺席选票往往要迟于国内选票的收取和计票，缺席选票一般在国内选票计票后一周后进行计票，从而成为影响选举结果的重要因素。

② 2022 Milestones and Highlights，Island Times，January 3，2023，https：//islandtimes.org/2022-milestones-and-highlights/.

“最低工资法案”（the minimum wage bill）是政府2022年的优先事项之一。

帕劳的最低工资为每小时3.5美元，这是帕劳2013年加薪后的额度。此后，近10年间帕劳最低工资一直没有增长。但是，随着通货膨胀和生活成本的上升，这一最低工资对帕劳人不断上涨的生活成本而言，显然已经“太低”了。事实上，2013年以来，帕劳国会曾多次提出提高最低工资的法案，但由于各种原因一直未能获得通过。2021年，帕劳参议院提出将最低工资从每小时3.5美元提高到每小时3.75美元的法案，最终也没能获得通过。

2022年，提高政府公务员的工资标准成为惠普斯政府的重要任务之一，并被纳入2023财年[①]的国家统一预算。2022年8月，参议院通过了提高政府雇员工资标准的第11-70号法案（Senate Bill 11-70），同意拨款350万美元用于增加2023财年政府雇员的工资，[②] 法案指出2023财年将纳入国家公务员系统（the National Civil Service System）的政府雇员工资增加0.75美元/小时（6美元/天）。这样，国家公务员的最低工资就从每小时3.5美元增加到每小时4.25美元。随后，众议院也通过了这一加薪法案。此后，在惠普斯总统的呼吁下，每小时0.75美元的加薪范围扩大到州政府雇员。9月22日，法案经惠普斯总统签署后生效。9月22日，帕劳国会（Olbiil Era Kelulau，简称OEK）通过了2023年财年预算法案（RPPL 11-24号），授权拨款9557.9万美元。该预算比惠普斯总统7月提交的政府预算多出366.5万美元，预算增加的部分包括将政府雇员每小时0.75美元的加薪扩大到州政府雇员，还包括向社会保障局和公务员养恤金提供240万美元的补贴。[③]

给公务员涨薪的法案引起了私营部门员工的不满，但政府对私营部门的工资没有管理权限。帕劳政府曾寻求通过修改工资法的方式来提高帕劳国民

---

① 帕劳财政年度：10月1日至次年9月30日为一个财年。

② Leilani Reklai, Gov't Wage Increase to Trigger Minimum Wage Increase Bill, Island Times, August 23, 2022, https: //islandtimes. org/govt-wage-increase-to-trigger-minimum-wage-increase-bill/.

③ Leilani Reklai, FY 2023 Budget Law Passed, Island Times, September 23, 2022, https: //islandtimes. org/fy-2023-budget-law-passed/.

的最低工资水平。惠普斯总统也多次呼吁国会修改最低工资法，通过提高国民的最低工资标准来提高私营部门员工的工资收入，但一直未能获得通过。惠普斯也承认，“我们为政府雇员提高了最低工资标准，现在我们应该把它扩大到每个人”。[①] 不过，这一问题未能在 2022 年得到解决。2022 年帕劳参议院第 11-9 号提案（Senate Bill 11-9）曾寻求将最低工资从每小时 3. 5 美元提高到每小时 6. 5 美元（每年提高 0. 75 美分/小时，直到达到每小时 6. 5 美元）。但该提案提交国会以来一直未能获得通过，从而使得提高帕劳的最低工资成为惠普斯政府 2023 年的“首要任务”。[②]

二 经济发展

帕劳经济在 2022 年仍然受到新冠疫情的严重影响，尤其是上半年新冠疫情直接影响了帕劳的支柱产业旅游业。下半年，随着疫情风险的降低、边境重新开放和航班的恢复，帕劳经济得到了一定程度的恢复，但国内生产总值（GDP）仍然延续了负增长。相较于 2020 年、2021 年，2022 年帕劳经济已经开始逐渐走出低迷，旅游业较 2021 年实现了大幅增长，但经济社会发展仍面临着多重压力和挑战。

（一）经济恢复缓慢

帕劳经济体量非常小，根据世界银行统计数据，2021 年帕劳 GDP 仅约为 2. 178 亿美元。[③] 2017 年以来，帕劳 GDP 一直处于下滑态势，GDP 增长率也一直为负数（见表 1）。受到全球新冠疫情的影响，帕劳的支柱产业旅游业遭受直接打击，旅游业的不景气又连带帕劳经济持续低迷。

---

① Leilani Reklai, Raising Minimum Wage Tops the Priority List for 2023-Whipps, Island Times, December 30, 2022, https://islandtimes. org/60721-2/.

② Leilani Reklai, Raising Minimum Wage Ttops the Priority List for 2023-Whipps, Island Times, December 30, 2022, https://islandtimes. org/60721-2/.

③ World Bank, https://data. worldbank. org/country/palau, March 23, 2023.

表 1　2017~2021 年帕劳 GDP 总量及 GDP 年增长率

	2017 年	2018 年	2019 年	2020 年	2021 年
GDP(亿美元)	2. 856	2. 849	2. 789	2. 519	2. 178
GDP 增长率(%)	-4. 1	-0. 1	-1. 8	-9. 7	-16

数据来源：World Bank，https：//data. worldbank. org/country/palau，March 23，2023。

为了促进帕劳经济的恢复，惠普斯总统在年初就提出，2022 年政府的首要任务是恢复旅游业，同时寻找其他收入来源，推动经济多样化发展，实现经济的复苏。世界银行也预测 2022 年帕劳经济将实现正增长，预计增长率为 12%。① 不过，由于帕劳旅游业恢复疲软，2022 年帕劳经济并没有实现预测的正增长，而依然维持负增长的状态。2022 年 8 月的统计数据显示，帕劳 2022 财年的 GDP 增长率约为-2. 7%。② 受到全球疫情的影响，2019~2022 财年，帕劳 GDP 总体将下降近 1/4，增长率为-23%。③ 不过，由于帕劳每年从美国、澳大利亚等双边和多边捐助者获得大量援助，尽管帕劳 2022 财政年度的国民总收入有所下降，但帕劳仍然处于世界银行的高收入经济体中。④ 帕劳人口约为 1. 8 万人（2021 年），人均国内生产总值 1. 2 万美元左右（2021 年）。⑤

2022 年，受住房、水、电、天然气和其他燃料等价格上涨的影响，帕劳消费物价指数（CPI）较 2021 年有较大增长。数据显示，2022 年第一季度帕劳的通货膨胀率为 2. 2%，年度通货膨胀率为 10. 6%，比 2021 年同期均

① World Bank，https：//data. worldbank. org/country/palau，March 23，2023.

② Despite Economy Contracting，Palau Is Still a High-Income Nation，Island Times，August 2，2022，https：//islandtimes. org/despite-economy-contracting-palau-is-still-a-high-income-nation/.

③ Despite Economy Contracting，Palau Is Still a High-Income Nation，Island Times，August 2，2022，https：//islandtimes. org/despite-economy-contracting-palau-is-still-a-high-income-nation/.

④ 根据 2022 年美国研究院的经济报告，帕劳的人均国民收入在 2019 财年达到了 15799 美元的水平，超过了 12055 美元的门槛，帕劳处于世界银行的高收入群体中。在 2021 财政年度帕劳人均国民收入约为 13870 美元，仍然属于高收入国家。Despite Economy Contracting，Palau Is Still a High-Income Nation，Island Times，August 2，2022，https：//islandtimes. org/despite-economy-contracting-palau-is-still-a-high-income-nation/.

⑤ World Bank，https：//data. worldbank. org/country/palau，March 23，2023.

有所增加。第二季度的通货膨胀率为 3.1%，比第一季度又增加了 0.9 个百分点；年度通货膨胀率也呈现显著增长趋势，与上年同期相比增加了 11.3 个百分点。第三季度的通货膨胀率较一上季度有所下降，但年度通货膨胀率比上年同期增加了 5.7 个百分点。第四季度通货膨胀率比上一季度下降了 0.01 个百分点；年度通货膨胀率为 11.7%，比上年增加了 3.4 个百分点（见表 2）。

表 2　2022 年第一季度至第四季度帕劳消费物价指数（CPI）

季度	季度通货膨胀率(%)	涨幅(百分点)	年度通货膨胀率(%)	涨幅(百分点)
第一季度	2.2	0.3	10.6	13.1
第二季度	3.1	0.9	12.3	11.3
第三季度	2.6	-0.5	10.3	5.7
第四季度	2.59	-0.01	11.7	3.4

资料来源：Consumer Price Index of Republic of Palau，1-4 Quarter 2022，Office of Planning and Statistics，Bureau of Budget and Planning，https：//www.palaugov.pw/budgetandplanning。

与 2021 年同期相比，在 2022 年的 12 个月里，物价消费指数涨幅最大的类别是住房、水、电、天然气和其他燃料，其支出约占居民消费商品及服务支出的 26.2%，服装和鞋类支出占 18.2%，运输支出占 13.0%，食品和非酒精饮料支出占 11.6%，家具、家用设备、日常家用酒精饮料、烟草和麻醉品等支出占 7.2%。①

由于国际航班的逐步恢复和疫情逐渐好转，2022 年帕劳进出口有所增长。据统计，2022 年第一季度帕劳进口总额为 4800 万美元，出口总额为 120 万美元，与 2021 年同期相比均有所增长。第一季度的进口总额与 2021 年同期相比增加了 68.2%（1930 万美元）。其中，进口增长主要集中在矿产品（610 万美元）、机械及机械电器和零件（540 万美元）、预制食品、饮料、烈酒和烟草（70 万美元）、车辆、飞机及相关运输设备（210 万美元）和动物产品（100 万美元）等方面。从进口来源地来看，亚洲和美洲是主要的进口产品来源地，

① Consumer Price Index of Republic of Palau，1-4 Quarter 2022，Office of Planning and Statistics，Bureau of Budget and Planning，https：//www.palaugov.pw/budgetandplanning.

来自这两个地区的进口额占进口总额的94%。其中，与2021年同期相比，来自亚洲的产品增长了75.0%，来自美洲的产品增长了72.0%。2022年第一季度帕劳出口总额增长了328.4%（90万美元）。其中，鱼类和甲壳类动物、软体动物和其他水生无脊椎动物的出口增长38.1%（0.03万美元）。而从出口目的地来看，对亚洲、大洋洲的出口增长迅猛，与2021年同期相比增加了70.0%，对美洲的出口增长了10.4%。① 第二季度和第三季度基本延续了第一季度的增长趋势。2022年第二季度，进口总额达4260万美元，进口总额比上年同期增长13.6%，增长了510万美元；出口总额为460万美元，同比增长945.9%，增长了420万美元。第三季度进口总额达到5553万美元，同比增长15.3%，比2021年同期增长了735万美元；出口总额为148万美元，同比增长136.1%，比2021年同期增长了85万美元。2022年第四季度，进口总额为6170万美元，比2021年同期增长了46.9%；不过，第四季度的出口总额仅为60万美元，与2021年同期相比下降了1.2%（见表3）。

表3　2022年第一季度至第四季度帕劳进出口同比变化情况

单位：万美元，%

		第一季度	第二季度	第三季度	第四季度
进口	总额	4800	4260	5553	6170
	增长率	68.2	13.6	15.3	46.9
	增长额	1930	510	735	1970
出口	总额	120	460	148	60
	增长率	328.4	945.9	136.1	-1.2
	增长额	90	420	85	-0.74
贸易逆差		4680	3800	5405	6110

资料来源：International Merchandise Trade Statistics of Republic of Palau, 1st, 2nd, 3rd, 4th, Quarter 2022, Office of Planning and Statistics, Bureau of Budget and Planning, Ministry of Finance, https://www.palaugov.pw/budgetandplanning/。

① International Merchandise Trade Statistics of Republic of Palau, 1st Quarter 2022, Office of Planning and Statistics Bureau of Budget and Planning, Ministry of Finance, https://www.palaugov.pw/budgetandplanning/.

（二）旅游业恢复增长

旅游业是帕劳的经济支柱产业，2022 年帕劳的旅游业逐渐恢复并出现增长，旅游相关产业也得到恢复。2022 年上半年，由于受到新冠疫情和帕劳多数航班停飞的影响，帕劳旅游业恢复情况并不乐观。相较于 2021 年同期的入境游客人数，2022 年上半年游客人数有所回升，但仍低于新冠疫情前的游客人数。根据帕劳旅游局的入境报告，2022 年 1~6 月，共有 4501 名游客入境帕劳，其中 4 月的入境人数为 1238 人。随着下半年国际航班的恢复和新冠疫情得到控制，情况略有好转，尤其是 11 月，入境旅游人数超过了 2000 人，这也是帕劳 2022 年入境人数最多的一个月（见表 4）。

表 4　2022 年 1~12 月帕劳入境游客人数统计

单位：人

国家/地区	1月	2月	3月	4月	5月	6月	7月	8月	9月	10月	11月	12月
日本	29	36	37	80	101	62	96	99	135	147	238	253
韩国	0	11	2	15	16	15	8	17	40	27	56	20
中国台湾地区	30	9	5	38	2	8	15	82	21	34	606	570
中国（大陆）	1	0	3	5	5	10	9	5	6	20	36	30
美国/加拿大	315	414	429	688	541	761	708	375	543	658	705	555
欧洲	17	19	30	101	18	38	127	133	39	85	163	133
其他	37	29	72	311	68	93	137	125	146	207	210	208
总人数	429	518	578	1238	751	987	1100	836	930	1178	2014	1769

资料来源：Bureau of Immigration，MOJ，Palau Visitors Authority，and Bureau of Budget and Planning，Ministry of Finance，https：//www. palaugov. pw/executive-branch/ministries/finance/budgetandplanning/immigration-tourism-statistics/。

截至 2022 年底，帕劳接待的入境游客人数为 12328 人，比 2021 年增长了 136%（2021 年为 5231 人）。[①] 从入境游客的客源地来看，2022 年来自美

① Tourism Numbers in 2022 Doubles，Island Times，February 10，2023，https：//islandtimes. org/tourism-numbers-in-2022-doubles/.

国和加拿大的游客占了很大比例，达到 6692 人。[①] 帕劳传统的客源地日本、韩国等国的入境人数呈现大幅下降的趋势。2022 年仅有 762 名日本游客入境，尽管比 2021 年的 83 人有了很大增长，但与 2020 年 10647 人的规模还是差别较大（见表 5）。

表 5　2013 财年至 2022 财年帕劳入境游客人数（按地区）统计

单位：人

国家/地区	2013 年	2014 年	2015 年	2016 年	2017 年	2018 年	2019 年	2020 年	2021 年	2022 年
日本	36474	38200	31786	30585	25829	24437	19637	10647	83	762
韩国	18501	15834	12453	12529	13472	12872	11569	6227	12	136
中国台湾地区	28171	31175	15258	15501	9493	11354	14065	6279	1914	892
中国大陆	9357	21706	91174	70741	55491	50211	28504	9761	33	57
美国/加拿大	8432	8630	8856	8499	8532	8426	7832	4015	1194	5687
欧洲	5507	5390	4653	4293	5005	4486	3786	2541	20	563
其他	4381	4739	4589	4502	4281	4211	4333	2283	156	1150
总人数	110823	125674	168769	146650	122103	115997	89726	41753	3412	9247

注：本表人数按帕劳财年统计。

资料来源：Bureau of Immigration，MOJ，Palau Visitors Authority，and Bureau of Budget and Planning，Ministry of Finance，https：//www. palaugov. pw/executive-branch/ministries/finance/budgetandplanning/immigration-tourism-statistics/。

可见，帕劳的旅游业复苏远不如预期。到 2022 年底，帕劳旅游业仍然没有恢复到疫情前的水平，尤其是与 2019 年相比，仅仅恢复了 13%。2022 年，像斐济等一些太平洋岛国，其旅游业复苏接近疫情前的100%。[②] 据帕劳人力资源、文化、旅游和发展部估计，2023 年帕劳旅游业将获得快速发展，2023 年帕劳入境游客人数将达到 4.4 万人[③]，将恢复到 2020 年的水平。

---

① Tourism Numbers in 2022 Doubles，Island Times，February 10，2023，https：//islandtimes. org/tourism-numbers-in-2022-doubles/.

② Leilani Reklai，Tourism Recovery Lagging with Arrivals at 11% in 2022，Island Times，January 3，2023，https：//islandtimes. org/tourism-recovery-lagging-with-arrivals-at-11-in-2022/.

③ Leilani Reklai，Tourism Recovery Lagging with Arrivals at 11% in 2022，Island Times，January 3，2023，https：//islandtimes. org/tourism-recovery-lagging-with-arrivals-at-11-in-2022/.

三 外交发展

2022年帕劳外交异常活跃，帕劳不仅在区域和国际多边外交中频频“出镜”，更是在一年中接待了数位来自世界大国的高级官员。从举办第七届“我们的海洋大会”（Our Ocean Conference，OCC）、太平洋生态会议到参加《联合国气候变化框架公约》第27次缔约方大会（COP27），从退出太平洋岛国论坛到重新回到论坛，2022年帕劳成为多边外交的积极参与者。从出访日本、赴华盛顿参加美国举办的首届“美国-太平洋岛国领导人峰会”，到接待德国环境部长、澳大利亚外长、日本外相、美国国会议员的来访，惠普斯总统的双边外交也收获颇丰。

（一）惠普斯政府的“气候外交”

作为太平洋上的小岛国，帕劳对气候变化影响有着切身的感知。因此，帕劳也成为全球应对气候变化的积极呼吁者，不断在世界多边舞台上发出自己的声音，呼吁国际社会采取措施应对气候变化。帕劳是世界上第一个设立鲨鱼保护区的国家，也是第一个将全国80%的近海海域划为海洋保护区（PNMS）的国家，也是首批批准《联合国气候变化框架公约巴黎协定》的国家之一。惠普斯总统就职以来，继续延续前任帕劳政府的气候政策，积极推行“气候外交”，让世界不断听到“太平洋岛国的声音”。

2022年4月，帕劳主办了第七届“我们的海洋大会”，该活动自2014年启动以来首次在小岛屿发展中国家举行。惠普斯总统表示，太平洋岛屿一直处于气候变化影响的最前沿，太平洋国家在管理和保护海洋方面一直承担着“重大责任”。“我们的海洋大会”将为太平洋地区提供一个机会，强调太平洋岛民作为海洋管理者的作用。[①] 会议以“我们的海洋、我们的人民、

① Our Ocean Conference in Palau to Highlight Role of Pacific in Ocean Protection, Island Times, March 18, 2022. https://islandtimes.org/our-ocean-conference-in-palau-to-highlight-role-of-pacific-in-ocean-protection/.

我们的繁荣”为主题，重点关注气候变化、渔业可持续发展、可持续蓝色经济的创建、海洋保护区的推进以及海洋污染等问题，来自政府间组织、学术和研究机构、私营部门和民间社会组织的600多名代表参加了会议。大会做出了410项承诺，承诺提供163.5亿美元用于保护海洋。①

2022年6月，总统惠普斯和斐济、萨摩亚代表在参加由深海保护联盟（The Deep Sea Conservation Coalition）和世界野生动物基金会（The World Wildlife Fund）共同主办的联合国会议中，共同呼吁暂停深海采矿，以保护海洋生物多样性。10月，帕劳还举办了第一届太平洋生态安全会议（The 1st Pacific Ecological Security Conference），以促进太平洋岛国领导人对“促进太平洋岛屿气候复原力、粮食安全和可持续性”，以及对促进该地区预防、控制和消除入侵物种的区域性战略。

11月，惠普斯总统出席在埃及沙姆沙伊赫举行的《联合国气候变化框架公约》第27次缔约方大会（COP27），呼吁所有国家履行承诺，帮助将全球升温幅度限制在1.5摄氏度。惠普斯在讲话中呼吁“我们共享一个海洋和一个大气层。我们必须共同承担寻找创新解决方案的责任，并致力于改变我们的行为”。帕劳还敦促发达国家兑现1000亿美元的气候融资承诺。②会议期间，帕劳还与密克罗尼西亚联邦发表了联合声明。声明指出，作为一个小岛屿发展中国家和太平洋小岛屿发展中国家的成员，“我们极易受到气候变化的影响，我们处于气候变化的前线。由于气候对我们的生计、文化和福祉的影响，我们每天都在遭受损失和破坏”，太平洋岛国需要超越“常规”的气候变化解决方案。声明还呼吁通过COP27建立专门的气候损失和

① Leilani Reklai, 7th Ocean Conference Ends on High Note, Island Times, April 15, 2022, https://islandtimes.org/7th-ocean-conference-ends-on-high-note/.

② Leilani Reklai, Whipps Urges Countries Not to Back down on Climate Commitments, Island Times, November 15, 2022, https://islandtimes.org/whipps-urges-countries-not-to-back-down-on-climate-commitments/.

损害基金作为长期解决方案的一部分。①

12 月，帕劳派代表团出席在加拿大蒙特利尔举行的《生物多样性公约》第 15 次缔约方大会。帕劳农业、渔业和环境部官员托马斯（River Thomas）代表亚太地区和 20 多个小岛屿发展中国家在会上发出强有力的声音，呼吁联合国海洋伙伴加强对海洋及其资源的养护和可持续利用的支持，以阻止生物多样性丧失，确保有效实施全球生物多样性框架。帕劳代表团的另一位成员格温·西索尔（Gwen Sisior）女士也呼吁充分调动资源为实施全球生物多样性基金提供资金，并敦促缔约方提供充足、有效、透明和可预测的财政支持。托马斯和西索尔在大会上的发言扩大了太平洋国家的声音，呼吁将健康的海洋生物多样性置于所有决策的首要位置。

（二）活跃的双边外交

2022 年是帕劳双边外交活跃的一年，帕劳迎来了比以往任何一年都多的高层访问，而且与盟友美国、澳大利亚、日本双边互动频繁。一年中，惠普斯总统不仅接待了美国国会议员、澳大利亚政府的部长和议员、日本外相和防卫大臣、德国环境部长等各国官员，并相继访问日本和美国，还任命了两位驻外大使——驻以色列大使阿拉娜·塞德（Alana Seid）和驻日本大使彼得·阿德拜（Peter Adelbai）。

1. 进一步增强与美国的关系

随着美国“印太”战略的全面展开，作为美国构筑的太平洋第二岛链上的重要国家，帕劳进一步被纳入美国“回归”太平洋战略的重要一环，美国不断增加对帕劳的外交与安全资源投放。2022 年，美国“重启”与帕劳的《自由联系条约》续约谈判，并不断通过向帕劳提供援助的方式巩固美国与帕劳的盟友关系，通过举行峰会的方式将帕劳等太平洋岛国拉进美国的“印太”战略。

---

① On Loss and Damage, Palau and FSM Demand Action at COP27, Island Times, November 18, 2022, https://islandtimes.org/on-loss-and-damage-palau-and-fsm-demand-action-at-cop27/.

可以说，2022 年是美国的“太平洋岛国年”，美国与太平洋岛国频频互动。2 月，美国国务卿布林肯访问斐济，与惠普斯等 18 名太平洋岛国的领导人举行了线上会议。3 月，美国国务院任命尹汝尚为新任太平洋岛国谈判特使，开始与帕劳、马绍尔群岛和密克罗尼西亚联邦三国商讨有关经济、气候和核武器试验的赔偿问题。3 月至 4 月，美国接连多次向帕劳提供援助，向帕劳捐赠个人防护装备以支持帕劳应对新冠疫情，并为帕劳社区应对灾害事件和提升抵御自然灾害能力提供援助。6 月，美国与英、日、澳等国建立“蓝色太平洋伙伴关系”框架，进一步通过援助外交拉拢帕劳等太平洋岛国。美国副总统哈里斯（Kamala Harris）在 7 月参加太平洋岛国论坛期间又宣布了增进美国与太平洋岛国关系的 7 项行动。9 月，美国总统拜登邀请包括惠普斯总统在内的 14 位太平洋岛国领导人到白宫参加首次美国-太平洋岛国首脑峰会。

此外，美国“勇敢之盾-2022”（Valiant Shield 2022）军事演习首次在帕劳进行火箭发射和导弹试射。6 月 6 日至 17 日，美日在关岛、北马里亚纳群岛、帕劳周边海域进行了联合军事演习。美国“林肯”号航母和“里根”号航母打击群以及两栖攻击舰“的黎波里”号都出现在此次军事演习中，来自美国海军、空军、陆军、海军陆战队和太空军的约 1.3 万人参加了此次军事演习。军事演习期间，美军在帕劳的安加尔岛进行了火箭发射，这是美国海军陆战队第一次使用安加尔岛进行演习。此外，美军还首次在帕劳领土上进行了“爱国者”导弹试射，这也说明未来美国可能会大幅增加在帕劳的军事存在。早在 2017 年，美国就计划在帕劳部署高频雷达系统。此后，美国与帕劳也进行了多次磋商，帕劳也表示“欢迎”美国在帕劳驻军以“保卫”帕劳的安全。为增强美国的“太平洋威慑”能力，美国在帕劳部署高频雷达系统已成定局。

2. 巩固和发展与日本的关系

2022 年，帕劳实现了与日本的高层双边互访，并签署了多份援助协议。5 月，日本外相林芳正访问了帕劳，这是时隔三年后日本外相再次到访帕劳。林芳正与惠普斯总统举行了会谈，双方一致同意深化日本与帕劳关系，并宣称携手推进“自由开放的印太”构想。林方正表示，日本将与帕劳在农业、畜牧业和渔业等领域开展密切合作，其中包括日本渔船在帕劳水域进行作业。访问期间，林方正和惠普斯总统还共同出席了帕劳国际机场新航站楼启用开幕式。7 月，作为 2022 年“日本-帕劳太平洋伙伴关系”活动的一部分，日本自卫队“基里海”号驱逐舰访问帕劳，包括惠普斯总统在内的帕劳政要还登上“基里海”号参观。[①] 9 月，惠普斯总统访问日本，与日本首相岸田文雄举行了会谈。这是惠普斯总统上任以来的首次访日，也是他与日本首相岸田文雄的首次会晤。在日本期间，惠普斯总统还会见了日本财团（The Nippon Foundation）和日本-帕劳议会友好联盟（Japan-Palau Parliamentary Friendship League）理事长笹川洋平（Yohei Sasakawa），并就促进两国的经济项目和人员交流进行了会谈。

日本是帕劳最主要的援助来源国之一，通过援助外交，日本与帕劳建立了密切的双边关系。2022 年 5 月，帕劳最大的基础设施开发项目——“帕劳国际机场改造、扩建和管理项目”顺利完工，新帕劳国际机场航站楼在帕劳全面启用，成为日本援助帕劳的一个标志性项目。同月，帕劳农业、渔业和环境部长访问了冲绳。6 月，冲绳县向帕劳派遣了 4 名渔业专家。8 月，帕劳与日本冲绳县签署了《关于加强友好关系的谅解备忘录》。备忘录指出，帕劳和冲绳将努力促进合作，利用各方拥有的资源和技术解决岛屿地区面临的共同挑战。[②] 9 月，日本和帕劳签署了输电网络发展协议。根据协议，日本国际协力机构（JICA）将向帕劳输电网络发展项目提供高达 24.1 亿日元（约合 2000 万美元）的赠款援助。该项目实施期限为 36 个月，通过建

① Japan-Palau Pacific Partnership 2022，Island Times，July 19，2022，https：//islandtimes.org/japan-palau-pacific-partnership-2022-2/.

② Palau and Okinawa Prefecture of Japan Signed MOU on Strengthening Friendly Relations，Island Times，September 2，2022，https：//islandtimes.org/palau-and-okinawa-prefecture-of-japan-signed-mou-on-strengthening-friendly-relations/.

设和修复变电站和输电线路来改善帕劳电力供应，促进帕劳的社会和经济发展。[①] 10 月，日本与帕劳签署了“经济和社会发展计划”，日本计划向帕劳提供 92 万美元的经济援助。同时，还举行了“协助农业和畜牧业发展项目”畜牧场建设开工仪式，日本向帕劳捐赠约 185 万美元用于该项目的实施。[②] 双方还举行了“日本-帕劳农业合作促进工作组”第二次会议，进一步讨论了促进双方农业合作项目问题。12 月，日本为帕劳国立医院建立了帕劳首个最先进的移动、独立重症监护病房，用于严重疾病的治疗。该独立重症监护病房由日本国际协力机构资助，耗资 500 万美元。此外，日本国际协力机构还向帕劳麦英斯小学（Meyuns）提供 40 多万美元的援助，用于建造自助餐厅。该项目建成后将成为帕劳最现代化的自助餐厅，可容纳 200 名学生就餐。该设施也可以作为自然灾害发生时的避难所和学校举办大型活动的场所。这些项目“展示了帕劳和日本的特殊关系”。[③]

3. 德国、澳大利亚“重新”发现帕劳

2022 年 7 月，德国外交部长安娜莱娜·贝尔伯克（Annalena Baerbock）和国务部长古斯塔夫·艾塔洛（Gustav Aitaro）一行访问了帕劳，这是帕劳首次接待来自德国的高级代表团。在访问期间，贝尔伯克表示，“今天我们亲眼看到，对你们来说，与气候变化危机的斗争是一个生存问题”[④]，因此，德国正在考虑与帕劳合作，以应对气候变化和向可再生能源转型等问题。双方还讨论了让帕劳获得气候变化基金问题，以帮助帕劳缓解和适应气候变化

① Japan and Palau Sign US $20M Grant Agreement for the Development of Power Transmission Network, Island Times, September 9, 2022, https://islandtimes.org/japan-and-palau-sign-us20m-grant-agreement-for-the-development-of-power-transmission-network/.

② Grant Signing Ceremony, Groundbreaking Ceremony and the 2nd Task Force Meeting for Japan-Palau Agriculture Cooperation, Island Times, October 28, 2022, https://islandtimes.org/grant-signing-ceremony-groundbreaking-ceremony-and-the-2nd-task-force-meeting-for-japan-palau-agriculture-cooperation/.

③ Leilani Reklai, Japan, Palau “tokubets” Relationship Demonstrated, Island Times, December 16, 2022, https://islandtimes.org/japan-palau-tokubets-relationship-demonstrated/.

④ Leilani Reklai, Germany's Foreign Affairs Minister Baerbock Visits Palau, Island Times, July 12, 2022, https://islandtimes.org/germanys-foreign-affairs-minister-baerbock-visits-palau/.

的挑战。艾塔洛也指出，德国将向帕劳提供技术培训，并使帕劳能够获得更多的气候基金。贝尔伯克是一个多世纪以来首位访问帕劳的德国外交部长，她还宣称德国已经任命了一名太平洋岛国特使，并承诺德国和太平洋岛国建立更密切的联系，同时呼吁国际社会更加关注应对气候变化。

2022 年 12 月，澳大利亚外交部长黄英贤（Penny Wong）率领澳大利亚两党议会代表团访问了帕劳，这是澳大利亚议会代表团一年后的第二次访问。此次陪同黄英贤出访的澳大利亚议员包括国际发展和太平洋事务部长帕特·康罗伊（Pat Conroy）、影子外交部长西蒙·伯明翰（Simon Birmingham）以及国际发展和太平洋事务影子部长迈克尔·麦科马克（Michael McCormack）。作为回报，12 月 22 日，帕劳总统惠普斯表示支持澳大利亚申办《联合国气候变化框架公约》第 31 次缔约方大会（COP31）。近年来，帕劳这个位于西太平洋赤道以北的小岛国在澳大利亚战略版图中一直处于被“忽略”的状态。但随着澳大利亚对美国“印太”战略的追随，帕劳被澳大利亚“重新”发现，因为帕劳在该地区可能发生的任何军事冲突中将发挥“关键的后勤作用”。2021 年 12 月，澳大利亚在帕劳设立了大使馆，并派出了一个议会代表团访问帕劳。[①] 作为“索拉尼亚行动”（Operation Solania）的一部分，自 2022 年 3 月起，澳大利亚国防军（ADF）一直在帕劳和密克罗尼西亚联邦水域巡逻，以帮助太平洋岛国论坛渔业局（FFA）发现和阻止该地区的非法捕鱼活动。

2022 年 6 月，惠普斯总统还与时任斐济总理姆拜尼马拉马进行了会见，双方讨论了社会经济和可持续发展领域的合作前景。2022 年 8 月，惠普斯还对台湾地区进行了访问，以期在旅游、金融和渔业等领域得到台湾地区更多的帮助。台湾地区是帕劳重要的援助方之一。2022 年 6 月，台湾技术代表团与帕劳农业、渔业和环境部合作，在帕劳 14 个州推广家禽和牲畜项目。台湾技术代表团投资 350 万美元为帕劳社区兴建禽畜大棚，用以推动帕劳畜

---

① Daniel Mandell and Anthony Bergin, Wong's Visit to Palau Should Be Followed by Greater Australian Engagement, Island Times, December 16, 2022, https://islandtimes.org/wongs-visit-to-palau-should-be-followed-by-greater-australian-engagement/.

牧业的发展。[①] 9 月，台湾地区向帕劳捐赠了 2 万美元，支持帕劳举办第一届太平洋生态安全会议。

结　语

2022 年，帕劳发生了很多具有分水岭意义的事件。首先，帕劳与美国的《自由联系条约》谈判历经波折，最终达成了初步协议，为未来一段时间内的美国-帕劳关系奠定了基础。其次，帕劳熬过年初的新冠疫情，经历了学校、航线的关闭与重启，以旅游业为主的帕劳经济也在跌跌撞撞中开始恢复和发展。最后，帕劳 2022 年迎来了极度热闹的双边外交年，多个世界大国的外交访问团相继访问帕劳，惠普斯总统的“气候外交”更是让这个太平洋小岛国的声音多次回荡在世界气候和海洋会议上。2022 年也成为帕劳历史上不同寻常的一年。

① Ambassador Jessica Lee Attended Ground Breaking Ceremony of the Taiwan Technical Mission's Poultry and Livestock Project in Aimeliik, Island Times, June 21, 2022, https://islandtimes.org/ambassador-jessica-lee-attended-ground-breaking-ceremony-of-the-taiwan-technical-missions-poultry-and-livestock-project-in-aimeliik/.

B.8
2022年所罗门群岛经济社会发展及中所关系

张 勇　于昕禾*

摘　要： 所罗门群岛的国内经济和社会发展在2022年依旧承受巨大压力。由于全球经济增长放缓、金融环境收紧，世界局势风云变幻以及霍尼亚拉骚乱的持续影响，新冠疫情形势严峻，其旅游业、渔业以及林业等支柱型产业发展受阻，所罗门群岛的国内经济不断萎缩，较2021年持续下滑。所罗门群岛面临物价攀升、进出口贸易受阻、失业和贫困人口增加、生活物资短缺等难题，索加瓦雷政府积极应对，采取重启经济、保障民生以及开拓外交等措施，多重政策加力提效，稳经济保民生。2022年中所关系稳步发展，双方不断拓宽在双边安全、疫情防控、贸易投资以及气候变化等领域的务实合作，签署了双边安全合作框架协议，并一致同意打造共建"一带一路"标志性项目，取得了丰硕的成果。

关键词： 所罗门群岛　经济　社会　外交　中国-所罗门群岛关系

在全球经济放缓、通货膨胀居高不下、俄乌冲突以及新冠疫情的多重影响下，所罗门群岛脆弱的国内经济和社会发展承受巨大压力。面对物价

---

* 张勇，博士，聊城大学历史文化与旅游学院副教授，聊城大学太平洋岛国研究中心高级研究员，研究方向为美国外交史、太平洋岛屿史；于昕禾，聊城大学历史文化与旅游学院2020级本科生。

攀升、进出口贸易受阻、失业和贫困人口增加、生活物资短缺等难题，索加瓦雷政府积极应对，采取有力措施，对内调整经济民生政策，对外积极开展外交活动，争取双边和多边援助，以此稳经济保民生。但是，由于自身经济脆弱、社会问题较多，所罗门群岛走出危机仍面临着许多不确定性因素。

一　所罗门群岛经济社会发展现状

新冠疫情发生以来，所罗门群岛政府及时采取强有力措施，防止外来病例输入。截至 2021 年 12 月 6 日，所罗门群岛尚无社区传播记录。但 2022 年初，新冠疫情在所罗门群岛国内发生，感染人数激增，对所罗门群岛经济社会发展造成严重冲击。

（一）所罗门群岛经济复苏面临巨大压力

新冠疫情导致全球经济增长放缓，所罗门群岛经济陷入衰退。2022 年，随着奥密克戎病毒的传播，世界各国继续实行旅行限制和边境封锁措施。国际货币基金组织有关数据显示，全球经济增长放缓至 3.4%。[①] 全球经济增长放缓严重影响了所罗门群岛的经济，受新冠疫情、全球交通运输和进出口贸易限制的影响，2022 年所罗门群岛的经济形势依然严峻。在新冠疫情蔓延之前，所罗门群岛的经济增长已经放缓，2019 年的实际国内生产总值仅增长 1.2%，为 2014 年以来最低。[②] 2020 年受到新冠疫情的严重冲击，所罗门群岛国内生产总值呈现负增长，下降 4.3%。[③] 2021 年，所罗门群岛经济

---

① “World Economic Outlook Update, April 2023: A Rocky Recovery”, International Monetary Fund, April, 7, 2022, https://www.imf.org/en/Publications/WEO/Issues/2023/04/11/world-economic-outlook-april-2023.

② “2020 CBSI Annual Report”, Central Bank of Solomon Islands, May 11, 2021, https://www.cbsi.com.sb/wp-content/uploads/2022/03/CBSI-Annual-Report-2020.pdf.

③ “CBSI Quarterly Review December 2020”, Central Bank of Solomon Islands, April 4, 2021, http://www.cbsi.com.sb/wp-content/uploads/2021/03/QR-DEC2020-Final-.pdf.

出现复苏迹象，实际国内生产总值增长率为-0.2%。[①] 受国际紧张局势和霍尼亚拉骚乱的持续影响，2022 年所罗门群岛的实际国内生产总值增长率为-4.5%，较 2021 年更加恶化。[②]

所罗门群岛旅游业恢复速度非常缓慢。2022 年初，新型冠状病毒在首都霍尼亚拉被检测出，随后在各个省传播，索加瓦雷政府立即实施限制人员流动的管控措施。所罗门群岛中央银行的统计数据显示，所罗门群岛第一季度的游客人数下降了 35%，仅为275 人[③]；第二季度的旅游状况有所改善，游客人数增加到 360 人，这得益于所罗门群岛旅游局“国内旅游泡泡政策”（the Domestic Tourist Travel Bubbles Policy）[④] 的推行。2022 年 7 月 1 日所罗门群岛重新开放边境并全面解除流动限制后，旅游业在第三季度显示出复苏的迹象，国际入境人数大幅增加221.4%[⑤]，游客人数激增近 6 倍，达到 2481 名。[⑥] 第四季度所罗门群岛的游客数量为 4207 名，增加了 69.6%，澳大利亚是所罗门群岛旅游业的第一大客源地，占比为 42.2%。[⑦] 随着边境的开放和疫情风险的降低，所罗门群岛的旅游业逐步

---

① “2022 Financial Policy Objectives and Strategies”, Solomon Islands Government, April 24, 2022, https://solomons.gov.sb/wp-content/uploads/2022/05/2022-Budget-Strategy-and-Operational-Rules.pdf.

② “2022 Financial Policy Objectives and Strategies”, Solomon Islands Government, April 24, 2022, https://solomons.gov.sb/wp-content/uploads/2022/05/2022-Budget-Strategy-and-Operational-Rules.pdf.

③ “CBSI Quarterly Review March 2022”, Central Bank of Solomon Islands, June 24, 2022, https://www.cbsi.com.sb/wp-content/uploads/2022/06/March-2022-Quaterly-Report.pdf.

④ “CBSI Quarterly Review June 2022”, Central Bank of Solomon Islands, September 23, 2022, https://www.cbsi.com.sb/wp-content/uploads/2022/09/June-Q2-Report-2022.pdf.

⑤ “International Arrivals Rises Significantly by 221.4 Percent after Lifting of Travel Restrictions”, Solomon Islands Government, November 22, 2022, https://solomons.gov.sb/international-arrivals-rises-significantly-by-221-4-percent-after-lifting-of-travel-restrictions/.

⑥ “CBSI Quarterly Review September 2022”, Central Bank of Solomon Islands, December 19, 2022, https://www.cbsi.com.sb/wp-content/uploads/2022/12/September-2022-Quarterly-Report.pdf.

⑦ “More Than Nine Thousand Arrivals Recorded in Fourth Quarter of 2022”, Solomon Islands Government, February 14, 2023, https://solomons.gov.sb/more-than-nine-thousand-arrivals-recorded-in-fourth-quarter-of-2022/.

释放活力。

2022 年所罗门群岛的渔业发展持续受挫。受渔船捕捞许可证费用缴纳延迟，机场、港口和部分加工厂关闭以及船员隔离周期长等限制因素的影响，所罗门群岛的渔业发展受到阻碍。2022 年所罗门群岛的鱼类总捕获量为 2.6 万吨，比前一年下降了 6%。① 所罗门群岛的延绳钓活动减少，围网渔船上的观察员基本处于暂停状态。所罗门群岛中央银行的商品生产数据显示，截至 2022 年 6 月底，所罗门群岛的渔获量下降了 3.4%。② 同时，全球消费市场受到各种封锁的限制，发达国家和新兴经济体的消费需求疲软，对鱼类的需求量大幅减小，这不利于所罗门群岛的渔业贸易的发展。虽然渔获量和出口量较往年相比有所减小，但由于全球不利的捕鱼条件，各国鱼类供应量下降，鱼价呈现可观的上涨趋势，2022 年国际鱼类平均价格上涨了 12%，达到每吨 1543 美元。③

2022 年所罗门群岛的林业收入降低，林业发展受到影响。林业是所罗门群岛最大的经济部门，所赚取的外汇约占所罗门群岛外汇总收入的 60%，产值约占所罗门群岛国内生产总值的 30%。④ 2022 年初新冠疫情的发生，以及边界封锁措施扰乱了伐木活动，导致所罗门群岛原木产量下降，这对国内的经济恢复极为不利。2022 年，原木产量下降 21%，仅为 160 万立方米，其中，天然原木产量为 149.9 万立方米，下降了 20%，人工种植原木产量为 10 万立方米，下降了 26%。⑤ 受新冠疫情的影响，市场对原木的需求较低，原木出口总体下降。2022 年原木出口总量控制在 170 万至 180 万立方米，

---

① "CBSI Quarterly Review December 2022", Central Bank of Solomon Islands, March 28, 2023, https://www.cbsi.com.sb/wp-content/uploads/2023/03/December-Q4-2022-Report.pdf.

② "2022 Financial Policy Objectives and Strategies", Solomon Islands Government, April 24, 2022, https://solomons.gov.sb/wp-content/uploads/2022/05/2022-Budget-Strategy-and-Operational-Rules.pdf.

③ "CBSI Quarterly Review September 2022", Central Bank of Solomon Islands, December 19, 2022, https://www.cbsi.com.sb/wp-content/uploads/2022/12/September-2022-Quarterly-Report.pdf.

④ 张勇编著《所罗门群岛》，社会科学文献出版社，2016，第 135 页。

⑤ "CBSI Quarterly Review December 2022", Central Bank of Solomon Islands, March 28, 2023, https://www.cbsi.com.sb/wp-content/uploads/2023/03/December-Q4-2022-Report.pdf.

全球原木价格指数也呈下降趋势。

所罗门群岛的进出口贸易逆差再创新高。俄乌冲突导致全球石油、大宗商品价格上涨和外部需求下降，对所罗门群岛的进出口贸易产生负面影响，尽管所罗门群岛与俄罗斯、乌克兰的直接贸易联系有限，但对贸易的影响主要通过主要贸易伙伴欧盟和中国的外部需求减少来传导。2022 年，所罗门群岛的运输和进口成本升至 20 多年来的最高水平。2022 年，所罗门群岛出口总额减少 15%，主要缘于原木、鱼类和农产品出口的减少。然而，矿物等大宗商品，受世界市场价格上涨和需求稳定的影响，出现小幅增长。2022 年总进口比前一年小幅增长 0.8%，主要来自燃料进口的推动，然而食品、机械和运输设备的进口总量则有所下降。所罗门群岛的货物贸易差额从前一年的 7.81 亿美元扩大到 16.79 亿美元，这一贸易逆差是由于所罗门群岛的进口额比前一年增长了 19%，而出口额则下降了 7%。其中，燃料进口额激增 56%，为 11.29 亿美元，食品进口额增长了 26%，达到 9.77 亿美元。[①] 受新冠疫情和俄乌冲突的影响，所罗门群岛的进出口贸易主要呈现收缩趋势，不利于经济的发展。

除此之外，所罗门群岛的农业部门呈现负增长，增长率为-4.1%左右。截至 2022 年 6 月，农产品产量下降了 17%，但棕榈油的产量比上年同期略有增加，增长率约为 0.7%。所罗门群岛中央银行数据显示，上半年的生产指数下降 16%，其中第一季度下降了 20%，为过去 5 年来的最低水平。这一负面结果反映了原木和干椰子的贸易量表现不佳，抵消了该季度椰子油、可可、渔获和棕榈油产量的增长。[②] 下半年生产指数呈现复苏态势，但仍然不及 2021 年。[③] 2022 年商业活动和服务产出收缩 3.2%。建筑业增长率从

---

① “CBSI Quarterly Review December 2022”, Central Bank of Solomon Islands, March 28, 2023, https://www.cbsi.com.sb/wp-content/uploads/2023/03/December-Q4-2022-Report.pdf.

② “CBSI Quarterly Review December 2022”, Central Bank of Solomon Islands, March 28, 2022, https://www.cbsi.com.sb/wp-content/uploads/2023/03/December-Q4-2022-Report.pdf.

③ “CBSI Quarterly Review September 2022”, Central Bank of Solomon Islands, December 19, 2022, https://www.cbsi.com.sb/wp-content/uploads/2022/12/September-2022-Quarterly-Report.pdf.

2021 年的-2.5%上升为-1.5%，该行业的恢复主要是由于所罗门群岛国内的基础设施项目和外来投资建设不断开展，其中包括 2023 年举行的南太平洋运动会场馆建设和其他捐助项目。

（二）所罗门群岛社会发展面临诸多挑战

所罗门群岛作为世界上最不发达的国家之一，受新冠疫情的影响，国民的就业、粮食和卫生安全不能得到保障，社会发展仍存在着许多问题。

边境封锁期间，所罗门群岛的劳动力市场状况不乐观，部分就业指标仍低于新冠疫情前的峰值。劳动力流动就业是所罗门群岛就业的主要形式，周边国家的季节性岗位为所罗门群岛人民创造了就业机会，成为居民收入和汇款的主要来源。新冠疫情发生后，所罗门群岛的失业人数呈现逐年增长的趋势，所罗门群岛国家公积金（SINPF）的统计数据显示，2022 年总就业人数减少了 349 人，2021 年则减少了 1445 人，新冠疫情重挫所罗门群岛的就业市场，所国贫困人口剧增。[①]

所罗门群岛卫生防疫系统较为薄弱。截至 2022 年 12 月，所罗门群岛共确诊 21563 例新冠病毒感染确诊病例，其中 153 人死亡。新冠疫苗接种推广工作加快，截至 2022 年 7 月，疫苗接种率已达51%。[②] 卫生问题威胁着所罗门群岛人民的生命健康。医疗设备技术落后、医务人员经验的缺乏以及国内经济形势严峻都给所罗门群岛抗击疫情带来了巨大困难。

二　索加瓦雷政府的应对举措

所罗门群岛的经济发展主要集中在农业、渔业和旅游业等领域，严重依赖自然资源，属于典型的资源依赖型经济。2022 年，所罗门群岛经济形势

---

① "CBSI Quarterly Review December 2022", Central Bank of Solomon Islands, March 28, 2023, https://www.cbsi.com.sb/wp-content/uploads/2023/03/December-Q4-2022-Report.pdf.

② 数据来源：https://covid19.who.int/region/wpro/country/sb，访问时间：2023 年 3 月 14 日。

恶化，民众生活压力增加。索加瓦雷政府为应对国内外经济民生双重压力，积极应对危机，迅速出台相关政策，抵御风险。

（一）恢复经济举措

所罗门群岛发展韧性经济，提高风险抵御能力。疫情和热带气旋对当地社会形成了双重的打击，为保障所罗门群岛经济社会的正常运转，索加瓦雷政府制订了大规模的经济刺激计划。

在货币政策方面，所罗门群岛中央银行放宽存款准备金要求，存款准备金率从原先的7.5%降至5%，准备金率的降低确保了银行业在疫情期间提供额外的流动性支持①；所罗门群岛中央银行与利益相关者共同启动所罗门群岛数字市场响应和恢复项目［Solomon Islands Digital Marketplace（COVID-19 Response & Recovery）Project］②；根据宽松的货币政策，所罗门群岛中央银行宣布开始在二级市场购买政府债券，2020年12月21日，政府从所罗门群岛国家公积金局购买了价值6000万美元的第一个所罗门群岛应对新冠疫情债券。③ 在2022年9月22日的货币政策会议上，所罗门群岛中央银行董事会决定采取宽松的货币政策，更多地着眼于抑制通胀，该决定遵循了继续支持经济持久复苏的需要，同时确保通货膨胀在未来保持不变。此外，所罗门群岛中央银行还推出出口融资工具博科洛票据（Bokolo Bill）④，主要支持当地出口商，以确保金融体系中保持充分的流动性，支持经济复苏。2022年所罗门群岛中央银行通过保持现金储备要求和博科洛票据不变，继续以宽

---

① “CBSI Eases Cash Reserves Requirement”, Central Bank of Solomon Islands, June 11, 2020, https://www.cbsi.com.sb/press-release-cbsi-eases-cash-reserves-requirement/.

② “CBSI Partners with Stakeholders to Initiate Solomon Islands Digital Marketplace (COVID-19 Response & Recovery) Project”, Central Bank of Solomon Islands, July 28, 2020, https://www.cbsi.com.sb/cbsi-partners-with-stakeholders-to-initiate-solomon-islands-digital-marketplace-covid-19-response-recovery-project/.

③ “Role of CBSI in the Secondary Market for Government Bond”, Central Bank of Solomon Islands, January 18, 2021, https://www.cbsi.com.sb/10346-2/.

④ 博科洛票据是所罗门群岛中央银行发行的一种类似于国库券的票据。其主要作用是消除金融体系中的过剩流动性。

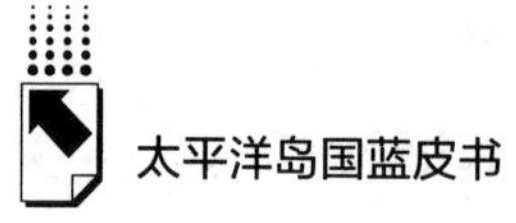

松货币政策支持经济复苏。①

财政政策方面，2022 年 3 月，索加瓦雷政府宣布了政府提议的六项短期措施，其中包括确保国家重要机构在疫情期间的正常运转、政府资源合理分配、审查公共服务的政府津贴、颁发新的征税措施、争取国内外融资以及提高国库券债券发行限额，促进国内经济的复苏。② 10 月，索加瓦雷政府颁布了《2022 年国家支付系统法》（The National Payment Systems Act 2022）③，这一举措有利于促进数字支付服务在全国范围内的推行，减少人们对现金的依赖，为所罗门群岛可持续的经济增长创造条件。

农业方面，索加瓦雷政府继续通过政府预算向农业、渔业、林业和旅游业等关键生产部门提供支持。索加瓦雷政府出台相关政策促进农业、林业、渔业和矿产等关键行业的国内消费和出口增值。所罗门群岛农业和畜牧业部（MAL）与世界银行合作推出了一个 1500 万美元的农业项目，以增加农业生产并改善该国农村社区的市场准入条件。此外，所罗门群岛农业和农村转型项目（SIART）向 85000 名所罗门群岛居民提供培训、农业和畜牧业支持。④

渔业方面，为提高渔业收益，索加瓦雷政府继续保障、促进金枪鱼资源的增值，改善政府收入和促进经济发展。2019~2020 年国家渔业政策侧重于三个领域，即近海渔业、内陆渔业和水产养殖。2022 年，索加瓦雷政府继续把重点放在促进内陆渔业和增加水产养殖方面，提高小型渔业对渔业社区粮食安全和社会经济效益的贡献。

① “Monetary Policy Stance for September 2022”, Central Bank of Solomon Islands, September 22, 2022, https: //www. cbsi. com. sb/press-release-monetary-policy-stance-for-september-2022/.

② “Six Steps to Mitigate COVID-19 Impact on Gov't Finance”, Solomon Islands Government, March 15, 2022, https: //solomons. gov. sb/six-steps-to-mitigate-covid-19-impact-on-govt-finances/.

③ “Solomon Islands Reforms Making Banking Easier and Increasing Access to Affordable Digital Services”, Solomon Islands Government, October 4, 2022, https: //solomons. gov. sb/solomon-islands-reforms-making-banking-easier-and-increasing-access-to-affordable-digital-services/.

④ “2022 Financial Policy Objectives and Strategies”, Solomon Islands Government, April 24, 2022, https: //solomons. gov. sb/wp - content/uploads/2022/05/2022 - Budget - Strategy - and - Operational-Rules. pdf.

进出口贸易方面，所罗门群岛政府通过补贴国内航运服务加强农村地区、国内市场和主要出口枢纽之间的贸易往来，促进国内和国际粮食作物（包括椰子和可可）和木材贸易，利用与中国和其他东南亚国家的新外交关系，促进农业、林业、渔业和矿产等关键部门的国内消费和出口增值。

（二）保障民生举措

所罗门群岛受热带气旋哈罗德等气候灾害和新冠疫情的影响，出现了严重的粮食危机。为保障基层民生，所罗门群岛政府成立了生计部门委员会，该委员会包括中央政府各部、地方政府、主要非政府组织和私营部门，通过向居民分发根茎类作物种子、开展种植线上教学、发放救济食物等方式，缓解粮食供应不足的压力。索加瓦雷政府积极配合联合国粮农组织的工作，实施具有气候适应性和可持续的农业价值链项目，对营养计划进行了调整，完善当地的粮食供应系统，以此缓解粮食紧张。

所罗门群岛卫生和医疗服务部在各省各级卫生机构开展新冠疫情的预防和应对工作。索加瓦雷政府采取相关措施以完善医疗卫生保健系统，同时做好各医疗项目的管理、监测和评估。早在新冠疫情发生初期，政府已进行医疗人员的培训工作，同时制定新的法律规定，还启动国家转诊医院的紧急行动部门，统筹协调有关部门，保护国家和人民免受新冠疫情侵害。此外，索加瓦雷政府举行公益宣传讲座，呼吁全民接种新冠疫苗，减少社区传播；对外积极开展与国际社会的合作，通过不断完善医疗基础设施建设，提高医护人员防护水准，积累应急资金与物资等方式，努力防止新冠疫情在所罗门群岛社区内的大规模传播。

索加瓦雷政府通过吸引外资、创造就业岗位以及实行季节性劳工计划等多渠道促进就业。所罗门群岛与国际金融公司（International Finance Corporation）开展合作，形成公私合营模式的金枪鱼产业，比纳港金枪鱼加工厂（the Bina Harbour Tuna Processing）获得了高达4000万美元的外国投资，为所罗门群岛提供了 5500 个就业机会。① 所罗门群岛的公共服务业，如教育部门积极创造短期就业机会，2022 年的就业岗位扩大到了 20000 多个，较前一年增长了 1220 个。② 除此之外，世界银行的社区准入和城市服务增强项目（CAUSE）提供了短期就业岗位，以及澳大利亚和新西兰的季节性工人计划和太平洋劳工计划③也缓解了就业紧张的情况。2022 年下半年，随着疫情管控政策的松动，就业率有所反弹。

（三）外交举措

所罗门群岛围绕获得急需的医疗援助以及气候变化开展多边外交。作为太平洋大家庭的一员，所罗门群岛以太平洋岛国论坛为轴心，积极开展“太平洋外交”，获得发展融资。在疫情发生之初，太平洋岛国论坛组织召开成员国外交部长会议，专门讨论应对新冠疫情的地区解决方案，并宣布建立“关于应对新冠疫情的太平洋人道主义道路”（the Pacific Humanitarian Pathway on COVID-19）。各个合作伙伴通过该渠道，向包括所罗门群岛在内的岛国论坛成员提供相应的医疗援助和融资计划。④ 除了必要的防疫抗疫物资援助外，还积极开展气候外交。2020 年，时任太平洋岛国论坛秘书长梅格·泰勒曾强调“气候变化引发的灾难可能加剧太平洋岛国的新冠疫情形势”，“尽管受到新冠疫情的影响，气候变化仍然是人类今天面临的最大威

① “Bina Project to Deliver Thousands of Jobs and Economic Security”, Solomon Star, May 4, 2022 https://www.solomonstarnews.com/bina-project-to-deliver-thousands-of-jobs-and-economic-security.

② “CBSI Quarterly Review December 2022”, Central Bank of Solomon Islands, March 28, 2023, https://www.cbsi.com.sb/wp-content/uploads/2023/03/December-Q4-2022-Report.pdf.

③ “CBSI Quarterly Review December 2022”, Central Bank of Solomon Islands, March 28, 2023, https://www.cbsi.com.sb/wp-content/uploads/2023/03/December-Q4-2022-Report.pdf.

④ “Pacific Islands Forum Foreign Ministers Agree to Establish a Pacific Humanitarian Pathway on COVID-19”, Pacific Islands Forum, April 8, 2020, https://www.forumsec.org/2020/04/08/pacific-islands-forum-foreign-ministers-agree-to-establish-a-pacific-humanitarian-pathway-on-covid-19/.

助”[①]，所罗门群岛作为成员国参与了太平洋岛国论坛2020年8月提出的《蓝色太平洋大陆2050年战略》的初步构想；2021年所罗门群岛气候青年领袖采取紧急气候行动；2022年9月，所罗门群岛工商会与太平洋岛国论坛建立了新的气候复原力伙伴关系[②]；2022年，太平洋岛国论坛和联合国开发计划署支持所罗门群岛的气候融资路线图的制定。

所罗门群岛基于特殊国情，结合自身需求，积极开展外交活动，争取国际援助。2020~2021年澳向所提供的官方发展援助总额实际达1.715亿美元。[③] 新西兰通过一揽子计划向所罗门群岛提供援助，以此提升其在太平洋岛国中的影响力。2022年，新西兰向所罗门群岛提供10万余剂新冠疫苗，帮助所罗门群岛实现至少90%的疫苗接种率。新西兰旅游研究所对所罗门群岛国家统计局的旅游信息录入员进行培训，加强所罗门群岛对旅游数据的掌握，促进经济的可持续发展。[④]

近两年来，美国加大力度推动“印太”战略，巩固在太平洋岛国地区的外交、经济、发展援助等方面的优势。2022年2月，美国决定在所罗门群岛重开已关闭29年之久的驻所罗门群岛大使馆。日本通过多种渠道，向所罗门群岛提供资金，帮助其改善医疗设施、加强医疗保健系统等。日所双方签署了赠款援助协议，日方帮助所方应对新冠疫情。[⑤] 2022年8月9日，

---

① “COVID-19 and Climate Change: We Must Rise Crises”, Pacific Islands Form, April 1, 2020, http://www.formusec.org/2020/04/17/covid-19-and-climate-change-we-must-rise-to-both-crises/.

② 秦升：《2020年太平洋岛国外交形势》，陈德正、赵少峰主编《太平洋岛国发展报告（2021）》，社会科学文献出版社，2021，第46~62页。

③ “Development Assistance in Solomon Islands”, Australian Government Department of Foreign Affairs and Trade, September 27, 2022, https://www.dfat.gov.au/geo/solomon-islands/development-assistance/development-assistance-in-solomon-islands.

④ “New Zealand Tourism Research Institute Conducts Zoom Training for New Data Entry Officer”, Solomon Islands Government, December 1, 2022, https://solomons.gov.sb/new-zealand-tourism-research-institute-conducts-zoom-training-for-new-data-entry-officer/.

⑤ “Signing of Japanese ODA Loan Agreement with Solomon Islands: Contributing to the COVID-19 Crisis Response in Solomon Islands through Provision of Budget Support”, JICA, March 3, 2021, https://www.jica.go.jp/english/news/press/2020/20210303_10_en.html.

日本防卫大臣鬼木诚会见索加瓦雷，并向所罗门群岛卫生部门捐赠 1090 万所元，以提高卫生部门的防疫能力。①

索加瓦雷政府积极采取应对措施、制定相关政策，在一定程度上缓解了国际动荡局势和新冠疫情对所罗门群岛造成的影响。政府实行宽松的货币政策和财政政策，促进经济复苏。得益于 2023 年太平洋运动会体育设施的建设和霍尼亚拉机场的升级等基础设施的投入，所罗门群岛建筑业一改林业和渔业的衰退局面，呈现向好的态势。同时，所罗门群岛积极争取外援，吸引外资，加快推进民生项目，持续增进民生福祉，为所罗门群岛的经济增长提供保障。亚洲开发银行预测 2023 年所罗门群岛经济有望实现触底反弹，预计国内生产总值增长率将达到 3.0%。②

三　2022年中所双边关系进一步发展

2019 年中国与所罗门群岛正式建立大使级外交关系之后，同年 10 月，索加瓦雷成功访华，两国领导人就中所关系发展达成重要共识，各领域务实合作不断深化。建交以来，中、所两国领导人通过各种形式保持沟通，就发展和深化两国重要关系达成重要共识，为中所关系健康稳定发展指明方向。2022 年，中所双边关系再上新台阶。

中、所两国共同抗击疫情，促进经济复苏。新冠疫情发生后，中国政府向所罗门群岛提供多批医疗资金、物资和技术援助，为所罗门群岛地区控制疫情，保障人民的生命安全发挥了重要作用。两国政党、媒体、妇女团体等多次举行视频交流；两国举行卫生专家视频会议，中国分享疫情防控和诊疗经验，帮助所罗门群岛应对新冠疫情。2022 年 1 月 26 日，中国政府援助所

① "Japan's State Vice Minister of Defense Paid Respect to Prime Minister Sogavare", Solomon Islands Government, August 9, 2022, https://solomons.gov.sb/japans-state-vice-minister-of-defense-paid-respect-to-prime-minister-sogavare/.

② "Asian Development Outlook 2023, April 2023", Asian Development Bank, April 4, 2023, https://www.adb.org/countries/solomon-islands/economy.

罗门群岛的抗疫物资运抵霍尼亚拉。中国驻所罗门群岛大使李明和所罗门群岛政府官员赴机场迎接。2022 年 4 月，中国派出 5 人医疗服务队在所罗门群岛国家转诊医院服务一年，与当地医生和护士并肩合作。[①] 位于所罗门群岛的主要中资企业向所罗门群岛捐赠口罩等医护用品，中国多个省份与所罗门群岛的省份建立友好省关系，如广东省与所罗门群岛瓜达尔卡纳尔省建立友好省关系，成为中国与所罗门群岛第一对省级友城。[②]

中、所两国签署协议，开展安全合作。2021 年 11 月，首都霍尼亚拉爆发的骚乱造成巨大经济损失和严重社会恐慌。唐人街等地华人商铺遭打砸抢烧，数百名中国公民无家可归。2022 年骚乱发生以来，所罗门群岛政府积极寻求外援，以恢复社会秩序和经济发展。中国紧急提供警用防暴物资援助，2022 年 1 月，中方向所罗门群岛派遣临时警务顾问组。[③] 同年 2 月，中方向所罗门群岛捐助了总价值约 986 万元人民币的警用装备。除了硬件设备，中国警方还积极推进霍尼亚拉数字移动无线电通信系统、法医尸检实验室和"I-24/7"国际刑警通信系统三个援建项目。这三个项目有效地促进了两国在通信安全、刑事侦查等方面的合作。[④] 3 月，中所签署警务合作谅解备忘录，以协助加强所罗门群岛皇家警察部队的能力和警用装备培训。

中、所两国在贸易投资、基础设施建设以及气候变化等领域的合作，克服疫情影响逆势上扬。2022 年 5 月 7 日，中国国务委员兼外交部长王毅同所罗门群岛外长马内莱（Jeremiah Manele）签署一系列合作发展协议，并于

① "Health Welcomes the Arrival of 5 Member Medical Team from China, Here to Support Clinical Care and Management of Patients at NRH", Solomon Island Government, April 8, 2022, https: //solomons. gov. sb/health-welcomes-the-arrival-of-5-member-medical-team-from-china-here-to-support-clinical-care-and-management-of-patients-at-nrh/.

② "China Plans to Develop All Provinces", Solomon Star, August 12, 2020, https: //www. solomonstarnews. com/china-plans-to-develop-all-provinces/.

③ "Solomon Islands Receive Emergency Assistance from China", Solomon Islands Government, December 30, 2021, https: //solomons. gov. sb/solomon-islands-receive-emergency-assistance-from-china/.

④ "China Boosts Solomon Islands Public Order Management", Solomon Islands Government, February 24, 2022, https: //solomons. gov. sb/china-boosts-solomon-islands-public-order-management/.

5月26日就互利合作达成了八方面重要共识。双方在非互惠贸易安排中达成协议，并签署了一项免签证协议，以促进两国人员的密切交流；签署了一项民用航空协议，进一步开放两国之间的旅游和商业市场。[①] 基础设施方面，中国优先考虑2023年太平洋运动会体育场馆的建设，并注资1.724亿所元，用于建设现代运动会村。[②] 太平洋运动会体育场馆进展顺利，所罗门群岛国立大学宿舍楼已经动工。中国也积极向所罗门群岛进行合作投资，通过承包基础设施建设、签署经济技术合作协议等促进两国的抗疫合作。在改善农村民生方面，中国支持所罗门群岛农村地区发展，帮助修建卫生设施、住房、椰子加工厂等小型民生项目，惠及广大部族和村落。[③] 中所之间还积极开展气候合作，2022年4月28日，中国成立中国-太平洋岛国应对气候变化合作中心，在南南合作框架下向岛国提供了力所能及的帮助，为岛国提升应对气候变化能力和韧性做出了积极贡献。9月14日，中国气候变化事务特使解振华与所罗门群岛在内的太平洋岛国驻华使节举行中国-太平洋岛国应对气候变化对话交流会。与会各方就应对气候变化政策行动、第27届联合国气候变化大会的成果预期、气候变化南南合作等议题深入交换意见，携手所罗门群岛在内的太平洋岛国共同应对气候变化问题。近年来，中国众多务实的援助项目，无论是支持所罗门群岛维稳止暴，还是抗击疫情，都以实际行动证明，中国愿同太平洋岛国一道，坚定共迎挑战的信心，凝聚共谋发展的共识，汇聚共创未来的合力，携手构建更加紧密的中国-太平洋岛国命运共同体。

---

① "Solomon Islands and People's Republic of China Deepened Relations with the Signing of More Development Cooperation", Solomon Islands Government, May 27, 2022, https://solomons.gov.sb/solomon-islands-and-peoples-republic-of-china-deepened-relations-with-the-signing-of-more-development-cooperation/.

② "China's Pride", Solomon Star, April 23, 2022, https://www.solomonstarnews.com/chinas-pride/.

③《驻所罗门群岛大使李明在所媒体发表文章介绍中国与太平洋岛国关系》，中华人民共和国外交部网站，2022年5月24日，https://www.mfa.gov.cn/zwbd_673032/fbwz/202205/t20220528_10694005.shtml。

结　语

所罗门群岛在 2022 年面临着新冠疫情和经济发展衰退的双重压力。所罗门群岛作为世界上最不发达的国家之一，经济体量小、抵御风险的能力弱，世界经济的低迷极大地冲击了所罗门群岛的发展。所罗门群岛政府努力采取应对措施，包括中国在内的国际社会提供的帮助在所罗门群岛恢复国民经济、缓解公共卫生危机等方面都产生了积极的效果。

中国是所罗门群岛最大的贸易伙伴，双方经济互补性强。为促进双边关系深入发展，在疫情防控常态化期间，中国与所罗门群岛巩固抗疫成果，加强公共卫生治理方向合作，在疫情常态化时期促进卫生安全方面的交流，提升所罗门群岛抗击新冠疫情的能力。两国共同致力于气候外交，应对气候变化挑战。中国和所罗门群岛通过更加科学的方式合作，增加气候融资，协调两国应对气候变化的政策和行动，携手应对气候变化问题。

B.9
2022年斐济政治、经济态势论析

杨鸿濂　王海伶　赵少峰*

摘　要：　2022年，斐济逐渐摆脱了新冠疫情的影响，经济上有着不俗的表现，但中央政府高额度的负债导致民意产生了变化。同年，斐济举行了新一届政府选举，人民联盟党领袖、前总理兰布卡与民族联盟党、社会民主自由党组建了联合政府，并实现了新旧政府的更替。尽管受到内外因素的影响，中斐关系仍保持稳步发展。

关键词：　斐济　政治　经济　中斐合作　华文媒体

2022年斐济经济强劲反弹，相比2021年，斐济旅游业在本年度全面复苏，成为国家经济增长的重要因素，这得益于游客流动量大幅上升，2022年财政赤字呈下降趋势。由于姆拜尼马拉马政府坚持保守的经济政策，一定程度上延缓了经济发展，政府开支仍然处在较高水平，政府债务居高不下。前总理兰布卡在与执政16年的姆拜尼马拉马的竞争中获胜，与民族联盟党、社会民主自由党成功组建联合政府，新一届内阁的成立对中斐关系产生了深刻的影响。2022年，斐济与中国交流合作保持良好发展态势，斐济华文媒体的发展获得了长足的进步。

---

* 杨鸿濂，博士，南太平洋岛国亚洲研究院研究员、秘书长，聊城大学太平洋岛国研究中心特约高级研究员，研究方向为太平洋岛国历史与对外关系；王海伶，中国新闻社海外中心全球融媒体编辑室总监，北京理工大学在职研究生；赵少峰，博士，教授，硕士研究生导师，聊城大学太平洋岛国研究中心副主任（常务）、区域国别研究院执行院长，主要从事区域国别研究、太平洋岛国研究和中外关系史研究。

一　经济发展

2022 年，在疫情防控措施放宽和国际旅行限制取消的情况下，斐济经济强劲反弹。以旅游业为主导的经济得到了主要服务行业的支持，如住宿和食品服务，运输和仓储，批发和零售贸易，以及商业服务部门（主要是金融和保险部门）。同时，斐济国内需求的积极流动效应对初级商业和工业部门产生了良好的刺激。从 2022 年的经济增长趋势来判断，增长态势会持续到 2023 年和 2024 年，斐济经济预计将分别增长 6.0%和 3.8%①，主要是得益于旅游业持续恢复。然而，经济发展的潜在风险来自地缘政治紧张局势的加剧和自然灾害的出现，这可能会进一步推高进口石油和商品价格，造成全球供应链的中断。国际货币基金组织（IMF）在 2023 年 3 月与斐济相关部门进行调研后得出的结论显示，2022 年斐济的实际 GDP 增长率估计为 16.0%②（斐济储备银行截至 2022 年 7 月结束的 2022 财年数据显示为 15.6%③）。截至 2021～2022 财年末（2022 年 7 月），斐济储备银行发布的年度财报显示，斐济旅游业的强劲复苏提振了总需求并对整体经济产生了积极影响。

2021 年 12 月，斐济政府放宽人员流动限制和重新开放边境，游客人数从上一财政年度的 10911 人大幅增加到 309567 人。2021～2022 财年的大部分游客来自澳大利亚（58.7%）、新西兰（20.1%）和美国（12.4%）。在

---

① "Reserve Bank of Fiji August 2021-July 2022 Report", Reserve Bank of Fiji, Parliamentary Paper No. 12 of 2022, March 28, 2023, p. 17, https://www.rbf.gov.fj/rbf-annual-report-august-2021-july-2022/.

② IMF Staff Completes 2023 Article IV Mission to Fiji, Press Release No. 23/86, March 21, 2023, https://www.imf.org/en/News/Articles/2023/03/21/pr2386-fiji-imf-staff-completes-2023-article-iv-mission-to-fiji.

③ "Reserve Bank of Fiji August 2021-July 2022 Report", Reserve Bank of Fiji, Parliamentary Paper No. 12 of 2022, March 28, 2023, p. 15, https://www.rbf.gov.fj/rbf-annual-report-august-2021-july-2022/.

此影响下，旅游收入从同期的1100万美元大幅升至4.789亿美元。[①] 经济的恢复同样反映在电力生产上，2021~2022财年的电力生产增加了8.8%（达到951115兆瓦时）。由于商业（用电占比为8.9%）、家庭（用电占比为7.5%）和工业（用电占比为9.5%）用户的需求增加，电力消耗也增加了8.5%（达到914962兆瓦时）。[②] 与2020~2021财年相比，黄金开采一直萎靡不振，由于气候问题等因素，产量下降了24.1%，至28562盎司。而由于本国黄金产量减少，2021~2022财年的黄金出口也下降了22.7%，仅达到1.107亿美元。2021~2022财年斐济木材行业在审计期间出现了较为矛盾的表现，与2020~2021财年相比，木材供应下降了34.9%，达到443439.7吨，木片产量下降了22.4%（403632.2吨），这主要是由于德拉萨（-43.8%）和怀里基（-14.5%）两个主要工厂的产量下降。与之相反的是，锯材产量增加了19.8%，达到29387立方米，这是得益于有利的天气状况和工艺改进。此外，由于雇用了新的承包商，桃花心木产量增加了73.7%，达到42925.6立方米。[③] 2022年制糖业表现不温不火，2021年压榨季结束时有1417185吨甘蔗，产出133209吨糖。糖产量和甘蔗收获量分别减少了18.0%和12.1%。这主要是由于2021年初发生的自然灾害影响了作物产量和质量。尽管甘蔗收割量缩减（下降2.5%，产量为53621吨），但自进入2022年压榨季至2023年3月，由于拉巴萨糖厂的加工水平有所提高，糖产量略有增加（增长0.5%，产量为571446吨）。[④]

---

① "Reserve Bank of Fiji August 2021-July 2022 Report", Reserve Bank of Fiji, Parliamentary Paper No. 12 of 2022, March 28, 2023, p. 20, https://www.rbf.gov.fj/rbf-annual-report-august-2021-july-2022/.

② "Reserve Bank of Fiji August 2021-July 2022 Report", Reserve Bank of Fiji, Parliamentary Paper No. 12 of 2022, March 28, 2023, p. 18, https://www.rbf.gov.fj/rbf-annual-report-august-2021-july-2022/.

③ "Reserve Bank of Fiji August 2021-July 2022 Report", Reserve Bank of Fiji, Parliamentary Paper No. 12 of 2022, March 28, 2023, p. 18, https://www.rbf.gov.fj/rbf-annual-report-august-2021-july-2022/.

④ "Reserve Bank of Fiji August 2021-July 2022 Report", Reserve Bank of Fiji, Parliamentary Paper No. 12 of 2022, March 28, 2023, p. 19, https://www.rbf.gov.fj/rbf-annual-report-august-2021-july-2022/.

在2021~2022财年，劳动力市场状况有了明显改善。根据斐济储备银行职位广告调查，职位空缺增加了135.5%（达到10472个空缺），所有主要部门都受益于旅游业和更广泛的经济复苏。此外，斐济国家公积金（FNPF）的数据显示，正规就业一直在同步增长。市场主要需求指标也反映了国内经济的复苏。由于海关进口增值税（32.6%）和国内增值税（25.2%）的增加，消费活动在审计期间取得了积极成果，增值税净征收额增加了49.1%（达到6.602亿美元）。同样，在2021~2022财年内，车辆注册量增加了46.9%（达到11009辆）。商业银行的新消费贷款增加了54.4%（达到12.256亿美元），这是因为给私人、批发、零售、酒店和餐馆类别的贷款有所增加。①

全国投资指标有小幅上扬，但与疫情发生之前的水平相比，仍然相对较差。斐济国内水泥销售在放宽限制的刺激下，之前被搁置的项目得以重新开始，销量增加了25.1%（达到122138吨）。同样，商业银行的投资贷款从2020~2021财年增长率为19.7%的收缩中强劲增长了47.2%（达到5.6亿美元）。这得益于对房地产（91.8%）部门贷款增加的支持。②

2021~2022财年斐济总体通胀率平均为3.1%，而2020~2021财年的平均通胀率为-1.8%。消费品价格的上涨主要是受到进口（9.7%）和国内通胀（1.5%）的影响，全球发展的波动对商品价格产生了影响，尤其是食品和燃料需求的大幅上涨是价格变动的主要驱动因素。在2021~2022财年，金融条件仍然有利于经济活动。截至2022年7月，广义货币为99.949亿美元，年增长率为6.4%，而2022年同期则为9.9%。广义货币持续增长的原因是外国净资产（NFA）（8.8%）和国内净资产（NDA）（5.3%）的收益。外国净资产的增长主要是由于外汇储备的增加，而国内净资产的大幅增长则

① "Reserve Bank of Fiji August 2021-July 2022 Report", Reserve Bank of Fiji, Parliamentary Paper No. 12 of 2022, March 28, 2023, p. 19, https://www.rbf.gov.fj/rbf-annual-report-august-2021-july-2022/.

② "Reserve Bank of Fiji August 2021-July 2022 Report", Reserve Bank of Fiji, Parliamentary Paper. No. 12 of 2022, March 28, 2023, p. 19, https://www.rbf.gov.fj/rbf-annual-report-august-2021-july-2022/.

是由于私营部门信贷的增加和斐济储备银行对政府债券的投资。此外，在2021~2022财年，商业银行的新贷款增加了48.1%（9.832亿美元），主要是由于向批发、零售、酒店和餐馆、私人、运输和仓储以及房地产部门提供的信贷有所增加。截至2022年7月底，银行资金的流动性很高，达到25.854亿美元。因此，商业银行未偿贷款的加权平均利率在2022年7月降至5.40%，比上年同期下降了51个基点，商业银行提供的现有和新的定期存款利率分别下降到1.52%（从2.55%）和1.08%（从1.84%）。相反，2022年7月的新贷款利率增加了17个基点，达到5.16%。①

在2021~2022财政年度，经常账户赤字达到14.89亿美元（占GDP的14.6%），高于2020~2021财政年度的13.045亿美元（占GDP的13.9%）。这主要是由于贸易和初级收入赤字的恶化，抵消了服务贸易的好转。国内经济复苏促使进口急剧增长，以及进口成本增加（商品价格上涨和贸易伙伴的高通胀和运费），导致贸易赤字扩大。初级收入赤字的扩大主要是由于国内经济复苏，增加了再投资收益和利润及股息返还。服务业收支的好转是由于国际边境重新开放后旅行及其相关活动的恢复。第二产业收入盈余保持与2020~2021财年相似的水平。在强劲的个人汇款流入的支持下，次级收入盈余保持与2020~2021财年相似的水平。②

在商品贸易方面，在2021~2022财政年度，出口总额增长了11.8%，共计19.771亿美元，而进口总额增长了36.9%（达到52.663亿美元）。因此，贸易逆差增加了58.3%。增至32.892亿美元。矿物燃料、矿泉水、糖、桃花心木和芋头的出口增加，而矿物燃料、机械和运输设备、食品和活体动

① "Reserve Bank of Fiji August 2021-July 2022 Report", Reserve Bank of Fiji, Parliamentary Paper No. 12 of 2022, March 28, 2023, p. 20, https://www.rbf.gov.fj/rbf-annual-report-august-2021-july-2022/.

② "Reserve Bank of Fiji August 2021-July 2022 Report", Reserve Bank of Fiji, Parliamentary Paper No. 12 of 2022, March 28, 2023, p. 20, https://www.rbf.gov.fj/rbf-annual-report-august-2021-july-2022/.

物、化学品和制成品的大量进口则推动了进口额的增长。①

进入该国的个人汇款持续增加，通过移动货币平台收到的资金大幅增加。在 2021～2022 财年，包括国际移动货币转账的汇入汇款②增长了 15.9%，达到 9.516 亿美元。从汇款组成部分来看，个人转账③类别下的流入量激增（17.7%），而雇员报酬（-2.7%）和移民转账（-91.9%）有所下降。④

在经济强劲复苏的支持下，财政赤字为 12.233 亿美元，相当于国内生产总值的 12.2%，而 2020～2021 财年为 10.473 亿美元，占国内生产总值的 11.1%。然而，由于政府在疫情期间推出了支持性的政策举措，较高的支出支撑了净赤字，2021～2022 财年结束时，中央政府债务占国内生产总值的 91.1%，高于 2020～2021 财年结束时的 83.6%。⑤ 随着全球商品价格的稳定，通胀率在 2022 年末有所缓解。此外，在捐助者的优惠融资和汇款的缓冲下，外汇储备仍然相对宽松，为 6.2 个月的预期进口。⑥

虽然斐济的支柱产业旅游业强力复苏促使了斐济经济的回暖，但政府一直保持高支出、高负债的运营模式导致经济更加脆弱，公共债务逼近占 GDP 的 100%，斐济容易受到宏观经济、气候和其他冲击的影响。斐济未来经济的发展前景风险仍大，高额债务使国家失去了应对冲击的

① "Reserve Bank of Fiji August 2021-July 2022 Report", Reserve Bank of Fiji, Parliamentary Paper No. 12 of 2022, March 28, 2023, p. 20, https://www.rbf.gov.fj/rbf-annual-report-august-2021-july-2022/.

② 从 2021 年 3 月起，通过移动网络运营商的国际汇款被正式列为个人汇款的一部分，数据系列已追溯到 2015 年。

③ 国际移动货币收款被斐济储备银行记录在"个人转账"类别下。

④ "Reserve Bank of Fiji August 2021-July 2022 Report", Reserve Bank of Fiji, Parliamentary Paper No. 12 of 2022, March 28, 2023, p. 20, https://www.rbf.gov.fj/rbf-annual-report-august-2021-july-2022/.

⑤ "Reserve Bank of Fiji August 2021-July 2022 Report", Reserve Bank of Fiji, Parliamentary Paper No. 12 of 2022, March 28, 2023, p. 20, https://www.rbf.gov.fj/rbf-annual-report-august-2021-july-2022/.

⑥ MF Staff Completes 2023 Article IV Mission to Fiji, Press Release No. 23/86, March 21, 2023, https://www.imf.org/en/News/Articles/2023/03/21/pr2386-fiji-imf-staff-completes-2023-article-iv-mission-to-fiji.

财政空间。国内经济仍然容易受到发达经济体增长疲软的影响，这将减少游客流入和汇款。全球商品价格的再次增长和熟练劳动力的日益短缺也会逐步使供应方的通货膨胀压力重现。尤其是斐济非常容易受到频繁的自然灾害，特别是热带气旋的影响。斐济优先党执政期间长期在财政整顿方面决心不够，税收改革无法为财政整顿提供前期支持，难以增加收入，而且斐济的税收制度在提高效率、促进增长和私人投资、实现社会包容等方面仍旧存在较大的提升空间。斐济优先党缺乏实施一个具有可持续性发展的长期改革和增长战略，所以在提高国民生活水平、减少公共债务负担和重建复原力等方面存在短板。政府文件的繁琐和基础设施欠缺不仅导致斐济在疫情缓解后无法吸引私人和外国投资，反而增加了经营成本，并凸显了优质劳动力短缺的问题。虽然游客流入的持续增长势头可能在短期内使斐济经济维持高于预期的经济增长，但斐济经济仍然存在诸多潜在风险。

二　政治发展

2022 年，斐济政治仍然延续了 2021 年末的原有格局。全国最大反对党社会民主自由党（Social Democratic Liberal Party，SODELPA，以下简称“社民党”）的前主要领导人、前总理兰布卡宣布退出该党并成立了全新的政党——人民联盟党（People's Alliance，PAP，以下简称“人民党”）之后，其强大的号召力吸引了大批社民党的原骨干成员和重量级议员加入新党派。随后人民党与民族联盟党（National Federation Party，NFP，以下简称“民盟党”）宣布联合竞选，更为兰布卡获得最终的胜利奠定了基础。姆拜尼马拉马领导的斐济优先党（Fiji First Party，FFP，以下简称“优先党”）错过了最后的机会。而此前并不被看好的社民党则因获得了关键性的三个席位而一跃成为主要政党的拉拢对象。最终人民党、民盟党阵营获得了社民党的支持，三党组建了联合政府，在斐济执政长达 16 年的姆拜尼马拉马正式下台。

（一）人民党的布局和决策奠定最终胜利的基础

社民党（SODELPA）[①] 的历史遗留问题[②]以及兰布卡在 2020 年末的党魁之争中以微弱的劣势败给了威利阿美·加沃卡（Viliame Gavoka）[③]，导致兰布卡直接宣布退出并成立了全新的政党——人民党[④]。这次退出一方面是兰布卡作为前总理自负的体现，另一方面这种分裂也符合斐济原住民的利益。社民党作为较为纯粹代表斐济原住民利益的政党票仓极度受限，在印度裔斐济人群体占全体国民近乎 40%[⑤]的情况下，这种单纯代表某一群体的政党势必无法获得绝对优势的选票，而人民党虽然脱离了社民党，却仍然没有完全摆脱“民族主义”的标签，但其迅速地与比曼·普拉萨德领导的民盟

---

① 2013 年 1 月，斐济军政府颁布了管理政党登记的新规定。新规定要求所有政党都必须用英语而不是斐济语命名。Soqosoqo Duavata ni Lewenivanua（SDL）选择改组为社会民主自由党（Social Democratic Liberal Party），以保留 SDL 的首字母缩略词。然而，随后的政党法令修正案进一步禁止使用前政党的首字母缩写词，迫使社民党将简称改为“SODELPA”。

② 2002 年 6 月，SVT 党的许多成员与其他一些政党合并，组成了斐济民主党。该党于 2005 年 4 月解散，加入新的斐济全国联盟党，由拉图·埃佩利·甘尼劳（Ratu Epeli Ganilau）领导。SVT 的一部分成员反对合并，并继续（截至 2005 年）接受兰布卡的领导。2005 年 5 月，SVT 党的领导层出现了分歧，因为政府提出了有争议的建议，即建立一个和解与团结委员会，该委员会有权建议赦免 2000 年政变的组织者并赔偿其受害者。兰布卡支持该项提议，但 SVT 党总书记爱玛·德鲁阿韦西（Ema Druavesi）表示反对。2005 年 6 月 26 日，SVT 党总书记德鲁阿韦西对执政的 SDL 党进行了猛烈攻击，指责其实行种族主义、腐败和无能。尽管受到了德鲁阿韦西的攻击，兰布卡仍与 SDL 进行谈判，并于 11 月 25 日由总理卡拉塞证实，SDL 肯定会在即将到来的选举中与 SVT 党合作。在斐济当时的投票制度下，投票给低票数候选人的选票可以按照选举前的约定转移给票数高的候选人。保留的 SVT 党在 2006 年斐济选举中没有赢得任何席位，并且在 2006 年斐济军事政变后解散。

③ Narayan Vijay，Danford Iva，“Gavoka Will Be Next SODELPA Leader，Vosarogo Is Deputy Leader”，Fiji Village，November 27，2020，https：//www. fijivillage. com/news/- Reports - confirm-that-Gavoka-will-be-next-SODELPA-Leader-48rx5f/.

④ Waqairadovu Apenisa，“Rabuka's People's Alliance Registered”，September 8，2021，FBC News，https：//www. fbcnews. com. fj/news/politics/rabukas-peoples-alliance-registered/.

⑤ 2007 年斐济人口普查显示，斐济印度裔人口约占全国人口的 37%，斐济原住民约占 57%，此后的人口普查因受到政府干涉，不再显示具体种族人口数据。“Provisional Results-2007 Population and Housing Census”，November 1，2007，Fiji Government Online Protal，https：//web. archive. org/web/20081025124352/http：//www. fiji. gov. fj/publish/page_ 10523. shtml.

党宣布联合竞选[①]，有效地改善了部分印度裔斐济人群体对人民党的排斥态度。事实上，民盟党延续并扩大了2018年大选中的优异表现，在兰布卡最终赢得选举的过程中贡献颇多。

在人民党先期的竞选策略中，“成立真相与和解委员会”“废除反贪污独立调查委员会（FICAC）并在100天之内恢复地方政府选举”[②]以及“免除学生债务并且改善政府与南太平洋大学（USP）的关系”是最为主要的核心理念。[③]兰布卡反省了1987年和1988年的政变，并宣称将“治愈先前政变造成的痛苦和伤痕”。兰布卡试图以温和、富有经验、尊重民主法治以及极具政治智慧的老派国家领导人的形象来获取民众的选票和信任。此外，在大选投票结果公布后，兰布卡及时地放下了与加沃卡等竞争对手的成见，并号召和呼吁党派内部核心人员与社民党新领导班子迅速达成和解，这种务实、大度的作风在人民党、优先党分别与社民党谈判时获得了极大的优势。其在许诺了社民党秉持的保障原住民利益的执政诉求后，社民党管理委员会在投票中最终选择了与人民党、民盟党阵营联合组阁。

（二）军队保持中立致优先党错失最后的机会

长期对国家的实际掌控导致姆拜尼马拉马对政治发展变化认识不清。斐济本地媒体《斐济太阳报》的选前民调中的数据凸显了姆拜尼马拉马的支持率正在逐步下滑，《斐济太阳报》分别在2021年9月1日、2021年10月31日和2022年3月3日就新总理人选进行了民意调查，姆拜尼马拉马分别

---

① Boila Sainiani, “PA and NFP Ready for Election”, December 11, 2022, FBC News, https://www.fbcnews.com.fj/news/fijian-elections/pa-and-nfp-ready-for-election/.

② Chand Anish, “‘Phase out FICAC’-Rabuka’s 100-day Plan”, The Fiji Times, November 21, 2022, https://www.fijitimes.com/phase-out-ficac-rabukas-100-day-plan/.

③ Kumar Rakesh, “2022 General Election: NFP/PA Will Cancel All Debts-Rabuka”, The Fiji Times, December 10, 2022, https://www.fijitimes.com/2022-general-election-nfp-pa-will-cancel-all-debts-rabuka/.

以32.2%：35.9%[①]、35.2%：36.1%[②]以及21.8%：40.7%[③]的数据低于兰布卡。而且在2018年大选中，姆拜尼马拉马领导的斐济优先党仅以50.02%的微弱优势险胜并获得了独立组阁权，在51个席位的议会中仅获取了27席。[④] 为了消除国内的反对声音，姆拜尼马拉马动用《媒体产业管理法案》禁止《斐济太阳报》和其他国内媒体发布任何和大选相关的民意调查报告。这种长期的媒体管控以及对社交媒体的高压政策招致媒体人、自由撰稿人以及民众对执政党心怀不满。

姆拜尼马拉马在选前曾高调宣布，他所领导的优先党应该永远统治斐济，并认为只有优先党能够为国家带来团结。[⑤] 反对党领袖抨击优先党政府是“姆拜尼马拉马和凯尤姆的二人政府”。曾担任斐济政府传播顾问的格雷厄姆-戴维斯（Graham Davis）在其博客中表示，总检察长艾亚兹·赛义德-凯尤姆（Aiyaz Sayed-Khaiyum）在政府中占据了绝对的领导地位，大部分核心的国家发展政策都需要凯尤姆和其智囊来做决策。而凯尤姆过于信赖其所属的穆斯林利益团体招致了其他种族的民众尤其是民族主义者的强烈不满。这没有引起姆拜尼马拉马的重视，一方面这种自信源自凯尤姆对局势的误判，另一方面是姆拜尼马拉马在执政末期不愿相信曾经作为“国家救赎

---

① Delaibatiki Nemani，“Rabuka，Proposed Party Create Immediate Impact on Political Landscape：Opinion Poll”，Fiji Sun，September 1，2021，https：//fijisun.com.fj/2021/09/01/rabuka-proposed-party-create-immediate-impact-on-political-landscape-opinion-poll/.

② Delaibatiki Nemani，“Bainimarama's FijiFirst Looks Truly Multiracial in Latest Opinion Poll”，Fiji Sun，October 30，2021，https：//www.pressreader.com/fiji/fiji-sun/20211030/281492164533096.

③ Davis Graham，“Upwards and Downwards：‘Fiji Sun Tampered with Western Force Opinion Poll to Bolster Poll's Findings on Bainimarama's Popularity，and Relegated the Standing of PAP Leader Rabuka.’ Grubsheet Unpacks Poll”，Fiji Leaks，March 2，2022，https：//www.fijileaks.com/home/upstairs-downstairs-fiji-sun-tampered-with-western-force-opinion-poll-to-bloster-polls-findings-on-bainimaramas-popularity-and-relegated-the-standing-of-pap-leader-sitiveni-rabuka-grubsheet-unpacks-poll.

④ Tarai Jope，“2018 Fiji Elections：The Real Losses and Wins”，Devpolicy，November 30，2018，https：//devpolicy.org/fiji-2018-elections-the-real-losses-and-wins-20181203/.

⑤ Silaitoga Serafina，“2022 Fiji Election：FijiFirst Should Reign Forever-Bainimarama，” The Fiji Times，December 1，2022，https：//www.fijitimes.com/2022-fiji-election-fijifirst-should-reign-forever-bainimarama/.

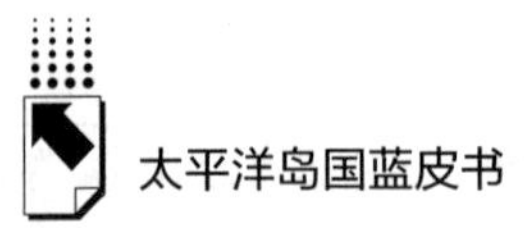

者”的自己会被大部分的民众反感，从而选择了对舆情的漠视。但这种判断的背后，是姆拜尼马拉马对军队的绝对信赖。

姆拜尼马拉马的海军生涯跨越了三十年。他于1975年7月26日加入斐济海军，并顺利晋升，在1976年8月成为一名普通海员，同年12月成为海军中尉，1977年11月1日成为少尉。1988年4月，他成为斐济海军的指挥官，并在同年10月4日被提升为指挥官。在接下来的9年里，他一直担任这一职务。姆拜尼马拉马于1997年11月10日被任命为代理参谋长，1999年3月1日，他被授予准将军衔，并被任命为武装部队司令，以取代辞职的拉图·埃佩利·甘尼劳准将。2000年5月29日，姆拜尼马拉马正式以武装部队司令的身份开始指挥军队。他于2014年3月5日将指挥权交给了莫塞斯-蒂科伊托加准将。姆拜尼马拉马在退休时被提升为海军少将，以表彰他对斐济军队的贡献。①

正是这种丰富的军旅生涯导致姆拜尼马拉马认为斐济军队对其个人保持着绝对的忠诚。12月22日，时任斐济警务处处长西蒂维尼·奇力霍（Sitiveni Qiliho）声称南部大区分局接到了两份针对印度裔斐济人住宅被投掷石块的报案，警方成立了专案小组进行调查。优先党总书记艾亚兹·赛义德-凯尤姆在发布会上称，警方所说的投掷石块案件凸显了兰布卡的分裂意图，凯尤姆称兰布卡希望通过分裂斐济从而获取政治上至高无上的地位。随后警务处处长奇力霍表示，基于收到的官方报告以及警方搜集到的情报，少数族裔群体持续成为被攻击的目标，所以斐济警方正式向斐济军队提出协助需求。姆拜尼马拉马表示，有关公民在选举后遭受骚扰以及针对印度裔斐济家庭和企业的暴力行为的报道令人深感不安，社交媒体上发布的助长种族主义的攻击必须结束，斐济共和国军队已经部署，以协助警察维护法律和秩序。助理警务处处长阿普度·可汗（Abdul Khan）对此表示不满并在23日宣布因个人原因辞职，警察特别反应部队指挥官林崴·德里乌（Livai Driu）

---

① “Fiji Coup Leader Frank Bainimarama Quits Military Post for Poll Run”, The Australian, March 5, 2014, https://www.theaustralian.com.au/news/world/fiji-coup-leader-frank-bainimarama-quits-military-post-for-poll-run/story-e6frg6so-1226846232030.

高级警司接替首席行动官一职，并在23日上午被晋升为代理助理警务处处长。一些斐济人开始在社交媒体上使用“#Fiji Is United”（斐济是团结的）标签发帖来强调他们所处地区并没有不稳定，而且他们都很团结。这个标签出现在脸书（Facebook）和推特（Twitter）上。其他斐济人甚至分享说，他们属于斐济的少数群体，他们在选举前、选举期间和选举后都感到完全安全。他们发布了显示周围环境的照片和视频，以表明一切正常。[①] 虽然在奇力霍的坚持下，斐济警方声称由于少数群体受到威胁，“最近的政治发展使他们现在生活在恐惧之中”，斐济军队需要协助警方维护安全和稳定。但军队总司令若·焦内·卡洛尼外（Ro Jone Kalouniwai）重申了斐济军队将不会干涉政治，他表明斐济军队将尊重大选结果，这一声明彻底击碎了姆拜尼马拉马最后的幻想。

（三）社民党成为主要政党的拉拢对象

社民党在2022年大选中遭到了毁灭性的打击，曾经作为全国最大反对党的社民党以24172票即5.14%的得票率勉强通过了议会的最低准入门槛，仅获得了3个议会席位。然而，极具戏剧性的是社民党反而成为总理人选的决定者。

在兰布卡和多名重要成员出走后，党派内部虽然更加团结并且理顺了管理体系，但总体上来说，其票仓的构成及资金来源都成为社民党发展的桎梏。除了若·泰木木·凯帕（Ro Temumu Kepa）等高阶酋长以及阿塞利·拉卓卓（Aseri Radrodro）等青年派议员仍然作为社民党党员参选外，党派内部缺乏足够的重量级政治强人。威利阿美·加沃卡（Viliame Gavoka）虽然赢得了与兰布卡的党魁之争，但是其缺乏执政经验导致党派无法拿出具有说服力的执政方案。种种迹象都表明社民党无法成为新一届议会内的核心党

---

① 杨鸿濂：《没有反转 斐济社民党将与人民联盟-民族联盟党联合组建政府》，南太之声，2022年12月23日，http：//app. southpacificnews. net/static/content/FJ/2022-12-23/app_105585 3911401316352. html。

派，但最终的结果是党魁加沃卡成功得到了副总理兼旅游和民航部长的职位。[①] 这种突兀的反差是斐济 2022 年大选各方激烈博弈的结果，而社民党成功地利用了优先党阵营和人民党、民盟党阵营间不可调和的矛盾，达成了其主要的政治诉求。

12 月 18 日统计出最终的票数，斐济优先党获得了 200246 票（42.55%），人民党和民盟党分别获得了 168581 票（35.82%）和 41830 票（8.89%），双方阵营得票数极其接近，各自获得了 26 个议会席位。在这种情况下，社民党手中的 3 个席位便是决定总理最终人选的“金钥匙”。经过一天的激烈讨论和管理委员会投票后，社民党在 20 日宣布将与兰布卡阵营联合执政。[②] 但随后在 20 日晚间社民党秘书长莱奈塔西·杜鲁（Lenaitasi Duru）因不愿与兰布卡共事而宣布辞职。随后，他放弃了秘书长的签署权，改由社民党副主席安纳瑞·贾雷（Anare Jale）和前党魁、布雷巴萨噶酋长联盟大酋长若·泰木木·凯帕代表社民党与 PAP-NFP 联盟签署联合协议。12 月 21 日，杜鲁分别向总统拉图·维利亚美·卡通尼维瑞（Ratu Wiliame Katonivere）和斐济选举办公室（FEO）主任穆罕默德·沙尼姆（Mohammod Saneem）致函，称社民党 20 日召开管理委员会会议违反了党派章程，党派投票结果应判定为无效。杜鲁称，社民党管理委员会全员应为 43 人，但由于各选区的代表尚未全部就位，所以 20 日的投票有 13 名代表缺席，而且在出席投票的 30 名代表中，有 2 人的代表资格已经过期，所以投票违反了党派章程。杜鲁还向议会秘书长致函呼吁议会延期举行第一次会议。随后，社民党副主席贾雷驳斥了杜鲁的言论，他认为既然杜鲁已经宣布辞职，那么这仅代表其个人观点。

社民党在 23 日上午 10 点再次召开了管理委员会工作会，少数失去资格

---

① Naivalurua Navitalai, Dawaibalavu Manoa, “Gavoka, Kamikamica and Pro Prasad Are the Deputy Prime Ministers”, Fiji Village, December 24, 2022, https://www.fijivillage.com/news/-Gavoka-Kamikamica-and-Prof-Prasad-are-the-deputy-Prime-Ministers-4rxf58/.

② 杨鸿濂：《姆拜尼马拉马 16 年执政终结 社民党将与兰布卡联合执政》，南太之声，2022 年 12 月 20 日，http://app.southpacificnews.net/static/content/FJ/2022-12-20/app_1054782807651926016.html。

的代表以及党派创始人、已去世的前总理恩加拉塞的遗孀被禁止出席会议。经过了长达数小时的会议后，社民党管理委员会以 13：12 的结果维持原有决议，三名议员选择人民联盟-民族联盟党阵营并与其组建联合政府。

（四）域外大国因素的影响

澳大利亚一直自诩太平洋岛国为其“后院”①，作为南太平洋地区的主要国家和太平洋岛国论坛的成员国之一，澳大利亚一直关注该地区的政治和经济情况。在姆拜尼马拉马 2006 年发动军事政变后，澳大利亚迅速对政变做出了回应，导致两国关系紧张，在中国影响力逐步增强的大背景下，澳大利亚表态支持斐济的选举进程以及民主稳定。澳大利亚一直为斐济 2022 年的大选提供支持和援助。澳大利亚政府与斐济的选举委员会密切合作，为其提供技术援助和资金，以确保选举的自由和公正。此外，澳大利亚政府还支持斐济的民间社会组织促进选民教育和参与选举进程。

值得注意的是，虽然澳大利亚为斐济 2022 年的大选提供了支持和援助，但澳政府始终表示最终还是要由斐济人民来决定选举结果。大选将决定斐济议会的组成和该国未来的政治方向。但是，澳大利亚在确保包括斐济在内的太平洋岛屿邻国的稳定和民主治理方面有着既得利益。因此，澳大利亚官员强调了在斐济开展透明和包容的选举进程的重要性。在斐济 2022 年大选期间，澳大利亚联合来自印度和印度尼西亚的观察员组成了独立观察监督小组对整个选举过程进行监督。② 独立观察监督小组并没有直接对大选进行干涉，在选举办公室的计票过程中出现“故障”后③，独立观察监督小组认同

① Matsumoto Fumi，“Australian Leader Embarks on Pacific Trip to Regain ‘Backyard’”，Nikkei Asia，January 17，2019，https：//asia. nikkei. com/Politics/International-relations/Australian-leader-embarks-on-Pacific-trip-to-regain-backyard.

② “Observers Readied for Fiji Election”，RNZ，December 13，2022，https：//www. rnz. co. nz/international/pacific-news/480615/observers-readied-for-fiji-election.

③ Ligaiula Pita，“Fiji's Main Opposition Leader Sitiveni Rabuka Says He Has ‘No Faith’ in Vote Count after Glitch in Election Results App”，PINA，December 15，2022，https：//pina. com. fj/2022/12/15/fijis-main-opposition-leader-sitiveni-rabuka-says-he-has-no-faith-in-vote-count-after-glitch-in-election-results-app/.

了由兰布卡等党派领导人发起的要求手动计票的要求，并在所有选票统计结果出炉后表示，计票工作在“以系统、有条理和透明的方式”进行，“整个过程没有出现违规的现象”。①

三　中斐关系发展概况

2022 年，中国与斐济的关系得到了进一步发展。在政治层面，两国的高层交往频繁，共同参与了多项国际和地区性议题的讨论与合作。在经济领域，中国对斐济提供了大量援助和投资，帮助斐济加快了经济发展步伐。同时，中斐之间的人文交流也在不断加强，两国之间文化、教育、体育等领域的交流日益频繁。然而，美国和澳大利亚的介入影响了中斐关系发展。

（一）中国对斐济的援助

在过去几年中，中国向斐济提供了大量的援助和贷款，以帮助改善斐济的基础设施建设，促进卫生和教育系统等方面的发展。此外，中国和斐济之间的贸易和投资也在增长。2022 年中斐关系发展顺利，经贸合作不断增强，进出口贸易额同比增长 31%。② 斐济驻上海总领事陈玉茹表示，中斐关系是互利互惠的良好关系，两国人民之间的情谊十分深厚，期望未来中斐两国在农业技术、清洁能源、文化交流、应对气候变化等方面实现更为深入的合作。③

2022 年 11 月，中国向斐济捐赠了 720 吨化肥，以帮助促进该岛国的农

---

① “Election Deadlock in Fiji after All Votes Counted: Vote Monitor”, Al Jazeera Website, December 18, 2022, https://www.aljazeera.com/news/2022/12/18/election-deadlock-in-fiji-after-all-votes-counted-vote-monitor.

② 《斐济驻上海总领事陈玉茹：中斐关系硕果累累、未来可期》，中华人民共和国外交部网站，2022 年 8 月 6 日，https://www.mfa.gov.cn/web/ziliao_674904/zt_674979/dnzt_674981/qtzt/ddzggcd/gtfy/202210/t20221014_10783817.shtml。

③ 《斐济驻上海总领事陈玉茹：中斐关系硕果累累、未来可期》，中华人民共和国外交部网站，2022 年 8 月 6 日，https://www.mfa.gov.cn/web/ziliao_674904/zt_674979/dnzt_674981/qtzt/ddzggcd/gtfy/202210/t20221014_10783817.shtml。

业发展。[1] 这次捐赠被认为是及时的，有助于斐济政府确保农民的肥料供应。[2] 2022 年 12 月 26 日，中国外交部发言人毛宁表示，相信在斐济新任总理兰布卡的领导下，斐济政府和人民将在国家发展建设事业中取得更大成就。中国在巴布亚新几内亚、斐济、汤加、密克罗尼西亚联邦、萨摩亚等岛国实施了多个农业技术援助项目。其中，菌草种植技术是中国在太平洋岛国地区实行的招牌援助项目。中国援助斐济的菌草项目于 2014 年成功落地。[3] 该项目通过培训、示范推广、辐射带动，促进斐济菌草产业发展，为斐济开拓了一个新的行业和出口创汇的新途径。斐济的菌草技术示范中心项目包括建设菌草加工车间、实验室、培训教室、学员宿舍等设施，建筑面积约 3100 平方米，苗圃面积约 2 万平方米。中国援助斐济菌草技术合作项目为斐济增加了就业机会和经济收入，同时也有助于提高斐济农业生产的多样化水平。中国国家国际发展合作署副署长唐文弘表示，菌草技术是中国将减贫脱贫经验应用于全球可持续发展的成功实践，目前已在 100 多个国家落地生根。正是基于中斐菌草技术合作的成功实践，中国-太平洋岛国菌草技术示范中心成功落地斐济。近年来，中国同太平洋岛国相互尊重、共同发展的全面战略伙伴关系不断向前发展，取得丰硕成果，成为南南合作、互利共赢的典范。中方愿以揭牌启用仪式为契机，坚持发展优先，聚焦重点合作领域，为斐济等太平洋岛国实现可持续发展提供力所能及的帮助。斐济农业和水道部长拉亚鲁认为，中国政府提供菌草技术支持，将助力斐济等太平洋岛国实现减贫脱贫目标、取得持续进步与发展，相信双方在这一领域的合作将拥有广阔前景。[4] 中国驻斐济大使周剑表示，斐济高度重视发展对华关系，中斐

---

① "China Donates Fertilizer to Fiji to Help Promote Its Agricultural Growth", Xinhua News, November 11, 2022, https://english. news. cn/20221111/41e715ff60154ab296f925e1d73e23c3/c. html.

② "FIJIAN GOVERNMENT RECEIVES DONATION OF FERTILISER FROM CHINA", Fiji Government Website, November 12, 2022, https://www. fiji. gov. fj/Media - Centre/News/FIJIAN-GOVERNMENT-RECEIVES-DONATION-OF-FERTILISER.

③ 黄世宏：《中国援助斐济菌草项目成功落地》，中新网，2014 年 11 月 19 日，https://www. chinanews. com. cn/gn/2014/11-19/6792405. shtml。

④ 张永兴：《中国-太平洋岛国菌草技术示范中心在斐济揭牌启用》，新华网，2023 年 3 月 22 日，http://www. news. cn/world/2023-03/22/c_ 1129455639. htm。

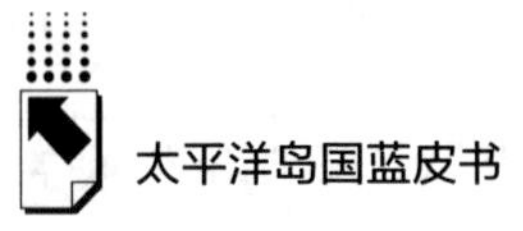

政治互信不断增强，务实合作成果丰硕。中国在太平洋地区的影响力也在增加，这引起了一些国家的担忧，包括美国。但中国一直强调其和平发展和互利合作的原则，并表示愿意与所有国家发展友好关系。

（二）斐济华文媒体发展促进中文教学推广

《斐济日报》始建于2001年，是南太地区现存的唯一华文媒体。报纸发行量一度达到6000份，巅峰发行版面48版。发行点覆盖斐济全国18个主要城镇，政府主要部门、机场、码头、旅游区、超市、商场中均有报纸发售点，在其他周边太平洋岛国汤加、瓦努阿图、萨摩亚、图瓦卢等亦可订阅。2015年《斐济日报》分别与大韩航空和斐济塔普集团正式签署全面合作协议，《斐济日报》成为大韩航空斐济楠迪—韩国首尔航线指定中文刊物和斐济楠迪国际机场中文指南刊物。《斐济日报》微信公众号“Fijidaily”在2015年正式上线，关注量约9000人，焦点新闻阅读量过万人次。斐济华文传媒集团目前是斐济媒体事务管理局顾问单位、斐济媒体协会理事单位，是斐济政府官方中文信息融媒体发布平台。2014年，斐济华文传媒与斐济发行量最大的英文报纸——《斐济太阳报》达成合作意向，在联合出版与新闻互换方面达成一致。这使约占全国人口总量5%的旅斐华侨华人群体终于拥有了一个强有力的发声平台。

2019年，由斐济华文传媒和南太平洋岛国亚洲研究院共同合作打造的新闻、学术媒体平台——“南太之声”手机客户端（以下简称“App”）正式上线。该客户端为南太平洋地区首个中英双语新闻发布平台，涵盖太平洋地区12个岛国的政治、经济、旅游、投资等新闻和信息。与各岛国新闻局、投资局、旅游局以及本地主流媒体等机构合作，共同搭建中国-太平洋岛国信息桥梁。App内置侨务领事、太平洋研究等特色栏目，为不同用户群体提供服务。用户的主体是岛国本地居民和旅居的华侨华人。2022年，由于疫情在岛国的影响逐步下降，斐济的华文媒体在旅游业爆炸性恢复的同时得到了长足发展。

太平洋岛国地理位置分散，人口稀少，但所辖范围广阔，在人权和气候变化等国际事务中开始逐步发挥更大的作用。岛国媒体情况统计数据显示，多数太平洋岛国，如基里巴斯、图瓦卢等尚无商业媒体公司。国家内各岛屿交通不便，纸媒无法送达。岛国政府需要通过电子邮件、社交媒体等途径向全体国民发布重大信息，在自然灾害应对方面缺乏足够的警示能力。“南太之声”的出现，为岛国偏远地区解决了新闻送达“最后一公里”的问题，让该地区的岛民也能同步了解本国和世界。

斐济教育部长阿塞利·拉德罗德罗曾在2019年表示，中国对斐济来说意味着很多，中国的市场、中国的技术和经验都是值得斐济学习的。他希望App能够在体育和农业方面为斐济提供更多的帮助。他说：“当我前几天知道非洲的产品在中国的网络销售会上几分钟就被抢购一空时，我很羡慕。我希望App能够帮助岛国的产品走进中国。”①

南太平洋岛国亚洲研究院院长邹瑟夫·维拉姆（Joseph Veramu）博士强调，太平洋研究学科在中国尚处于初级阶段，因为岛国信息交流不便，研究者常常无法获取第一手岛国资料及文献。而对于太平洋岛国的研究者来说，来自中国的最新权威信息也同样重要。他表示：“我们希望对中国的精准扶贫等先进理念做进一步的研究，研究院的主要工作目标是借助学习中国的扶贫经验，帮助岛国人民发家致富，摆脱贫困。App的建立将大大有助于我们深入研究。”

此外，在面临着中文教学缺乏统一标准、师资和市场宣传不完善以及西方国家阻挠等情况的大背景下，华文媒体的进步对在岛国推广中文教学有着积极意义。华文媒体在海外华人社区中具有重要的话语权，可以配合并改良中文教学推广的渠道和端口。华文媒体的发展能够起到促进中斐两国之间文化交流的良好桥梁作用。

① 段雨晴：《南太平洋地区首个中英文新闻客户端上线》，世界华文传媒合作联盟网站，2020年6月23日，https://www.gcmcu.com/static/content/HMDT/2020-06-23/725080893806616576.html。

（三）共同应对气候变化

斐济和中国在共建“人类命运共同体”上具备良好的合作基础。中国注重合作共赢，为世界共同繁荣做出贡献，尤其注重“授人以渔”。此前，中国与斐济签署了共建“一带一路”合作谅解备忘录，共同推进“一带一路”建设，推动构建“人类命运共同体”。因此，斐济和中国在共建“人类命运共同体”上的合作对于促进世界共同繁荣具有重要意义。① 2022 年，斐济和中国在共建“人类命运共同体”发展问题上继续扩大合作。中国高度重视斐济在气候变化问题上的特殊处境和关切，致力于帮助斐济加强应对气候变化的能力。② 2022 年 7 月 20 日，中国-太平洋岛国减贫与发展合作中心在福建省福州市正式启用。这是中方积极落实全球发展倡议、参与国际减贫合作的生动实践，是助力岛国实现发展振兴的重要举措。合作中心的建成，将充分发挥福建省的独特优势，携手太平洋岛国，共创减贫领域南南合作新典范，为岛国减贫与发展事业做出更大贡献。③ 中国-太平洋岛国减贫与发展合作中心与此前在山东聊城大学成立的中国-太平洋岛国应对气候变化合作中心相互借鉴、相互扶持，能够有效帮助岛国找到适合本国国情的减贫发展之路，促进共同发展，推动全球发展倡议在太平洋地区的落实。中国积极帮助岛国开发人力资源，培养涉及公共管理与社会组织、农林牧渔业、教育等领域的各级人才，对岛国的发展具有划时代的意义。此外，中国还在 2022 年向岛国援助了多批应对气候变化的物资，支持中资企业参与岛国水电站项目建设，帮助岛国加强应对气候变化能力。

---

① 孙惠：《以“理”服人丨为什么说构建人类命运共同体才是人间正道?》，新华网客户端，2022 年 10 月 10 日，https：//app. xinhuanet. com/news/article. html? articleId = c4fe3c5ae422eb5f4bd2d8acb3c5a77a。

② 《中国-太平洋岛国合作事实清单》，新华网，2022 年 5 月 29 日，https：//www. xinhuanet. com/world/2022-05/29/c_ 1128695014. htm。

③ 《外交部副部长谢锋出席中国-太平洋岛国减贫与发展合作中心启用仪式》，中华人民共和国外交部网站，2022 年 7 月 23 日，https：//www. fmprc. gov. cn/wjbxw_ new/202207/t20220721_ 10725429. shtml。

结　语

2022 年是斐济经济腾飞的关键年份，旅游业的恢复是斐济经济得以喘息的重要契机，但长期以来公共债务的失衡导致姆拜尼马拉马领导的政府黯然下台，斐济迎来了以联合政府为特色的新民主时代。政治上的稳定有利于经济的逐步复苏，但联合政府同时也存在不稳定性，代表着斐济未来的发展存有一定隐患。尤其是在地缘政治愈演愈烈的时代，斐济更易受到来自美国和澳大利亚等域外大国的影响，这将使中斐关系存在一定的挑战。但只要中国坚定立场，尊重斐济文化和政治演变进程，两国关系会稳步发展，并且在中国许诺的各类政策逐步得到落实后，中斐两国之间的合作领域和范围都会越来越宽。

专 题 篇

Special Reports

B.10

2022年新西兰与太平洋岛国关系评析

〔美〕亨利克·萨齐耶夫斯基　杨鸿濂*

摘　要： 新西兰在2022年积极参加太平洋岛国论坛领导人会议以及部长会议，并声称将以尊重为前提与太平洋岛国开展外交。新西兰、太平洋岛国双方就民主、经济、安全、社会福利、气候和抗灾等领域开展合作，并强调协调应对未来疫情、实现性别平等、减少针对妇女的暴力，以及改善教育、文化和体育合作的重要性。新西兰重申其对应对气候变化挑战的承诺，承诺在2022~2025年提供13亿新西兰元的气候变化融资。同时，安全是新西兰与太平洋地区外交的重要议题，包括应对气候变化、打击跨国犯罪和网络犯罪等跨国议题。2022年，新西兰重新规划了国家战略，更加注重在安全和战略领域与盟友的合作。

* 亨利克·萨齐耶夫斯基（Henryk Szadziewski），博士，夏威夷大学马诺阿分校太平洋岛屿研究中心研究员、地理与环境系讲师，研究方向为美国太平洋岛国政策；杨鸿濂，博士，南太平洋岛国亚洲研究院研究员、秘书长，聊城大学太平洋岛国研究中心特约高级研究员，研究方向为太平洋岛国历史与对外关系。

关键词： 新西兰　太平洋岛国　新西兰-太平洋岛国关系　发展援助

2022年12月，太平洋合作基金会（Pacific Cooperation Foundation）发表的关于“新西兰人对太平洋看法”的研究报告称，新西兰应加强与大洋洲其他国家建立更紧密的关系。鉴于新西兰与太平洋岛国之间关系既至关重要又涉及诸方，报告指出了解新西兰人对太平洋地区的认知能为其国内舆论导向和政策制定提供参考。报告称，91%的新西兰人认为与大洋洲其他国家发展关系具有一定的重要性，且其中大多数人认为太平洋岛国对新西兰的经济、政治和文化能产生积极影响；80%的太平洋岛国裔、66%的毛利人和56%的欧洲移民后裔认为与大洋洲其他国家建立联系十分重要；超过60%的受访者希望新西兰能够帮助太平洋岛国应对气候变化。报告还表明，新西兰人希望新西兰可以加大对太平洋岛屿的援助，超过80%的受访者关注中、美等国家在太平洋地区的影响。尽管94%的新西兰人认为他们对太平洋岛国有基本的了解，但除了体育和旅游之外，他们对太平洋岛国知之甚少，遑论了解太平洋岛国地区及人民的相关政策。目前，约有40万名太平洋岛国裔生活在新西兰，占新西兰总人口的8%。报告指出，新西兰人对太平洋岛国裔看法较为积极，超半数受访者认为太平洋岛国向新西兰移民有积极意义。

这份报告意义重大，因其揭示了新西兰与大洋洲其他国家之间的深厚联系，特别是人文方面的联系。新西兰在太平洋地区事务中扮演了重要的角色，本文将基于太平洋合作基金会报告中提出的四个核心问题进行阐述，围绕外交、海外发展援助、经贸合作、安全四个议题回顾2022年新西兰与太平洋岛国关系。

一　新西兰加大在太平洋岛国地区的外交活动

新西兰与12个太平洋岛国建立了外交关系，这12个岛国分别为密克罗尼西亚联邦、斐济共和国、基里巴斯共和国、马绍尔群岛共和国、瑙鲁共和国、帕劳共和国、巴布亚新几内亚独立国、萨摩亚独立国、所罗门群岛、汤加王国、图瓦卢和瓦努阿图共和国。其中，早在 1962 年新西兰与萨摩亚正式建交，在斐济、基里巴斯、巴布亚新几内亚、萨摩亚、所罗门群岛、汤加和瓦努阿图七国设有大使馆和高级专员公署，对密克罗尼西亚联邦、马绍尔群岛、瑙鲁、帕劳、图瓦卢五国事务由驻惠灵顿外交官或驻檀香山领事代办。

新西兰与库克群岛和纽埃两个自治国家保持自由联系国关系，两国人民保持新西兰公民身份并享有医疗保健和教育权利。新西兰拥有一块海外属地——托克劳。新西兰通过在努美阿设有总领事馆及在帕皮提设有名誉领事馆与法属波利尼西亚、新喀里多尼亚（法）、瓦利斯群岛和富图纳群岛建立外事关系。在其他国家海外属地方面，新西兰通过与其宗主国设立的地区外交机构建立联系处理外交事务，包括美国的美属萨摩亚、关岛、北马里亚纳群岛和夏威夷，澳大利亚的诺福克岛，英国的皮特凯恩岛，智利的拉帕努伊和印度尼西亚的西巴布亚。

新西兰参与了多项太平洋岛国地区的多边合作机制，包括太平洋岛国论坛（Pacific Islands Forum）、太平洋共同体（Pacific Community）、太平洋区域环境规划署（Pacific Regional Environment Programme）、南太平洋大学（University of the South Pacific）和太平洋岛国论坛渔业局（The Pacific Islands Forum Fisheries Agency）。此外，新西兰签署《太平洋区域主义框架协议》（The Framework for Pacific Regionalism），旨在进一步深化与太平洋岛国的联系。

新西兰还积极参加太平洋岛国论坛领导人会议以及部长会议。2022 年第 51 届太平洋岛国论坛领导人会议在斐济召开，与会领导人就新冠疫情对经济造成的压力及不断加剧的地缘政治竞争等议题进行了讨论。时任总理杰辛达·阿德恩（Jacinda Ardern）与时任外交部长纳纳娅·马胡塔（Nanaia Mahuta）出席第 51 届太平洋岛国论坛领导人会议及部长会议。会上，阿德恩表示支持太平洋岛国应对气候变化、政府治理和经济发展等问题。① 太平洋岛国地区的问题应该在地区内部解决，作为主权国家，太平洋岛屿国家有权选

① Tess McClure, "Pacific Islands Forum: Ardern Says Total Membership 'Critical' as PIF Shaken by Kiribati's Exit," *The Guardian*, July 11, 2022, https://www.theguardian.com/world/2022/jul/11/pacific-islands-forum-pif-jacinda-ardern-total-membership-critical-kiribati-exit-withdraws.

择他们的合作伙伴，并指出“随着超级大国介入太平洋区域事务意愿的增加，选择区域内解决问题比以往更加重要”①。阿德恩极力反驳“中国推动基里巴斯退出太平洋岛国论坛”一事中的不实舆论。② 为免受地缘战略竞争的影响，第51届论坛将中、美两个太平洋岛国论坛对话伙伴排除在会议之外，以促进地区团结。为此，阿德恩与澳大利亚总理安东尼·阿尔巴尼斯（Anthony Albanese）还在第51届太平洋岛国论坛领导人会议期间召开新闻发布会，表示应邀请中国参加太平洋岛国论坛领导人会议的其他议程。③ 但是，美国副总统哈里斯仍通过视频的方式出席了第51届太平洋岛国论坛并发表讲话。④

新西兰外交部长马胡塔表示，2022年新西兰将以尊重为前提与太平洋岛国开展外交。2022年3月，时任斐济总理弗兰克·姆拜尼马拉马（Frank Bainimarama）和新西兰外交部长马胡塔签署了《杜阿瓦塔伙伴关系协议》（Duavata Partnership），旨在提升斐济与新西兰关系并深化两国战略合作。该协议表明两国遵守“太平洋重启计划”五项原则⑤，承诺在民主、经济、安全、社会福利、气候和抗灾等领域开展合作，并强调了协调应对未来疫情、实现性别平等、减少针对妇女的暴力以及改善教育、文化和体育合作的重要性。⑥

---

① Lucy Craymer and Kirsty Needham, “New Zealand PM Says Pacific Security Issues Should Be Solved Locally,” Reuters, July 7, 2022, https://www.reuters.com/world/asia-pacific/new-zealand-pm-ardern-says-pacific-islands-forum-is-critical-2022-07-07/.

② Sam Sachdeva, “Ardern Won't Speculate on Kiribati Withdrawal,” Newsroom, July 11, 2022, https://www.newsroom.co.nz/page/pm-wont-speculate-on-kiribati-withdrawal.

③ Rod McGuirk, “Australia, New Zealand Say Pacific Must Discuss China,” AP NEWS, July 8, 2022, https://apnews.com/article/asia-pacific-china-sydney-new-zealand-australia-37cc2344a782042bcee45d10c8495d80.

④ Michael Neilson, “Ardern Calls for Pacific ‘Family’ Approach as Superpowers Circle,” *NZ Herald*, July 13, 2022, Talanoa, https://www.nzherald.co.nz/nz/pacific-island-forum-2022-ardern-calls-for-pacific-family-approach-as-china-us-circle/LJB773JQ67W7OYHHGPUKFA2XRE/.

⑤ 相互理解、深化友谊、互利共惠、共同目标和可持续性五项原则。

⑥ New Zealand Ministry of Foreign Affairs and Trade, “New Zealand-Fiji Statement of Partnership 2022-2025,” March 29, 2022, https://www.mfat.govt.nz/en/media-and-resources/new-zealand-fiji-statement-of-partnership-2022-2025/.

2022年6月，新西兰最大反对党国家党党首克里斯托弗·卢克森（Christopher Luxon）批评了新西兰外长缺席太平洋岛国地区事务，并表示在太平洋岛国地区建立伙伴关系至关重要，呼吁外长积极参与区域事务。[①]随后，新西兰外交部长马胡塔加大了在区域事务中的参与。在8月访问汤加和纽埃期间，马胡塔向两国领导人宣传新西兰计划投入13亿新西兰元以应对气候变化。[②] 9月，访问巴布亚新几内亚期间，马胡塔承诺新西兰将支持当地抗击新冠疫情，以及推动性别平等和赋权女性。[③] 10月，马胡塔出访库克群岛，并就抗击新冠疫情和应对气候变化问题进行了讨论。[④]马胡塔承诺将向波利尼西亚健康走廊团队（Polynesian Health Corridors Program）提供200万新西兰元资金，用于抗击新冠疫情及流行病预防。其中，包括新西兰计划向世界卫生组织捐赠61.7万新西兰元，以帮助更广泛的太平洋岛国地区获得应对新冠疫情的医疗资源，向库克群岛、纽埃和托克劳（新）捐赠新西兰生产的新冠口服药和辉瑞公司生产的新冠加强针。[⑤] 10月，所罗门群岛外交和外贸部部长杰里迈亚·马内莱（Jeremiah Manele）访问新西兰，并与马胡塔举行会晤。[⑥]

---

① Russell Palmer, "Mahuta Planning on Visits That 'Respect the Pacific,' " RNZ, June 7, 2022, https://www.rnz.co.nz/news/political/468662/mahuta-planning-on-visits-that-respect-the-pacific.

② "Foreign Minister Visit to Niue and Tonga." The Beehive, August 15, 2022, https://www.beehive.govt.nz/release/foreign-minister-visit-niue-and-tonga.

③ Christine Rovoi, "Mahuta Visits PNG: NZ to Strengthen Pacific Ties Amid China Tensions," Stuff, September 5, 2022, https://www.stuff.co.nz/pou-tiaki/129785386/mahuta-visits-png-nz-to-strengthen-pacific-ties-amid-china-tensions.

④ "Reconnecting across the Pacific," The Beehive, October 12, 2022, https://www.beehive.govt.nz/release/reconnecting-across-pacific.

⑤ "NZ and Cook Islands Sign New Partnership," RNZ, October 14, 2022, https://www.rnz.co.nz/international/pacific-news/476678/nz-and-cook-islands-sign-new-partnership.

⑥ "Readout: Minister Mahuta Meets with Solomon Islands Minister of Foreign Affairs Jeremiah Manele," New Zealand Ministry of Foreign Affairs and Trade, October 4, 2022, https://www.mfat.govt.nz/en/media-and-resources/readout-minister-mahuta-meets-with-solomon-islands-minister-of-foreign-affairs-jeremiah-manele/.

二　积极推进海外发展援助

新西兰约60%的海外发展援助资金流向太平洋岛屿地区，包括14个岛国和美属萨摩亚、法属波利尼西亚、新喀里多尼亚（法）、瓦利斯群岛和富图纳群岛及新西兰海外属地托克劳。2018~2021年，新西兰向太平洋岛屿地区国家提供约13亿新西兰元援助，用于推动双边、区域和多边协议。[①] 2008~2020年，新西兰承诺为近11.5万个项目提供510亿美元的援助，包括农业、林业和渔业、教育和卫生等多个部门，以及人道主义援助。[②] 但是，近年来新西兰对外援助的金额呈下降趋势。总体而言，新西兰的主要援助对象集中在太平洋岛屿地区，但在上届政府期间，新西兰的援助总额从约占GDP的0.3%下降到0.25%。[③]

（一）开展基础设施建设与提供奖学金

2022年，新西兰对太平洋岛国的援助重心集中在基础设施领域。11月，新西兰宣布为瓦努阿图提供600万美元用于当地码头建设，旨在通过建设可适应气候变化的码头和打造可靠的航运服务促进地区繁荣并惠及瓦努阿图人民。此次援助被纳入新西兰援助瓦努阿图岛际航运建设项目[④]，该项目已在当地完成了两个码头的援建工作及其他一些援助工作。[⑤] 新西兰设立Manaaki新西兰政府奖学金项目为太平洋岛国学生提供奖学金。短期奖学金旨在鼓励学生开

---

① "Our Aid Partnerships in the Pacific," New Zealand Ministry of Foreign Affairs and Trade, https://www.mfat.govt.nz/en/aid-and-development/our-aid-partnerships-in-the-pacific/.

② Lowy Institute for International Policy, "Pacific Aid Map," 2021, https://pacificaidmap.lowyinstitute.org.

③ Ollie Neas, "Power Shifts: New Zealand Reconsiders Pacific Role as China's Influence Grows," *The Guardian*, April 1, 2022, https://www.theguardian.com/world/2022/apr/01/power-shifts-new-zealand-reconsiders-pacific-role-as-chinas-influence-grows.

④ 项目于2012年启动，新西兰、瓦努阿图和亚洲开发银行三方均对该项目给予资金支持。

⑤ Lucy Craymer, "New Zealand Increases Funding for Vanuatu Wharves," Reuters, November 23, 2022, https://www.reuters.com/world/asia-pacific/new-zealand-increases-funding-vanuatu-wharves-2022-11-23/.

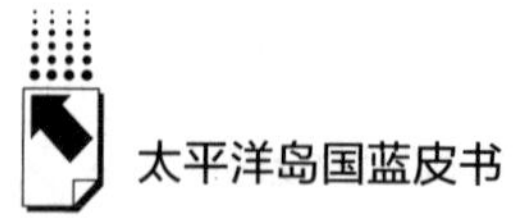

展气候变化、气候复原能力、政府治理和经济复原能力等领域研究。长期奖学金旨在鼓励太平洋岛国学生赴新西兰完成本科至博士阶段的学习。

（二）从“太平洋重启计划”到复原能力建设

2018 年，新西兰外交部长温斯顿·彼得斯（Winston Peters）宣布，新西兰将通过“太平洋重启计划”（Pacific Reset）促进与大洋洲其他国家的关系。“太平洋重启计划”阐述了通过相互理解、深化友谊、互利共惠、共同目标和可持续性五项原则实现新西兰和大洋洲其他国家之间的共同繁荣的愿景，旨在加强地区文化、历史、政治、人民、语言和共同目标间的联系。[①] 2021 年 11 月，新西兰外长马胡塔宣布了新西兰外交政策新方向，标志着新西兰太平洋政策由“太平洋重启计划”转移到“复原能力建设”，工作重心由重申新西兰与太平洋岛国关系的重要性转移至如何从这些关系中获得更多的收益，并表示这是从“太平洋重启计划”到“复原能力建设”的最佳时机。所谓的“复原能力建设”是从太平洋地区角度出发，强调地区集体利益，只有综合考虑地区的综合应对方式才能长期保持复原能力。[②]

此次外交方针的转移表明新西兰对地区的援助模式将从提供资金、物资转为抗疫能力建设，为其他太平洋岛国提供个人防护设备、医疗设施、检测、隔离设施建设等能力提升，进而提高经济长期发展的能力。新西兰将经济发展、财政情况、气候变化、自然灾害、社会治理、人口结构和地区文化等纳入复原能力建设范畴，并寄希望于通过援助和支持加强太平洋岛国在面对气候变化、自然灾害、经济冲击和其他挑战时的复原能力。

新西兰认识到太平洋岛屿地区面临着独特的挑战。因此，新西兰希望通过这项政策，开展与太平洋岛国的合作，共同应对挑战，建设复原能

① “Australia and Pacific,” New Zealand Ministry of Foreign Affairs and Trade, September 4, 2019, https://www.mfat.govt.nz/vn/countries-and-regions/australia-and-pacific/.

② “Aotearoa New Zealand's Pacific Engagement: Partnering for Resilience,” The Beehive, November 3, 2022, https://www.beehive.govt.nz/speech/aotearoa-new%C2%A0zealand%E2%80%99s-pacific-engagement-partnering-resilience.

力。鉴于此，新西兰的外交政策和发展援助方案主要关注减少灾害风险、适应气候变化、促进经济发展、完善卫生健康和教育系统以及提高社会治理水平。通过与太平洋岛国和区域组织的合作，新西兰提供技术援助、能力建设和财政支持，帮助太平洋岛国提高复原能力建设水平。总体而言，复原能力建设是新西兰外交政策和发展议程的一个重要组成部分，区别于以前的包干儿的做法。2022 年，新西兰对太平洋岛国援助的两个核心领域分别是气候和渔业。

（三）气候复原能力建设：融资

新西兰重申其对应对气候变化挑战的承诺，承诺在 2022～2025 年提供 13 亿新西兰元的气候变化融资，其中至少 50%的融资用于太平洋岛屿地区，至少 50%的融资应投入推动气候变化适应性举措的建设中。这一重大投资彰显了新西兰对全球和区域合作应对气候变化的投入，也彰显了新西兰对其太平洋邻国的责任。新西兰致力于加强太平洋岛屿地区应对气候变化的复原能力建设，并表示这不仅需要气候变化融资的支持，还需要提高国际社会对太平洋岛屿地区优先事项和共同关切的认识。① 同时，新西兰外长和气候变化部长还公布了一项旨在促进太平洋地区和全球的气候行动与气候融资的“TUIA TE WAKA A KIWA”战略，并详细阐释了新西兰提供的气候变化融资的投资标准和目标。

2022 年 8 月，新西兰外长马胡塔赴汤加正式启动该战略，并宣布向汤加提供“TUIA TE WAKA A KIWA”战略的第一笔气候变化融资，高达 800 万新西兰元。为此，汤加专门成立了气候变化基金（Climate Change Fund）用于管理和统筹气候变化适应性举措的建设。汤加将根据其自身的需求和优先事项确定投资优先顺序。比如优先投资致力于提高当地公共基础设施的复原能力项目，包括淡水资源、泄洪管道和交通网络等。其他优先事项还包括

① “New Zealand's Climate Action in Our Region,” New Zealand Ministry of Foreign Affairs and Trade, https：//www. mfat. govt. nz/en/environment/climate-change/supporting-our-region/.

加强海岸保护措施、促进化石能源向可再生能源的过渡、提高社区抵御自然灾害的能力、促进社区获得气候变化融资，保护海洋和陆地生态系统和生物多样性等。

2022 年 8 月，新西兰总理阿德恩访问萨摩亚期间宣布向萨提供 1500 万新西兰元加强气候复原能力建设，主要支持当地的气候变化优先事项及助力萨摩亚向低排放经济过渡。阿德恩访问斐济期间承诺向其提供 1000 万新西兰元用于提升极端气候情况下作物抗灾能力和保障当地粮食安全。此外，新西兰外长马胡塔访问纽埃期间承诺提供 50 万新西兰元，用于当地可再生能源项目规划和建设，助力纽埃实现本国 80%的电力来自可再生能源。① 11 月，在第 27 届联合国气候变化大会上，新西兰气候变化部长詹姆斯·肖（James Shaw）和外长马胡塔发表联合声明称，将提供 2000 万新西兰元的资金用于应对气候变化带来的影响和在国内外促进可持续发展的举措。②

（四）经济复原能力建设：渔业

受气候变化影响，太平洋岛国面临着极为严峻的海洋挑战，包括海平面上升和日渐频发且无法预测的极端天气。此外，过度捕捞和海洋污染也给海洋及海洋资源带来了巨大的压力。2019 年，太平洋岛国论坛领导人会议审议通过了《蓝色太平洋大陆 2050 年发展战略》，强调了太平洋岛国与海洋的独特联系，并表明太平洋岛国对海洋事务的高度关注。新西兰主要通过区域或者全球合作的模式参与太平洋岛屿地区事务。其一，设立太平洋事务专员公署（Office of the Pacific Ocean Commissioner，OPOC），加强地区协调、促进地区合作，从而实现太平洋岛屿地区及资源的管理、保护和可持续发

① “Supporting Climate Action in the Pacific,” The Beehive, August 19, 2022, https://www.beehive.govt.nz/release/supporting-climate-action-pacific.

② Hamish Cardwell, “COP27: New Zealand Offers $20m to Developing Countries for Climate Change Damage,” RNZ, November 9, 2022, https://www.rnz.co.nz/news/national/478334/cop27-new-zealand-offers-20m-to-developing-countries-for-climate-change-damage.

展。其二，设立太平洋社区海洋科学中心（Pacific Community Centre for Ocean Science，PCCOS），打造收集和分析太平洋信息与治理的平台，向有关政府部门提供可靠的海洋知识、信息和数据。

2022 年，新西兰集中资源发展渔业。为了确保渔业资源的可持续性，新西兰、太平洋岛国与区域组织开展合作，致力于提供科学指导、给予管理建议和加强监管法规建设，包括向太平洋岛国论坛渔业局和太平洋共同体等区域组织提供资金和技术支持。此外，新西兰与《可持续太平洋：渔业区域路线图》（Regional Roadmap for Sustainable Pacific Fisheries）享有共同的优先事项。这些举措有助于新西兰主导太平洋地区治理和决策。[①] 2022 年，新西兰和太平洋岛国论坛渔业局开展了一项全新的高达 500 万新西兰元的合作，旨在提高太平洋地区离岸渔业就业机会和特色经济。该合作是在第七届“我们的海洋大会”（Our Ocean Conference）上，由汤加领事兼太平洋人民部长奥皮托·威廉·西奥（Aupito William Sio）和太平洋岛国论坛渔业局局长马努马塔伟·图珀-如森（Manumatavai Tupou-Roosen）宣布的。[②]

此外，新西兰皇家海军对非法、未报告和无管制的捕捞活动的监督日趋增加。太平洋拥有丰富的物种，其中涵盖了全球 60% 以上的金枪鱼物种。但非法、未报告和无管制的捕捞活动对金枪鱼的物种可持续性构成重大威胁。太平洋岛国论坛渔业局估计，每年约有 19.2 万吨的金枪鱼从太平洋岛屿地区被非法捕捞。2022 年，新西兰海军“惠灵顿”号舰在太平洋执行了代号为“NASSE”的行动，执行了 18 次空中交通监控和 14 次公海登临检查，共发现了 8 个潜在隐患，并向有关机构报告相关事宜。[③]

① “Oceans and Fisheries,” New Zealand Ministry of Foreign Affairs and Trade, https://www.mfat.govt.nz/en/environment/oceans-and-fisheries/.

② “Increased Support for Pacific Tuna Fisheries,” The Beehive, April 14, 2022, https://www.beehive.govt.nz/release/increased-support-pacific-tuna-fisheries.

③ “HMNZS Wellington Combats Illegal, Unreported and Unregulated Pacific Fishing,” New Zealand Defence Force, September 5, 2022, https://www.nzdf.mil.nz/media-centre/news/hmnzs-wellington-combats-illegal-inreported-and-unregulated-pacific-fishing/.

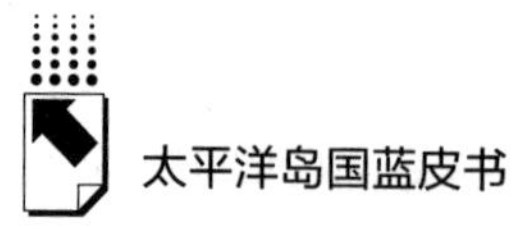

三　扩大经贸合作领域与范围

2022 年，新西兰出口总额达 440 亿美元，较 2018 年（384 亿美元）增长了 14.6%，较 2021 年（434 亿美元）增长了 1.4%。① 新西兰与太平洋岛国贸易的最新统计数据显示，2020 年新西兰对太平洋岛国的出口总额为 14 亿美元，从太平洋岛国的进口总额为 11 亿美元，获得 3 亿美元的贸易顺差。② 其中，新西兰对太平洋岛国出口的商品主要为乳制品、肉类、鱼类和水果；新西兰从太平洋岛国进口的主要商品是鱼类、石油和天然气。从经济和战略角度来看，新西兰与太平洋岛国的贸易至关重要。从经济方面来看，太平洋岛国是新西兰一个不断增长的出口市场。从战略市场来看，太平洋岛国对新西兰的国防安全至关重要。鉴于此，新西兰致力于加强与太平洋岛国的贸易关系。

《太平洋紧密经济关系协定》（Pacific Agreement on Closer Economic Relations，PACER）是澳大利亚、新西兰与斐济、萨摩亚、汤加、瑙鲁、库克群岛签署的贸易协议，旨在促进各国间贸易自由化和经济一体化。太平洋岛国论坛成员国③于1999 年启动 PACER 谈判进程，并于 2001 年达成一致，签署了 PACER，设立自由贸易区，形成贸易协定框架，降低成员国间贸易关税和其他贸易壁垒，推动货物和服务贸易自由化，允许投资和劳动力自由流动。2017 年，太平洋岛国论坛成员国启动太平洋更紧密经济关系协定（PACER Plus）谈判，该协定旨在扩大和深化原 PACER 的合作。PACER

---

① New Zealand Foreign Affairs & Trade，PACER Plus Overview，https：//www.mfat.govt.nz/br/trade/free-trade-agreements/free-trade-agreements-in-force/pacer-plus/overview/#：~：text=ln%20the%20year%20ended%20June，services%20imported%20from%20 the%20Pacific.

② New Zealand Foreign Affairs & Trade，PACER Plus Overview，https：//www.mfat.govt.nz/en/trade/mfat-market-reports/nz-economic-performancein-2022-and-future-prospects/#：-text=Total% 20exports% 20（goods% 20and% 20services，grew% 2021% 25% 20to% 20% 2480.1% 20billion.

③ 斐济、萨摩亚、汤加、瑙鲁、库克群岛、澳大利亚和新西兰。

Plus 于 2020 年正式生效，目前有 11 个签署国（澳大利亚、库克群岛、基里巴斯、瑙鲁、新西兰、纽埃、萨摩亚、所罗门群岛、汤加、图瓦卢、瓦努阿图）。[①] PACER Plus 包括削减或取消缔约方间原产货物的关税，促进服务、贸易和投资自由流动，以及通过为太平洋岛国提供发展援助和提高能力建设的途径帮助太平洋岛国进一步融入 PACER Plus。该协定有助于促进新西兰和太平洋岛国间贸易额上涨。同时，新西兰也致力于促进太平洋岛国贸易基础设施建设。2019 年，新西兰宣布投资 1 亿美元用于改善太平洋岛国贸易基础设施，将在各太平洋岛国开展道路、港口和机场建设。研究者指出，PACER Plus 是中国在太平洋地区影响力与日俱增的情况下，新西兰和澳大利亚为维持其在太平洋地区的贸易主导地位而采取的举措。[②] 新西兰和澳大利亚极力推广的区域贸易协定将极大挤占本就缺少资源的太平洋岛国企业。[③] 2018 年 4 月，汤加、斐济和巴布亚新几内亚宣布退出 PACER，表明 PACER Plus 对三国经济存在潜在影响，且澳新对劳动力自由流动的承诺模糊不清，不足以让三国继续保留在 PACER 贸易框架之内。

太平洋地区经济增长主要来源于私营部门。其中，太平洋岛国贸易与投资专员署（Pacific Trade Invest，PTI）专门与私营部门合作，旨在发展、壮大并促进该地区的商业贸易。该署是太平洋地区主要促进当地贸易和投资的机构，是太平洋岛国论坛秘书处下设的专门促进贸易和投资的机构，在澳大利亚、中国、欧洲、新西兰和日本均设有办事处。该署主要负责执行太平洋岛国论坛领导人会议决议，推动太平洋岛国间及其与世界各地的贸易、投资和旅游等。太平洋岛国贸易与投资专员署在促进与“蓝色太平洋伙伴关

① 中华人民共和国商务部：《〈太平洋更紧密经济关系协定〉（PACER Plus）生效》，http：//auckland. mofcom. gov. cn/article/ddfg/202101/20210103028138. shtml。

② Wadan Narsey，“Rethinking PACER Plus，” Devpolicy Blog from the Development Policy Centre (blog)，July 22，2022，https：//devpolicy. org/rethinking-pacer-plus-20220722/.

③ Wadan Narsey，“PICTA，PACER and EPAs：Weaknesses in Pacific Island Countries’ Trade Policies，” *Pacific Economic Bulletin*，2004，19 (3)：74-101.

系"[①] 成员国间的经贸增长方面发挥重要作用，致力于推动企业出口和对外投资，助力企业参与全球市场。此外，该机构还致力于通过提高当地企业盈利能力和促进商业机会，共建一个和平、安全和繁荣的太平洋地区，使太平洋岛国人民过上健康和富足的生活。太平洋岛国贸易与投资专员署贯彻联合国可持续发展目标，旨在促进太平洋岛国当地体面就业和经济增长，得到了澳大利亚、新西兰和中国等各国政府的支持。[②]

太平洋岛国地区致力于促进和支持地区企业的组织机构还包括太平洋商业互联（Business Link Pacific）和太平洋私营部门发展倡议（Pacific Private Sector Development Initiative）。此外，新西兰积极参与《全面与进步跨太平洋伙伴关系协定》（CPTPP），向国际金融公司（International Finance Corporation，IFC）提供资金支持。该公司致力于通过提高基础设施建设水平、提高融资服务水平和促进经济增长为私营部门营造更好的营商环境，用经济赋权女性。国际金融公司在多个太平洋岛国开展业务，包括斐济、基里巴斯、巴布亚新几内亚、萨摩亚、所罗门群岛、汤加和瓦努阿图。[③] 新西兰太平洋商业委员会（New Zealand Pacific Business Council，NZPBC）是致力于推动新西兰与太平洋岛国地区相互贸易、削减贸易壁垒的组织。该委员会于2005年正式成立，致力于促进新西兰和太平洋岛国地区的企业开展合作。此外，该委员会长期保持与政府和非政府组织合作，从而进一步促进地区贸易和经济发展。[④] 2020年2月，新西兰政府宣布增加季节工配额，允许额外的1600名季节工进入新西兰从事种植业。总体算下来，新西兰每年从太平洋岛国引入的季节工数量将达到16000人。新西兰第一产业部长达米

① 美国、澳大利亚、日本、新西兰、英国。

② "What We Do," Pacific Trade Invest, https://pacifictradeinvest.com/en/about-us/what-we-do/.

③ New Zealand Ministry of Foreign Affairs and Trade, "Trade and Economic Cooperation," https://www.mfat.govt.nz/en/aid-and-development/our-aid-partnerships-in-the-pacific/trade-and-economic-cooperation/.

④ New Zealand Pacific Business Council, "About," https://nzpbc.co.nz/about/; Pacific Cooperation Foundation, "Pacific Perceptions Report," Pacific Cooperation Foundation, https://www.pcf.org.nz/pacific-perceptions-report.

安·奥康纳（Damien O'Connor）表示，此举将有助于更多的劳动力在种植季[①]进入新西兰。2022 年 4 月，太平洋岛国贸易与投资专员署发起 Path2 Market 线上研讨会，旨在促进太平洋岛国对新西兰的农业出口。该线上会议吸引了 100 多人参加，参与方就市场需求、营商标准以及太平洋岛国企业对新西兰农业出口所面临的挑战进行讨论。[②] 2022 年 5 月，美国与 13 个区域伙伴正式启动了印太经济框架（IPEF），其中，斐济是唯一参与 IPEF 的太平洋岛国。[③] IPEF 侧重四个关键支柱，分别为互联互通的经济（贸易）、有韧性的经济（供应链）、清洁的经济（清洁能源）和公平的经济（反腐败）。[④] 但IPEF 是否能行之有效仍然存疑，因其并非贸易协定，其他 IPEF 成员国并未获得新增的美国市场准入。鉴于此，IPEF 合作存在一定阻力。

海外汇款是汤加、萨摩亚、瓦努阿图和斐济的重要经济来源。近年来，汇往太平洋地区的海外汇款，包括季节工汇款，每年约为 8.52 亿新西兰元。其中，来自新西兰、澳大利亚、美国的汇款约占 30%，其余 10%来自其他国家。[⑤]

---

① 此指 3~4 月。

② Pacific Trade Invest, "PTI New Zealand: New Zealand Market Access and Pathways for the Agriculture Sector from the Pacific," Pacific Trade Invest, https://pacifictradeinvest.com/en/stories/focus/pti-new-zealand-new-zealand-market-access-and-pathways-for-the-agriculture-sector-from-the-pacific/.

③ United States Department of State, "Marking One Year Since the Release of the Administration's Indo-Pacific Strategy," United States Department of State, February 13, 2023, https://www.state.gov/marking-one-year-since-the-release-of-the-administrations-indo-pacific-strategy/.

④ "FACT SHEET: In Asia, President Biden and a Dozen Indo-Pacific Partners Launch the Indo-Pacific Economic Framework for Prosperity," The White House, May 23, 2022. https://www.whitehouse.gov/briefing-room/statements-releases/2022/05/23/fact-sheet-in-asia-president-biden-and-a-dozen-indo-pacific-partners-launch-the-indo-pacific-economic-framework-for-prosperity/.

⑤ "Trade and Economic Cooperation," New Zealand Ministry of Foreign Affairs and Trade, https://www.mfat.govt.nz/en/aid-and-development/our-aid-partnerships-in-the-pacific/trade-and-economic-cooperation/.

四　加强安全领域合作

安全是新西兰与太平洋岛国地区外交的重要议题，包括应对气候变化、打击跨国犯罪和网络犯罪等跨国议题。为了解决这些问题，2018 年，太平洋岛国论坛领导人会议通过《博埃区域安全宣言》（Boe Declaration on Regional Security），并表明在当下这个日渐复杂的安全环境下应倡导与太平洋岛国加强合作。此外，《博埃区域安全宣言》还就安全问题进行了论述，包括人身安全、网络安全和环境安全等。在区域安全问题的指导下，新西兰基于《博埃区域安全宣言》和《太平洋区域主义框架》（Framework for Pacific Regionalism）与太平洋岛国开展合作。

新西兰积极参与区域安全组织，包括太平洋岛国警察局长计划（Pacific Islands Chiefs of Police）、大洋洲海关组织（Oceania Customs Organization）和太平洋移民发展社群（Pacific Immigration Development Community）。这些组织致力于提供沟通交流、信息共享和协调训练的平台，共同应对地区安全问题。新西兰警察局、海关署和移民局在边境安全问题上与太平洋岛国的相关机构开展密切合作，其中，新西兰（New Zealand's Transnational Crime Unit）曾与萨摩亚开展跨国合作，共同打击跨国犯罪，还曾向汤加、库克群岛和纽埃等国的有关部门提供支持。太平洋安全基金（Pacific Security Fund）每年向新西兰的机构拨款 270 万新西兰元，用于应对太平洋岛国的安全问题，包括委托新西兰国防军对其他太平洋岛国军队提供管理培训，加强防空能力建设和提供相关设备，以及推动太平洋岛国遵守国际海事公约。此外，太平洋安全基金还为多项致力于提高太平洋岛国执法能力的项目，包括警务伙伴关系倡议（Partnership for Policing Initiative）等提供援助，来自库克群岛、基里巴斯、纽埃、萨摩亚、托克劳（新）、图瓦卢和瓦努阿图的警务人员参与了这一项目。①

① New Zealand Ministry of Foreign Affairs and Trade, "Regional Security," https：//www.mfat.govt.nz/en/peace-rights-and-security/international-security/regional-security/.

2022 年，新西兰重新规划了国家战略，深刻意识到中国在太平洋地区的影响，并更加注重在安全和战略领域与盟友的合作。然而，新西兰在安全议题上的表态含混不清，如其对美国领导的太平洋联盟的态度就十分暧昧。2022 年 4 月，中国与所罗门群岛正式签署双边安全合作框架协议，引起了澳、新、美等所罗门群岛传统合作伙伴的“战略担心”。2022 年 5 月，新西兰外长马胡塔表示，包括新西兰在内的大多数太平洋国家不了解这项安全合作框架协议的具体内容，也不清楚中所合作的程度。鉴于此，新西兰反对中所签署这一协议。

2022 年 5 月，时任新西兰总理阿德恩公开表示太平洋岛屿地区军事化的危险性。[①] 一个月后，中国国务委员兼外长王毅应约同新西兰外长马胡塔举行视频会晤，双方就中国在太平洋岛屿地区的参与进行了讨论。中方表示，中国尊重新西兰与太平洋岛国的传统联系，尊重地区既有合作机制。中国同太平洋建交岛国的合作同地区既有的安排完全可以并行不悖，互为补充。[②] 2022 年 6 月，新西兰国防部长皮尼·赫内尔（Peeni Henare）表示，太平洋岛国有权决定是否要与中国合作。据新西兰与中方的对话，了解到中国秉持着和平的初衷，希望共建太平洋地区的安全、繁荣和可持续。[③]

2022 年 6 月，“蓝色太平洋伙伴关系”宣布成立，该组织旨在促进成员国（美国、澳大利亚、日本、新西兰和英国）与太平洋岛国间的经济和外交关系。该组织致力于促进太平洋岛屿地区实现地区目标，宣扬太平洋地区主义，并扩大太平洋岛屿地区与世界各地的合作机会。“蓝色太平洋伙伴关系”是美国及其盟友为了对抗中国在太平洋地区日益增长的经济和政治影

---

① Tracy Withers, “New Zealand’s Ardern Cautions Against Militarization of Pacific,” May 24, 2022, https://www.bloomberg.com/news/articles/2022-05-24/new-zealand-s-ardern-cautions-against-militarization-of-pacific.

② 《王毅视频会晤新西兰外长：中国同太平洋建交岛国的合作同地区既有的安排完全可以并行不悖，互为补充》，观察者网，2022 年 6 月 13 日，https://www.guancha.cn/politics/2022_06_13_644421.shtml。

③ Joe Brock, “New Zealand Says Pacific Islands Can Make Own Decisions on China Ties,” Reuters, June 11, 2022, https://www.reuters.com/world/asia-pacific/new-zealand-says-pacific-islands-can-make-own-decisions-china-ties-2022-06-11/.

响力所成立的非正式集团。部分太平洋岛国对“蓝色太平洋伙伴关系”表示欢迎，认为其是促进地区经济和安全关系多样性的途径之一，在太平洋岛屿地区发挥了积极作用。首先，“蓝色太平洋伙伴关系”有助于加强美国与其太平洋岛国盟友的关系。其次，“蓝色太平洋伙伴关系”为美国的太平洋岛屿地区盟国提供了交流的平台，有助于各国就气候变化、安全问题和经济发展等进行交流。最后，该组织也是美国与太平洋岛国建立信任和合作的一种尝试。然而，也有部分太平洋岛国对其表示担忧，认为该组织不过是美国及其盟国为遏制中国在该地区的影响而建立的。此外，“蓝色太平洋伙伴关系”是在太平洋岛国未参与协商的情况下宣布成立的。鉴于此，各国对该组织是否具有地区代表性存疑。“蓝色太平洋伙伴关系”成效如何，还有待观察。归根结底，“蓝色太平洋伙伴关系”是否能成功运作取决于其推广的合作内容及太平洋岛国如何看待这一组织及其行动。

加入“蓝色太平洋伙伴关系”后，时任新西兰总理阿德恩对中国在大洋洲的作用做出了自相矛盾的评论。2022 年 7 月，阿德恩在英国表示，中国在太平洋岛屿地区的存在日益凸显。① 同月，阿德恩又在澳大利亚表示，让太平洋岛国在中美间选边站是错误的。② 她还进一步指出，太平洋岛屿地区的安全问题应该在地区内解决，而不应该受到域外国家干涉。③ 新西兰在对华外交政策上较为强硬的态度受到其国内的指责。2022 年 8 月，国防领域研究专家指出，新西兰不应与澳大利亚和美国的国防政策和方向过于一致。新西兰必须坚持本国的国防政策方针，将太平洋岛屿地区视为邻国而非竞争对手，同时优先考虑非传统安全问题。此外，新西兰必须关注太平洋岛

① Matthew Brockett, “NZ's Ardern Repeats Her Warning of China's Pacific Ambitions,” July 2, 2022, https: //www. bloomberg. com/news/articles/2022-07-02/nz-s-ardern-doubles-down-on-warning-of-china-s-pacific-ambitions.

② “New Zealand PM Says It's Wrong to Force Pacific Island Countries to Take Sides,” July 7, 2022, https: //english. news. cn/asiapacific/20220707/379e965ce14145a4842588c2b2d6f859/c. html.

③ Lucy Craymer, and Kirsty Needham, “New Zealand PM Says Pacific Security Issues Should Be Solved Locally,” Reuters, July 7, 2022, https: //www. reuters. com/world/asia-pacific/new-zealand-pm-ardern-says-pacific-islands-forum-is-critical-2022-07-07/.

国的优先事项，如太平洋岛国将气候变化视为最重要的安全优先事项。鉴于此，新西兰应该对他们的关切给予应有的重视。在这些问题上，美国和澳大利亚都有所欠缺，因为他们更关注的是中国而非太平洋岛国。①

五　结论与未来展望

一直以来，发展与太平洋岛国的关系是新西兰外交政策的首要任务，这既是由于新西兰和太平洋岛国享有共同的地理、历史和文化，也是受到了新西兰区域大国地位的影响。2022 年，新西兰和太平洋岛国开展合作，共同抗击新冠疫情。新西兰向太平洋岛国提供经济和技术援助，帮助太平洋岛国人民接种疫苗，以及减缓新冠疫情对经济的影响。2022 年，新西兰和太平洋岛国召开了一些高级别会议，包括太平洋岛国论坛领导人会议和部长会议。这些会议为太平洋岛国提供了讨论各国共同关心的议题的机会，包括气候变化、经济发展和地区安全。新西兰和太平洋岛国就一系列区域倡议开展合作，致力于促进区域合作和发展，包括太平洋岛屿发展论坛（Pacific Islands Development Forum）、太平洋区域经济发展论坛（Pacific Regional Economic Development Forum）和太平洋岛国论坛安全委员会（Pacific Islands Forum Security Committee）。

2022 年，气候变化是新西兰和太平洋岛国关注的核心问题。随着气候变化不断加剧，海平面上升和自然灾害对太平洋岛国的影响也不断加大。新西兰提出复原能力建设的倡议，承诺向太平洋岛国提供经济和技术援助，帮助太平洋岛国应对气候变化的影响。2022 年，经济发展是新西兰和太平洋岛国所关注的另一核心问题。新西兰长期以来一直是太平洋岛国的主要贸易伙伴，并将在未来继续保持。但是，各方也对太平洋地区的经济开发潜力有所顾虑，特别是在渔业和采矿等自然资源方面。近年来，新西兰和太平洋岛国在安全

① Christine Rovoi, "NZ Urged to 'Tread Carefully' with Pacific Family over US-China Crisis," August 3, 2022, https://www.stuff.co.nz/pou-tiaki/129456762/nz-urged-to-tread-carefully-with-pacific-family-over-uschina-crisis.

领域的合作取得一定进展。新西兰积极参与太平洋岛国论坛和支持区域安全倡议，发挥了领导作用。但是，2023 年 3 月，新西兰国防部长安德鲁·利特尔（Andrew Little）宣布新西兰或将加入奥库斯（AUKUS）（澳大利亚、英国和美国三边安全伙伴关系）。有批评者指出，AUKUS 加剧了域内各国对大洋洲军事化的担忧。总体而言，2022 年，新西兰和太平洋岛国关系稳健发展，双方均将对方事务视为本国的优先事项。虽然双方需共同应对气候变化和经济发展等挑战，但新西兰和太平洋岛国在安全、贸易和文化交流等领域有诸多合作机会。因此，新西兰和太平洋岛国的关系将继续深化。

新西兰历来与太平洋岛国保持着紧密的外交和经济关系，这将在此后继续保持。无论是从经济发展还是国家安全的角度考虑，太平洋岛屿地区对新西兰的战略意义都至关重要。近年来，新西兰不断加强与太平洋岛屿地区的接触和合作，如新西兰提出的“太平洋重启计划”广受太平洋岛国欢迎并将其视为新西兰对地区的承诺。首先，在贸易方面，“太平洋重启计划”致力于加强新西兰与太平洋岛国的经济合作，2017 年启动签署的《关于加强经济关系的太平洋协定》，旨在减少太平洋岛屿地区的贸易和投资障碍。其次，2022 年，新西兰政府宣布了复原能力建设的倡议，承诺增加对太平洋岛屿地区的援助，支持地区发展，致力于应对气候变化、海洋保护、经济发展和维护地区安全等共同关切的议题，与太平洋岛国开展更紧密的合作。最后，新西兰一直致力于加强与太平洋岛国在卫生和教育等领域的伙伴关系。2023 年，新西兰积极发展与太平洋岛国的关系。在接续几年中，新西兰与太平洋岛屿地区国家的关系可能会更为紧密。新西兰将继续在该地区发挥领导作用，并将与太平洋岛国密切合作，解决其面临的挑战。一是气候变化，这是太平洋岛屿地区面临的主要威胁。气候变化导致的海平面上升、更多的极端天气事件及降水变化都将对太平洋地区产生破坏性的影响。二是经济发展。太平洋岛屿地区是世界上最贫穷的地区之一。三是地区安全，包括打击跨国犯罪、非法捕捞和恐怖主义。在未来，发展与太平洋岛国的关系将成为新西兰的重要的优先事项，新西兰注重加强与太平洋岛国间的经济和外交合作，以及合作应对共同的区域挑战。

B.11
2022年太平洋岛国的海洋经济与海洋治理

林香红　魏　晋　刘禹希*

摘　要： 2022年新冠疫情持续蔓延，对太平洋岛国海洋产业与海洋治理的影响依旧明显。海洋产业在艰难中前行，渔业经济发展较为平稳，旅游业受到的影响依然较大；多个国家尝试重开边境，斐济和巴布亚新几内亚的游客人数实现大幅增长；反对深海采矿的呼声不断。在海洋治理方面，太平洋岛国更加关注海洋环境变化与气候变化、区域海洋政策制定以及国际海洋合作，并在多个国际场合表达其治理理念和发展诉求。

关键词： 太平洋岛国　海洋经济　海洋治理

太平洋岛国的生产、发展与海洋密不可分，发展海洋经济、保护海洋环境、应对气候变化是太平洋岛国的重要关切。2022年新冠疫情持续蔓延，对海洋产业的消极影响尚未解除，海洋经济发展和海洋治理都面临较大压力。本文将重点分析2022年太平洋岛国海洋产业和海洋治理的新进展。

一　2022年海洋经济发展态势

太平洋岛国的海洋产业包括渔业、旅游业、海运业、深海采矿等，本部分重点介绍以上四个方面的年度发展情况。

---

* 林香红，博士，国家海洋信息中心副研究员，研究方向为海洋经济与海洋政策；魏晋，硕士，国家海洋信息中心助理研究员，研究方向为海洋政策；刘禹希，硕士，国家海洋信息中心助理研究员，研究方向为国际海洋经济。

（一）渔业发展

渔业是关系太平洋岛国经济增长、粮食安全、国民生计及就业的重要领域。太平洋岛国已认识到增强海洋渔业管理的重要性，并通过颁布渔业管理法案、制定渔业政策战略、增强社区管理、提升妇女及青年在该领域的参与程度等多项举措，促进太平洋地区渔业可持续发展。

1. 总体捕捞量

太平洋岛国的渔业以金枪鱼捕捞为主，主要捕捞品种为黄鳍金枪鱼、大眼金枪鱼、长鳍金枪鱼和鲣鱼。海洋捕捞已从小规模手工作业发展为在其专属经济区内的大规模工业化捕捞。2022 年，中西部太平洋渔业委员会（Western and Central Pacific Fisheries Commission，简称 WCPFC）发布的统计报告显示，2019 年太平洋岛国金枪鱼捕捞量达到近 10 年（2012～2021 年）的峰值，约为 95.04 万吨，较 2012 年增长了 77.4%（见图 1）。新冠疫情发生之后，2020～2021 年太平洋岛国的捕捞量呈现少许回落，分别为 89.01 万吨和 87.68 万吠，下降幅度均未超过 8%。

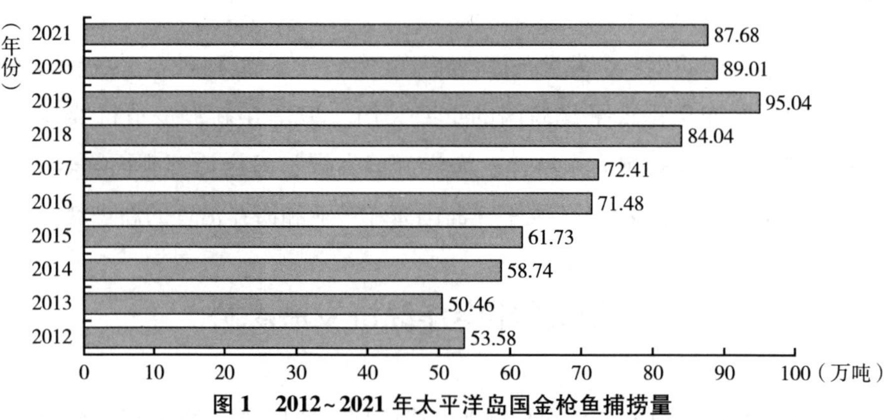

图 1　2012～2021 年太平洋岛国金枪鱼捕捞量

资料来源：笔者根据 2022 年 11 月中西部太平洋渔业委员会发布的“Tuna Fishery Yearbook 2021”整理。

2. 各作业方式捕捞量

渔业捕捞的作业方式包括围网、延绳钓、竿钓三种。围网是太平洋岛国渔业捕捞的主要作业方式。2021 年，围网捕捞的鲣鱼达 59. 1 万吨，其次为黄鳍金枪鱼 20. 4 万吨；金枪鱼延绳钓的捕捞量达 3. 68 万吨，竿钓的捕捞量最少，仅为 1211 吨（见表 1）。2020 年太平洋共同体（The Pacific Community）种群评估显示，太平洋地区四种金枪鱼都处于健康、可持续的状态，但长鳍金枪鱼需要适度降低捕捞强度。

表 1　按作业方式分 2021 年太平洋岛国金枪鱼捕捞情况

单位：吨

作业方式	长鳍金枪鱼	大眼金枪鱼	鲣鱼	黄鳍金枪鱼	合计
1. 延绳钓	18274	7544	/	11028	36846
斐济	6438	482		2662	9582
萨摩亚	991	108		384	1483
汤加	10	15		208	233
基里巴斯	985	625		904	2514
瓦努阿图	6165	3039		901	10105
密克罗尼西亚联邦	922	1606		1729	4257
所罗门群岛	1885	635		3288	5808
图瓦卢	57	23		9	89
马绍尔群岛	54	928		634	1616
库克群岛	767	83		309	1159
2. 竿钓	/	/	1053	158	1211
所罗门群岛			1053	158	1211
3. 围网	/	37107	591454	204393	832954
巴布亚新几内亚		3861	100729	64744	169334
基里巴斯		10731	139505	30925	181161
瓦努阿图		1814	33798	9633	45245
密克罗尼西亚联邦		7626	111591	31102	150319
所罗门群岛		259	26552	15557	42368
瑙鲁		5587	82073	32433	120093
图瓦卢		1069	23247	5322	29638
马绍尔群岛		5613	71090	14323	91026
库克群岛		547	2869	354	3770

资料来源：笔者根据 2022 年 11 月中西部太平洋渔业委员会发布的“Tuna Fishery Yearbook 2021”整理。

3. 分国别渔业发展

2012~2021 年，巴布亚新几内亚、马绍尔群岛、基里巴斯、密克罗尼西亚联邦、瓦努阿图等多个岛国在中西太平洋区域开展了金枪鱼捕捞活动，各国捕捞能力和捕捞量差异明显（见表 2）。2021 年，太平洋岛国金枪鱼捕捞量位居前五名的国家分别为基里巴斯（18.8 万吨）、巴布亚新几内亚（16.9 万吨）、密克罗尼西亚联邦（15.5 万吨）、瑙鲁（12 万吨）、马绍尔群岛（9.3 万吨），约占总捕捞量的 82.7%。2018 年，瑙鲁的金枪鱼捕捞量出现跨越式增长，从 2017 年的不足 20 吨迅速提升至 8898 吨。2022 年，所罗门群岛政府宣布将与世界银行下属机构“国际金融公司”（IFC）开展合作，在马莱塔省建立世界级金枪鱼加工厂，这将带来高达 4000 万美元的外国投资，并为当地约 5500 人创造就业岗位。所罗门群岛渔业和海洋资源部长表示，该项目还将带动周边比纳港的升级改造，以谋求建成该国首个具有气候适应能力的国际航运港口，从而促进金枪鱼出口贸易。

表 2　2012~2021 年太平洋岛国金枪鱼捕捞量

单位：吨

国家	2012 年	2013 年	2014 年	2015 年	2016 年	2017 年	2018 年	2019 年	2020 年	2021 年
基里巴斯	74108	77782	114156	142623	171089	159386	194789	235570	209503	188073
巴布亚新几内亚	240055	221889	236824	215765	302693	308490	313871	267348	198473	169341
密克罗尼西亚联邦	38983	30755	42710	61207	77420	89848	126698	170072	182609	154636
瑙鲁	11	19	19	19	19	19	8898	33257	92109	120113
马绍尔群岛	74060	77769	75896	86870	62211	67010	75307	98337	85214	92643
瓦努阿图	40569	41198	32391	27781	15754	19194	24326	45107	54884	55669
所罗门群岛	28635	26435	62034	61580	61064	46766	61640	67317	39834	49420
图瓦卢	16469	11896	6355	5129	6677	6446	11788	7348	10298	30081
斐济	14978	12782	13663	13085	14256	17145	13692	14421	12438	9885
库克群岛	5382	1948	2032	1764	1910	3638	3985	5312	2254	5120
萨摩亚	2353	2022	1102	1160	1273	3230	2191	3532	2334	1563
汤加	171	147	250	357	400	435	262	233	182	235
纽埃	/	/	/	/	/	/	/	/	/	3
帕劳	/	/	/	/	/	2507	2942	2509	1	/
合计	535774	504642	587432	617340	714766	724114	840389	950363	890133	876782

资料来源：笔者根据 2022 年 11 月中西部太平洋渔业委员会发布的“Tuna Fishery Yearbook 2021”整理。

4. 渔业可持续管理

自 2015 年开始，太平洋岛国论坛渔业局（Pacific Islands Forum Fisheries Agency）与中西部太平洋渔业委员会合作致力于减少非法、不报告、不管制（IUU）的捕捞活动。2016 年以来，太平洋岛国积极采取渔业养护管理措施。截至 2020 年，至少 11 个太平洋岛国对其国家法律、法规进行修订，以适应 WCPFC 框架下的渔业养护管理措施，所有的太平洋岛国均应用了 TUFMAN2 金枪鱼渔业数据管理系统。

2022 年，太平洋共同体秘书处（SPC）发布"SPC 商业框架计划（2022-2027）"（SPC Fame Business Plan 2022-2027），该计划以《2022~2031 年战略计划》为基础，设定了 7 个目标：一是增强战略监督、高效业务系统和伙伴关系，包括与 SPC 其他部门、成员及合作伙伴的协作；二是提供并促进对渔业、水产养殖和海洋生态系统信息及知识的获取和解释；三是加强数据收集，为渔业、水产养殖和海洋生态系统提供数据管理服务；四是为循证渔业管理提供科学研究、分析和建议；五是加强太平洋岛屿水产养殖和渔业对可持续、生物安全、公平和安全粮食系统的贡献；六是为 SPC 成员太平洋岛国及领地（Pacific Islands Countries and Territories，PITs）确定多样化和可持续的生计选择；七是支持 PITs 在渔业和水产养殖方面的能力建设和能力提升，以期逐步恢复新冠疫情对渔业及水产养殖造成的影响。[①] 2022 年新西兰宣布与斐济、纽埃、汤加、图瓦卢、瓦努阿图等太平洋岛国开展海上巡逻行动，打击南太平洋地区非法、不报告、不管制的捕捞活动，并监测及销毁水下的战争遗留爆炸物。2022 年，在联合国海洋大会上，斐济代表太平洋岛国论坛提出"南太各国应积极为地区蓝色经济发展提供资金及政策支持，并最大限度地提升地区渔业发展的经济回报率，包括结束 IUU 捕捞活动及取消有害渔业补贴"等相关渔业举措。

（二）旅游业发展

2022 年，太平洋岛国旅游业的复苏仍较为坎坷，影响旅游业发展的

① "SPC Fame Business Plan 2022-2027", https://pacificdata.org/data/organization/spc-fame, 2022, pp. 20-23.

主要因素包括各国较为严格的出入境限制、交通和住宿成本上升、持续的疫情和疫苗接种普及情况、消费者收入和出行意愿下降等。由于旅游业是很多岛国的重要经济来源，国际游客减少将直接导致国家 GDP 下降。但斐济和巴布亚新几内亚的旅游业有所改善，游客人数和收入明显增多。

2021 年底，斐济重新开放边境，2022 年国际游客数量高达 636312 名，是 2021 年的 20 多倍（31618 名）[①]，从出行目的来看，81.69%的游客是度假。国际游客在斐济的平均停留时间为 11.8 天，略低于 2020~2021 年的水平；2022 年国际游客在斐济的消费支出为 14.99 亿斐济元，是 2021 年的 41 倍多（0.365 亿斐济元），但尚未恢复到 2018 年（20.10 亿斐济元）和 2019 年（20.65 亿斐济元）的水平，澳大利亚是最主要的贡献者（8.706 亿斐济元），其次是新西兰（3.435 亿斐济元）和美国（1.656 亿斐济元）。[②] 新冠疫情促使斐济重新考虑其旅游业发展战略，2022 年 6 月初，斐济旅游局正式公布“2022~2024 年全球国际市场战略计划”，提出至 2024 年完成全球游客在斐济消费支出达 30 亿斐济元的目标。[③]

2022 年第一季度巴新游客人数创纪录。巴新旅游促进局首席执行官乌沃沃（Uvovo）表示，随着新冠疫情防控措施放松，巴新在 2022 年第一季度迎来了 9845 名国际游客，同比增长了 100%；访问巴新的国际游客中，67%是为了工作，18%是出于商务原因，4%是探亲访友，2%是为了度假，[④] 入境人数回升的趋势在 2022~2023 年持续保持。

① 数据来源：https：//www. statsfiji. gov. fj/statistics/tourism－and－migration－statistics/tourism－earnings-fjd-million26. html，表名 Earnings-from-Tourism_ tables. xlsx。

② 数据来源：https：//www. statsfiji. gov. fj/statistics/tourism－and－migration－statistics/tourism－earnings-fjd-million26. html，表名 Earnings-from-Tourism_ tables. xlsx。

③ “Tourism Fiji Unveils Its Corporate Plan for 2022-2024”，Travel and Tour World，June 2，2022，https：//www. travelandtourworld. com/news/article/tourism-fiji-unveils-its-corporate-plan-for-2022-2024/.

④ 《巴新 2022 年第一季度游客人数创纪录》，中国驻巴布亚新几内亚独立国大使馆经济商务处网站，2022 年 6 月 21 日，http：//pg. mofcom. gov. cn/article/jmxw/202206/20220603320404. shtml。

（三）海运业发展

海运是太平洋岛国重要的贸易和交通方式。例如，2022 年 1~11 月，斐济国际商品贸易中进口额的 88.2%和出口额的 81.7%依赖于海运（根据斐济统计局 2022 年 12 月发布的数据计算）①。2022 年 6 月，联合国贸易与发展会议统计了全球各国的商船情况，数据显示，其中 10 个太平洋岛国拥有自己的商船队。

1. 商船运力

从商船队规模来看，马绍尔群岛商船队的规模最大，达到 101.88 万载重吨，占大洋洲商船队总载重吨的 16.17%，占 11 个太平洋岛国的 85.30%；超过 1 万载重吨的国家还有巴布亚新几内亚、萨摩亚和斐济，汤加和图瓦卢两国拥有的商船均低于 1000 载重吨（见表 3）。

表 3　2022 年太平洋岛国商船队情况统计

单位：千载重吨

船籍国	船旗国			
	本国旗	外国旗	未确定	合计
马绍尔群岛	277.76	734.30	6.76	1018.82
巴布亚新几内亚	123.13	0.00	4.05	127.18
萨摩亚	0.22	13.11	4.99	18.32
斐济	8.56	7.03	0.00	15.59
库克群岛	3.06	5.39	0.00	8.46
瓦努阿图	0.00	2.50	0.00	2.50
基里巴斯	1.22	0.00	0.00	1.22
密克罗尼西亚联邦	1.19	0.00	0.00	1.19
图瓦卢	0.58	0.00	0.00	0.58
汤加	0.54	0.00	0.00	0.54
所罗门群岛	0.00	0.00	0.00	0.00

资料来源：UNCTADSTAT，https：//unctadstat.unctad.org/wds/ReportFolders/reportFolders.aspx，数据更新时间为 2022 年 6 月 24 日。

① 数据来源：https：//www.statsfiji.gov.fj/index.php/statistics/economic-statistics/merchandise-trade-statistics，表名 IMTS_ Nov_ 2022_ Release_ Tables.xlsx。

2. 商船价值

从商船价值占全球的比重来看，按船旗国（flag of registration）统计，2022 年，马绍尔群岛拥有的商船队价值占全球的比重为 10. 12%，太平洋岛国中排名第二的瓦努阿图，商船队价值仅占全球的 0. 11%，与 2019 年相比，均有所下降。其他国家 2022 年商船队价值占全球的比重均低于 0. 1%（见表 4）。

表 4　2019~2022 年太平洋岛国商船队价值占全球的比重（按船旗国统计）

单位：%

船旗国	2019 年	2020 年	2021 年	2022 年
马绍尔群岛	11. 31	10. 97561	10. 49248	10. 12491
瓦努阿图	0. 25	0. 193514	0. 153158	0. 11499
图瓦卢	0. 1	0. 094268	0. 087397	0. 081913
帕劳	0. 04	0. 035329	0. 044637	0. 057087
库克群岛	0. 04	0. 033076	0. 043701	0. 035208
基里巴斯	0. 01	0. 008619	0. 01	0. 010046
萨摩亚	0	0. 000104	0. 004902	0. 008518
巴布亚新几内亚	0. 01	0. 007423	0. 006788	0. 008499
纽埃	0. 01	0. 010041	0. 007751	0. 00644
斐济	0. 01	0. 00921	0. 008319	0. 004948
汤加	0	0. 002098	0. 001518	0. 001327
密克罗尼西亚联邦	0	0. 00084	0. 000986	0. 00082
所罗门群岛	0	0. 000045	0. 000057	0. 000057
瑙鲁	0	0. 001187	0. 000152	—

资料来源：UNCTADSTAT，https：//unctadstat. unctad. org/wds/TableViewer/tableView. aspx，数据更新时间为 2022 年 6 月 23 日。

3. 班轮运输连通性

联合国贸易与发展会议于 2004 年开始测算全球各个国家的班轮运输连通性指数（LSCI）。班轮运输连通性指数反映了一个国家在全球班轮运输网络中的地位，它是由所有通过常规集装箱班轮提供服务的国家生成的。各国能否进入世界市场在很大程度上取决于其运输连通性，特别是制成品进出口的定期运输服务。指数值越高，代表连通性越好。班轮运输连通性指数设定国家2006年第一季度（Q1）的最高值（中国）为100。

2022年四个季度，太平洋岛国班轮运输连通性指数最高的国家是巴布亚新几内亚，第三季度和第四季度均为11.26；排名第二的是斐济，四个季度的班轮运输连通性指数都超过10，最高的是第二季度，达到10.95。汤加四个季度的班轮运输连通性指数都是7.84，但2022年第四季度比2019年第四季度提升了54.64%；所罗门群岛、瓦努阿图、帕劳和图瓦卢出现负增长。

表5　2019年第四季度至2022年第四季度太平洋岛国班轮运输连通性指数

国家	2019年第四季度	2020年第四季度	2021年第四季度	2022年第一季度	2022年第二季度	2022年第三季度	2022年第四季度
巴布亚新几内亚	10.49	11.17	11.03	11.03	11.02	11.26	11.26
斐济	9.66	9.26	10.31	10.43	10.95	10.69	10.93
萨摩亚	7.77	8.06	8.63	8.63	8.63	8.63	8.63
所罗门群岛	8.51	8.96	8.14	8.14	8.13	8.13	8.13
汤加	5.07	7.41	8.06	7.84	7.84	7.84	7.84
瓦努阿图	7.37	7.37	7.44	7.35	7.35	7.35	7.35
马绍尔群岛	6.58	6.74	7.21	7.21	7.21	7.21	7.21
基里巴斯	5.33	5.33	6.20	6.20	6.20	6.20	6.20
密克罗尼西亚联邦	4.04	4.41	4.41	4.41	4.41	4.41	4.41
库克群岛	2.29	2.52	2.52	2.52	2.52	2.52	2.52
帕劳	3.23	2.61	2.46	2.46	2.46	2.46	2.46
纽埃	—	2.04	2.04	2.04	2.04	2.04	2.04
图瓦卢	1.81	1.70	1.70	1.49	1.49	1.49	1.49
瑙鲁	1.70	—	—	—	—	—	—

资料来源：UNCTADSTAT，https：//unctadstat.unctad.org/wds/TableViewer/tableView.aspx？ReportId=92，数据更新时间为2022年12月24日。

（四）深海采矿

2022年，国际社会中反对深海采矿的呼声不断。太平洋岛国地区各国政界人士组建了高级别政治联盟“太平洋议员深海采矿联盟”（Pacific

Parliamentarians' Alliance on Deep Sea Mining)。该联盟成员包括瓦努阿图反对党领袖、新西兰毛利党领袖、图瓦卢反对党领袖、萨摩亚环境部长、所罗门群岛反对党领袖、斐济国会议员、帕劳参议员等20位太平洋岛国政界人士。该联盟坚定地认为，应建立起这种区域性的政治协调机制，遏制太平洋地区的一切深海采矿活动。该联盟发布了“我们的海洋呼吁”，其包括以下五点内容：一是承认海洋是全人类共同遗产，全球各国应负起保护海洋的共同责任；二是呼吁全球各国共同禁止深海采矿活动；三是响应部分太平洋岛国的呼吁，即暂停全球各国在管辖海域内的深海采矿活动，以便于对其潜在影响进行科学研究；四是对潜在影响的研究应尽可能在不破坏生态环境的情况下进行，并认识到潜在影响的范围已延伸至公海区域；五是敦促全球各国审查现行管理方式是否满足监管深海采矿活动的需要。

二　太平洋岛国在海洋治理领域的进展

基于海洋事务对太平洋岛国生存与发展重要性的现实考虑，太平洋岛国一直积极参与全球海洋治理事务，并以“蓝色太平洋”的集体身份积极向国际社会表达其治理主张和发展需求。

（一）关注周边海洋环境变化，加强气候变化综合应对

周边海洋环境状况直接影响着太平洋岛国居民的身体健康和岛国社会经济发展。太平洋岛国对海洋环境的重视体现于其在各类海洋合作平台上的治理主张上。2022年适逢第七届“我们的海洋大会”在太平洋岛国帕劳举办，在南太平洋地区区域组织及部分太平洋岛国的支持下，会议圆满闭幕并达成了总计163.5亿美元、410项承诺的治理成绩。汤加首相胡阿卡瓦梅利库·肖西·索瓦莱尼（Hu'akavameiliku Siaosi Sovaleni）在会上提出，岛屿国家面临来自海洋的多项挑战，未来应基于生态系统开展海洋管理，从而实现海洋

的可持续发展。[①] 该区域非政府组织“太平洋长者之声”（Pacific Elders' Voice）在会后发表声明称，太平洋正面临着气候变化、塑料污染、IUU 捕捞以及核废水倾倒的影响，亟待各方在大会上尽快制定出海洋环境保护的具体措施，从而为后代可持续利用海洋提供助力。

2022 年 6 月，在联合国海洋大会上，太平洋岛国先后提出海洋环境保护新理念及举措。帕劳在会上提出“100%受管理的海洋”概念，即对管辖海域实行 100%管理，包括禁止底拖网渔船作业和深海采矿活动，建立大型鲨鱼保护区，并将专属经济区 80%的水域划设为国家海洋保护区。但 100%海洋管理并不意味着完全禁止开发，而是要兼顾海洋开发和保护之间的平衡关系[②]；斐济代表太平洋岛国论坛在会上公布南太平洋地区今后九大重点海洋工作，其中在全球机制下应对气候变化、积极参与 BBNJ 公约谈判、加快制定并实施预防及有效管理海洋垃圾措施等多项涉及海洋环境保护[③]；瑙鲁呼吁各国紧急制定基于科学的创新解决方案以保护海洋。[④]

气候是影响海洋环境变化的重要因素，也是太平洋岛国面临的重要生存与发展挑战之一。早在 2018 年的瑙鲁峰会上，太平洋岛国一致通过的《博埃宣言》（Boe Declaration），便明确将气候变化定为南太平洋地区最大威胁。而后，《博埃宣言行动计划》（Boe Declaration Action Plan）、《关于在气候变化引起的海平面上升情境下保护海域的宣言》（Declaration on Preserving Maritime Zones in the Face of Climate Change-related Sea-level Rise）等文件的出台，也彰显了太平洋岛国应对气候变化的决心。2022 年，瓦努阿图成为

---

① “‘We Are the Pacific Ocean’ Says Tonga's PM in Palau”, RNZ, April 2022, https://www.rnz.co.nz/international/pacific-news/465262/we-are-the-pacific-ocean-says-tonga-s-pm-in-palau.

② “Palau to Bring 100% Managed Ocean Concept as Solution to UN Ocean Conference”, Pacific Regionnal Environmental Programme, April 2022, https://pipap.sprep.org/news/palau-bring-100-managed-ocean-concept-solution-un-ocean-conference.

③ “Remarks: SG Puna at UN Ocean Conference PIF Side Event”, Pacific Islands Forum, July 1, 2022, https://www.forumsec.org/2022/07/01/31774/.

④ COVID Pandemic Compounds Climate and Ocean Challenges, Nauru Reminds, SPREP, July 2022, https://www.sprep.org/news/covid-pandemic-compounds-climate-and-ocean-challenges-nauru-reminds.

首个宣布进入气候紧急状态的南太平洋地区小岛屿国家，其政府宣布将斥资12亿美元以缓解气候变化对该国造成的影响，而后该国在太平洋岛国经济部长会议上推出了增强气候行动计划，包括逐步淘汰化石燃料，以及如何应对海平面上升和恶劣天气造成的破坏等措施。此外，库克群岛、斐济、基里巴斯、马绍尔群岛、帕劳、巴布亚新几内亚、萨摩亚、瓦努阿图、密克罗尼西亚联邦等14个太平洋岛国联合向绿色气候基金（GCF）申请7000万美元资金①，用于提升区域渔业应对气候变化的能力，包括开发渔业资源气候变化预警系统、优化各国的鱼类聚集装置计划等。该行动体现出太平洋岛国对气候变化与渔业资源可持续开发关联性的思考，此前这些国家只关注过度捕捞对渔业资源的影响，但当下已知晓气候变化亦会对鱼类种群产生影响。

（二）发布涉海政策文件，规划区域海洋事业发展

2022年，南太平洋区域组织及域内岛国均出台了多份涉海政策文件，涉及海洋综合事务管理、海洋物种保护、蓝色经济发展、海洋资源管理等多个方面，分别从总体宏观发展及各领域微观进展的角度规划区域海洋事业发展。7月，太平洋岛国论坛出台综合型政策《蓝色太平洋大陆2050年战略》，该战略在第51届太平洋岛国论坛领导人会议上获得通过。该战略包括前言、太平洋岛国论坛领导人2050年愿景、太平洋区域的价值观、太平洋岛国论坛领导人面向2050年的承诺、战略背景、首要方法、专题领域、实现方法、指导原则九部分内容，并列出了政治领导与区域主义、以人为本的发展、和平与安全、资源与经济发展、气候变化与灾害、海洋与环境、技术与互联互通7个专题领域，从而详尽地制定了面向2050年的区域发展愿景。在海洋与环境专题，该战略侧重介绍南太平洋地区以海洋和陆地的集体责任、承诺和投资来管理蓝色太平洋，包括对支持海洋区域和陆地主权及主权权利的投资，如支持各国的大陆架划界主张。太平洋岛国认识到蓝色太平

① "Pacific Nations Seeking ＄70M from Green Climate Fund for Fisheries Adaptation", SPREP, December 1, 2022, https://pipap.sprep.org/news/pacific-nations-seeking-70m-green-climate-fund-fisheries-adaptation.

洋为地球提供的基于环境和生态系统的重要服务。南太平洋地区由海洋和环境受益的能力，取决于其做出正确政策选择、伙伴关系和投资的能力，包括采取预防性和前瞻性的方法，保护南太平洋地区的生物多样性、环境和资源免受开采、退化、核污染、废物污染等威胁。①

太平洋区域环境规划署（SPREP）作为一个由企业支援的跨政府组织，持续支持南太平洋地区的海洋环境保护及恢复工作。2022 年 6 月，该组织秘书处发布《太平洋岛屿区域海洋物种计划（2022～2026）》②，以谋求对太平洋岛屿区域的珍稀海洋物种进行保护。该文件共分为七个部分，分别是前言（简介、定义、愿景等）、多物种行动计划、儒艮行动计划、海鸟行动计划、海龟行动计划、鲨鱼和鳐鱼行动计划、鲸和海豚行动计划。太平洋区域环境规划署总干事塞法纳亚·纳瓦德拉（Sefanaia Nawadra）表示，当地海洋物种面临着诸多生存威胁，包括过度捕捞、气候变化、海洋污染等，新计划将有助于太平洋岛国政府在区域框架内实施有效保护。

太平洋岛国还高度重视蓝色经济发展规划，以期可持续利用当地丰富的海洋资源。2022 年 6 月，太平洋岛国非政府组织协会、太平洋全球化网络、太平洋教会联合会、世界自然基金会南太平洋分会、太平洋青年委员会等十余个非政府组织共同制定蓝色经济框架，以便为南太平洋地区的蓝色经济发展指明方向。太平洋地区非政府组织联盟主席艾米琳·伊洛拉希亚（Emeline Ilolahia）表示，太平洋岛国出台的《蓝色太平洋大陆 2050 年发展战略》，是以产业界利益为主导制定的蓝色经济发展战略，而非政府组织制定的蓝色经济框架是基于社会公众呼声制定的，应当得到太平洋岛国政府的重视。太平洋教会联合会秘书长詹姆斯·巴格万（James Bagwhan）敦促太平洋岛国政府反思当前蓝色经济发展方式，不应以牺牲自然环境为代价发展

① "Pacific Islands Forum Launches New Regional Blueprint", RNZ, July 2022, https://www.rnz.co.nz/international/pacific-news/470953/pacific-islands-forum-launches-new-regional-blueprint.

② "New Plan to Conserve and Manage Marine Species in the Pacific Launched", SPREP, June 2022, https://www.sprep.org/news/new-plan-to-conserve-and-manage-marine-species-in-the-pacific-launched.

经济，更不应在地缘博弈背景下开采当地资源。截至2022年底该框架文本尚未正式公布，但已提交至相关太平洋岛国政府及太平洋海洋专员办公室审议。①

所罗门群岛渔业和环境部发布了《基于社区的沿海及海洋资源管理战略2021~2025》（Community Based Coastal and Marine Resource Management Strategy 2021~2025）②，提出所罗门群岛实施习惯海洋保有权制度，沿海社区高度依赖海洋资源维持生计、获得营养。沿海社区参与是构筑更安全、更可持续、更具复原力、更具生产力的沿海及海洋生态系统的关键因素。新战略将配合《2010年保护区法》《2015年渔业法》等法律框架、《2018年国家海洋政策》《2019~2029年国家渔业政策》等战略政策共同实施。

太平洋岛国内部掀起的蓝色经济发展浪潮，引起了各国领导人及政府官员的关注。太平洋岛国论坛经济部长会议发布的联合声明中，便多处提及蓝色经济发展的内容。与会国经济部长在声明中重申海洋领域在利用和提高蓝色经济的可持续收益方面发挥的核心作用，并强调应确保海洋健康及海洋资源的可持续开发。同时，太平洋岛国论坛秘书处还向各国经济部长提交制定区域气候融资战略的提案，以便协调各国合理利用绿色气候基金等全球融资资金。

（三）拓展海洋国际合作，强化自身能力建设

2022年太平洋岛国积极拓展国际海洋合作，与域外国家和国际组织在海洋领域建立了伙伴关系，推进开展实质性海洋项目及倡议等，通过合作寻求更多国际援助，助力解决自身发展难题。

美国作为帕劳、密克罗尼西亚联邦、马绍尔群岛的自由联系国，与太平

---

① "PRNGO Alliance Launched a Blue Economy Paper to Mark the Beginning of Oceans Week", Pacific Islands News Association, June 2022, https://pina.com.fj/2022/06/08/prngo-alliance-launched-a-blue-economy-paper-to-mark-the-beginning-of-oceans-week/.

② "New Strategy Will Enhance CBRM Work Featured", Solomon Islands Department of Fisheries and Environment, November 2022, https://www.fisheries.gov.sb/news/item/58-new-strategy-will-enhance-cbrm-work.

洋岛国有着密切的政治、外交、军事、经济往来。2022 年，美国着手强化同太平洋岛国的伙伴关系。6 月，在美国的主导下，澳大利亚、日本、新西兰、英国、美国正式建立“蓝色太平洋伙伴关系”，五国在对接太平洋岛国“蓝色太平洋”理念基础上，将在这一框架下密切合作来应对“基于规则的自由开放国际秩序承压上升”等挑战，并且支持南太平洋地区的繁荣、韧性和安全，同太平洋岛国在应对气候变化、维护海上安全、打击 IUU 捕捞等领域开展合作。此外，美国还于 9 月在华盛顿举行了首届美国-太平洋岛国峰会，邀请太平洋岛国领导人参加会议。会后，各方共同发布《美国-太平洋伙伴关系宣言》，提出 11 点发展伙伴关系的重点主题，其中多处涉及海洋事务。一是在共同应对气候危机主题下，提出要敦促发达国家积极履行承诺，到 2030 年每年出资 1000 亿美元支持发展中国家应对气候变化。二是在促进地区经济增长和可持续发展主题下，提出要扩大双方的合作，以促进可持续蓝色经济的发展。三是在加强地区法律体系建设主题下，提出双方要在维护海上安全、海洋环境保护、基于法治的太平洋可持续利用方面加强合作，确保太平洋岛国管辖水域面积不受气候变化的威胁；继续通过《太平洋岛国与美国政府多边渔业条约》等深化渔业合作；建立新的伙伴关系，提升双方海域感知能力、加强海上搜救能力及维护海上安全；遏制海洋垃圾和塑料污染对海洋环境的危害；打击对太平洋环境和生计构成威胁的 IUU 捕捞。四是在维护蓝色太平洋大陆和平及安全主题下，坚定支持《联合国海洋法公约》赋予的航行及飞越自由权利。与此同时，美国政府推出《21 世纪美国-太平洋岛屿伙伴关系路线图》，拨款 8.1 亿美元用于实施上述文件提出的各项具体任务。

英国作为在南太平洋地区拥有属地的国家，虽早已不具备“日不落帝国”的综合实力，但依然是当下参与南太平洋地区事务的主要大国之一。7 月，英国宣布将通过英国-太平洋延伸大陆架（ECS）项目继续与太平洋岛国开展务实合作，以全面维护南太平洋地区的海洋安全。为此，英国将向该项目额外投入 35.1 万英镑（约合 293 万元人民币）用于延伸大陆架调查、海上边界谈判协调等具体工作。ECS 项目是英国与太平洋岛国建立海洋伙伴关系的重要抓手，其紧握太平洋岛国优化海洋管理、可持续保护海洋空间的实际发展需求，协助其对各国专属经济区以外的延伸大陆架边界进行划分。太平洋共同体负责项目的具体实施，除英国政府相关机构外，太平洋岛国论坛秘书处、太平洋海洋事务专员办公室、太平洋岛国论坛渔业局、澳大利亚外交及贸易部、澳大利亚地球科学局、澳大利亚悉尼大学、新西兰外交和贸易部、太平洋-欧盟海洋伙伴关系项目等均是项目的参与方。2022 年 3 月，该项目团队邀请斐济海洋事务协调委员会技术官员参加专门软件培训，学习绘制和定义斐济海域的范围，包括延伸的大陆架区域。而后，该项目还将继续协助斐济、所罗门群岛、瓦努阿图等国开展此项工作，以确定太平洋岛国对各自管辖海域的权责。

欧盟作为法国和德国主导的区域组织，在南太平洋地区事务中扮演着愈加关键的角色，近年来其利用区域组织身份广泛对接太平洋岛国论坛、太平洋区域环境规划署等机构，积极推广“技术及资金援助型”的海洋国际项目，取得了较为瞩目的成绩。2022 年，欧盟和太平洋区域环境规划署秘书处签署“太平洋生物多样性和可持续陆地-海洋景观”计划实施协议①，以协助太平洋岛国开展海洋及沿海资源的可持续管理。欧盟将出资 1200 万欧元支持该计划，以便于在南太平洋地区各类生态系统中实施 30 项重点行动，为太平洋岛国解决海洋及沿海生物多样性养护等关键问题，并基于生态系统探索开展气候适应性项目。该计划是欧盟同太平洋岛国于 2018 年启动的“蓝绿联盟”的重要工作之一，30 项重点行动包括库克群岛和基里巴斯的海洋空间规划、斐济的基于气候智能型生态系统管理、马绍尔群岛的珊瑚礁生态系统修复、所罗门群岛的海洋及岛屿综合管理、帕劳的海洋保护区网络建设等。

① “European Union and SPREP Partner to Help Pacific Islands Manage and Conserve Pacific Islands Biodiversity”, SPREP, June 2022, https://www.sprep.org/news/european-union-and-sprep-partner-to-help-pacific-islands-manage-and-conserve-pacific-islands-biodiversity.

结 语

2022年新冠疫情蔓延，太平洋岛国的海洋经济和海洋治理都面临巨大压力。海洋产业在坎坷中寻求复苏，太平洋岛国持续加强海洋渔业可持续管理，打击IUU捕捞活动；各国重开边境，但旅游业复苏缓慢，斐济和巴新游客人数增长较快；2022年太平洋岛国地区各国政界人士组建了高级别政治联盟“太平洋议员深海采矿联盟”，各国反对深海采矿的呼声更加强烈。在海洋治理方面，太平洋岛国加强气候变化应对和海洋环境保护，制定区域政策，提升海洋管理能力，通过国际合作解决海洋问题，寻求更多国际援助，并在多个国际场合表达了对海洋、环境和蓝色经济的发展需求。未来太平洋岛国的海洋经济和海洋治理有望实现更多进展。

B.12
2022年拜登政府对太平洋岛国政策评析*

田肖红　李传伟**

摘　要： 2022年，拜登政府进一步提升太平洋岛国在美国对外战略中的定位，出台了美国历史上首项专门针对太平洋岛国的“太平洋伙伴关系战略”，并将对岛国的政策纳入美国“国家安全战略”文件。在上述战略政策指导下，拜登政府在军事安全、政治外交、气候变化、疫情应对、经贸发展和社会文化等层面进一步全面加强了对岛国的政策和与太平洋岛国的联系。由于美国对太平洋岛国的政策具有明显的争霸性和外向性（以域外大国为针对目标），并不真正关注岛国人民的需求，加之美国政府和社会自身问题不断，美国对太平洋岛国政策的效力和可持续性仍值得关注。

关键词： 美国　拜登政府　太平洋伙伴关系战略　太平洋岛国

鉴于太平洋岛国独特的地理位置，美国认为它在该地区拥有广泛的政治、经济、安全等多方面利益。为此，21世纪以来历届美国政府不断提升对太平洋岛国的战略定位，拜登政府更将其提升至新的高度。2022年为拜登政府执政的第二年，美国政府外交工作仍然以“印太战略”为重心。对

* 本文为教育部人文社科研究青年基金项目“19世纪以来美国对太平洋岛屿国家和地区战略和政策研究”（项目编号：19YJC770041）的阶段性成果。

** 田肖红，历史学博士，聊城大学历史文化与旅游学院副教授，太平洋岛国研究中心研究员，主要研究方向为世界近现代史、美国史和太平洋国际关系史；李传伟，聊城大学历史文化与旅游学院2021级世界史专业硕士研究生，主要研究方向为美国对外关系和太平洋岛国。

太平洋岛国政策作为美国“印太战略”的组成部分，成为拜登政府对外工作的重要内容。

一 提高战略重视，加强安全合作

军事安全是美国在太平洋岛国地区追求的首要利益，这决定着美国对太平洋岛国政策的根本特征和走向。随着美国越来越将中国视为太平洋岛国地区的“竞争者”，拜登政府不断升级对太平洋岛国的安全政策，积极巩固和发展与其盟友的多边合作机制，并增加与太平洋岛国的双边安全合作。

（一）发布首项“太平洋伙伴关系战略”，提高太平洋岛国战略定位

自奥巴马政府宣布推行“亚太再平衡”战略以来，美国政府对太平洋岛国的战略重视度不断提升。2022 年，拜登政府出台美国历史上首项“太平洋伙伴关系战略”，这标志着美国对太平洋岛国的重视达到了史无前例的新高度。

2022 年 9 月，拜登政府在华盛顿主办首届为期两天的“美国-太平洋岛国峰会”。此次参会的国家包括密克罗尼西亚联邦、斐济、巴布亚新几内亚等 14 个太平洋岛国，商讨了“气候变化、疫情应对、经济复苏、海事安全、环境保护以及推进自由和开放的印太地区等关键问题”。[①] 拜登政府在峰会首日发布美国历史上首个“太平洋伙伴关系战略”（Pacific Partnership Strategy）。该战略指出：“美国迫切需要这一史无前例的‘太平洋伙伴关系战略’，更需要及时实施这一战略，拜登政府将与太平洋岛国进行更广泛、更深入的接触提升为美国外交政策的优先事项。”[②] 该战略主要提出了四个具体的战略目标，即“牢固的美国-太平洋岛国伙伴关系，团结统一且开放

① “U. S. - Pacific Island Country Summit”, U. S. Department of State, September 27, 2022, https://www.state.gov/u-s-pacific-islands-country-summit/.

② “Pacific Partnership Strategy”, The White House, September 29, 2022, https://www.whitehouse.gov/wp-content/uploads/2022/09/Pacific-Partnership-Strategy.pdf.

的太平洋岛屿地区，太平洋岛屿地区做好应对气候危机和 21 世纪其他挑战的准备，岛民获得发展”。为实现每项战略目标，文件还列出了若干条更加详细的行动计划，几乎囊括了政治、安全、民生、气候等各方面的内容。[①]该战略文件着意提到美国将继续加强与太平洋岛国的安全合作，主要方式包括“增加美国海岸警卫队（USCG）、美国国家海洋和大气管理局（NOAA）和国防部（DOD）与太平洋岛国政府和民间社会在主权安全、海事安全以及海洋保护方面的合作”[②]。因此，“太平洋伙伴关系战略”的出台充分表明太平洋岛国在美国对外战略中的重要性再次提升。

会后，美国和参会的 14 个太平洋岛国领导人共同发表了《美国-太平洋伙伴关系宣言》。“宣言”提到“（美国与太平洋岛国）将共同加强在海上安全、海洋保护和太平洋可持续利用方面的合作，尤其致力于加强和深化其在该地区的安全合作”。[③] 该宣言进一步指出了美国与太平洋岛国进行合作的方向和路线，包括九个大方向和若干条路线。“21 世纪美国-太平洋岛国伙伴关系路线图”进一步细化了美国准备与太平洋岛国的安全合作计划，“除了在该地区的现有安全能力外，美国还将重点投资于太平洋岛国的安全能力，包括海洋保护、执法和救灾能力”。[④] 值得注意的是，所罗门群岛在峰会前曾宣布“不会在本周签署与美方的联合声明”，并强调对该文件没有取得共识。但最后包括所罗门群岛在内的全部太平洋岛屿与会国均与美国共同签署并发表了该声明。这在一定程度上说明了拜登政府在此次峰会上的外交力度，表明其所拟文件较充分地考虑到了太平洋岛国的要求，也体现出美

① “Pacific Partnership Strategy”, The White House, September 29, 2022, https://www.whitehouse.gov/wp-content/uploads/2022/09/Pacific-Partnership-Strategy.pdf.

② “FACT SHEET: President Biden Unveils First-Ever Pacific Partnership Strategy”, The White House, September 29, 2022, https://www.whitehouse.gov/briefing-room/statements-releases/2022/09/29/fact-sheet-president-biden-unveils-first-ever-pacific-partnership-strategy/.

③ “Declaration on U.S.-Pacific Partnership”, The White House, September 29, 2022, https://www.whitehouse.gov/briefing-room/statements-releases/2022/09/29/declaration-on-u-s-pacific-partnership/.

④ “FACT SHEET: Roadmap for a 21st-Century U.S.-Pacific Island Partnership”, The White House, September 29, 2022, https://www.whitehouse.gov/briefing-room/statements-releases/2022/09/29/fact-sheet-roadmap-for-a-21st-century-u-s-pacific-island-partnership/.

国对与太平洋岛国加强合作的迫切性。

10 月，拜登政府发布了延期已久的“国家安全战略”。该战略的分区域战略第一条“促进印太地区的自由和开放”中指出，“美国将扩大在印太地区的外交、经济参与和安全合作，特别是与东南亚各国和太平洋岛国的合作”①，与太平洋岛国的安全合作被明确纳入美国的整体国家安全战略中。这再次表明，美国对太平洋岛国地区的战略安全定位进一步提高。

（二）继续完善和发展多边合作机制

除巩固既有的“四方安全对话”和“澳英美联盟”两个多边机制之外，拜登政府还主导建立了“蓝色太平洋伙伴关系”机制。

2022 年 4 月，澳大利亚总理斯科特·莫里森（Scott Morrison）、英国首相鲍里斯·约翰逊（Boris Johnson）和美国总统拜登审查了“澳大利亚-英国-美国”（AUKUS）伙伴关系的实施进展情况。目前，该联盟的合作进展已经开始，主要包括两个方向：一是尽早为澳大利亚提供装备常规武装核动力潜艇能力，二是三方合作发展先进联合作战军事能力。② 5 月，美、澳、印、日四国领导人在东京召开四方安全会议，就全球卫生安全、气候、关键新兴技术、网络安全、太空合作和基础设施建设等议题进行讨论，并在会议上通过了一项“印太海洋意识伙伴关系倡议”（IPMDA）。该倡议的目标为建成一个提供近乎实时、集成和高效益的水域活动海事图，加强太平洋岛国、东南亚和印度洋地区合作伙伴全面监测其海岸水域的能力。③ 6 月，澳

---

① “FACT SHEET: The Biden－Harris Administration’s National Security Strategy”, The White House, October 12, 2022, https://www.whitehouse.gov/wp－content/uploads/2022/10/Biden-Harris-Administrations-National-Security-Strategy-10.2022.pdf.

② “FACT SHEET: Implementation of the Australia－United Kingdom－United States Partnership (AUKUS)”, The White House, April 5, 2022, https://www.whitehouse.gov/briefing-room/statements-releases/2022/04/05/fact-sheet-implementation-of-the-australia-united-kingdom-united-states-partnership-aukus/.

③ “FACT SHEET: Quad Leaders’ Tokyo Summit 2022”, The White House, May 23, 2022, https://www.whitehouse.gov/briefing-room/statements-releases/2022/05/23/fact-sheet-quad-leaders-tokyo-summit-2022/.

大利亚、日本、新西兰、英国和美国宣布建立“蓝色太平洋伙伴关系”（PBP）机制。该机制主要有三个战略方向：一为更加高效地向太平洋岛国交付项目成果，二为支持太平洋区域主义并将“太平洋岛国论坛”作为对外合作区域架构平台，三为扩大太平洋地区与世界之间的合作机会。[①] 除此之外，拜登政府还宣称该机制在每个阶段选择工作路线和项目时都将接受太平洋岛国的监督和指导。

（三）积极发展与太平洋岛国的双边安全合作

2022 年，拜登政府频繁与斐济、巴布亚新几内亚进行安全合作。2 月，美国和巴布亚新几内亚的谈判代表在夏威夷火奴鲁鲁（City of Honolulu）举行加强两国安全合作的“国防合作协议”（DCA）谈判。拜登政府宣称该协议谈判已取得实质性进展，“该协议完成签署后将成为两国加强安全合作、进一步加强双边关系、提高巴布亚新几内亚国防军能力和加强该地区稳定与安全的基础框架”。[②] 同月，巴布亚新几内亚国防军的 3 名军事领导人访问美国威斯康星州的国民警卫队，参观该警卫队的多个军事设施并会见了主要军方领导人。随后，威斯康星州国民警卫队成员于 3 月前往巴布亚新几内亚，与巴布亚新几内亚国防军建立友好关系并分享专业知识。[③] 4 月，美国陆军和巴布亚新几内亚国防军结束了为期 3 周的代号为“塔米奥克打击”（Tamiok Strike）的联合军事演习。在此次演习中，美国陆军分享了他们在基本安全行动和医疗训练方面的经验，而巴布亚新几内亚国防军则分享了他

① “Statement by Australia, Japan, New Zealand, the United Kingdom, and the United States on the Establishment of the Partners in the Blue Pacific（PBP）”, The White House, June 24, 2022, https://www.whitehouse.gov/briefing-room/statements-releases/2022/06/24/statement-by-australia-japan-new-zealand-the-united-kingdom-and-the-united-states-on-the-establishment-of-the-partners-in-the-blue-pacific-pbp/.

② “United States Starts Defense Cooperation Agreement Negotiations with Papua New Guinea”, U.S. Department of State, February 11, 2023, https://www.state.gov/united-states-starts-defense-cooperation-agreement-negotiations-with-papua-new-guinea/.

③ “Wisconsin National Guard and Papua New Guinea Defense Force Leaders Continue Cooperation”, U.S. Embassy to Papua New Guinea, Solomon Islands, and Vanuatu, April 1, 2022, https://pg.usembassy.gov/wisconsin-national-guard-and-png/.

们在丛林行动方面的专业知识。

5月，美国海岸警卫队的西部海上安全响应小组（Maritime Security Response Team-West）在斐济开设海上技能培训课程。参与者包括斐济警察部队、水上警察、警察特别反应部队和斐济共和国海军的官员。同月，美国缉毒局国际培训团队开设战术安全和规划课程。这些课程旨在提高负责打击与跨国犯罪相关活动的官员的技能，进而提高整个斐济执法队伍的水平。[①] 8月，美国内华达国民警卫队（NVNG）通过“全球和平行动倡议”（GPOI）计划向斐济捐赠爆炸物处理（EOD）设备，并对斐济共和国军队进行培训。这笔捐赠价值约100万斐济元（约合527000美元），是美斐安全合作的重要部分。[②] 9月，斐济、澳大利亚、新西兰和英国四国军队在斐济楠迪展开一场代号为“车轮”的军事演习。此次演习为期11天，训练内容主要包括城市作战、绳索速降和丛林行动的训练等。此次军事演习除了旨在提高联合作战能力之外，还为了纪念第二次世界大战期间盟军在太平洋地区的一次重大军事行动——“车轮行动”。[③]

拜登政府与其他太平洋岛国也有安全合作。9月，拜登政府发布的“21世纪美国-太平洋岛国伙伴关系路线图”中提到将提供280万美元用于联邦调查局组织的太平洋岛国执法培训。该计划旨在提高“密克罗尼西亚联邦、马绍尔群岛和帕劳执法部门的能力，并逐步将培训范围扩大到巴布亚新几内亚、瓦努阿图和所罗门群岛”。[④] 同时，拜登政府还在路线图中

① “Fiji Police Force Hosts Graduation Ceremony in Fiji”, U. S. Embassy in Fiji, Kiribati, Nauru, Tonga, and Tuvalu, May 27, 2022, https://fj.usembassy.gov/fiji-police-force-hosts-graduation-ceremony-in-fiji/.

② “Fiji Military Receives EOD Equipment and Training from the United States”, U. S. Embassy in Fiji, Kiribati, Nauru, Tonga, and Tuvalu, August 24, 2022, https://fj.usembassy.gov/fiji-military-receives-eod-equipment-and-training-from-the-united-states/.

③ “Exercise Cartwheel 2022 Begins”, U. S. Embassy in Fiji, Kiribati, Nauru, Tonga, and Tuvalu, September 14, 2022, https://fj.usembassy.gov/exercise-cartwheel-2022-begins/.

④ “FACT SHEET: Roadmap for a 21st-Century U. S. -Pacific Island Partnership”, The White House, September 29, 2022, https://www.whitehouse.gov/briefing-room/statements-releases/2022/09/29/fact-sheet-roadmap-for-a-21st-century-u-s-pacific-island-partnership/.

提到美国目前正在与斐济就新的“采购和交叉服务协定”（ACSA）进行双边安全谈判，并将很快开始与巴布亚新几内亚就“防务合作协定”（DCA）进行谈判。11 月，美国海岸警卫队快艇奥利弗·贝里（Oliver Berry）号在萨摩亚专属经济区进行巡逻。此次访问作为美国与萨摩亚安全伙伴关系行动的一部分，主要任务为保护其专属经济区内的渔业和其他自然资源。①

综合来看，拜登政府继续奉行提高太平洋岛国战略安全定位的政策路线，以加强与盟友的多边合作机制为主，与太平洋岛国的双边合作为辅，采取一系列安全行动维护美国在太平洋岛国地区的安全利益。

二　加强与太平洋岛国的政治外交联系，重建美国影响力

随着拜登政府对太平洋岛国的重视程度逐渐提高，美国与太平洋岛国之间的政治外交联系不断加强。拜登政府不仅注重与区域重点国家进行外交对话，也注重加强与此前相对忽视的太平洋岛国的联络。

美国与自由联系国的外交合作一直是美国在太平洋岛国地区对外工作中的重点内容。随着美国与三个自由联系国的条约即将到期，续约问题成为拜登政府外交工作的当务之急。2022 年 3 月，拜登政府任命尹汝尚（Joseph Yun）为总统特使，专门负责同三个自由联系国就续约问题进行谈判。6 月，总统特使携其团队访问马绍尔群岛，就 2023 年即将到期的《自由联系条约》（COFA）同马绍尔群岛进行讨论。7 月，美国副国务卿温迪·谢尔曼（Wendy Sherman）在华盛顿会见马绍尔群岛外交部长基特朗·卡布阿（Kitlang Kabua）和续约谈判代表团成员，就“条约谈判进展、新冠病毒感染对马绍尔群岛人民和侨民的影响与促进太平洋岛屿地区的经济增长和稳

① “U. S. Coast Guard Cutter Oliver Berry Visits Apia”, U. S. Embassy in Samoa, November 4, 2022, https://ws.usembassy.gov/u-s-coast-guard-cutter-oliver-berry-visits-apia/.

定”等问题进行讨论。[①] 9月，拜登政府将完成与密克罗尼西亚联邦、帕劳和马绍尔群岛三国《自由联系条约》的续签写入“太平洋伙伴关系战略”。同时，美国国务卿安东尼·布林肯（Antony J. Blinken）在“美国-太平洋岛国峰会”上会见马绍尔群岛总统戴维·卡布阿（David Kabua）、密克罗尼西亚联邦总统戴维·帕努埃洛（David Panuelo）和帕劳总统萨兰格尔·惠普斯（Surangel Whipps Jr.），重申了“美国与这三个国家之间关系的持久性质，并且做出成功完成续约谈判的承诺”。[②] 2023年初，拜登政府分别与密克罗尼西亚联邦政府、马绍尔群岛政府和帕劳政府签署谅解备忘录。谅解备忘录的签署为《自由联系条约》谈判进程的一部分，这表明双方的续约谈判取得了一定进展。

美国政府将在汤加、基里巴斯设立大使馆以及在所罗门群岛重开大使馆成为2022年拜登政府对太平洋岛国政策的新亮点。2022年2月，美国国务卿安东尼·布林肯在访问斐济时宣布美国准备重开驻所罗门群岛大使馆。7月，美国副总统哈里斯（Harris）以线上方式参加了在斐济举行的太平洋岛国论坛。哈里斯承诺：“美国将分别在汤加和基里巴斯新建大使馆，并且任命首位驻太平洋特使。”[③] 8月，美国副国务卿谢尔曼访问汤加和所罗门群岛，会见两国的重要领导人，在所罗门群岛还参加了瓜达尔卡纳尔岛战役80周年纪念活动，进一步拉近了美国与所罗门群岛之间的关系。2023年2月，美国驻所罗门群岛大使馆正式重新开放。此前美国政府曾以“避免浪

---

① “Deputy Secretary Sherman’s Meeting with the Republic of the Marshall Islands Foreign Minister Kabua and Select Compact Negotiation Delegation Members”, U. S. Department of State, July 29, 2022, https://www.state.gov/deputy-secretary-shermans-meeting-with-the-republic-of-the-marshall-islands-foreign-minister-kabua-and-select-compact-negotiation-delegation-members/.

② “Deputy Secretary Sherman’s Meeting with the Republic of the Marshall Islands Foreign Minister Kabua and Select Compact Negotiation Delegation Members”, U. S. Department of State, July 29, 2022, https://www.state.gov/deputy-secretary-shermans-meeting-with-the-republic-of-the-marshall-islands-foreign-minister-kabua-and-select-compact-negotiation-delegation-members/.

③《美国副总统承诺与太平洋岛国加强合作，所罗门群岛总理告诉澳新总理：“我们是一家人”》，美国之音（VOA），2023年4月10日，https://www.voachinese.com/a/harris-vows-us-will-strengthen-its-pacific-islands-relations-071322/6657130.html。

费外交资源”为由关闭其驻所罗门群岛大使馆，现重新开放具有很明显的目的性。

斐济是拜登政府发展对太平洋岛国政策的重点国家之一。2022 年 4 月，美国国家安全委员会印太协调员库尔特·坎贝尔（Kurt Campbell）和负责东亚和太平洋地区外交事务的助理国务卿丹尼尔·克里滕布林克（Daniel Kritenbrink）率领一个由美国政府官员组成的代表团访问斐济和巴布亚新几内亚，该代表团成员来自国家安全委员会、国务院、国防部和美国国际开发署。此次访问建立在“美国国务卿安东尼·布林肯 2 月访问该地区的基础上，主要目标为进一步深化美国与两国之间的伙伴关系”。[①] 6 月，美国海军部长卡洛斯·德尔·托罗（Carlos Del Toro）访问斐济，同各部门官员讨论气候、教育以及军事安全等问题。9 月，拜登政府在“美国-太平洋岛国峰会”期间宣布“将于 2023 年 9 月在斐济苏瓦开设美国国际开发署太平洋地区代表处，以负责对斐济以及其他太平洋岛国的援助和建设工作”。[②] 10 月，美国国际开发署菲律宾、太平洋岛国和蒙古特派团主任瑞安·沃什伯恩（Ryan Washburn）和副特派团主任贝蒂·钟（Betty Chung）访问斐济苏瓦，同斐济政府官员商讨了成立太平洋代表处问题以及如何扩大美国国际开发署与斐济伙伴关系的问题。各级美国政要依次访问斐济，足以见得斐济在整个美国对太平洋岛国政策中占据重要位置。

萨摩亚和巴布亚新几内亚与美国交往频频。2022 年 2 月，美国新任驻新西兰和萨摩亚大使汤姆·尤德尔（Tom Udall）和萨摩亚总理菲娅梅在视频会晤中讨论了“美国对气候变化的承诺和美国与萨摩亚在教育、安全、

① “Statement by NSC Spokesperson Adrienne Watson on Senior Administration Travel to Hawaii, Fiji, Papua New Guinea, and the Solomon Islands”, U. S. Embassy in Fiji, Kiribati, Nauru, Tonga, and Tuvalu, April 18, 2022, https: //fj. usembassy. gov/statement - by - nsc - spokesperson - adrienne-watson-on-senior-administration-travel-to-hawaii-fiji-papua-new-guinea-and-the-solomon-islands/.

② “FACT SHEET: Roadmap for a 21st-Century U. S. -Pacific Island Partnership”, The White House, September 29, 2022, https: //www. whitehouse. gov/briefing-room/statements-releases/2022/09/29/fact-sheet-roadmap-for-a-21st-century-u-s-pacific-island-partnership/.

卫生和基础设施等领域的合作”。[①] 8月，汤姆·尤德尔对萨摩亚进行了首次正式访问，与总理菲娅梅等高官进行会晤。会晤后，总理菲娅梅陪同尤德尔检验了和平队在萨摩亚的工作，并体验了萨摩亚当地的风土人情。同月，美国副国务卿谢尔曼访问萨摩亚，与萨摩亚总理菲娅梅讨论了两国之间的伙伴关系、疫情防控、气候变化、打击非法捕捞、教育以及和平队返回萨摩亚等问题。9月，美国副国务卿谢尔曼在夏威夷檀香山举行的太平洋岛国领导人会议上再次会见萨摩亚总理，主要讨论了“美国与萨摩亚的合作关系，并强调美国加强与太平洋岛国论坛的联系的重要性”。[②] 2022年1月，拜登政府宣布巴布亚新几内亚参与实施“美国预防冲突和促进稳定十年战略”。该战略授权美国驻巴新大使馆与巴布亚新几内亚政府以及当地民间伙伴合作，采取综合方法来预防冲突和促进经济发展。美国政府采取“严格的程序来确定参与国家和地区，主要通过定量比较、定性评估和基于美国国家安全利益来确定优先次序”。[③] 11月，美国国务卿安东尼·布林肯在曼谷的亚太经合组织（APEC）领导人会议期间会见巴布亚新几内亚总理詹姆斯·马拉佩（James Marape），承诺与巴布亚新几内亚共同努力实施“美国预防冲突和促进稳定的战略”。除此之外，双方还达成在确保印太地区和平、繁荣与安全的共同利益基础上加强双边关系的共识。[④]

拜登政府对整个太平洋岛国战略重视程度达到新高度，出台了历史上首份关于太平洋岛国的战略，成为“印太战略”的重要补充。拜登政府继续

① “Ambassador Udall Meets with Prime Minister Fiame”, U. S. Embassy in Samoa, February 25, 2022, https://ws.usembassy.gov/ambassador-udall-meets-with-prime-minister-fiame/.

② “Deputy Secretary Sherman's Meeting with Samoan Prime Minister Fiame”, U. S. Department of State, September 14, 2022, https://www.state.gov/deputy-secretary-shermans-meeting-with-samoan-prime-minister-fiame-2/.

③ “U. S. Government Selects PNG as a Country for Priority U. S. Engagement”, U. S. Embassy to Papua New Guinea, Solomon Islands, and Vanuatu, April 1, 2022, https://pg.usembassy.gov/us-strategy-to-prevent-conflict-and-promote-stability/.

④ “Secretary Blinken's Meeting with Papua New Guinea Prime Minister Marape”, U. S. Department of State, November 17, 2022, https://www.state.gov/secretary-blinkens-meeting-with-papua-new-guinea-prime-minister-marape/.

保持同自由联系国的政治联系，尤其重视《自由联系条约》的续约问题。同时，拜登政府对原先忽视的所罗门群岛、汤加、基里巴斯等国也开始加强政治联系。由此可见，拜登政府在其执政第二年对太平洋岛国地区的战略重视度提高且行动频繁，继续扩大其在太平洋岛国地区的外交影响力。

三　紧抓气候合作和防疫援助，争取岛国支持

气候变化是太平洋岛国最为关心的问题，拜登政府利用太平洋岛国在该问题上的主张和需求，通过一系列气候合作承诺来发展与太平洋岛国的关系。而 2022 年新冠疫情在多个太平洋岛国的蔓延也使防疫援助成为美国发展与太平洋岛国关系的重要途径之一。

（一）加强气候合作

在拜登政府执政的第二年，其继续秉持积极应对气候危机的态度，不断出台应对气候变化的政策并加强与太平洋岛国的气候合作。

拜登政府不断出台应对气候危机的新举措。2022 年 4 月，帕劳和美国共同举办第七届“我们的海洋大会”。此次会议议题包括应对气候危机、鼓励可持续渔业、创造可持续的蓝色经济等。美国在该大会上宣布提供总值超过 26 亿美元的启动资金，通过“国家海岸恢复力基金”（National Coastal Resilience Fund）来加强太平洋岛国抵御气候变化的能力。① 9 月，拜登政府在其出台的“太平洋伙伴关系战略”中将应对气候危机列为其在该区域的第三个战略目标，并提出了包括“支持气候预测和研究、建设清洁能源基础设施、提高自然灾害救济能力”等在内的一系列行动计划。② 11 月，拜登

① 《各方领袖在“我们的海洋大会”上作出行动承诺》，连线美国（Share America），2022 年 4 月 19 日，https://share.america.gov/zh-hans/leaders-commit-to-action-at-our-ocean-conference/。

② “FACT SHEET: Roadmap for a 21st-Century U.S.-Pacific Island Partnership”, The White House, September 29, 2022, https://www.whitehouse.gov/briefing-room/statements-releases/2022/09/29/fact-sheet-roadmap-for-a-21st-century-u-s-pacific-island-partnership/.

在《联合国气候变化框架公约》第 27 次缔约方大会（COP27）上提出应对全球气候变化的倡议，其中还特意提到将提供 20 多万美元用于小岛屿发展中国家应对气候变化的反应能力建设。

拜登政府积极与太平洋岛国进行双边气候合作。2022 年 1 月，美国国际开发署启动一项为期 10 个月的青年气候领袖计划，帮助所罗门群岛年轻人发展宣传保护所罗门群岛社区和环境的技能。6 月，美国国际开发署向密克罗尼西亚联邦的天主教救济服务机构（Catholic Relief Services）提供 2 万美元的赠款，用以提高密克罗尼西亚联邦脆弱社区的抗灾能力。这个为期两年的援助项目主要内容包括"制订社区和家庭救灾计划、增加储蓄和贷款机会、促进气候智能型农业发展和增加水、环境卫生和个人卫生知识的宣传"。[①] 8 月，美国驻斐济苏瓦大使馆临时代办托尼·格鲁贝尔（Tony Greubel）访问基里巴斯南塔拉瓦（South Tarawa）的特马金（Temakin），向该国受严重干旱影响的社区提供救援物资。此次援助是美国国际开发署为支持基里巴斯应对极端干旱而提供的 500 万美元援助的一部分。[②] 同月，在美国国际开发署、野生动物保护协会与米鲁玛（Miruma）当地社区组织的努力下，巴布亚新几内亚东部省米鲁玛社区的 7 个部族签署了一项保护原始森林的契约。该契约目的为确定一个使用标准来保护原始森林，维持好森林资源与人类生存的平衡。这份保护契约的签署标志着米鲁玛人在合法保护森林方面取得了重大成就。[③] 10 月，美国与太平洋共同体秘书处在斐济苏瓦合作举办首届清洁能源研讨会和太平洋妇女能源大会，以支持太平洋岛国向清洁

① "Crs Launches USAID'S Bha Funded Disaster Risk Management Project in Yap and Chuuk", U. S. Embassy in the Federated States of Micronesia, January 6, 2023, https://fm.usembassy.gov/crs-launches-usaids-bha-funded-disaster-risk-management-project-in-yap-and-chuuk/.

② "U. S. Government Distributes Relief Supplies to Drought-Affected Families in Kiribati", U. S. Embassy in Fiji, Kiribati, Nauru, Tonga, and Tuvalu, August 17, 2022, https://fj.usembassy.gov/u-s-government-distributes-relief-supplies-to-drought-affected-families-in-kiribati/.

③ "Miruma Community Signs Mt. Waugareame Conservation Deed to Protect Their Land and Preserve its Biodiversity", U. S. Embassy to Papua New Guinea, Solomon Islands, and Vanuatu, August 4, 2022, https://pg.usembassy.gov/miruma-community-signs-mt-waugareame-conservation-deed-to-protect-their-land-and-preserve-its-biodiversity%EF%BF%BC/.

能源过渡和应对气候变化的工作。此次大会最后通过一项耗资 10 万美元的沼气项目，作为协助太平洋岛国实现清洁能源目标的第一步。①

（二）提供防疫援助

新冠疫情对世界各国造成了较大冲击，卫生医疗系统脆弱的太平洋岛国尤为严重。美国则紧抓太平洋岛国的防疫需要，继续将防疫援助作为发展与太平洋岛国关系的重要手段。

拜登政府将防疫援助列为发展与太平洋岛国关系的重要行动计划。2022 年 9 月，拜登政府发布“21 世纪美国-太平洋岛国伙伴关系路线图”，其中将支持太平洋岛国新冠疫情防护工作作为第八条路线。在新冠疫苗援助方面，美国已向太平洋岛国提供了 100 多万剂辉瑞疫苗用以支持太平洋岛国的防疫事业。② 在医疗卫生资金援助方面，美国国际开发署计划在全球卫生安全基金中投资 5 万美元，以加强太平洋岛国地区的预防、发现和应对能力，以尽量减少新冠病毒构成的威胁。③ 在登革热预防方面，美国国务院计划提供 500 万美元，用于在马绍尔群岛、密克罗尼西亚联邦和帕劳建立登革热预警和应对系统，以提高三国的卫生安全应对能力。④

美国频频向基里巴斯提供防疫援助。2022 年 6 月，美国通过新冠病毒疫苗全球可及性机制（COVAX）向基里巴斯捐赠了 23400 剂辉瑞疫苗。这

---

① “United States Hosts First-Ever Clean Energy Workshop and Women in Clean Energy Conference for the Pacific Islands”, U. S. Embassy in Fiji, Kiribati, Nauru, Tonga, and Tuvalu, October 4, 2022, https://fj.usembassy.gov/united-states-hosts-first-ever-clean-energy-workshop-and-women-in-clean-energy-conference-for-the-pacific-islands/.

② “FACT SHEET: Roadmap for a 21st-Century U. S. -Pacific Island Partnership”, The White House, September 29, 2022, https://www.whitehouse.gov/briefing-room/statements-releases/2022/09/29/fact-sheet-roadmap-for-a-21st-century-u-s-pacific-island-partnership/.

③ “FACT SHEET: Roadmap for a 21st-Century U. S. -Pacific Island Partnership”, The White House, September 29, 2022, https://www.whitehouse.gov/briefing-room/statements-releases/2022/09/29/fact-sheet-roadmap-for-a-21st-century-u-s-pacific-island-partnership/.

④ “FACT SHEET: Roadmap for a 21st-Century U. S. -Pacific Island Partnership”, The White House, September 29, 2022, https://www.whitehouse.gov/briefing-room/statements-releases/2022/09/29/fact-sheet-roadmap-for-a-21st-century-u-s-pacific-island-partnership/.

笔捐赠是美国将向基里巴斯交付的总共 53820 剂辉瑞疫苗中的第一批。[①] 7 月，美国向基里巴斯提供总共 19890 剂辉瑞疫苗作为其承诺的第二批捐赠，以帮助基里巴斯应对持续的新冠疫情。[②] 9 月，美国政府捐赠的第三批总共 10350 剂辉瑞疫苗抵达基里巴斯的圣诞岛（Christmas Island）。[③] 至此，美国基本完成了对基里巴斯疫苗援助的承诺。10 月，美国海岸警卫队快艇奥利弗·贝里号抵达基里巴斯的基里蒂马蒂岛（Kiritimati），将美国印太司令部全球卫生事务办公室向基里巴斯卫生部提供的新冠病毒个人防护设备移交给基里巴斯卫生部门。[④] 这些防护用品包括口罩、温度计、手套和面罩，加强了基里蒂马蒂岛的新冠病毒防疫工作。8 月，美国驻苏瓦临时代办托尼·格鲁贝尔（Tony Greubel）访问了基里巴斯纳韦雷雷（Nawerewere）的通加鲁中心医院（Tungaru Central Hospital）和比克尼贝乌（Bikenibeu）的一所初中学校。托尼·格鲁贝尔在通加鲁中心医院视察了美国国际开发署与联合国儿童基金会（UNICEF）合作的新冠病毒疫苗技术援助支持项目的进展情况，并前往学校参观教授学生正确洗手技巧的“洗手活动”（Wash Drive）。[⑤]

美国对萨摩亚、斐济、巴布亚新几内亚、马绍尔群岛以及所罗门群岛等

① “The United States Donates 23400 Pfizer Vaccine Doses to Kiribati”, U. S. Embassy in Fiji, Kiribati, Nauru, Tonga, and Tuvalu, June 6, 2022, https://fj.usembassy.gov/the-united-states-donates-pfizer-vaccine-doses-to-kiribati/.

② “The United States Donates 19890 Pfizer Vaccine Doses to Kiribati”, U. S. Embassy in Fiji, Kiribati, Nauru, Tonga, and Tuvalu, July 19, 2022, https://fj.usembassy.gov/the-united-states-donates-19890-pfizer-vaccine-doses-to-kiribati/.

③ “Third Tranche of U. S. Government-Donated COVID-19 Vaccines Arrive in Kiribati”, U. S. Embassy in Fiji, Kiribati, Nauru, Tonga, and Tuvalu, September 6, 2022, https://fj.usembassy.gov/third-tranche-of-u-s-government-donated-covid-19-vaccines-arrive-in-kiribati/.

④ “Coast Guard Cutter Oliver Berry Conducts Contactless COVID-19 PPE Delivery at Kiritimati Island, Kiribati”, U. S. Embassy in Fiji, Kiribati, Nauru, Tonga, and Tuvalu, October 24, 2022, https://fj.usembassy.gov/coast-guard-cutter-oliver-berry-conducts-contactless-covid-19-ppe-delivery-at-kiritimati-island-kiribati/.

⑤ “U. S. Official Visit Reinforces United States' Commitment to Kiribati's COVID-19 Response & Recovery”, U. S. Embassy in Fiji, Kiribati, Nauru, Tonga, and Tuvalu, August 17, 2022, https://fj.usembassy.gov/u-s-official-visit-reinforces-united-states-commitment-to-kiribatis-covid-19-response-recovery/.

国也进行了防疫援助。2022 年 6 月，联合国儿童基金会和美国政府通过美国国际开发署向斐济卫生和医疗服务部移交了疫苗冰箱、新冠病毒核酸检测机器、帐篷等基本卫生设备。斐济卫生和医疗服务部长伊费雷伊米·瓦卡伊纳贝特（Ifereimi Waqainabete）称“没有这种慷慨的支持，我们的国家就不会走向社会和经济复苏之路”[①]。11 月，美国国际开发署向斐济捐赠了 33600 剂适用于 5 岁至 11 岁的辉瑞儿童疫苗。这是美国首次向斐济捐新冠病毒儿童疫苗，在此之前美国政府已经向斐济提供了 150080 剂新冠病毒疫苗。[②] 2022 年 3 月，驻萨摩亚和平队协助萨摩亚政府开展为 5 岁至 11 岁儿童接种疫苗的行动。4 月，美国政府通过新冠病毒疫苗全球可及性机制向所罗门群岛援助 52650 剂辉瑞疫苗。此次疫苗援助是建立在 2021 年 11 月美国政府向所罗门群岛捐赠 100620 剂辉瑞疫苗的基础上的。[③] 5 月，美国国际开发署向萨摩亚移交了 45630 剂辉瑞疫苗，用以支持萨摩亚政府抗击新冠疫情。7 月，美国国际开发署宣布提供 500 万美元，用于支持巴布亚新几内亚政府正在进行的新冠疫情防疫工作。这些资金中的 100 万美元将用于技术援助，400 万美元将用于在莱城（Lae）的莫尔兹比港综合医院（Port Moresby General Hospital）和安高综合医院（Angau General Hospital）安装综合液态医用氧气系统。[④] 10 月，美国政府通过美国国际开发署向马绍尔群岛提供了 55 台台式计算机和 46 台平板电脑，用于升级马绍尔群岛卫生信息系统和远

---

① “UNICEF and the United States Government Hand Over Essential Health Equipment to the Fijian Ministry of Health and Medical Services”, U. S. Embassy in Fiji, Kiribati, Nauru, Tonga, and Tuvalu, June 15, 2022, https://fj. usembassy. gov/thousands-of-fijians-to-benefit-from-essential-health-equipment/.

② “United States Donates 33600 Pediatric Vaccines to Fiji”, U. S. Embassy in Fiji, Kiribati, Nauru, Tonga, and Tuvalu, November 4, 2022, https://fj. usembassy. gov/united-states-donates-33600-pediatric-vaccines-to-fiji/.

③ “United States Government Supports Solomon Islands with COVID-19 Pfizer Vaccines Through the COVAX FACILITY”, U. S. Embassy to Papua New Guinea, Solomon Islands, And Vanuatu, April 14, 2022, https://pg. usembassy. gov/us-donates-covid-vaccine-to-solomon-islands/.

④ “USAID to Provide USD $5 Million (17. 8 Million Kina) to Support COVID-19 Response”, U. S. Embassy to Papua New Guinea, Solomon Islands, and Vanuatu, July, 2022, https://pg. usembassy. gov/usaid-to-provide-usd-5-million-17-8-million-kina-to-support-covid-19-response/.

程医疗计划。此次援助为美国政府帮助马绍尔群岛加强医疗卫生体系建设的承诺的一部分，将会提升马绍尔群岛卫生与公众服务部（MOHHS）在新冠疫情监测方面的能力和效率。①

相比于 2021 年在气候、防疫方面的政策，2022 年拜登政府不断提高对气候变化问题的重视并提出一系列相应的战略政策和行动计划，同时积极与太平洋岛国进行多层次的气候合作实践，在一定程度上获得了太平洋岛国的支持。同时在新冠疫情肆虐的情况下，拜登政府充分发挥自身经济、科技以及在国际上的政治影响力，带领其盟友对发展中国家特别是太平洋岛国地区进行防疫援助（主要为疫苗援助），树立美国在太平洋岛国心中的良好形象。

四　增加援助和投资，扩大经济合作

增加经济援助、扩大经贸往来和开展经济双边合作是美国增进与太平洋岛国经济联系的主要方式。2022 年，拜登政府依旧紧紧抓住太平洋岛国经济脆弱这一特征，增进美国与太平洋岛国的经济联系。

（一）加大经济援助

经济援助是美国发展与太平洋岛国外交关系的重要手段，这对经济不发达的太平洋岛国具有重要意义。从美国对太平洋岛国的历年援助总额、对各太平洋岛国的援助总额以及主要援助领域可以看出美国对整个太平洋岛国地区和不同太平洋岛国的重视程度变化，同时还可以看出美国主要感兴趣的援助领域。

通过历年援助资金总额对比可见，2022 年美国对太平洋岛国的援助总额大幅增加，同时此次援助总额在历年援助中处于较高水平（见表 1）。由

① "U. S. Provides Equipment to Bolster Marshall Islands' COVID - 19 Readiness Plans", U. S. Embassy in the Republic of the Marshall Islands, August 8, 2022, https://mh.usembassy.gov/u-s-provides-equipment-to-bolster-marshall-islands-covid-19-readiness-plans/.

此看出，拜登政府在其执政第二年对整个太平洋岛国地区的经济援助具有较大提升，进一步加大了太平洋岛国对美国的经济依赖。从美国对各太平洋岛国援助金额来看，密克罗尼西亚联邦、马绍尔群岛和帕劳三个自由联系国仍是最重要的受援国，同时援助金额较 2021 年有所增加。除此之外，巴布亚新几内亚的受援金额较 2021 年有所下降，但受援金额仍处于较高水平；所罗门群岛的受援金额相比 2021 年得到大幅提升，这一定程度上说明拜登政府提高了对所罗门群岛的重视程度（见表 2）。从主要援助领域来看，2022 年美国在政府和民间社会、应急响应、能源和艾滋病防治四个方面的经济援助有所减少，贸易政策和法规、商业和其他服务则未再单列，其他方面相比于 2021 年则都有所增加。除此之外，拜登政府新增对旅游方面的援助，且援助金额很高（见表 3）。

表 1　2009～2022 年美国对太平洋岛国历年援助资金总额

单位：百万美元

年份	2009 年	2010 年	2011 年	2012 年	2013 年	2014 年	2015 年	2016 年	2017 年	2018 年	2019 年	2020 年	2021 年	2022 年
金额	183	190	293	194	196	260	226	303	227	288	193	302	253	292

资料来源：根据美国对外援助数据库（https：//www. foreignassistance. gov/）整理。

表 2　2021～2022 年美国对各太平洋岛国援助金额

单位：百万美元

国家	2021 年	2022 年	变动
密克罗尼西亚联邦	114. 47	122. 41	7. 94
马绍尔群岛	85. 47	98. 76	13. 29
巴布亚新几内亚	32. 35	20. 88	-11. 47
帕劳	9. 03	16. 18	7. 15
斐济	4. 76	2. 87	-1. 89
汤加	0. 51	2. 88	2. 37
瓦努阿图	2. 39	2. 35	-0. 04
所罗门群岛	2. 48	25. 53	23. 05
萨摩亚	0. 86	0. 7	-0. 16

续表

国家	2021 年	2022 年	变动
基里巴斯	0. 4	0. 91	0. 51
图瓦卢	0	0. 15	0. 15
瑙鲁	0	0	0
总计	252. 72	293. 62	38. 9

注：受小数点累进计算影响，本表总额与表 1 存在微小差异，但整体可忽略不计。

资料来源：根据美国对外援助数据库（https：//www. foreignassistance. gov/）整理。

表 3　2021~2022 年美国对太平洋岛国主要援助领域

单位：万美元

援助领域	2021 年	2022 年	变动
一般预算支持	19449. 5	20222. 9	773. 4
政府和民间社会	1076. 7	242. 1	-834. 6
冲突、和平与安全	—	133	133
教育	338	2183	1845
健康	723. 1	894	170. 9
应急响应	340. 8	245	-95. 8
防灾备灾	110	635. 5	525. 5
艾滋病防治	395. 3	297. 7	-97. 6
能源	1486	149. 5	-1336. 5
其他和未指定费用	144. 6	184. 2	39. 6
运营费用	363. 1	684. 2	321. 1
一般环境保护	226. 5	618. 6	392. 1
农业	52	655. 9	603. 9
旅游	—	1056	1056
贸易政策和法规	236. 4	—	-236. 4
商业和其他服务	52. 6	—	-52. 6
总额	24994. 6	28201. 6	3207

注：受小数点累进计算与数据缺失影响，本表总额与表 1 存在微小差异，但整体可忽略不计。“—”表示无数据。

资料来源：根据美国对外援助数据库（https：//www. foreignassistance. gov/）整理。

（二）扩大经贸往来

从 2019~2022 年美国与太平洋岛国双边贸易总额变化情况（见表 4）

来看，2022 年美国的进口总额和出口总额都获得增长，特别是进口总额相比前三年增幅较大，但美国的贸易顺差仍处于较高水平。从 2021~2022 年美国与各太平洋岛国的双边贸易情况（见表 5）来看，美国与斐济、马绍尔群岛和巴布亚新几内亚三国的贸易额较大，同其他国家的贸易额较小；从 2021~2022 年美国对各太平洋岛国双边贸易差额来看，美国只对斐济存在较大贸易逆差，2022 年逆差额比 2021 年上升约 290%。2022 年美国对马绍尔群岛、密克罗尼西亚联邦、帕劳、巴布亚新几内亚和萨摩亚贸易顺差较大，其中对马绍尔群岛和密克罗尼西亚联邦的贸易顺差最大，而 2021~2022 年美国对巴布亚新几内亚则由贸易逆差转变为贸易顺差。由此可见，美国与太平洋岛国的经济联系不断增强且双边贸易总额达到 2019 年以来最高水平。同时，美国仍旧以马绍尔群岛、密克罗尼西亚联邦和帕劳三个自由联系国为重点经贸关系国，与斐济、萨摩亚和巴布亚新几内亚三国的经贸联系不断增加。

表 4　2019~2022 年美国与太平洋岛国双边贸易情况

单位：百万美元

年份	进口总额	出口总额	贸易差额
2019	362.7	480.9	118.2
2020	368.4	361.1	-7.3
2021	360.6	620.4	259.8
2022	418.3	631.4	213.1

资料来源：根据美国国际贸易数据（http：//www.census.gov/foreign-trade/balance/index.html）整理。

表 5　2021~2022 年美国与各太平洋岛国双边贸易情况

单位：百万美元

国家	年份	进口总额	出口总额	贸易差额
斐济	2021	238	180.7	-57.3
	2022	287.6	63.9	-223.7

续表

国家	年份	进口总额	出口总额	贸易差额
马绍尔群岛	2021	12.4	240.1	227.7
	2022	17.1	269	251.9
密克罗尼西亚联邦	2021	2.4	49.3	46.9
	2022	2.2	63.2	61
瑙鲁	2021	2.3	1.3	-1
	2022	2.5	1	-1.5
纽埃	2021	0.7	0.1	-0.6
	2022	4.3	0.5	-3.8
帕劳	2021	0.5	26.6	26.1
	2022	0.7	24.5	23.8
巴布亚新几内亚	2021	78	44.3	-33.7
	2022	73.3	115.4	42.1
萨摩亚	2021	9.3	33.4	24.1
	2022	9.4	36	26.6
所罗门群岛	2021	2.1	14.7	12.6
	2022	8.1	10.4	2.3
汤加	2021	3.1	18.9	15.8
	2022	3.4	15.7	12.3
图瓦卢	2021	0.3	0.5	0.2
	2022	0.3	0.9	0.6
瓦努阿图	2021	6.3	4.4	-1.9
	2022	6.7	14.4	7.7
基里巴斯	2021	1	1.9	0.9
	2022	1.7	10.2	8.5
库克群岛	2021	1.2	4.2	3
	2022	1	6.3	5.3

资料来源：根据美国国际贸易数据（http：//www.census.gov/foreign-trade/balance/index.html）整理。

（三）增进与太平洋岛国的双边经济合作

美国主要通过增加对太平洋岛国的经济投资和建立商业组织来加强与太

平洋岛国的经济合作。9 月，拜登政府在其公布的《21 世纪美国-太平洋岛国伙伴关系路线图》中提出“为太平洋岛国的经济恢复提供超过 5000 万美元的直接支持”[①]，这些资金主要用于建立贸易和投资对话、基础设施建设、电气化合作、交通合作以及科技创新等方面。7 月，美国和巴布亚新几内亚的企业共同成立了“珊瑚海美国商会”（AmCham Coral Sea），以加强太平洋地区与美国公司之间的投资和商业联系。12 月，美国国际开发署通过“加强农业和生计竞争力”（SCALE）项目向所罗门群岛的马莱塔省提供赠款以支持当地的农业。该项目是一项为期 5 年的综合项目，旨在提高当地的经济竞争力和包容性，尤其注重促进农业部门和林业的发展。[②] 同月，美国千禧年挑战公司（MCC）、国际金融公司（IFC）和所罗门群岛宣布建立新的合作伙伴关系，并通过了一项价值 2000 万美元的旅游项目。该项目作为“千禧年挑战公司-所罗门群岛门槛计划”（MCC-Solomon Islands Threshold Program）的一部分，旨在吸引对所罗门群岛旅游业的投资，以促进该国的经济增长和繁荣。[③] 2023 年 1 月，美国和日本政府在日本东京共同主办第五届印太商业论坛（IPBF）。美国贸易和发展署（USTDA）在论坛上提出了一项扩大美国在太平洋岛国投资的提案，表明了美国继续在太平洋岛国地区增加经济投资的前景。[④]

总体来讲，美国在经济援助、经贸往来和经济合作三个方面不断增加投

---

① “FACT SHEET：Roadmap for a 21st-Century U. S. -Pacific Island Partnership”，The White House，September 29，2022，https：//www. whitehouse. gov/briefing-room/statements-releases/2022/09/29/fact-sheet-roadmap-for-a-21st-century-u-s-pacific-island-partnership/.

② “USAID's Scale Project Supports Agriculture in Malaita”，U. S. Embassy to Papua New Guinea，Solomon Islands，and Vanuatu，December 19，2022，https：//pg. usembassy. gov/usaids-scale-project-supports-agriculture-in-malaita/.

③ “Millennium Challenge Corporation，International Finance Corporation Launch Partnership”，U. S. Embassy to Papua New Guinea，Solomon Islands，and Vanuatu，December 19，2022，https：//pg. usembassy. gov/millennium - challenge - corporation - international - finance - corporation-launch-partnership-to-boost-tourism-investment-in-solomon-islands/.

④ “2023 Indo-Pacific Business Forum Promotes Inclusive and Sustainable Growth in the Indo-Pacific”，U. S. Department of State，January 12，2023，https：//www. state. gov/2023-indo-pacific-business-forum-promotes-inclusive-and-sustainable-growth-in-the-indo-pacific/.

入，进一步扩大美国与太平洋岛国的经济联系。同时，美国仍旧以自由联系国和区域大国为合作重点，对其他太平洋岛国则不够重视，充分体现出美国以自己利益为出发点的企图。

五　发力“软外交”，输出“美式价值观”

除了在安全、政治、经济等传统方向大力发展与太平洋岛国的外交关系之外，拜登政府还非常重视在太平洋岛国彰显美国文化软实力，着力通过输出“美式价值观”的方式扩大美国在太平洋岛国地区的影响力。

（一）资助开展文化教育交流活动

拜登政府积极在太平洋岛国地区开展文化教育交流活动。2022 年 6 月，美国驻萨摩亚大使馆向纳尔逊纪念图书馆（Nelson Memorial Library）的“美国角”（位于纳尔逊纪念图书馆二楼）捐赠新电脑、教育学习材料、家具和装饰品，同时还承诺在“美国角”提供一年的免费上网服务。美国驻萨摩亚大使馆临时代办乔纳森·柳（Jonathan Lee Yoo）在捐赠仪式上提道：“设立该‘美国角’的目标是确保萨摩亚所有年龄、群体和社区成员都能在自由和开放的空间中获得信息和教育，此次的捐赠则反映了美国大使馆对萨摩亚教育系统的支持。”① 7 月，乔纳森·柳向弗朗西斯·阿旺（Francis Ah Wong）先生赠送了价值 9900 美元的电子竞技设备以支持电子竞技俱乐部的发展。该捐赠旨在鼓励萨摩亚年轻人通过电子竞技来培养对科学、技术、工程、艺术等学科的兴趣。② 同月，美国海军和斐济共和国军队的工程师将合作完成的两间新的教室移交给斐济教育、遗产和艺术部（MEHA）。这两间

① “U. S. Embassy Handover of Education Equipment to the Ministry of Education, Sports, and Culture”, U. S. Embassy in Samoa, June 15, 2022, https://ws.usembassy.gov/u-s-embassy-handover-of-education-equipment-to-the-ministry-of-education-sports-and-culture/.

② “ESports Equipment Donation Valued at USD ＄9900”, U. S. Embassy in Samoa, July 6, 2022, https://ws.usembassy.gov/esports-equipment-donation-valued-at-usd-9900/.

教室由美国海军和斐济共和国军队的工程师团队耗资 946000 美元、耗工 42 天共同合作建成，是“2022 年太平洋伙伴关系”（PP22）的一部分。[①] 9 月，美国驻萨摩亚大使馆宣布开放 2023～2024 年度的“富布赖特外国学生奖学金项目”（J. William Fulbright Foreign Student Scholarship Program）的申请报名。该项目主要为允许其他国家公民在美国大学或其他机构学习，让其了解美国的社会和价值观。[②] 同月，美国太平洋舰队的音乐合奏团在斐济的苏瓦和瓦努阿岛举办了一系列免费音乐会，以此来促进美国和斐济之间的文化交流。在访问苏瓦期间，该乐队与斐济共和国军队乐队和斐济共和国海军乐队进行了多场联合演出，并在斐济国立大学和南太平洋大学举办音乐交流活动。[③] 12 月，斐济、汤加和基里巴斯的 13 名青年橄榄球教练前往美国参加美国国务院赞助的体育访问交流会。在此次访问中，来自太平洋岛国的青年橄榄球教练同美国同行们在专门的研讨会上相互分享指导和发展青年橄榄球技能的经验。[④] 拜登政府积极与太平洋岛国在文化产业、教育、体育以及艺术方面进行交流合作，宣传美国的生活方式和价值观，并进一步加深岛民对美国价值观的认同。

（二）提供“赋能”项目

拜登政府也将援助“赋能”项目作为发展与太平洋岛国关系的重要

---

① “Under Pacific Partnership, U. S. NAVY and RFMF Hand Over New Navonu Primary School Classrooms”, U. S. Embassy in Fiji, Kiribati, Nauru, Tonga, and Tuvalu, July 7, 2022, https://fj.usembassy.gov/under-pacific-partnership-u-s-navy-and-rfmf-hand-over-new-navonu-primary-school-classrooms/.

② “Fulbright Foreign Student Scholarship Announcement”, U. S. Embassy in Samoa, September 19, 2022, https://ws.usembassy.gov/fulbright-foreign-student-scholarship-announcement/.

③ “U. S. Pacific Fleet Band Quintet Performs Concerts in Fiji”, U. S. Embassy in Fiji, Kiribati, Nauru, Tonga, and Tuvalu, September 14, 2022, https://fj.usembassy.gov/u-s-pacific-fleet-band-quintet-performs-concerts-in-fiji/.

④ “U. S. Embassy's Sports Visitor Program Sends Youth Rugby Coaches to The United States”, U. S. Embassy in Fiji, Kiribati, Nauru, Tonga, and Tuvalu, December 20, 2022, https://fj.usembassy.gov/u-s-embassys-sports-visitor-program-sends-youth-rugby-coaches-to-the-united-states/.

途径。2022 年 1 月，美国驻苏瓦大使馆为女企业家学院（AWE）第三届毕业生举行了毕业典礼，同时于 8 月启动新一届的女企业家学院计划。2020 年以来，女企业家学院已指导 300 多名斐济女性建立和扩大业务。[①] 3 月，美国驻斐济大使馆临时代办托尼·格鲁贝尔与美国大使馆青年委员会（EYC）及其他青年团体的成员进行了线上会面。青年委员会作为美国驻斐济大使馆咨询和执行委员会，是美国与斐济、基里巴斯、瑙鲁、汤加和图瓦卢之间建立稳固伙伴关系的重要媒介。[②] 7 月，美国通过美国国际开发署向萨摩亚全国 12 所学校的学生开设萨摩亚青年论坛（Samoa Youth Forum）提供资金。该论坛建立的主要目的为支持萨摩亚青年在预防腐败、保障人权等方面发挥重要作用，成为增进萨摩亚与美国之间关系的纽带。[③] 8 月，美国国务院向“信息和通信技术领域的汤加女性”（TWICT）授予一笔赠款，以此鼓励年轻女性从事科学事业。同月，斐济青年妇女论坛（FYWF）推出了“我的投票指南”（MG2V）小册子。该册子由美国国际开发署资助，在太平洋共同体的支持下出版，是“促进公正、透明和公民意识治理”合作伙伴计划的一部分。[④] 9 月，美国印太司令部在斐济苏瓦启动首个“妇女、和平与安全国家行动计划”（Women, Peace & Security National Action Plan），该计划旨在增加斐济妇女在预防腐败、善治方面的参与，并且建立一套以妇女为主力，系统、协作的监督体系。11 月，美国驻斐济大使馆向斐济教师协会、斐济联合国协会和斐济橄榄球学院三个斐济非政府组织提供了 39000 美元的公共

① “U. S. Embassy Celebrates Academy for Women Entrepreneurs Graduates”, U. S. Embassy in Fiji, Kiribati, Nauru, Tonga, and Tuvalu, January 13, 2023, https://fj. usembassy. gov/u - s - embassy-celebrates-academy-for-women-entrepreneurs-graduates/.

② “United States Partners with Embassy Youth Council to Tackle Shared Challenges”, U. S. Embassy in Fiji, Kiribati, Nauru, Tonga, and Tuvalu, March 17, 2022, https://fj. usembassy. gov/united-states-partners-with-embassy-youth-council-to-tackle-shared-challenges/.

③ “U. S. Government Amplifies the Voice of Samoan Youth”, U. S. Embassy in Samoa, July 8, 2022, https://ws. usembassy. gov/u-s-government-amplifies-the-voice-of-samoan-youth/.

④ “My Guide to Voting Launch: Fiji Young Women's Forum”, U. S. Embassy in Fiji, Kiribati, Nauru, Tonga, and Tuvalu, August 26, 2022, https://fj. usembassy. gov/my - guide - to - voting-launch/.

外交小额赠款，这些赠款将主要用于帮助社区居民学习谋生技能并为其创造工作机会。①

（三）增加社会民生援助

美国积极对太平洋岛国地区进行社会民生援助。7 月，美国国际开发署与亚洲基金会（TAF）联合启动价值 1000 万美元的打击太平洋地区人口贩运项目。该项目采用整体、多部门的方法，在斐济、马绍尔群岛、巴布亚新几内亚和汤加实施打击人口贩运的措施。② 8 月，美国国际开发署向巴布亚新几内亚提供 10 万美元的即时人道主义援助，以应对巴布亚新几内亚因选举和部落冲突而发生的相关暴力事件。这笔资金将优先为博格拉派亚姆区（Porgera-Paiam）的受影响最严重的 3000 人提供食物、水、环境卫生和个人卫生服务。③ 同月，美国国际开发署和可口可乐欧洲太平洋合作伙伴（CCEP）签署一份谅解备忘录，支持巴布亚新几内亚打击家庭暴力（GBV）、成立珊瑚海美国商会和安全用水三项活动。④ 9 月，拜登政府在《美国-太平洋伙伴关系宣言》中提出，将安全处置第二次世界大战期间遗留在太平洋岛国地区的未爆弹药（UXO），以消除其对太平洋岛国地区人民

① "U. S. Embassy Awards Three NGOs with Public Diplomacy Grants", U. S. Embassy in Fiji, Kiribati, Nauru, Tonga, and Tuvalu, November 2, 2022, https://fj.usembassy.gov/u-s-embassy-awards-three-ngos-with-public-diplomacy-grants/.

② "U. S. Launches New Project to Counter Trafficking in Persons in the Pacific Region", U. S. Embassy in Fiji, Kiribati, Nauru, Tonga, and Tuvalu, July 29, 2022, https://fj.usembassy.gov/u-s-launches-new-project-to-counter-trafficking-in-persons-in-the-pacific-region/.

③ "The United States Provides Immediate Assistance to Respond to Displacement in Papua New Guinea", U. S. Embassy to Papua New Guinea, Solomon Islands, and Vanuatu, August 4, 2022, https://pg.usembassy.gov/the-united-states-provides-immediate-assistance-to-respond-to-displacement-in-papua-new-guinea/.

④ "USAID and COCA-COLA Partner to Combat GBV, Safe Water and Support the American Chamber of Commerce in PNG", U. S. Embassy to Papua New Guinea, Solomon Islands, and Vanuatu, August 4, 2022, https://pg.usembassy.gov/usaid-and-coca-cola-partner-to-combat-gender-based-violence-bring-safe-water-to-communities-and-support-the-american-chamber-of-commerce-in-papua-new-guinea-%ef%bf%bc/.

的生命财产安全威胁。12 月，美国国际开发署拨款 150 万美元启动“生活和学习环境教育”（LLEE）项目。该项目为四个太平洋岛国（基里巴斯、汤加、图瓦卢和瓦努阿图）的 135 个社区、90 所学校和 18 个保健中心的 11000 名儿童和 2900 户家庭提供先进的盥洗系统。[①]

总体来说，拜登政府仍旧主要从开展文化教育交流活动、提供“赋能”项目和提供社会民生援助三个方向来输出“美式价值观”，其项目主要以美国国际开发署和美国大使馆为主要开展平台，主要目标人群为话语权较低的青年和妇女。

结　语

在拜登政府执政的第二年，美国进一步多角度全方位地加强和提升它与太平洋岛国的关系。其最突出的特征是 2022 年 9 月出台美国历史上首项专门针对太平洋岛国的“太平洋伙伴关系战略”，其成为指导美国发展与太平洋岛国关系的纲领性文件，并将对太平洋岛国政策纳入美国“国家安全战略”文件，标志着美国对太平洋岛国的战略重视达到史上新高度。在上述战略政策指导下，拜登政府在安全、政治、气候、疫情、经济和社会文化等层面进一步全面加强了对岛国的政策和与岛国的联系。在安全方面，拜登政府仍主要依靠与其盟友组成的多边机制来维护它在该地区最看重的军事利益，并在海事安全、警卫训练等方面与部分岛国进行一些初级合作。推进与密克罗尼西亚联邦、马绍尔群岛和帕劳的《自由联系条约》谈判是美国在该地区最为看重的外交工作之一，在汤加和基里巴斯重开大使馆、以副总统哈里斯为代表的美国政府领导人和外交代表频频出席岛国区域组织、斐济、巴布亚新几内亚等国的活动，都成为美国在岛国区域政治外交活动的引人注

① “USAID Awards Us $1.5 Million to Enhance Wash Resilience in 135 Communities In Kiribati, Tonga, Tuvalu, and Vanuatu”, U.S. Embassy in Fiji, Kiribati, Nauru, Tonga, and Tuvalu, December 7, 2022, https://fj.usembassy.gov/usaid-awards-us1-5-million-to-enhance-wash-resilience-in-135-communities-in-kiribati-tonga-tuvalu-and-vanuatu/.

目的事件。拜登政府继续将经济援助作为发展与太平洋岛国关系的主要手段，进一步加深太平洋岛国对美国的经济依赖。在威胁太平洋岛国人民生计的气候变化和新冠病毒感染问题上，拜登政府积极与太平洋岛国进行气候合作及提供防疫援助，企图进一步提升美国在太平洋岛国的形象。除此之外，拜登政府也尤为重视向太平洋岛国输出“美式价值观”，加深太平洋岛国人民对“美式价值观”的认同。然而，由于美国对太平洋岛国的政策具有明显的争霸性和外向性（以域外大国为针对目标），并不真正关注岛国人民的需求，加之美国政府和社会自身问题不断，美国对太平洋岛国政策的效力和可持续性仍值得关注。

B.13

2022年日本与太平洋岛国关系回顾

刘　璐*

摘　要： 2022年，面对全球气候变化问题和严峻的国内外政治经济局势，日本与太平洋岛国之间的联系变得更为密切，外交关系相较之前有了新变化。日本更加重视太平洋岛国的战略地位，双方更加坚定可持续发展战略。在经济外交领域，日本更加重视帮助太平洋岛国实现产业振兴，技术支持由单个国家向区域整体迈进。在政府开发援助领域，日本加大对太平洋岛国基础设施建设的援助力度，并进一步加深在人才培养、能源开发、应对自然灾害与气候变化、防灾减灾等领域与太平洋岛国之间的交流与合作。此外，日本地方政府、民间企业与岛国间的合作也更为密切。

关键词： "蓝色太平洋大陆2050年战略"　太平洋岛国　日本

2022年是不平凡的一年。欧洲极端高温天气引发五百年一遇的最严重干旱；南非、巴西、巴基斯坦等国遭受百年难遇的洪水袭击；汤加海底火山喷发引发的海啸等极端天气事件令人心有余悸。环境保护与气候变化等相关议题正受到全世界的广泛关注。俄乌冲突的爆发，对全球政治和经济

* 刘璐，博士，聊城大学历史文化与旅游学院讲师，聊城大学太平洋岛国研究中心研究员，研究方向为日本文化与日本外交。

产生了重要的影响，全球数十亿人将会持续面临全球性的粮食、化肥和燃料危机①；美联储“强收缩”政策导致全球股市暴跌，金融市场剧烈震荡；2022年全球经济整体处于负增长的边缘，斯里兰卡政府宣布破产。全球政治经济局势的变化对日本国内政治、经济、社会等方面产生了重要影响：日本前首相安倍晋三遇刺身亡，自民党赢得参议院选举，“旧统一教”冲击日本政坛；日元贬值以及能源价格上涨引发涨价潮；福岛核电站核污染水海洋排放设施工程也正式启动。② 面对复杂的国内外政治经济局势以及日益加剧的气候变化问题，日本更加重视与太平洋岛国之间的联系：不仅在地缘政治、经济外交以及援助外交领域开展新一轮的合作机制，而且在应对全球气候变暖、解决能源危机、保护海洋资源、节能环保等领域加强对话与合作；不仅从国家层面开展合作，地方政府与民间企业也积极开展与太平洋岛国之间的双边经贸合作。

一　坚持可持续发展战略，双方合作日益密切

2021年7月2日，日本举办了第9届日本-太平洋岛国首脑峰会（PALM9），此次参会的太平洋岛国共有14个，分别是图瓦卢、库克群岛、斐济、基里巴斯、马绍尔群岛、密克罗尼西亚联邦、瑙鲁、纽埃、帕劳、巴布亚新几内亚、萨摩亚、所罗门群岛、汤加和瓦努阿图。此外，澳大利亚、新西兰、新喀里多尼亚、法属波利尼西亚等国家和地区的领导人也参加了会议。在此次峰会上，日本福岛核电站核污染水海洋排放问题尤其受到关注。对此，日本与太平洋岛国领导人进行了意见交换与协商。此次峰会确立了日本与太平洋岛国之间未来三年的发展合作目标：以积极应对新冠疫情、推进海洋可持续发展、巩固经济可持续发展的基石、关注气

① 《2022年度回顾》，联合国网站，December 31，2022，https：//news.un.org/zh/story/2022/12/1113747。

② 読売新聞　オンライン：「発表！2022年日本の10大ニュース」，2022年12月24日，https：//www.yomiuri.co.jp/feature/top10news/20221223-OYT8T50087/。

候变化与防灾问题、促进技术人员交流与人才培养五个方面为中心，展开新一轮的合作机制。[①] 此次峰会主要围绕后疫情时代的可持续发展战略进行了重点合作领域的划分，使日本与太平洋岛国关系朝着更为健康长久的方向迈进。作为国际政治舞台上一支不可忽视的重要力量，太平洋岛国拥有2200多万平方公里海域和1万多个岛屿，具有重要的地缘战略地位。尤其是太平洋岛国被公认为运输来自中东的石油以及铀燃料的重要海上通道，该地区还拥有矿产、油气、渔业等丰富的自然资源。为了强化日本与太平洋岛国及地区之间的纽带关系，日本政府和太平洋岛国论坛成员于1996年成立了太平洋诸岛中心（PIC）。[②] 1997年，日本主导召开了首届日本-太平洋岛国首脑峰会（PALM），并发表了《日本-南太平洋国家联合声明》。PALM是日本政府邀请太平洋岛国的首脑及政府代表到日本，就太平洋岛国及地区面临的各种问题坦率地交换意见，构筑细致合作关系的会议，也是展示日本对太平洋岛国外交政策的极其重要的机会。该会议每三年举办一次，截至2021年已举办9次。作为日本外交中少有的由日本政府单独主持的与特定地区之间的多边首脑会议，PALM可以说是日本为数不多的成功外交战略之一。从1997年开始，日本积极利用PALM等独特的外交工具，着力强化对该地区的干预。经过多年经营，日本与太平洋岛国的关系已取得很大发展，各个领域的合作都在不断加深。[③]

2022年1月14日和15日，太平洋岛国汤加的洪阿哈阿帕伊岛（Hunga Haapai）发生火山喷发，首都努库阿洛法观测到海啸。日本、美国、加拿大、新西兰、斐济、萨摩亚、瓦努阿图、澳大利亚和智利等国均发布海啸预警。汤加海底火山喷发严重破坏了周围地区的自然环境，而且喷出的火山灰

① 日本外務省：「第9回太平洋．島サミット（PALM9）結果概要」，2021年7月7日，https：//www.mofa.go.jp/mofaj/a_ o/ocn/PPpage3_ 003070.html。

② 国際機関太平洋諸島センター：「太平洋諸島センターについて」，2021年7月2日，https：//pic.or.jp/about-pic/。

③ 李国辉、高梓菁：《日本对南太平洋岛国的卫生外交》，《东北亚学刊》2022年第3期。

飘向太平洋上空后，经洋流与大气环流的双重影响逐步扩散，使当地气候遭受剧变。这一问题受到全世界人民的广泛关注。

2022年7月，第51届太平洋岛国论坛领导人会议在斐济召开，会议提出了“蓝色太平洋大陆2050年战略”（简称“2050年战略”）。该战略作为太平洋地区共同倡导的最新长期性规划得到了广泛认可。时任斐济总理兼太平洋岛国论坛轮值主席姆拜尼马拉马（Josaia Voreqe Bainimarama）在会后的新闻发布会上表示：这一框架将蓝色太平洋置于未来太平洋岛国地区战略发展的中心，同时也致力于强化地区间的集体活动。“2050年战略”以“保证大洋洲所有人过上自由、健康和富有成效的生活”作为发展宏图，重点关注政体构筑和地域主义、以人为本的举措、和平与安全、资源和经济发展、气候变化和灾害、海洋和自然环境、技术连接七个领域的相关问题。① 9月9日，日本首相岸田文雄与帕劳总统萨兰格尔·惠普斯（Surangel Whipps Jr.）在东京举行会晤。两国领导人就推进“自由开放的印太战略”以及就俄乌冲突、地域协作、人才交流等问题交换了意见。岸田文雄承诺今后将继续推进两国基础设施、旅游、渔业、农业等各领域合作，促进帕劳经济复苏。② 11月29日，日本外务副大臣武井俊辅会见密克罗尼西亚联邦驻日大使约翰·弗里茨（John Fritz）。武井俊辅表示，密克罗尼西亚联邦与日本有着深厚历史渊源，是重要的朋友和合作伙伴。密克罗尼西亚联邦驻日大使弗里茨也表示愿与日本保持密切合作，双方还就地区事务等问题交换了意见并确认今后将会继续密切合作。③ 2022年12月15日，武井俊辅会见了马绍尔群岛驻日大使亚历山大·卡特·宾阁（Alexander Carter Bing）。武井俊辅表示：马绍尔群岛是日本在太平洋地区的邻国，两国历史渊源深厚，是在诸多领域保有共同利益的朋友，日本愿为两国关系进一步发展做出

---

① 独立行政法人国際協力機構：「大洋州地域JICA国別分析ペーパー」，2023年3月，https://www.jica.go.jp/regions/oceania/ve9qi8000000bszk-att/jcap.pdf。

② 日本外務省：「日本国とパラオ共和国との間で共同声明(2022年9月9日)」，2022年9月9日，https://www.palau.emb-japan.go.jp/itpr_ja/11_000001_00549.html。

③ 日本外務省：「フリッツ駐日ミクロネシア大使による武井外務副大臣表敬」，2022年11月30日，https://www.mofa.go.jp/mofaj/a_o/ocn/fm/page1_001431.html。

贡献。宾阁大使也表示愿与日本继续进行更深层次的合作，以谋求加强两国友好关系。[①]

二　加速实现太平洋岛国产业振兴，技术支持由针对单个国家向区域整体迈进

太平洋岛国国土面积狭小、人口稀少，导致国内市场规模小，产业发展面临诸多挑战。2014 年，日本国际协力机构（JICA）在制定的国家分析文件（JICA Country Analysis Paper）中，按照国家的综合实力将太平洋岛国大体分为三大类：巴布亚新几内亚、瓦努阿图、所罗门群岛、斐济属于具有自力更生潜力国家；萨摩亚、汤加属于虽依赖外界援助但具备自力更生能力的国家；基里巴斯、图瓦卢属于自力更生相对困难，基本依赖外界援助的国家。太平洋岛国地区绝大部分的生活必需品依赖海外进口，同时从本国出口的商品又极为有限，因此，太平洋岛国的经济发展极易受到全球石油和食品价格上涨等外界因素的影响，大部分国家长期存在对外贸易逆差，政府债台高筑导致国家经济增长速度十分缓慢。[②]

（一）太平洋岛国产业振兴迫在眉睫

2020 年以来，太平洋岛国地区经济发展存在诸多问题。帕劳、密克罗尼西亚联邦、马绍尔群岛等国经济发展较为被动，国内金融机构的日常运转基本依赖前殖民国家的援助；在汤加、萨摩亚，国内产业因生产规模与行业技术发展受限难以为继，间接造成国内经济主要依靠对外输出廉价劳动力的被动局面；在巴布亚新几内亚、萨摩亚，现阶段农林水产业在国民生产总值中所占的比重与从事农林水产业的劳动人口的比重严重失衡，如何有效提高

① 日本外務省：「ビング駐日マーシャル諸島共和国大使による武井外務副大臣表敬」，2022 年 12 月 15 日，https：//www. mofa. go. jp/mofaj/a_ o/ocn/mh/page1_ 001451. html。

② 独立行政法人国際協力機構：「大洋州地域 JICA 国別分析ペーパー」，2023 年 3 月，https：//www. jica. go. jp/regions/oceania/ve9qi8000000bszk-att/jcap. pdf。

农林水产业的生产力成为该地域社会经济发展所面临的主要任务；在瑙鲁，磷矿出口在2012年的国民生产总值中仍占有半壁江山，然而受新冠疫情影响，2021年磷矿出口占比骤降至8%，如何促进磷矿出口以外的产业发展则成为该国所面临的挑战；在图瓦卢、瑙鲁、基里巴斯、马绍尔群岛等国家，经济发展主要依靠政府的财政支出，市场规模小与经济不景气致使国民消费能力大减，购买力下降，从而导致国民对本国经济的参与度和贡献度严重不足。此外，太平洋岛国地区仍然奉行传统土地所有权与使用制度，众多外资企业因难以获得土地所有权而止步，从而制约私营企业的发展。2020年以前，库克群岛、帕劳、纽埃、瓦努阿图、萨摩亚和斐济的旅游收入占国民生产总值比重较高，旅游业已成为实现太平洋岛国经济快速发展的驱动力与助推器。2020年以后，受新冠疫情影响，许多岛国实施封锁边境和限制国际旅游等举措。萨摩亚、斐济和瓦努阿图等国的旅游收入同2019年相比，均下降了约80%，汤加也下降了约30%，这严重破坏了以旅游业为国家经济发展命脉的太平洋岛国地区的稳定与团结。[①] 由于陆地空间小且分散，远离世界经济社会活动中心，再加上资金、人才、技术和工程能力等因素制约，太平洋岛国交通、能源、信息等基础设施水平低下，产业基础薄弱，自我发展能力严重不足，社会经济发展普遍滞后。因此，实现产业振兴对于太平洋岛国地区来说已经迫在眉睫。

2022年，随着新冠疫情的缓和，太平洋岛国地区的游客数量实现增长。俄乌冲突的持续迫使燃料和粮食价格急速上涨，来自太平洋岛国地区的初级商品价格节节飙升。根据PALM9的会议精神，日本今后将帮助太平洋岛国地区实现产业振兴。[②] 通过帮助开发优势资源、重振旅游产业促使岛国经济发展迈向一个新台阶。这也是今后日本对太平洋岛国进行经贸援助的一个重要方向。2020年以来，新冠疫情的常态化使日本同太平洋岛国的经贸往来

---

① 独立行政法人国際協力機構：「大洋州地域 JICA 国別分析ペーパー」，2023年3月，https：//www. jica. go. jp/regions/oceania/ve9qi8000000bszk-att/jcap. pdf。

② 独立行政法人国際協力機構：「大洋州地域 JICA 国別分析ペーパー」，2023年3月，https：//www. jica. go. jp/regions/oceania/ve9qi8000000bszk-att/jcap. pdf。

与互利合作受到了很大程度的影响，尤其是在能源开发与应对气候变化等领域。

（二）对单个国家的智力与人力支持

自 1954 年加入“科伦坡计划”，日本一直通过政府援助向发展中国家提供资金和技术援助，旨在促进国际社会的和平与发展，确保日本自身的安全和繁荣。日本国际协力机构（JICA）成立于 1974 年，是日本政府对外援助的执行机构。作为世界上最大的双边援助机构之一，JICA 通过 17 个国内培训中心等与各种组织合作实施多种不同的项目，在全世界大约有 100 个海外事务所，在 150 多个国家和地区开展工作。2021 年 6 月，JICA 海洋生物多样性保护项目专家组对斐济渔业部门进行调研，通过调查了解到当地渔业部门希望学习项目管理方面的专业知识与技能，JICA 决定开展 PCM（项目周期管理）培训。PCM 培训旨在培养学员通过使用项目规划表来制定项目规划、实施步骤和周期评估的能力。2021 年 11 月，日本国际协力机构为斐济水产局各部门的相关人员举行了为期 5 天的 PCM 培训。[①] 与此同时，JICA 项目专家组也在一旁持续跟进，在第一时间给项目实施遇到瓶颈的小组提供切实有效的解决方案。

2022 年 5 月，项目组又来到了斐济，与当地渔业部的工作人员以及南太平洋大学的教授共同为布努克村（Bunuk Village）的村民组织关于水产养殖的项目培训。此次培训主要指导当地村民进行梭子蟹的养殖，为村民介绍饲料的种类以及如何进行喂养等。8 月 8 日，专家组再次回到布努克村对梭子蟹的养殖情况进行回访，并表示将继续同当地村民共同推进这一小型项目的实施。[②] 8 月 29 日，项目组来到了瓦努阿图，参观了瓦努阿图渔业部门、

① 独立行政法人国際協力機構：「PCM 研修を開催」，2022 年 3 月 14 日，https：//www. jica. go. jp/Resoucle/project/fiji/004/news/20220314. html。

② 独立行政法人国際協力機構：「小規模プロジェクト(3) ブヌク村でのノコギリガザミ畜養」，2022 年 9 月 16 日，https：//www. jica. go. jp/project//fiji/004/news/20220916_ 07. html。

罗非鱼养殖地、海参打捞和加工地以及海鲜市场。① 除瓦努阿图外，JICA 还访问了帕劳并进行相关调查。JICA 计划将该项目的培训范围从斐济进一步扩大到瓦努阿图和帕劳等其他太平洋岛国。其目的是推动“南南合作”，通过帮助太平洋岛国地区实现产业振兴来提高各岛国经济发展水平。

JICA 海外志愿服务队（JOCV）的派遣活动始于 1965 年，旨在帮助解决发展中国家在基础行业发展中所面临的问题。1972 年，萨摩亚成为 JICA 海外志愿服务队入驻太平洋岛国的第一站。同年 12 月，志愿服务队的第一批成员被派往萨摩亚，他们利用在土木工程建设方面的专业知识对萨摩亚公共事业部门负责的火力发电厂建设项目进行技术指导与建设协助。第一批志愿服务队成员的努力赢得了萨摩亚当地政府有关部门的高度评价。对此，萨摩亚当地政府的其他相关部门与机构也纷纷发出请求，希望日本派遣志愿服务队成员对其进行技术援助与支持。1972 年派遣志愿服务队以来，日本每年派遣 10～30 名志愿服务队队员前往萨摩亚。截至 2022 年，派遣人数已经达到 676 人。② 这些志愿服务人员遍布当地的教育、卫生、建筑、环境、IT、体育和文化等诸多领域。最初，志愿服务人员主要集中于建筑业、农业、林业和渔业等第一、第二产业为主的公共事业领域。2000 年以来，志愿服务队的工作重心逐渐向开展教育和体育等人才培养事业转变，同时对医疗保健事业、残疾人事业等服务行业进行支援和协助。萨摩亚人口约为 20 万人，与其他国家相比，日本海外志愿服务队派遣到萨摩亚各个部门的人均数量明显较多。这表明志愿服务人员所提供的服务得到了萨摩亚政府部门的广泛认可。2022 年 12 月 8 日，在萨摩亚首都阿皮亚举行了日本海外志愿服务队进驻萨摩亚 50 周年的纪念仪式，萨摩亚总理、日本驻萨摩亚大使等出席了纪念仪式。萨摩亚副总理阿拉·尤瑟佛·彭尼法西奥（Tuala Tevaga Iosefo Ponifasio）在贺词中说

① 独立行政法人国際協力機構：「バヌアツを訪問」，2022 年 10 月 3 日，http：//www. jica. go. jp/Resource/project/fiji/004/news/2022/003. html。

② 独立行政法人国際協力機構：「JICA 海外協力隊サモア派遣 50 周年特集」，2022 年 11 月，https：//www. jica. go. jp/samoa/office/others/volunteer_ 50th/index. html。

道："海外志愿服务队代表了日本的形象，他们为日本与萨摩亚人民之间加深相互理解做出了不可磨灭的巨大贡献，我对他们迄今为止做出的所有努力与贡献表示深切的感谢，并强烈希望未来能与他们继续保持长期友好的合作关系。"[①] 50年来，海外志愿服务队为萨摩亚的发展做出了不懈的努力，也为日本与萨摩亚两国间构筑更深层次的友好信赖关系做出了卓越的贡献。

海外志愿服务队的足迹已然遍布太平洋岛国的绝大部分区域。在帕劳，为了实现海洋的可持续发展与兼顾环境保护这一主要目标，JICA 分管大洋洲区域总部依照 PALM9 的会议精神与有关协定，于 2022 年分别在与社会经济发展息息相关的基础设施建设与资源管理、推进涵盖农业的观光旅游产业发展、构建岛屿型医疗体系与传染病防治相关的医疗器械的整备与调度、远距离线上教学支援计划与教师研修和教材编写等领域派遣了海外志愿服务队。这些举措不仅仅为当地民众带来了先进的科学技术与管理理念，而且推动了当地民营企业的快速复苏与蓬勃发展、增加了就业机会，从多个方面提升了帕劳人民的生活品质。[②] 在斐济，JICA 海外志愿服务队则于 2022 年派遣了众多志愿者，致力于推进当地海洋基础设施建设、培养水产养殖业与海事安全等领域的专业人才，促进海洋的可持续发展。[③]

（三）积极开展区域培训

在能源开发领域，JICA 为太平洋岛国电力供应系统提供技术支持。支援对象也由以往的单个国家向区域内的多国进行辐射。2019 年 11 月，JICA 在太平洋岛国开展了混合式动力发电系统的导入项目培训。此次培训由日本冲绳县企业牵头，旨在为该地区引进柴油发电机与可再生能源相结合的混合

---

① 独立行政法人国際協力機構：「JICA 海外協力隊サモア派遣 50 周年特集」，2022 年 11 月，http：//www. mofa. go. jp/samoa/office/others/volunteersoth/index. html。

② 独立行政法人国際協力機構：「外務省　対パラオ共和国事業展開計画」，2022 年 9 月，http：//www. mofa. go. jpmofaj/gaiko/oda/files/000072639. pdf。

③ 独立行政法人国際協力機構：「外務省　対フィジー共和国事業展開計画」，2019 年 4 月，http：//www. mofa. go. jp/mofaj/gaiko/oda/files/000072641. pdf。

式动力发电系统，主要面向斐济、图瓦卢、基里巴斯、密克罗尼西亚联邦和马绍尔群岛五个国家开展为期十天的培训。位于斐济的太平洋岛国电力协会总部负有引领太平洋地区电力事业发展的重要使命，因此，JICA 决定将斐济作为普及混合式动力发电系统的区域培训基地，由斐济政府和电力公司的负责人担任讲师，向来自其他四个国家的技术人员讲授混合式动力发电系统的核心技术以及操作和维护流程。[①] 此次培训为五个国家的技术人员提供了交流的平台，学员收获颇丰。因此，JICA 每年进行一次关于电力供应系统的人员培训。

2022 年 3 月，JICA 以斐济的研修资源与经验为依托，为库克群岛、瑙鲁、帕劳、巴布亚新几内亚、萨摩亚、所罗门群岛和汤加七个国家的技术人员开展了线上区域培训。此次培训由来自斐济基础设施建设部和斐济能源有限公司的技术人员担任讲师，为来自太平洋地区七个国家的技术人员讲授混合式动力发电系统的技术，其中包含核心技术和日常管理与维护等。除此之外，为了激发讲师的教学热情，JICA 要求学员对讲师进行教学评价，同时讲师也会对学员进行能力测验，并为成绩优异的学员颁发培训结业证书。[②] 原本 JICA 计划将来自各个国家的技术人员邀请到斐济进行附带实习内容的培训，然而受新冠疫情的影响外来人员无法入境斐济，因此只能改为线上培训。学员对此次培训给予了高度评价，并且期待之后的实践培训以及主题讲座。JICA 计划针对混合式动力发电系统的导入项目开展三次区域培训。

三　日本地方政府、民间企业与岛国间的合作更为密切

2021 年 11 月，第三届日本-太平洋岛国经济论坛在日本贸易振兴机构

① 独立行政法人国際協力機構：「フィジーにおける地域研修の実施について」，2019 年 11 月 29 日，https：//www. jica. go. jp/information/seminar/2019/20191129_ 02. html。

② 独立行政法人国際協力機構：「再エネ拡大と安定供給の両立に向けた、太平洋島嶼国向け地域研修の実施について」，2022 年 4 月 28 日，https：//www. jica. go. jp/information/seminar/2022/20220428_ 01. html。

（JETRO）的主持下通过视频会议的形式举行。作为 7 月线上举行的 PALM9 相关活动的一部分，该论坛旨在促进太平洋岛国与日本之间的贸易和投资。日本外务省副部长三宅伸吾和太平洋岛国 10 个国家与地区的部长等政府官员出席了本次论坛。此外，日本方面还有 11 家致力于为太平洋岛国可持续发展提供技术支持和产品开发的企业以及非政府组织参加了此次会议。三宅伸吾副部长在欢迎辞中表示，太平洋岛国可持续和有韧性的经济发展对于实现“自由开放的印太战略”极为重要，同时希望该论坛能成为日本与太平洋岛国之间进行更深层次的贸易与投资的示范。[①] 在此次论坛上，日本企业介绍了他们在太平洋岛国地区可再生能源、环境保护和防灾减灾等领域的业务发展模式、核心技术以及现阶段所取得的成就等内容。斐济商业、贸易、旅游、运输和城市与国家规划部部长法亚兹·西迪克·科亚（Faiyaz Siddiq Koya）代表整个太平洋岛国对日本企业的贸易与投资表示欢迎，并且阐明了太平洋岛国作为贸易伙伴和投资目的地的优势。通过此次论坛，太平洋岛国政府与日本企业和非政府组织之间的合作得到了进一步的深化。根据 PALM9 所达成的共识，日本将加大对太平洋岛国水利工程及农业灌溉等领域的基础设施建设的援助力度，并在人才培养、能源开发、应对自然灾害与气候变化、公共卫生等领域加强与太平洋岛国之间的交流与合作。此外，以地方政府为首的日本各区域自治体也积极投身同太平洋岛国间的经贸合作中。

2018 年 5 月，包括日本三重县在内的日本五个县的知事齐聚东京召开了第一届太平洋岛国与日本地方政府会议。该会议每三年在日本举行一次，同日本-太平洋岛国首脑峰会同时举行。2022 年 1 月，汤加火山爆发后，日本地方政府积极鼓励民众为汤加人民捐款捐物，并将收到的捐款与应急救援物资送交至汤加王国驻日本大使馆。[②] 2022 年 5 月，为了进一步加强日本地

① 日本外務省：「第 3 回日本・太平洋島嶼国経済フォーラムの開催」，2021 年 11 月 24 日，https：//www. mofa. go. jp/mofaj/press/release/press3_ 000647. html。

② 「太平洋島嶼国・日本地方自治体ネットワークによるトンガ沖大規模噴火災害義援金の贈呈について」，日本三重県網，2022 年 5 月 28 日，https：//www. pref. mie. lg. jp/TOPICS/m0030300379. htm。

方政府与太平洋岛国之间的联系，发挥双方的地域特色，深入推进各领域间的国际交流，第二届太平洋岛国与日本地方政府会议在日本三重县志摩市举行。① 会上，日本地方政府与包括汤加王国在内的太平洋岛国的与会大使就捐赠工作的具体细节和流程进行了交流，日本地方政府表示希望发挥地域特色，进一步加强与太平洋岛国之间的友好往来。

通过加强企业以及地方政府与太平洋岛国地区的交流与合作，日本与太平洋岛国地区的双边关系今后将会朝着更为多元化与立体化的方向发展。

结　语

2022 年，对世界来说是一个充满挑战的年头。新冠疫情仍未彻底消失，俄乌冲突又接踵而来，本来就充满不确定性的国际局势变得更加错综复杂；美国及其盟友扰乱了全球供应链，进一步加剧全球经济压力；气候变化危机导致民众对环境保护的呼声愈加高涨。面对动荡不安的国际局势，各国人民追求和平与发展的期盼也愈加强烈。放眼世界，开放合作的潮流奔涌向前。2022 年，日本与太平洋岛国关系稳步向前，双方围绕 PALM9 制定的目标开展新一轮的友好合作。日本将东盟作为枢纽推进自由开放的“印太战略”，加大对太平洋岛国技术领域的支持以及人才培养，合作模式也朝着更加多元化的方向发展。2023 年 2 月，日本与密克罗尼西亚联邦举行了首脑会谈，日本首相岸田文雄与密克罗尼西亚联邦总统戴维·帕努埃洛（David W. Panuelo）共同签署了《日本-密克罗尼西亚联邦首脑会议联合声明》。双方首脑认为俄乌冲突动摇了国际秩序，拥有民主和法治的国家需要团结起来维护世界和平，双方应进一步开展合作，加强包括联合国安全理事会改革在内的联合国机能。② 2023 年，JICA 制定的新的国别分析文件指出，今后日本对太平洋

① 「太平洋島嶼国・日本地方自治体ネットワーク（PALM&G）」，日本三重県網，2022 年 5 月 28 日，https：//www. pref. mie. lg. jp/KOKUSEN/HP/m0137600109_ 00005. htm。

② 日本外務省：「日・ミクロネシア首脳会談」，2023 年 2 月 2 日，https：//www. mofa. go. jp/mofaj/a_ o/ocn/fm/page3_ 003610. html。

岛国的开发援助会侧重以地缘政治优势为目标，重新评估密克罗尼西亚群岛国家对日本的重要性，对投入的资源的再分配也会重新进行商榷。[①] 此外，由于自然灾害所造成的破坏愈加严重，日本与太平洋岛国在防灾领域开展合作的重要性也急剧增加。今后，日本会在实现 PALM9 制定的目标基础上，更加侧重对太平洋岛国的贸易投资、帮助太平洋岛国快速实现产业振兴、进一步加强与太平洋岛国之间的双边合作，还会寻求开展多边合作的方法。

---

① 独立行政法人国際協力機構：「大洋州地域 JICA 国别分析ペーパー」，2023 年 3 月，https：//www. jica. go. jp/regions/oceania/ve9qi8000000bszk-att/jcap. pdf。

B.14
2022年新西兰对太平洋岛国气候援助分析

张　娟*

摘　要： 2022年，新西兰对太平洋岛国的气候援助政策开始发生转变，在政策上制定了应对气候变化方案，在资金上提高了气候援助金额，在执行方式上出台了新西兰国际气候融资战略，并率先设立气候变化损失与损害基金。这一政策调整的直接原因在于南太平洋地区大国博弈加剧，新西兰在这一地区产生了"战略焦虑"。2022年新西兰对太平洋岛国气候援助政策的调整充分反映了太平洋岛国的战略地位与气候变化问题的复杂性交织在一起，对太平洋岛国的气候援助成为各国利益交锋的主要领域之一。

关键词： 新西兰　气候援助　太平洋岛国　气候变化

气候变化威胁着太平洋岛国经济社会发展、人民健康和生存，受到国际社会的普遍关注，对其提供气候援助不仅是太平洋岛国的迫切要求，也直接关乎各国在全球治理层面的合作。新西兰与南太平洋地区邻国保持着密切而特殊的关系，一直是该地区第二大援助国，新西兰通过外交和贸易部、国防部实施了一系列的气候援助方案，以减轻气候变化对太平洋岛国

* 张娟，博士，聊城大学太平洋岛国研究中心研究员，研究方向为新西兰与太平洋岛国关系、太平洋岛国政党政治。

经济和社会的影响。随着大国博弈加剧，2022 年新西兰的气候援助政策发生重要转变。

一 太平洋岛国的气候变化现状

太平洋岛国多位于热带地区，处于太平洋板块与亚欧板块活跃的板块交界处，特殊的地理位置造成飓风、地震和海啸等自然灾害频发。太平洋岛国的海岸线漫长，几乎所有的人口定居点都在海岸线上，因此关键基础设施、淡水资源和居住人口极易受自然灾害的影响。世界气象组织在其调查报告中曾强调，人类引发的气候变化致使全球温度上升，从而加剧了极端天气的发生，影响了季节性降雨和温度模式，现在所有自然发生的气候事件都是在人类引起的气候变化背景下发生的或是人类引起的气候变化直接导致的。随着全球变暖，气候变化导致南太平洋地区自然灾害的频繁发生，对太平洋岛国的环境、经济和社会构成巨大的威胁并造成巨大的经济损失。相比于 1992~1996 年南太平洋地区发生 54 起自然灾害，2017~2021 年，太平洋岛国共发生 70 起自然灾害（包括洪水、干旱、流行病、飓风、山体滑坡、地震和森林火灾等），给太平洋岛国造成的经济损失达 173.05 亿美元。2022 年联合国亚洲及太平洋经济社会委员会（ESCAP）发布的次区域报告指出，在全球变暖幅度处于 1.5 摄氏度到 2 摄氏度的情形下，气温每升高一摄氏度都会增加太平洋小岛屿发展中国家遭遇热带气旋的风险。[①] 同时报告指出，太平洋小岛屿发展中国家因其自身地理位置偏远、经济落后，过去已经在自然灾害面前显现出其脆弱性，当前这些国家由于更多的气候变化带来的复杂风险以及产生与之相关的生物危害而变得更加脆弱。报告强调，热带气旋、洪水和干旱等与气候相关的水文气象灾害因气候变化日益加剧更加频发并且强度增加，因此在太平洋小岛屿发展中国家当中造成了一系列新的并且不断扩大

① 《联合国报告：太平洋小岛屿发展中国家在气候变化面前极其脆弱》，联合国网站，2022 年 9 月 13 日，https：//news. un. org/zh/story/2022/09/1109221。

的洪水和热带气旋风险区域，其中，受影响最严重的人口集中在南太平洋地区的所罗门群岛、巴布亚新几内亚和斐济。[①] 2016 年以来，斐济经历了 14 次飓风，2016 年的一次飓风在 36 小时内摧毁了斐济 1/3 的 GDP。2020 年 4 月，汤加、斐济、所罗门群岛和瓦努阿图遭遇五级热带气旋“哈罗德”，该气旋在斐济首都苏瓦近郊及附近城市引发龙卷风，由于灾情严重，苏瓦所在的斐济最大岛屿维提岛宣布封锁交通，禁止车辆通行。瓦努阿图遭到极为惨重的破坏，80%～90%的房屋受到摧毁，27%以上的人口流离失所。[②] 2022 年 1 月，热带气旋“科迪”带来的强降水影响了整个斐济，引发洪水，近 1600 户家庭受损，山体滑坡，道路损毁，交通中断，学校关闭。2022 年是太平洋地区连续第三年出现拉尼娜现象，因此又叫“三峰”拉尼娜现象（连续三年）。1950 年以来，这是第三次出现此类现象。持续的拉尼娜现象正在延长受灾地区的干旱和洪水状况。受此影响，太平洋岛国如巴布亚新几内亚、基里巴斯和图瓦卢面临着更加严重的干旱和洪水灾害。2022 年 1 月 15 日，太平洋岛国汤加洪阿哈阿帕伊岛附近发生了猛烈的普林尼型火山喷发，海底火山喷发并引发海啸，巨浪席卷汤加海滨街道和建筑物，汤加阿塔塔岛整个小岛被摧毁。居民们受其影响不得不逃往地势更高的地域，当地电力和互联网几乎全被切断。汤加政府表示，海底火山喷发引发的海啸高达 15 米。海啸导致汤加 3 人遇难，该国 84%的人口受到海啸以及火山喷出的火山灰影响。汤加的火山爆发还引发了所罗门群岛、萨摩亚、斐济和瓦努阿图的海啸。

气候变化导致自然灾害频发，使岛国经济更具敏感脆弱性。太平洋岛国经济发展高度依赖生态资源，国家经济中许多最重要部门，如农业、渔业和旅游业对环境因素依赖程度高。全球变暖导致海面温度和海洋酸度随之升高，影响珊瑚和浮游生物在内的具有碳酸钙骨架或外壳的物种的生长，从而

① 《联合国报告：太平洋小岛屿发展中国家在气候变化面前极其脆弱》，联合国网站，2022 年 9 月 13 日，https：//news. un. org/zh/story/2022/09/1109221。

② 联合国减少灾害风险办公室：《新冠肺炎疫情期间的极端天气事件》，2020 年 5 月 16 日，http：//www. cneb. gov. cn/2020/05/16/ARTI1589618546532613. shtml。

影响海洋鱼类的生长。渔业是太平洋岛国主要的经济收入来源之一。全球变暖带来的气候变化导致海水上涨，海岸线受到侵蚀、水土不断流失，淡水资源被海水侵蚀，一些海岸线上的定居点面临被迫搬迁的艰难选择。因此，增加与气候相关的对外援助帮助太平洋岛国应对与气候相关的威胁，成为太平洋岛国应对气候变化挑战的重要途径之一。援助已成为太平洋岛国应对气候变化的核心内容。

二　太平洋岛国进入“气候紧急状态”

2022 年 7 月 11 日至 14 日，第 51 届太平洋岛国论坛在斐济首都苏瓦举行，来自太平洋岛国的领导人出席论坛。太平洋岛国论坛通过推动可持续发展、环保和应对气候变化等议题，为岛国发展提供了重要的政策建议，在维护地区和平与发展方面发挥着重要作用。在太平洋地区的地缘竞争日益激烈背景下，太平洋岛国的领导人强调影响其国家生存安全的气候变化及发展援助是真正被关注的话题。作为本次论坛一个主要焦点，各国领导人充分认识到气候变化造成的灾难以及对太平洋岛国人民和未来造成的威胁。各国领导人首次共同宣布该地区进入气候紧急状态，强调了通过快速和持续减少温室气体排放，将全球变暖幅度限制在 1.5 摄氏度的紧迫性，并在全球范围内加大行动和宣传力度。① 各国领导人敦促发达国家缔约方到 2025 年至少将其向发展中国家缔约方提供的用于适应气候变化的气候融资总额较 2019 年的水平增加一倍；审议新的集体量化气候融资目标，最大限度地减少和解决与气候变化相关的损失和损害；支持瓦努阿图争取国际法院对气候变化做出裁决以明确气候变化的法律后果。②

---

① Pita Ligaiula, “51st Pacific Islands Forum Leaders Communique 2022”, July 18, 2022, Pacific News Service, https://pina.com.fj/2022/07/18/51st-pacific-islands-forum-leaders-communique-2022/.

② Pita Ligaiula, “51st Pacific Islands Forum Leaders Communique 2022”, July 18, 2022, Pacific News Service, https://pina.com.fj/2022/07/18/51st-pacific-islands-forum-leaders-communique-2022/.

各国领导人重申，成员国承诺充分执行《巴黎协定》，包括到 2050 年实现太平洋碳中和的集体目标，并希望发展伙伴支持太平洋岛国实现这一目标。各国领导人回顾了他们在 2021 年发表的具有里程碑意义的《关于面对与气候变化有关的海平面上升保护海洋区的宣言》，并再次强调气候变化和海平面上升的关键问题已危及太平洋岛国人民的生计和福祉，还将破坏地区和平、安全和可持续未来的实现，进一步呼吁其他国家和地区积极支持该宣言并采取一致措施制定保护海洋区域的全球规范。

各国领导人重申，气候变化是蓝色太平洋面临的最大生存威胁，优先保护太平洋岛国免受海平面上升的威胁，是支撑《蓝色太平洋大陆 2050 年战略》所提出的目标全面实现的决定性问题。各国领导人呼吁联合国大会通过国际法院就各国在气候变化方面的义务提供咨询意见的决议草案，该决议旨在鼓励各方寻求更大的气候行动。太平洋岛国要求国际法院根据国际法，就各国有哪些义务来确保各国和子孙后代保护气候系统和环境不受人为温室气体排放的影响提供咨询意见，并期待在制定具体措施方面进行密切合作，以确保在减少温室气体排放量，将全球变暖幅度限制在 1.5 摄氏度方面产生最大影响，以及所有主要排放国过去、现在和未来的义务。①

太平洋岛国是世界上受气候变化威胁最严重的地区之一，但其人均水平的碳排放量远低于全球人均水平。面对由气候变化带来的巨大威胁，岛国行动起来积极应对，宣布进入气候紧急状态，通过这一举措来提高人民的警惕性，加强抗灾设施的建设，并向全世界发出提供经济援助的紧急呼吁。

三　新西兰对太平洋岛国气候援助政策变化的原因

在气候问题方面尽管太平洋岛国论坛领导人会议一再强调气候变化对太

① Pita Ligaiula, "51st Pacific Islands Forum Leaders Communique 2022", July 18, 2022, Pacific News Service, https://pina.com.fj/2022/07/18/51st-pacific-islands-forum-leaders-communique-2022/.

平洋岛国的灾难性影响，但是，作为论坛主要成员的新西兰和澳大利亚在气候问题上的立场同其他太平洋岛国存在分歧。在 2015 年的太平洋岛国论坛领导人会议上，新西兰淡化了有关气候问题的议题讨论，致使太平洋岛国未能就本地区在巴黎气候大会的立场达成强有力的统一宣言。新西兰前总理杰辛达·阿德恩执政后，在气候问题和气候援助方面新西兰政府采取了积极的举措。

（一）新西兰对太平洋岛国气候援助的背景因素

新西兰与太平洋岛国在地理、历史、文化、政治和人口方面紧密相连，新西兰位于太平洋西南部，与太平洋岛国是近邻。新西兰长期以来标榜自身的“太平洋身份”，声称本国与太平洋岛国共享太平洋的命运。新西兰与库克群岛、纽埃和托克劳之间存在着特殊的自由联系关系，库克群岛、纽埃和托克劳的公民在法律上可被视为新西兰居民。第二次世界大战后，新西兰劳动力短缺，当时新西兰政府向太平洋国家和地区敞开大门，大量的就业机会刺激了太平洋岛国人民向新西兰移民。很快新西兰城市的工业区成为太平洋岛国侨民的中心。基于历史文化的紧密联系和新西兰给予的大量帮助，太平洋岛国裔逐渐融入了新西兰的“双文化框架”，并成为新西兰当前“多元文化社会”的重要组成部分。① 根据新西兰统计局数据，截至 2022 年 12 月，新西兰人口总数为 515.16 万人，其中太平洋岛国裔占 8%（部分为多元族裔认同）。如今，奥克兰是世界上最大的太平洋岛国裔城市，新西兰太平洋岛国裔人口迅速增长，已经成为新西兰第四大族群。预计到 2026 年，太平洋岛国裔人口将增长到总人口的 10%。新西兰的太平洋岛国裔人口正在重塑国内政治格局，新西兰联合政府中的太平洋核心小组就是明证，2020 年的选举内阁中太平洋岛国裔部长人数多

① 田京灵：《“太平洋重置”：新西兰外交活动的主轴》，《世界知识》2019 年第 4 期。

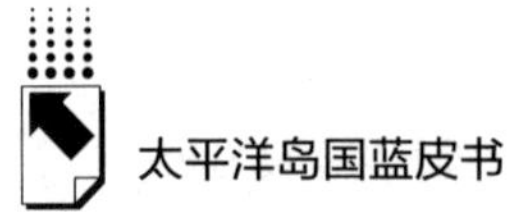

达 5 人。[1] 这些因素深刻影响着新西兰政府看待太平洋岛国地区的态度。新西兰政府认为，在许多方面，太平洋岛国地区是新西兰更重要、发挥更大影响力并可以产生更积极影响的地方。

太平洋岛国论坛（PIF）于 1971 年在新西兰惠灵顿建立，新西兰是太平洋岛国论坛的创始成员。新西兰与太平洋共同体、太平洋区域环境规划署秘书处、南太平洋大学和太平洋岛国论坛渔业局等区域机构合作。同时，新西兰政府积极参与太平洋事务，新西兰 30 多个政府机构与太平洋岛国有利益接触。新西兰也是太平洋岛国极其重要的贸易伙伴，赞助了大量促进太平洋岛国经济增长的区域倡议和计划。新西兰还是太平洋地区仅次于澳大利亚的第二大捐助国，捐助对象国家主要是太平洋岛国（地区），包括美属萨摩亚、瑙鲁、托克劳（新）、库克群岛、新喀里多尼亚（法）、汤加、密克罗尼西亚联邦、纽埃、图瓦卢、斐济、帕劳、瓦努阿图、法属波利尼西亚、巴布亚新几内亚、瓦利斯和富图纳、基里巴斯、萨摩亚、马绍尔群岛和所罗门群岛。2011~2017 年，新西兰向其太平洋岛国合作伙伴提供了约 15 亿新西兰元援助；这些援助完全是作为赠款提供的。2018~2021 年，新西兰外交和贸易部统计，新西兰近 60%的官方发展援助资金流向了太平洋岛国。[2] 在防务上，新西兰与斐济、所罗门群岛、汤加、巴布亚新几内亚、萨摩亚、瓦努阿图等国签有“互相援助计划”，帮助有关太平洋岛国训练军队并进行联合军事演习。

（二）新西兰对太平洋岛国气候援助政策变化的原因

对于新西兰而言，南太平洋地区除了身份认同联系之外，也是新西兰国家安全的依托、周边环境的根基和国际影响力的首要舞台。新西兰地理

---

① 中华人民共和国商务部对外投资合作国别（地区）指南编制办公室：《对外投资合作国别（地区）指南：新西兰（2022 年版）》，中华人民共和国商务部网站，2023 年 3 月，http：//www. mofcom. gov. cn/dl/gbdqzn/upload/xinxilan. pdf。

② “Our Aid Partnerships in the Pacific”，New Zealand Government Department of Foreign Affair and Trade，August 21，2022，https：//www. mfat. govt. nz/en/aid - and - development/our - aid - partnerships-in-the-pacific/.

位置特殊，受到太平洋天然屏障的保护，距历史上主要的国际热点动荡地区较远。但随着技术进步和全球化进程的推进，新西兰也逐渐面临有组织犯罪、毒品、恐怖主义、航空与边境安全等跨境安全挑战。[①] 太平洋岛国地区保持和平与稳定，无疑将对新西兰国家安全构成重大影响。因此，新西兰除负责少数岛国的安全防卫之外，也积极致力于维护整个南太平洋地区的安全稳定。新西兰政府已明确承诺维护南太平洋地区的安全，并表示安全——包括气候安全——是其与太平洋岛国关系的核心组成部分。[②] 这种对地区安全的重视，正值中国在南太平洋地区增强影响力之际。2022年4月，中国与所罗门群岛签署了双边安全合作框架协议，并参与所罗门群岛警察部队的培训。[③] 2022年6月上旬，中国与各建交太平洋岛国签署并达成52项双边合作成果，涵盖应对气候变化、抗击疫情、防灾减灾、绿色发展、医疗卫生、农业、贸易、民航、旅游、地方等15个合作领域。[④] 美国、英国、日本、澳大利亚和新西兰创建了“蓝色太平洋伙伴关系”倡议，声称旨在促进与太平洋岛国的经济和外交关系，帮助斐济、帕劳、萨摩亚和马绍尔群岛等太平洋岛国解决从气候变化到非法捕鱼等问题。白宫称，五国将密切合作，应对“基于规则的自由开放国际秩序承压上升”等挑战，支持太平洋地区的繁荣、韧性和安全，同太平洋岛国在气候变化、海上安全、卫生等领域开展合作。新西兰国防部2022年度报告指出，战略竞争和气候变化是新西兰安全利益面临的主要挑战，气候变化引发的危机同时

① 田京灵：《“太平洋重置”：新西兰外交活动的主轴》，《世界知识》2019年第4期。

② “Draft National Securit Long-term Insights Briefing”, New Zealand Government Department of the Prime Minister and Cabinet, March 22, 2023, https://www.dpmc.govt.nz/sites/default/files/2022-10/Draft%20National%20Security%20Long-term%20Insights%20Briefing%20Simplified%20Chinese.pdf.

③ 《外交部：中所已正式签署双边安全合作框架协议》，中国日报网，2022年4月19日，https://cn.chinadaily.com.cn/a/202204/19/WS625e98f5a3101c3ee7ad1467.html。

④ 《践行大小国家一律平等外交理念 助力太平洋岛国加快发展振兴》，中国日报网，2022年6月5日，https://www.mfa.gov.cn/web/wjbz_673089/bzzj/202206/t20220603_10698436.shtml。

影响到多个国家，因此新西兰加大对太平洋岛国地区韧性和应对能力的投资。①

四　新西兰对太平洋岛国的气候援助政策调整举措

太平洋岛国在地理、历史、文化、政治和人口方面与新西兰紧密相连，同时也是新西兰国家安全的依托、周边环境的根基和国际影响力的首要舞台。在阿德恩总理执政期间，新西兰政府对太平洋岛国的气候援助政策进行了调整，不仅制定了气候变化方案，而且大大增加了气候援助资金，出台国际气候融资战略以加大援助力度并对资金分配进行有效指导，设立主要受益者为太平洋岛国的气候变化损失与损害基金。

（一）制定气候变化方案

在第 51 届太平洋岛国论坛上，新西兰时任总理杰辛达·阿德恩与其他太平洋岛国论坛领导人站在一起，宣布气候紧急状态不仅影响到太平洋岛国的生态系统，而且威胁到太平洋岛国人民的生计安全和福祉，气候变化阻碍发展中国家实现联合国制定的可持续发展目标。降低太平洋岛国地区气候变化带来的不利影响需要数十亿美元。太平洋岛国地区迫切需要支持，建立其复原力。为此，新西兰政府制定了气候变化方案，该方案重点是在太平洋地区建立并增强其抵御气候变化的能力，新西兰气候援助的国家和地区主要包括库克群岛、托克劳（新）、巴布亚新几内亚、斐济、基里巴斯、纽埃、密克罗尼西亚联邦、萨摩亚、马绍尔群岛、瑙鲁、所罗门群岛、汤加、瓦努阿图和图瓦卢。

新西兰气候变化方案涵盖七个方面，包括：加强公共部门管理及促进制

---

① "Draft National Securit Long-term Insights Briefing", New Zealand Government Department of the Prime Minister and Cabinet, March 22, 2023, https://www.dpmc.govt.nz/sites/default/files/2022-10/Draft%20National%20Security%20Long-term%20Insights%20Briefing%20Simplified%20Chinese.pdf.

度有效性；决策信息；创新融资手段；建立具有复原力的生态系统；水资源安全；与气候变化相关的人员流动；推动采取更大行动以减少温室气体排放。① 新西兰政府的气候变化方案力求在四个方面有所作为，分别为：以太平洋岛国为主导来制定气候变化应对措施，以增强太平洋岛国对气候变化影响的抵御能力，并改善生态系统和水资源管理系统；完善南太平洋地区与气候变化相关的规划和决策以及增加获得气候融资的机会；采取更大的全球行动以减少温室气体排放；支持南太平洋国家与气候变化相关的人员流动。该方案获得新西兰《2019～2022 年气候行动计划》为全球相关国家和地区提供 3 亿新西兰元气候援助资金，其中的 50%即 1.5 亿新西兰元用于南太平洋地区的气候援助。②

（二）增加气候援助资金

2021 年 10 月 18 日，新西兰总理杰辛达·阿德恩和气候变化部长詹姆斯·肖（James Shaw）在格拉斯哥联合国气候大会前夕宣布，继续加大对南太平洋邻国的支持力度，这些国家处在气候变化的最前线，最需要新西兰的支持。新西兰将气候援助资金增加 4 倍，并做出了“新西兰 2022～2025 年承诺”，即在 2022～2025 年投入 13 亿新西兰元，支持最易受气候变化影响的国家，帮助低收入国家保护人民生命、生计和基础设施免受气候变化的影响。③ 同样，新西兰政府承诺该笔气候援助资金至少有一半将用于支持太平洋岛国开展清洁能源项目，建设对风暴更具抵御性的防风暴建筑，培育能够抵御干旱、洪水和新的害虫的农作物，并保护社区免受海平面上升和

① “Our Support for Pacific Climate Action”, New Zealand Government Department of Foreign Affair and Trade, August 21, 2022, https://www.mfat.govt.nz/en/environment/climate-change/supporting-our-region/the-climate-change-programme/our-support-for-pacific-climate-action/.

② “Climate Change Support”, New Zealand Government Department of Foreign Affair and Trade, August 21, 2022, https://www.mfat.govt.nz/en/aid-and-development/climate-change-support/.

③ “Supporting Climate Action in the Pacific”, The official website of the New Zealand Government, August 19, 2022, https://www.beehive.govt.nz/release/supporting-climate-action-pacific.

飓风的影响。① 为此，新西兰政府制定了国际气候融资战略以指导气候变化方案实施，并采取与南太平洋地区建立合作伙伴关系的方法来开展气候融资投资。“新西兰 2022~2025 年承诺” 中 13 亿新西兰元气候援助资金由现有援助预算（国际开发合作组织拨款）中的 5 亿新西兰元和另外新增的 8 亿新西兰元组成。截至 2022 年底已支出 1.207 亿新西兰元，超过 70%约 8500 万新西兰元用于太平洋岛国气候援助项目。还有近 8000 万新西兰元被承诺用于多年项目。与澳大利亚不同，新西兰将所有资金作为赠款而非贷款提供，一些国家将其视为气候融资。

表 1　截至 2022 年 11 月新西兰对太平洋岛国及地区气候援助金额

单位：新西兰元

国家/地区	2022 年气候援助金额
库克群岛	14408443
斐济	3883997
基里巴斯	3166842
马绍尔群岛	864997
密克罗尼西亚联邦	110041
瑙鲁	568037
纽埃	300877
帕劳	719503
巴布亚新几内亚	1540697
萨摩亚	4586952
所罗门群岛	6307050
托克劳(新)	2278080
汤加	6872001
图瓦卢	3249644
瓦努阿图	3249873
太平洋岛国其他地区	32604343
总计	84711377

资料来源：https：//www.beehive.govt.nz/sites/default/files/2022-08/International%20Climate%20Finance%20Strategy%20-%20low%20res.pdf。

① “Aotearoa New Zealand International Climate Finance Strategy”, New Zealand Government Department of Foreign Affair and Trade, August 21, 2022, https：//www.mfat.govt.nz/assets/Aid/Climate-finance/International-Climate-Finance-Strategy-FINAL-16Aug22-low-res.pdf.

（三）出台新西兰国际气候融资战略

《蓝色太平洋大陆2050年战略》指出："蓝色太平洋大陆继续遭受气候变化的破坏性影响，需要及时获得大规模、有效和可持续的气候融资。"① 作为回应，新西兰加强了对该地区的气候援助，出台《新西兰国际气候融资战略》。该战略于2022年8月16日由新西兰外交部长纳纳娅·马胡塔和气候变化部长詹姆斯·肖发布，阐明新西兰如何将其气候援助用于支持太平洋合作伙伴应对该地区气候变化带来的威胁。② 太平洋岛国长期以来一直呼吁与援助国家发展伙伴关系，采取整体和全面的措施来实施气候援助，改变以往与特定援助项目挂钩逐个强化项目的做法。因此，该战略意在通过采取伙伴合作的方式，让南太平洋国家直接获得气候援助，自行分配，而不与特定项目挂钩。该战略旨在指导新西兰2022~2025年承诺的13亿新西兰元气候融资投资，其中该笔融资中的至少50%将用于南太平洋地区，帮助太平洋岛国大规模采取行动，最大限度降低气候变化带来的不利影响。③ 应对气候变化资金使太平洋岛国能够实施更具创造性的缓解和适应举措，对促进生物多样性、保护海洋和保护脆弱生态系统等长期项目进行投资。该战略鼓励新西兰与南太平洋的研究机构建立持久的伙伴关系，支持共享知识、数据以及技术转让。该战略提供了一个指导框架，通过更具包容性的措施来加强新

---

① "2050 Stategy for the Blue Pacific Continent", Pacific Islands Forum, July 14, 2022, https://www.forumsec.org/wp-content/uploads/2022/07/2050StrategyfinalWebV.pdf.

② Hon Nanaia Mahut, "Launch of Aotearoa New Zealand's International Climate Finance Strategy", The official website of the New Zealand Government, August 19, 2022, https://www.beehive.govt.nz/speech/launch-aotearoa-new-zealand%E2%80%99s-international-climate-finance-strategy.

③ Hon Nanaia Mahut, "Launch of Aotearoa New Zealand's International Climate Finance Strategy", The official website of the New Zealand Government, August 19, 2022, https://www.beehive.govt.nz/speech/launch-aotearoa-new-zealand%E2%80%99s-international-climate-finance-strategy.

西兰的气候融资影响力。①

新西兰气候融资投资战略以期实现四个关键目标。第一，增强太平洋岛国应对气候变化的韧性。新西兰政府对南太平洋地区的气候援助以受援国为主导，充分肯定并支持其自身制定的解决方案，并在尊重其历史、文化和传统的基础上进行合作。第二，缓解气候变化。在南太平洋地区，通过直接资助《巴黎协定》中的“国家自主贡献”中列出的优先事项，增加对减排技术的投资，减少或停止使用化石燃料。第三，通过气候融资为太平洋岛国培养更多的气候变化研究人员、政策制定者和立法者，并提供教育、科技、数据和信息相关方面的支持，促进太平洋地区的气候适应性决策的制定和重要区域举措的推广。第四，利用新西兰的气候融资投资来带动更大的气候投资和援助。新西兰政府希望吸引更多的包括私营部门在内的其他国家的资金和技术支持，并与包括多边开发银行在内的其他捐助者合作，获得更多的援助。在该战略宣布实施之后，新西兰政府与太平洋岛国政府、太平洋区域组织理事会成员、非政府组织、太平洋岛国裔社区和新西兰奥特亚的青年领袖进行了广泛的协商对话和合作。

（四）设立气候变化损失与损害基金

2015 年，在巴黎举行的《联合国气候变化框架公约》第 21 次缔约方大会（COP21）上，“损失与损害”一词在《巴黎协定》第 8 条中被正式定义为因气候变化的不利影响而造成的损失。发展中国家通过 77 国集团和小岛屿国家联盟等组织，呼吁温室气体排放量大的发达国家设立损失与损害基金，以帮助和补偿因气候变化而受影响的发展中国家。然而，在联合国气候峰会上，与会方尚未就损失与损害基金的范围以及资金来源、哪些国家应提供资金、如何分配资金等达成共识。

2022 年 6 月 7 日，来自非洲、亚洲、加勒比、拉丁美洲和太平洋地区

① “Aotearoa New Zealand International Climate Finance Strategy”, New Zealand Government Department of Foreign Affair and Trade, August 21, 2022, https://www.mfat.govt.nz/assets/Aid/Climate-finance/International-Climate-Finance-Strategy-FINAL-16Aug22-low-res.pdf.

的 58 个国家组成的气候脆弱论坛（CVF）发布了一份气候脆弱经济体损失报告。报告估计，在 2000~2019 年，气候脆弱国家由气候变化带来的损失约为 5250 亿美元。

2009 年，在哥本哈根举行的《联合国气候变化框架公约》第 15 次缔约方大会（COP15）上，发达国家承诺到 2020 年之前每年向发展中国家提供至少 1000 亿美元资金来帮助发展中国家减缓气候变化的影响。[①] 2010 年，在坎昆举行的第 16 次缔约方大会（COP16）和 2015 年在巴黎举行的第 21 次缔约方大会（COP21）重申了每年提供 1000 亿美元的承诺，并同意将每年提供 1000 亿美元资金的承诺延长至 2025 年，但发达国家仍迟迟未能实施这一计划。[②]

2022 年 8 月，新西兰政府宣布实施的国际气候融资战略中把应对气候变化带来的损失与损害列为优先解决事项。2022 年 11 月 9 日，新西兰政府参加在埃及举行的《联合国气候变化框架公约》第 27 次缔约方大会（COP27），宣布将拨出 2000 万新西兰元（1182 万美元）作为气候基金的一部分，帮助全球发展中国家应对因气候变化而遭受的损失和损害。新西兰外交部长纳纳娅·马胡塔表示："专门为损失与损害提供资金，使新西兰在支持采取行动应对气候变化造成的损失和损害的富裕国家中处于领先地位；这强烈表明我们优先支持太平洋岛国地区。"[③] 新西兰成为少数承诺设立此类气候损失与损害基金的国家之一，该笔气候损失与损害基金的主要受益者是太平洋岛国。

---

① "Statement by the OECD Secretary - General on Future Levels of Climate Finance", The Organisation for Economic Co-operation and Development, October 25, 2021, https: //www. oecd. org/newsroom/statement-by-the-oecd-secretary-general-on-future.

② "COP26: Delivering on $100 Billion Climate Finance Insight", UK Parliment, November 3, 2021, https: //commonslibrary. parliament. uk/cop26 - delivering - on - 100 - billion - climate - finance/.

③ "New Zealand Push for Global Action at COP27 on Climate Loss and Damage", The official website of the New Zealand Government, November 9, 2022, https: //www. beehive. govt. nz/release/new-zealand-push-global-action-cop27-climate-loss-and-damage.

结　语

2022 年，新西兰对太平洋岛国气候援助政策的调整充分反映了太平洋岛国的战略地位与气候变化问题的复杂性交织在一起，对太平洋岛国的气候变化援助成为各国利益交锋的主要领域之一。新西兰长期以来在南太平洋地区扮演着监护者的角色，并努力承担起作为地缘政治集团中最发达的经济大国的责任，共同的殖民历史和地理位置造就了新西兰与太平洋岛国之间的特殊纽带关系。新西兰对太平洋岛国的气候援助与南太平洋地区适应和减缓气候变化的进程密不可分，为应对气候变化和全球气候治理做出其应有的贡献。2022 年，新西兰对太平洋岛国的气候援助政策调整：一方面为新西兰强大的太平洋岛国身份和与该地区的紧密联系所驱动，太平洋岛国地区的稳定和繁荣对新西兰国家利益有着直接影响；另一方面，其他国家在太平洋岛国地区进行竞争和影响力提升，使得新西兰在这一地区产生了一种“战略焦虑”。面对其他大国在太平洋岛国地区影响力的增强，新西兰积极调整气候援助政策，努力重塑与太平洋岛国之间的关系，由援助者与被援助者的关系向真诚与成熟的战略伙伴关系转变。

长久以来，新西兰将气候援助与资金支持挂钩的同时，把新西兰的价值观推向南太平洋地区，被视为一种新的殖民主义形式而广受批评。因此，2022 年新西兰政府制订的“2022~2025 年气候援助计划”强调赋予太平洋岛国政府充分的自主权来制定符合其国情的气候变化政策和方案，由受援国家为主导执行政策和方案，以期帮助太平洋岛国减少对援助国家的经济依赖，真正帮助太平洋岛国创造一个可持续和自力更生的未来。

B.15

“后公投时代”布干维尔地区发展评析

孙雪岩　杨雨桐*

摘　要： 2019年巴布亚新几内亚布干维尔自治区独立公投结束以后，自治区政府积极推进协商进程，在与巴新中央政府就未来政治走向展开政治磋商的同时兼顾经济独立。2020年，托罗阿马继任布干维尔自治政府主席以后，他提出六点战略，力图从政治、经济、外交等多层次为迎接该地区的独立做好准备。根据双方2022年4月协商结果，巴新议会在2023年开启批准程序。然而，布干维尔能否在2025~2027年实现政治走向明朗化仍充满不确定性。

关键词： 巴布亚新几内亚　布干维尔　宪法公投　政治走向

2019年11月23日至12月7日，巴布亚新几内亚（简称“巴新”）布干维尔自治区民众就该地区的政治前途举行全民公投，公投结果表明，97.7%的人投票支持布干维尔自治区脱离巴新独立。尽管此项公投不具法律约束力，巴新国民议会仍对布干维尔自治区的未来走向拥有最终决定权，但是布干维尔自治区的民意也不容忽视。巴新现任总理詹姆斯·马拉佩（James Marape）也称布干维尔未来政治走向为其任期内国家所面临的最大问题，公投之后，布干维尔向何处去也吸引了太平洋岛国地区乃至域外国家的目光。

* 孙雪岩，聊城大学太平洋岛国研究中心研究员，聊城大学历史文化与旅游学院副教授，主要研究领域为韩国与太平洋岛国关系、巴布亚新几内亚；杨雨桐，聊城大学历史文化与旅游学院2022级世界史专业硕士研究生。

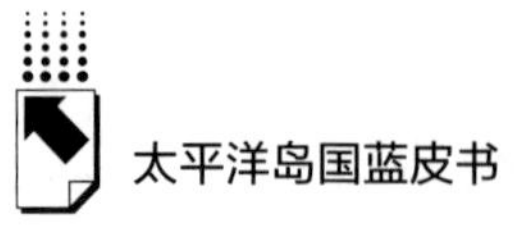

一　布干维尔自治区就未来政治走向与中央政府展开多轮磋商

2019年11月23日至12月7日布干维尔地区举行全民公投，选民可以选择从巴布亚新几内亚获得更大的自治权或者独立，最终结果显示，97.7%的人投票支持从巴布亚新几内亚独立。

（一）各方对公投结果的态度

独立公投结束后，各方在协商中的意见分歧主要围绕在公投的非约束性问题上，巴新中央政府认为，“公投没有约束力，必须得到巴布亚新几内亚议会的批准”。[①] 布干维尔领导人莫米斯（John Momis）认为，压倒性的投票结果已经充分展示布干维尔人民要求独立的坚定决心，接下来的步骤应该集中在行政上为布干维尔承担完全主权制定过渡安排。巴新在批准问题上的立场是，根据《布干维尔和平协定》第311条第1款，布干维尔的最终政治地位仍需要巴布亚新几内亚议员在国民议会进行投票决定，巴布亚新几内亚国民议会拥有最终决定权。除此之外，《巴布亚新几内亚国家宪法》第342条规定协商将围绕公投结果进行，这意味着此次公投在性质上属于协商性公投而非立法性公投，公投结果只是指导双方领导人进行协商的咨询指标。

在法律参数之外，这次公投结果还存在一些政治倾向的争论。虽然布干维尔自治区希望独立，但这对巴布亚新几内亚政府来说是一个非常敏感的话题。巴布亚新几内亚领导人担心，布干维尔的独立引发巴布亚新几内亚其他地区的分离主义运动，其他拥有资源、政治组织和地理隔离的省份如新爱尔兰省和恩加省可能也会走上相同的道路。

① K. Mckenna，E. Ariku，“Bougainville Independence：Recalling Promises of International Help”，Lowy Institute，November 19，2021，https：//www.lowyinstitute.org/the-interpreter/bougainville-independence-recalling-promises-international-help.

2022 年 9 月，在澳大利亚国立大学举行的太平洋地区形势研讨会（State of the Pacific）上，巴新中央政府和布干维尔自治政府的代表在布干维尔未来发展方向上存在较大分歧。巴布亚新几内亚总理部门秘书伊凡·波马鲁（Ivan Pomaleu）提出了一系列警告，称布干维尔没有实现独立所需的行政制度和经济基础。布干维尔的首席秘书沙德拉赫·希马塔（Shadrach Himata）强调，只有独立才能让布干维尔的人民满意，巴布亚新几内亚议会必须尊重 97.7%的选票结果。布干维尔的立场是，巴布亚新几内亚国家宪法而非巴新议会具有最高权威[①]，进而宣称，“布干维尔对巴新国民议会作用的立场是，它必须通过赞同全民公决的结果来保护人民的投票。如果不能保护人民的宪法和民主选择，就等于破坏国家的合法性，根据国际法，布干维尔将有理由主张其挽救性分离的权利”[②]。

尽管存在分歧，但是巴布亚新几内亚不太可能再次爆发内战。如果巴布亚新几内亚政府坚持不妥协而挫伤布干维尔人对协商的信任和耐心，可能会导致地区动荡并威胁到来之不易的和平。如果双方协商完全破裂，不排除布干维尔会第三次单方面宣布独立。

（二）巴布亚新几内亚与布干维尔之间的协商进程

《布干维尔和平协定》[③] 规定了布干维尔独立公投的有关程序原则，但对协商活动的时间安排以及拥有最终决策权的国民议会的最后批准期限并没有做出明确规定，导致直到公投结果公布近 18 个月后，巴布亚新几内亚和

---

① “The Next Five Years Are Crucial for Bougainville’s Independence Bid,” USIP, August 12, 2022, https://www.usip.org/publications/2022/08/next-five-years-are-crucial-bougainvilles-independence-bid.

② Shadrach Himata, “Opinion: Bougainville Signals Tough Line on Independence”, October 4, 2022, https://islandsbusiness.com/news-break/opinion-bougainville-signals-tough-line-on-independence/.

③《布干维尔和平协定》签订于 2001 年 8 月 30 日，由巴新政府与布干维尔方面共同签署。协定规定，巴新政府同意布干维尔省在国家宪法框架内建立自治政府，而布干维尔也获得在自治政府成立 10~15 年内就其未来政治地位举行公投的权力。该协定的签署也标志着长达 12 年的战争的结束。

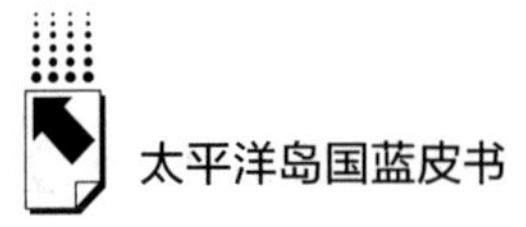

布干维尔才举行了第一次正式协商。①

2021年，布干维尔自治政府（Autonomous Bougainville Government，ABG）与巴新政府继续就2019年12月布干维尔独立公投结果的实施进行磋商。很明显，双方的立场仍有很大分歧。对于布干维尔未来完全独立还是实行某种形式的自治，双方没有达成一致。布干维尔自治政府认为，基于公投中97.7%的人支持独立，协商应该聚焦于实现布干维尔的最终独立，但巴布亚新几内亚政府坚持公投的非约束性，认为无论谈判结果如何，协商只是旨在“政治解决布干维尔问题”。总理马拉佩坚称“这个过程不能操之过急。我们国家正面临生死攸关的关键抉择”②。巴布亚新几内亚国民议会将对是否批准布干维尔的公投拥有最终决定权。相比之下，布干维尔自治区的政治活动则倾向于“为独立做好准备”。2020年开始担任布干维尔自治政府主席的伊什梅尔·托罗阿马（Ishmael Toroama）重申，布干维尔主要致力于实现独立目标。

布干维尔自治政府主席托罗阿马与其前任莫米斯非常不同，莫米斯出生在巴布亚新几内亚大陆，曾参与起草巴布亚新几内亚宪法，与巴布亚新几内亚有着密切联系。而托罗阿马出生在布干维尔，在内战期间曾加入布干维尔革命军（Bougainville Revolutionary Army，BRA），并成为独立运动的领军人物。相比前者，托罗阿马在要求独立的立场上更加坚定。

布干维尔自治政府和巴布亚新几内亚之间的会议和磋商于2021年1月开始，并持续2021年全年。1月11日，布干维尔自治政府主席托罗阿马和巴布亚新几内亚总理马拉佩签署了一份“联合公报”，为未来双方政府就公投后的和平磋商打下基础。联合公报总结了“布干维尔和平进程的事实和原则”，承认公投是“自由和公平的”，确认了97.7%的支持独立公投结果，

① “Papua New Guinea Begins Breakaway Talks with Bougainville Leader”, VOA News, May 17, 2021, https://www.voanews.com/a/east-asia-pacific_papua-new-guinea-begins-breakaway-talks-bougainville-leader/6205902.html.

② “Bougainville Sets 2027 Deadline for Independence from Papua New Guinea”, July 7, 2021, https://www.france24.com/en/live-news/20210706-bougainville-sets-2027-deadline-for-independence-from-papua-new-guinea.

并指出"公投结果将由巴布亚新几内亚国民议会批准（最终决策）"。[①]

巴新中央政府与布干维尔自治政府于2021年2月5日举行了联合监督机构会议（联合监督机构负责执行2001年8月的《布干维尔和平协定》）。会议正式接受了"布干维尔公投结果协商的路线图"，并决定在3月初就公投结果举行首次联合协商会议，但受新冠疫情影响，第一轮协商会议未能按计划举行。

2021年5月18日和19日，在联合国主持下双方进行第一次正式协商，布干维尔自治政府主席托罗阿马与巴布亚新几内亚总理詹姆斯·马拉佩进行了为期两天的协商，托罗阿马在会上指出："布干维尔必须在未来4年内实现独立，在2025年6月之前选举布干维尔独立国的议会成员。"[②] 7月7日，托罗阿马和马拉佩在瓦巴格签署协议，宣布布干维尔地区将于2027年之前实现独立，但是仍需要巴布亚新几内亚议会批准之后，才能获得最终独立。12月，托罗阿马对谈判进度表示不满，呼吁推进谈判进程。在此背景下，马拉佩和托罗阿马进行第三次协商并发表联合声明，双方同意设置一个实施宪法要求的框架，预计该框架将详细解释在巴布亚新几内亚议会提交公投结果的机制以及议员批准公投结果的方式。该框架被称为《埃孔拉协议》（The Era Kone Covenant），在2022年1月31日前提交给巴新中央政府和布干维尔自治政府，如双方同意，该协议将于2022年2月生效。[③]

2022年2月25日，布干维尔宪法规划委员会（Bougainville Constitutional Planning Commission）的成员在布干维尔自治省最大城市阿拉瓦宣誓就职，

---

① Boege Volker, "Bougainville", The Contemporary Pacific, Vol. 34, No. 2, 2022, pp. 447-456.

② "Bougainville President Wants Independence from PNG by 2025", ABC Online, May 19, 2021, https://www.abc.net.au/pacific/programs/pacificbeat/bougainville-president-wants-independence-from-png-by-2025/13350300.

③ "PNG and Bougainville Make Some Progress in Referendum Talks", RNZ, December 13, 2021, https://www.rnz.co.nz/international/pacific-news/457800/png-and-bougainville-make-some-progress-in-referendum-talks.

开始着手为布干维尔独立国制定新的本土宪法。① 2022年4月，布干维尔自治政府和巴布亚新几内亚政府正式签署了《埃孔拉协议》。根据协议条款，批准程序应于2023年开始，独立不早于2025年，不晚于2027年。②《埃孔拉协议》囊括了巴新中央政府与布干维尔自治政府在三次磋商中达成的共识，也为将公投结果和磋商结果提交巴新国民议会提供了法律途径。

布干维尔自治政府的诉求重点是最迟在2027年实现独立。2022年7月，自治政府主席托罗阿马敦促巴布亚新几内亚议会批准对公投结果的认可。他说，“布干维尔人民在国际公认的公投中一致投票支持独立，我们为独立而战，为独立而死”。同时，他拒绝了马拉佩就2019年的布干维尔独立公投结果举行全国协商的声明，“全国协商没有法律依据，批准独立协商结果是巴布亚新几内亚议会的事，没有必要就此问题进行全国协商”③。

2022年大选后，成功连任总理的马拉佩将继续领导巴布亚新几内亚方面的协商。早在2021年5月，马拉佩曾就布干维尔独立对巴布亚新几内亚社会、文化和地理等方面可能产生的影响表示担忧，并表示他的“责任是维护国家的统一”。在其就职演说中，对于布干维尔问题的解决，马拉佩声称，“改变我国边界的问题是宪法问题，必须征求全国人民的意见”④。2022年9月2日，马拉佩任命马纳西·马基巴（Manasseh Makiba）为布干维尔事务部部长，与前任数位布干维尔事务部部长不同，马纳西·

① “Bougainville Constitutional Planning Commission Sworn in Today”, ABG, February 25, 2022, https://www.abg.gov.pg/index.php/news/read/bougainville-constitutional-planning-commission-sworn-in-today.

② “ABG President Hon. Ishmael Toroama-Statement at the Signing of Era Kone Covenant”, ABG, April 5, 2022, https://www.abg.gov.pg/index.php/news/read/abg-president-hon.-ishmael-toroama-statement-at-the-signing-of-era-kone-cov.

③ “MP: No Need for Public Consultation over Bougainville”, PINA, August 25, 2022, https://pina.com.fj/2022/08/25/mp-no-need-for-public-consultation-over-bougainville/.

④ “Inaugural Address by the Prime Minister, Honorable James Marape, on the Occasion of His Election as the Prime Minister of Papua New Guinea, in the 11th National Parliament”, August 9, 2022, https://apngbc.org.au/wp-content/uploads/2022/08/20220809-Marape-Inaugural-Address-to-Parliament.pdf.

马基巴为负责处理布干维尔事务的全职部长，也可看出马拉佩对布干维尔问题的重视。

2022 年 10 月，马拉佩总理在一份声明中指出布干维尔问题是摆在第 11 届议会面前最重要的问题，布干维尔问题的持久和平解决方案以及关于其未来的最终政治解决方案应该在 2025 年之前确定。他说：“2019 年举行的公投结果是 97.7%的人投票支持（从巴布亚新几内亚）独立，我们必须尊重宪法规定的公投及其结果。但同样，我们必须记住，公投是没有约束力的。任何未来安排的最终决策权——无论是独立、继续自治还是其他安排——都属于议会。”①

马拉佩与托罗阿马对现有协议的理解存在令人担忧的脱节，托罗阿马一再重申，双方政府已经制定了布干维尔不迟于 2027 年独立的时间表，但马拉佩认为 2027 年的最后期限是为了最终政治解决布干维尔问题，而不一定是为了独立。马拉佩多次表示，独立只是几种可能的选择之一，仍然必须得到巴布亚新几内亚议会的批准。② 托罗阿马向巴布亚新几内亚发出了实现独立的要求，这可能会在布干维尔产生很高的期望，但如果巴布亚新几内亚议会拒绝批准投票，这种期望可能会破灭。

（三）积极寻求国际支持

布干维尔自治政府和巴布亚新几内亚政府于 2021 年开始就布干维尔和巴布亚新几内亚的未来关系进行磋商。根据《布干维尔和平协定》，这些讨论的建议将提交巴布亚新几内亚议会批准，其结果将是布干维尔实现某种形式的自决。各种可能的自决形式可分为三大类，即在巴布亚新几内亚之外作为正式主权国家进行自决，以与巴布亚新几内亚自由联合的形式

① “Decision on Bougainville to Be in Place by 2025”, The National, October 21, 2022, https://www.thenational.com.pg/decision-on-bougainville-to-be-in-place-by-2025/.

② “The Next Five Years Are Crucial for Bougainville’s Independence Bid”, USIP, August 12, 2022, https://www.usip.org/publications/2022/08/next-five-years-are-crucial-bougainvilles-independence-bid.

进行自决，或在巴布亚新几内亚境内进行自决。独立的国家地位实际上取决于其他国家的承认，如果布干维尔选择在巴布亚新几内亚之外成为独立主权国家，在独立进程中谋求国际社会支持是其工作的侧重点。布干维尔自治政府认识到作为一个新国家获得国际社会的承认以及获得联合国成员国身份可能会遇到困难。2020 年，托罗阿马在就职演讲中将“布干维尔国际关系”作为其总体战略的关键支柱，得到了澳大利亚基层人士以及日内瓦人权倡导者的支持。① 2021 年 4 月 1 日，布干维尔自治政府正式启动“布干维尔独立准备任务”，采取三管齐下的战略方针，要求在布干维尔、巴布亚新几内亚和国际上同时为独立做好准备。2022 年 9 月，布干维尔自治政府副主席帕特里克·尼西拉（Patrick Nisira）指出，布干维尔正在融入全球社会并建立外交关系，力求获得太平洋岛国论坛秘书处、美拉尼西亚先锋集团、欧盟与巴布亚新几内亚经济伙伴协定、亚太经合组织等多个论坛的观察员地位，为布干维尔独立“培养国际支持”。②

二　大力发展经济，积极谋求经济的自力更生

2019 年的独立公投使布干维尔明确政治目标，自治政府正在向新的领导方式过渡。摆在布干维尔领导人面前的一个关键的问题是布干维尔是否具有实现自力更生的经济能力。在过去几十年中，利润丰厚的采矿业在带来财富的同时，也带来了暴力冲突与政局动荡，长期处于关闭状态的矿区还面临着与外资公司的法律纠纷问题。除了采矿，布干维尔还拥有其他潜在的收入来源，比如渔业及可可生产等。但尽管如此，选择独立也就意味着失去了来自中央政府的补贴和资金支持，面临着外援减少的问题。巴布亚新几内亚国

① “Bougainville：Difficult Road Ahead”，Defactostates，November 3，2022，https：//defactostates.ut. ee/blog/bougainville-difficult-road-ahead? lang=en.

② “Bougainville Independence Mission Launches International Prong”，ABG，September 14，2022，https：//www. abg. gov. pg/index. php/news/read/bougainville-independence-mission-launches-international-prong.

家研究所估计，布干维尔的人均国内生产总值约为 1100 美元，这意味着即将独立的布干维尔面临成为像刚果民主共和国、索马里等国家一样世界贫困国家的风险和挑战。①

（一）努力创收，同时仍要依赖巴布亚新几内亚政府的经济援助

实现经济独立的重要指标是布干维尔自治政府能独立为其财政预算提供资金。布干维尔自治政府主席托罗阿马将实现布干维尔经济独立列入他的六大发展战略之中，提出恢复布干维尔的经济活动、创造国内收入。托罗阿马政府成立以来设立了布干维尔战略规划和研究秘书处，根据《布干维尔蓝图》建立了新的宏观经济模式，推动国有企业和私营部门通过出口创收，不断提高就业率和完善基础设施建设。2022 年 1 月，政府投资 150 万基那成立布干维尔水务公司，通过瓶装水的加工出口增加财政收入。除此之外，经济发展部和第一产业部、矿物能源资源部等部门实行跨部门合作，确立并已经开始了巴纳经济特区建设、Tonolei 综合农业项目、Manetai 石灰石项目等具有较大影响力的经济发展项目，但在进入正式生产阶段之前需要开发时间，短期内还无法为自治政府的年度预算提供充足资金。②

托罗阿马政府还从 2021 年补充预算中拨款 2000 万基那，从巴布亚新几内亚银行购买国库券，以为布干维尔的其他经济活动提供资金，但截至 2022 年巴布亚新几内亚政府的援助资金在布干维尔政府的财政预算中仍占较高比例。2020 年，布干维尔的财政预算为 4.4 亿基那（1.82 亿美元），其中近 85%的收入来自巴布亚新几内亚政府拨款。③ 2021 年布干维尔自治政府的财政预算约为 3.9 亿基那，巴布亚新几内亚政府的援助赠款为 3.1998

① “The New Nation: Bougainville's Struggle for Independence”, MIR, March 25, 2022, https://www.mironline.ca/the-new-nation-bougainvilles-struggle-for-independence/.

② “ABG Progresses Economic Reforms”, ABG, April 15, 2021, https://www.abg.gov.pg/index.php/news/read/abg-progresses-economic-reforms.

③ Graeme Dobell, “Australia's PNG-Bougainville Balance”, Australian Strategic Policy Institute, October 24, 2022, https://www.aspistrategist.org.au/australias-png-bougainville-balance/.

亿基那，占比约为82%。[①] 2022年，自治政府财政预算总额估计为4.7亿基那，巴布亚新几内亚政府拨款总额为4.24亿基那。[②]

（二）潜力产业前景分析

布干维尔拥有丰富的矿产资源，彭博社估计，仅潘古纳（Panguna）铜矿就有超过580亿美元的铜和黄金储备。但这些资源，特别是潘古纳矿，在过去一直是巨大冲突的根源，恢复大规模采矿业的前景是不确定的，重新开放潘古纳矿可能会涉及引发1988年冲突的相同问题。

位于巴布亚新几内亚布干维尔自治区的潘古纳铜矿曾是世界五大铜、金矿之一。20世纪60年代，澳大利亚矿业巨头力拓集团开始勘探活动。1972年，力拓子公司“布干维尔铜矿公司”成立，力拓集团持53.58%的股权，巴新政府持19%的股权，但铜矿所在地的布干维尔当地人只持有1.25%～5%不等的股权。矿业收入一度占巴布亚新几内亚全国出口收入的一半，但由于自然资源污染、矿区收入和赔偿金的分配不公等问题，该铜矿成为布干维尔和巴布亚新几内亚之间长达十年内战的冲突中心。但布干维尔自治政府现在似乎倾向于重新开放潘古纳矿，以此作为创收和保证独立的经济手段。2022年5月初，布干维尔自治政府主席托罗阿马与潘古纳矿土地所有者达成协议，双方共同合作重新开放潘古纳矿。托罗阿马在讲话中称：“潘古纳矿是1975年巴布亚新几内亚独立的经济保障，同样潘古纳矿也将是布干维尔独立的经济保障，政府不会损害土地所有者的权利，将努力确保一项惠及所有布干维尔人的利益分享协议。”[③] 潘古纳矿因内战被迫关闭，重建该矿的成本据估算为50亿至60亿美元，很大程度上将要由外国投资者来承担。自2016年力拓公司放弃了在潘古纳矿的权益，布干维尔自治政府还没有选

---

① “Toroama - Nisira Government Passes 2021 Budget”, ABG, December 23, 2020, https://www.abg.gov.pg/index.php/news/read/toroama-nisira-government-passes-2021-budget.

② “ABG Passes 2022 Supplementary Budget”, ABG, October 25, 2022, https://www.abg.gov.pg/index.php/news/read/abg-passes-2022-supplementary-budget.

③ “Panguna Reopening Inevitable”, ABG, May 6, 2022, https://www.abg.gov.pg/index.php/news/read/panguna-reopening-inevitable.

择新的合作伙伴。目前外国投资者对矿场采矿持保留态度。

除了采矿之外，布干维尔还有机会通过扩大可可生产来发展经济，从布卡到布因，从托罗基纳到廷普茨，可可在布干维尔岛的种植范围非常广泛。1988 年内战爆发前，布干维尔的可可出口量为 3 万吨，是巴布亚新几内亚最大的可可产地，其后受内战影响可可产量有所下降，但在 2009 年已经恢复到 2.6 万吨的水平。2016 年，澳大利亚政府通过澳大利亚国际农业研究中心（ACIAR）资助了一项 2016~2021 年的五年期计划。通过“商品支持基金”，布干维尔地区组建了 26 个可可小农种植小组，通过研发推广抗虫系数更高的可可幼苗，可可产量和质量得以提升，再加上可可供应链的改善，在 2021~2025 年，可可产量提高带来的农民额外收入将达到约 3.2 亿基那。2021 年，平均每个农户将获得约 2300 基那的额外收入，到 2025 年将增至 1.28 万基那。2022 年 9 月，托罗阿马发表声明称，布干维尔执行委员会决定在布干维尔建立可可加工厂以增加可可产业经济效益，同时政府正在考虑重新开放种植园，每年可可产量有潜力增加到 10 万吨以上。①

布干维尔渔业发达。据研究人员估计，在巴布亚新几内亚水域捕获的金枪鱼中，约有 30%产自布干维尔专属经济区，但只有一小部分渔业收入由莫尔兹比港返回布干维尔。② “也许有机会增加捕鱼许可费的收入，但要实现这一点，根据《布干维尔和平协定》第 86 条，捕鱼许可证收入必须在巴布亚新几内亚和布干维尔之间共享，但共享的模式仍在谈判，因此布干维尔自治政府正在探索与巴布亚新几内亚国家政府密切合作，确保布干维尔获得公平的渔业收入份额。”③ 布干维尔政府希望通过外国投资鼓励金枪鱼罐头生产以提供更多就业机

① “Parliamentary Statement by the Minister of Inter-governmental Relations and Media and Communications”, ABG, September13, 2022, https://www.abg.gov.pg/index.php/news/read/parliamentary-statement-by-the-minister-of-inter-government-relations-and-media-and-communications.

② “Bougainville's Tough Path to Economic Independence”, The Fiji Times, March 25, 2021, https://www.fijitimes.com/bougainvilles-tough-path-to-economic-independence/.

③ “Bougainville's Long Road to Economic Independence”, ABC Online, October 27, 2020, https://www.abc.net.au/pacific/programs/pacificbeat/bougainvilles-long-road-to-economic-independence/12820850.

会。然而，由于金枪鱼产量和价格非常不稳定，每年能获得的收入有很大差异。此外，根据萨摩亚等其他岛屿国家的经验，在布干维尔发展旅游业有很大潜力，但短期内因基础设施落后，旅游业的发展也将会受到不少阻碍。

布干维尔还是干海参等高价值海产品的出口商，再加上大型可可种植园经济的恢复与发展，随着时间的推移，这些资源可以对经济独立做出一些贡献。然而考虑到布干维尔面积小，内部关系不稳定，向经济独立的过渡仍旧需要几年时间。

（三）吸引外国投资

如果布干维尔要实现独立，政府的财政预算至少需要增加 1~3 倍。如果布干维尔按照它的计划在 2027 年实现独立，短期内政府在财政上仍然要依赖巴布亚新几内亚和国际援助。

布干维尔拥有丰富的自然资源，可以利用这些资源吸引外国投资，进行技术转让、资本注入以促进就业和商品出口。2021 年 11 月 2 日，托罗阿马主席在众议院的讲话中指出："政府根据《布干维尔蓝图》引入新的宏观经济模式，通过开发资源和鼓励外国投资努力实现经济的自力更生。"① 为吸引外国投资，布干维尔自治政府修改了《外来投资法》，提高能源、电信、供水、卫生设施和交通等基础设施能力建设，以便为企业提供有利的发展环境。2022 年 9 月，布干维尔自治政府召开"促进布干维尔的全球贸易和投资"主题发布会，旨在通过加强贸易和投资关系来支持布干维尔的独立。布干维尔自治政府贸易和经济发展部部长帕特里克·尼西拉（Patrick Nisira）在发布会上表示："当我们走向国际前沿时，我们的重点必须是利用国际贸易和投资实现财政自立，不断谋求布干维尔融入国际社会并建立外交关系。"② 2022 年 10 月

① "Ministerial Statement by President Hon. Ishmael Toroama", ABG, November 2, 2021, https://www.abg.gov.pg/index.php/news/read/ministerial-statement-by-president-hon.-ishmael-toroama.

② "Bougainville Independence Mission Launches International Prong", ABG, September 14, 2022, https://www.abg.gov.pg/index.php/news/read/bougainville-independence-mission-launches-international-prong.

11 日和 12 日，布干维尔贸易和投资会议在阿拉瓦举办，与会各方就布干维尔如何缩小财政缺口及促进可持续贸易和发展进行充分讨论。在此次会议之外，托罗阿马政府已经开始计划建立免税区和发展金融中心以更好地吸引外资。2022 年 11 月 25 日，布干维尔自治政府土地规划与环境保护部等部门与联合国项目事务署（UNOPS）在莫尔兹比港签署谅解备忘录，双方之间的合作扩大到基础设施建设等领域，为布干维尔的绿色经济发展提供重要推动力。[①]

三　布干维尔自治区内部治理的发展

2020 年布干维尔自治政府组建第四届众议院，年青一代领导人以更积极的态度推动布干维尔地区发展，托罗阿马就任主席后提出六大战略，推行社会经济和政治改革，着力构建有效政府。

（一）积极探索推动行政管理体制改革的有效路径

2021 年，布干维尔自治政府工作报告指出，政府致力于进步，致力于善治，致力于促进布干维尔人民的福利和发展。政府逐步评估各部门和机构的优势和不足，重新确定布干维尔行政当局的重点是推动公共服务机构改革，推动卫生、教育事业的发展以及重视基础设施建设。自治政府继续同巴布亚新几内亚政府谈判、促进财政自力更生、改善发展基础设施和改善法律和秩序，为布干维尔的独立做好准备。

2020~2021 年，托罗阿马政府对部长领导层进行了重大调整，强调如果一个政府不能自我评估并进行改革，那么它必然会变得自满、腐败，更难以落实为人民的最大利益服务的工作重点。[②] 2022 年，托罗阿马主席继续呼吁

① “ABG and UNOPS Strengthen Partnership for Enhanced International Development Support”, ABG, December 9, 2022, https://www.abg.gov.pg/index.php/news/read/abg-and-unops-strengthen-partnership-for-enhanced-international-development-support.

② “President Toroama on First Year in Government”, ABG, November 4, 2021, https://www.abg.gov.pg/index.php/news/read/president-toroama-on-first-year-in-government.

政府部门负责人及时高效落实工作计划，他还宣布，“首席秘书和布干维尔战略研究规划秘书处将合作推动和监测主席的 2022 年工作计划进展情况，从 4 月开始对各部门主要负责人进行每两个月一次的审查，以监测进展情况并在必要时做出调整”①。布干维尔自治政府的公务员在履行正常行政职能的同时，还要为实现布干维尔的政治独立和经济独立做出贡献，托罗阿马主席要求在布干维尔公共服务部门内部进行改革，重视腐败问题，提高服务效率。根据这一指示，公共服务部长莫纳（Joseph Mona）2021 年就职以来着力推进高效公共服务体系建设，要求布干维尔公共服务部门的所有负责人树立好榜样，成为布干维尔人民的真正公仆，未来改革重点将包括重组公共服务机构，解决工作重复的问题以提高效率。②

良好的治理是决定一个民主主权国家未来的基石，在布干维尔准备独立之际，托罗阿马政府在政府和公共服务机构内部建立问责透明的体制机制，为建立实行善政并代表布干维尔人民最大利益的政府奠定基础。托罗阿马将在布干维尔众议院提出一项反腐败法案，尽最大努力减少布干维尔的腐败现象，提高反腐败措施的执行力度。要求政府公务员摆脱个人主义的心态，专注于布干维尔的更大利益。③ 2022 年 9 月，托罗阿马主席在新任警察部部长的任命仪式上指出，政府执法部门的优先领域主要是在布干维尔准备独立之际对布干维尔的刑事司法系统进行改革，同时增加布干维尔警察局的力量和人员、重建库维里亚惩教所、制定政策和立法，加强布干维尔警察局的执法能力。④

---

① “Bougainville Public Service Holds Dedication Mass for 2022”, ABG, February 14, 2022, https://www.abg.gov.pg/index.php/news/read/bougainville-public-service-holds-dedication-mass-for-2022.

② “Minister Mona Focused on Transformation of Public Service”, ABG, February 3, 2022, https://www.abg.gov.pg/index.php/news/read/minister-mona-focused-on-transformation-of-public-service.

③ “Toroama on Setting of the AG Office in Bougainville”, ABG, September 15, 2022, https://www.abg.gov.pg/index.php/news/read/ishmael-welcomes-auditor-general-to-bougainville.

④ “John Bosco Ragu Appointed as Minister for Police”, ABG, August 16, 2022, https://www.abg.gov.pg/index.php/news/read/john-bosco-ragu-appointed-as-minister-for-police.

布干维尔的教育部门正在转型，政府推动建立更多的高等教育和技术教育机构以培养高等教育人才。2022 年，政府启动教育系统改革方案，通过四项关键战略充分实现人力资源开发：设计并推出 2022～2025 年的布干维尔自治政府学费援助计划（SFAS）；通过战略利益相关方参与，与教育领域的主要合作伙伴建立更紧密的联系；有效沟通和传播关于布干维尔教育状况的相关信息，通过公众意识和政策教育进行群众动员；鼓励教育部和其他政府部门协作以明确政治方向和确保政策执行；政府部门已经通过相关立法以保证该改革方案的有效连续施行。

巴布亚新几内亚还有其他一些剩余的权力尚未移交给布干维尔，一旦这些权力移交给布干维尔，自治政府将对 2023 年《布干维尔教育法》重新审查，并颁布《布干维尔教学服务法案》。[①] 2022 年，布干维尔政府在其年度预算中为 SFAS 计划拨款 200 万基那，其中 150 万基那已经用于援助高等教育水平的学生。教育部门正在进行教育结构和课程空间方面的若干政策改革。教育结构改革集中于将 9 年基础教育结构升级为 13 年，新的结构将是 1 年的学前教育、6 年的初等教育和 6 年的中等教育。政府已经在地区各级举办了规划讲习班，为教育部门应对这一变化做好准备，并呼吁继续提供资金援助，以支持学校基础设施特别是中学一级的基础设施建设、教师培训和课程开发。为了配合结构改革，教育部也在推进课程改革，从以结果为基础的课程过渡到以标准为基础的课程。教育部近年来培训了各级教师，将采取渐进的方法，从该地区的小学开始实施改革。在课程改革下，教育部门还将引入基督教、公民和价值观教育等新学科，旨在向布干维尔的儿童灌输基督教和公民价值观，最大限度地减少社会问题。

（二）未来发展方向

公投之后，布干维尔对自治政府的政治体系建设也提出更高要求，《布

① “Education Sector Focused on Key Reforms Towards Independence-Readiness”，ABG，September 23，2022，https：//www.abg.gov.pg/index.php/news/read/education-sector-focused-on-key-reforms-towards-independence-readiness.

干维尔和平协定》使布干维尔有别于巴布亚新几内亚其他地区，获得自治地位的自治政府可以承担国家政府的许多权力和职能，布干维尔目前有 14 个公共服务部门负责不同的政府领域，包括社区发展、经济发展、教育、卫生、土地和环境、矿产和能源、第一产业和司法等。在推进独立的进程中，自治政府还面临两类机构的建设：第一类是现行《布干维尔宪法》规定但尚未建立的机构，或仍由巴布亚新几内亚国家政府提供服务的机构；第二类是目前在布干维尔不存在的公共部门机构，这类机构包括货币和金融机构、国防部队、对外事务机构和外交使团。此外，尽管已经建立了以西方宪法模式为基础的机构，但布干维尔的宪法和法律承认了诸如长老和酋长委员会、习惯法等传统习惯和机构，习惯制度具有高度的合法性，并与国家制度一起运作，被称为成功的混合“国家建设”的例子。习惯制度和程序在自治时期发挥了至关重要的作用，布干维尔可以继续利用这些机构来发展一个适合其新情况和需要的政治共同体。但在布干维尔建立政治共同体也面临着挑战，地方主义和派系主义长期存在，1988 年爆发的分离主义冲突破坏了布干维尔人的团结和信任，内战的仇恨并未完全消除，并继续影响着当地社区的凝聚力。

未来的政府倡议可能会加剧分歧，其中最明显的是重新开放潘古纳矿问题。自治政府正在积极推动潘古纳铜矿的重新开采，但岛内也有不少反对声音，指责采矿是造成岛上冲突的根源，并反对重新开放矿山。争取独立的斗争促进了布干维尔内部目标的统一，但一旦斗争结束，这种统一就可能被削弱。在现在的条件下，布干维尔自治政府的治理水平还有待提高，有可能引起各阶层人民的不满，并破坏政治共同体所依赖的团结。

布干维尔还需要关注如何处理异质性问题，岛内 11 个语言群体和 35 种方言的存在表明布干维尔岛并不是同质性的。泛布干维尔身份的出现是在第二次世界大战后，而且并非所有布干维尔人都生活在独立的领土之内，如果布干维尔脱离巴布亚新几内亚，这可能意味着生活在巴布亚新几内亚大陆的布干维尔人会受到更多歧视。因此，布干维尔还需要与巴布亚新几内亚政府达成协议，保护居住在该省以外的布干维尔人免受歧视。

四　国际力量对布干维尔未来走向的态度

2021年7月7日，巴布亚新几内亚总理和布干维尔自治政府领导人终于谈拢，约定布干维尔将会在2025~2027年正式独立建国，然而正如当地人所说：“这里的战争，还远远没有结束。”巴布亚新几内亚议会将讨论决定是否批准布干维尔从巴布亚新几内亚独立，2019年的独立公投虽然没有宪法约束力，但投票结果显示布干维尔人几乎一致支持该岛成为新的独立主权国家。布干维尔是否有能力过渡到一个稳定的、功能齐全的主权国家，仍是悬而未决的关键问题，巴布亚新几内亚和其他多民族国家也担心分离主义会给该地区带来更大的分裂风险，围绕布干维尔独立的地缘政治使问题进一步复杂化。

（一）澳新的态度

布干维尔靠近连接澳大利亚和美国的海岸线，地处南太平洋岛链战略要冲，曾经是二战时期的重要军事基地。此外，丰富的矿产资源及渔业资源也吸引众多国家在此角逐。虽然布干维尔人继续庆祝公投成功，并主张平稳过渡到独立，但该地区的其他行为体对布干维尔越来越感兴趣。布干维尔的经济利益集中在潘古纳矿，该矿曾经为巴布亚新几内亚提供了高达45%的出口收入，1988年内战爆发以来该矿已被废弃30多年。但如今无论是布干维尔还是国外，许多人都将该矿视为布干维尔经济未来不可或缺的一部分。布干维尔如果要脱离巴布亚新几内亚独立发展，潘古纳矿不可避免将扮演促进经济增长和资本投资的重要角色，许多澳大利亚矿业公司都对这个矿表现出浓厚兴趣。

布干维尔政治前景仍不明朗，不排除布干维尔会单方面宣布独立。无论结果如何，布干维尔在此后一段时间内需要依赖外援。如果布干维尔成功独立，布干维尔岛将成为美澳及其西方盟友施展南太平洋影响力的新战场。2019年新西兰在布干维尔公投期间领导地区警务人员，通过新西兰警察资

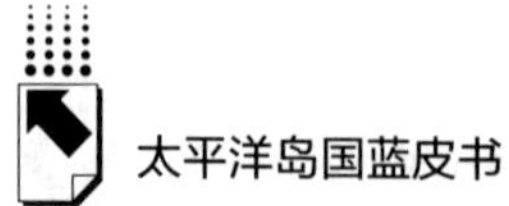

助社区警务工作以及通过电气化、保健和治理项目向布干维尔提供持续的发展援助。澳大利亚向联合国布干维尔全民公决支持项目提供了400万澳元，并在此后的和平进程中每年通过巴布亚新几内亚向布干维尔提供大约6000万美元的发展援助资金。[①]

澳大利亚作为太平洋地区重要大国对布干维尔持续施加影响，在2000年之前，澳大利亚的政策是基于布干维尔是巴布亚新几内亚的一部分的原则。2000年，巴布亚新几内亚和布干维尔自治政府领导人之间的和平谈判出现了转折点，时任外交部部长亚历山大·唐纳（Alexander Downer）宣布“澳大利亚将接受双方谈判达成的任何解决方案”，这一立场此后从未改变过。但大多数布干维尔人认为澳大利亚反对独立，因为堪培拉没有公开表明自己的观点。2019年6月，外交部长玛丽斯·佩恩（Marise Payne）与巴布亚新几内亚新任命的布干维尔事务部长短暂访问了布干维尔，她表示，澳大利亚“不会（专注于）以某种方式对另一个国家的公投结果形成看法，但重要的是，我们将尽可能支持（公投），以确保可信、和平和包容的进程”。2019年8月，玛丽斯·佩恩表示，“结果完全是布干维尔人和巴布亚新几内亚人的事情……我们将尽一切努力，确保公投以适当的方式进行”。

尽管澳大利亚表达了这些中立立场，但它很可能倾向于维持现状，即布干维尔应该继续作为巴布亚新几内亚的一部分存在，以避免在澳大利亚的邻近地区出现另一个政治不稳定和依赖援助的小国。2022年10月，澳大利亚副总理兼国防部长理查德·马尔斯（Richard Marles）在访问巴布亚新几内亚讨论新的澳大利亚-巴布亚新几内亚防务协议时，被问及澳大利亚对布干维尔的立场，他的回应是，澳大利亚的角色是支持巴布亚新几内亚总理和巴布亚新几内亚做出的决定，当地报道称澳大利亚在布干维尔问题上支持巴布亚新几内亚。作为回应，布干维尔自治政府主席伊什梅尔·托罗阿马指责澳

① “Bougainville's Quest for Nationhood”, PINA, December 8, 2021, https: //pina. com. fj/2021/12/08/bougainvilles-quest-for-nationhood/.

大利亚试图“用新殖民主义再次破坏布干维尔的自决权”和“篡夺太平洋岛国的主权”。[①]

（二）美国的态度

美国正重新广泛参与太平洋事务，拜登政府在2022年4月将巴布亚新几内亚纳入《全球脆弱法案》（GFA）之中。2022年9月，美国在首届美国-太平洋岛国峰会上宣布了在该地区的首个国家战略——太平洋伙伴关系战略，虽然美国宣称对布干维尔的未来政治地位持中立态度，但其对布干维尔问题显示出越来越浓厚的兴趣。早在2015～2017年，美国为布干维尔提供了1000万美元的援助，2019年通过资助和组织独立公投在布干维尔地区施加影响，为布干维尔全民投票委员会填补200万美元的资金缺口，成为继澳大利亚和新西兰之后布干维尔的第三大投资者。美国目前积极考虑利用太平洋伙伴关系战略增加在布干维尔问题上的影响力。[②]

（三）欧盟的态度

欧盟也加强了对布干维尔问题的重视。2022年8月6日任命雅克·弗拉金（Jacques Fradin）为欧盟驻巴布亚新几内亚代表团团长。雅克·弗拉金是欧盟对外行动署共同安全与防务政策和危机应对总司的负责人。2022年9月，雅克·弗拉金率一个小型代表团访问了北布干维尔地区。

总之，澳大利亚、新西兰和美国对布干维尔的政治前途持谨慎态度。然而，考虑到布干维尔独立的不稳定性和潜在的战略利害关系，各国在未来几年会密切关注布干维尔，并考虑各种潜在结果的影响。布干维尔自治政府已

① “Australian Deputy PM Richard Marles Accused of ‘Veiled Threats’ by Bougainville President”, PINA, October 17, 2022, https://pina.com.fj/2022/10/17/australian-deputy-pm-richard-marles-accused-of-veiled-threats-by-bougainville-president/?doing_wp_cron=1681299989.1245679855346679687500.

② “What Does U.S. Reengagement in Papua New Guinea Mean for Bougainville?”, USIP, March 9, 2023, https://www.usip.org/publications/2023/03/what-does-us-reengagement-papua-new-guinea-mean-bougainville.

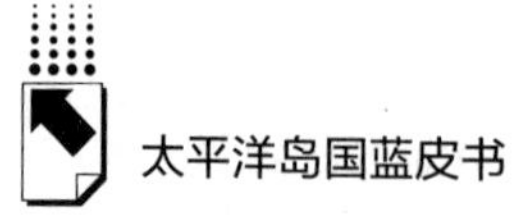

经为新的“开始”做好了准备，无论布干维尔的未来如何，它都将从巴布亚新几内亚获得更大的自治权，自治政府已经探讨了重新开放矿山以及独立后与中国、澳大利亚和新西兰合作的可能性。

结　语

在法律和程序上的争议中，布干维尔的最终政治前途仍然模糊不清。马拉佩总理建议在议会做出决定之前进行全国范围的协商，但随即遭到布干维尔自治政府的拒绝。显然布干维尔的立场是渴望完全独立，布干维尔自治政府主席伊什梅尔·托罗阿马呼吁 2027 年布干维尔获得独立，由于双方对布干维尔的未来地位看法不一，似乎很有可能会出现政治僵局，拥有最终决策权的巴布亚新几内亚国民议会是否会批准布干维尔的独立还有待观察。布干维尔能否在 2027 年实现独立取决于越来越多的变量，实现布干维尔的政治独立需要全面的发展，对布干维尔自治政府的社会经济和政治建设能力提出更高要求。托罗阿马政府上台之后积极探索行政管理改革途径，推行宪法改革以及提高公共部门的服务水平。此外，政府准备重新开发潘古纳铜矿以及制定其他经济创收项目力求实现经济上的自力更生，但布干维尔自治政府的财政资金在很大程度上还要依赖巴布亚新几内亚政府以及外援，短期内实现经济独立的前景仍不明朗。

中国-太平洋岛国关系篇

Relations of China-Pacific Island Countries

B.16

2022年中国-太平洋岛国关系回顾

赵少峰　巨清源*

摘　要： 2022年是中国与太平洋岛国全面战略伙伴关系发展的关键之年。双方高层交往密切，中国首次对建交太平洋岛国开展“全覆盖”访问。双方经贸合作不断深入，“一带一路”框架下的合作持续推进。中国在支持太平洋岛国应对挑战、促进经济复苏等方面取得积极进展。应太平洋岛国发展需要和民众所需，中国倾力打造六大合作平台，深化双方合作。双方对话合作机制不断完善，互利共赢合作局面日渐形成，太平洋岛国发展迎来新机遇。太平洋岛国越来越认同中国的大国智慧和国际担当，愿同中国共同推动双边关系进入全新时代。

关键词： 中国　太平洋岛国　“一带一路”倡议

* 赵少峰，博士，教授，硕士研究生导师，聊城大学太平洋岛国研究中心副主任（常务）、区域国别研究院执行院长，主要从事区域国别研究、太平洋岛国研究和中外关系史研究；巨清源，聊城大学历史文化与旅游学院2020级本科生。

2022年是危机与希望交叠的一年。新冠疫情影响赓续，地缘政治紧张对立，地区冲突引发局势动荡，全球面临着气候危机、能源危机、粮食危机、通胀危机等多重困境。这一年，科学技术蓬勃发展，多边合作加速推进，成效斐然。太平洋岛国当地疫情和安全形势不容乐观，中国同太平洋岛国共同应对复杂危机，开展全面合作并取得了丰硕成果，成为南南合作、互利共赢的典范。

一　多层次外交精彩纷呈，筑牢双边关系政治基础

2022年，中国与太平洋岛国交往频繁，双方关系取得突破性发展。双方各层级交流日益密切，各领域合作逐渐深化，释放新的合作潜力，对话合作机制不断创新。第二次中国-太平洋岛国外长会、第二届中国-太平洋岛国政党对话会的召开，推动双边关系持续向好。

（一）中国与太平洋岛国加强高级别对话

2022年，双方元首外交的重点是“一大主场，两大倡议，一大访问”。2022年2月4日，第24届冬季奥林匹克运动会在北京召开，中国-太平洋岛国外长会发表的联合声明表示支持中国举办北京冬奥会，瓦努阿图、基里巴斯、所罗门群岛等国家领导人对中国成功高水平举办奥运会表示祝贺，巴布亚新几内亚（简称“巴新”）总理詹姆斯·马拉佩（James Malape）应邀出席冬奥会开幕式，并对中国举办冬奥会做出高度评价。2022年9月，习近平主席提出全球发展倡议，为破解全球发展难题提供了中国方案。这一倡议得到太平洋岛国广泛响应并被写入中国-太平洋岛国外长会的相关成果文件。4月21日，中国国家主席习近平出席博鳌亚洲论坛期间提出全球安全倡议，为多双边安全合作提供了中国方案，创新了合作机制。5月26日至6月4日，中国国务委员兼外长王毅应邀对所罗门群岛、基里巴斯、萨摩亚、斐济、汤加、瓦努阿图、巴新、东帝汶八国进行正式访问，对密克罗尼西亚联邦进行了“云访问”，同库克群岛总理兼外长马克·布朗（Mark Brown）、纽

埃总理兼外长多尔顿·塔格拉吉（Dalton Tagelagi）举行视频会晤。王毅国务委员兼外长同斐济总理兼外长弗兰克·姆拜尼马拉马（Frank Bainimarama）共同主持第二次中国-太平洋岛国外长会并发表了联合声明。[①] 此次访问通过实地访问和线上互动相结合的形式，实现了中国对太平洋岛国建交国的“全覆盖”访问，意义重大。会后，中国发布《中国关于同太平洋岛国相互尊重、共同发展的立场文件》，该文件集中阐述了中国同太平洋岛国发展合作的愿景，提出 15 条原则倡议和 24 项具体举措。[②] 太平洋岛国领导人对此次访问做出了极高评价，并且相信中太合作将更加全面、密切。[③]

太平洋岛国位于环太平洋地震带，火山活跃、地震多发，中国国家主席习近平多次致电慰问，表达对太平洋岛国的高度重视与关切。习近平主席就汤加火山爆发向该国领导人致慰问电。[④] 国家主席习近平关注太平洋岛国政治变化，分别致电尼克尼克·武罗巴拉武（Nikenike Vurobaravu）和图伊马莱·阿利法诺（Tuimale Alifano），祝贺就任瓦努阿图共和国总统[⑤]、连任萨摩亚国家元首。[⑥] 5 月 30 日，习近平主席向第二次中国-太平洋岛国外长会发表书面致辞，表达了中国未来愿同太平洋岛国加强合作，构建更加紧密的中国同太平洋岛国命运共同体的意愿。[⑦]

---

① Pita Ligaiula, “Chinese Visit Not About Geopolitical Point-Scoring: Fiji PM Bainimarama”, May 31, 2022, https: //pina. com. fj/2022/05/31/chinese - visit - not - about - geopolitical - point - scoring-fiji-pm-bainimarama/.

② 《中国关于同太平洋岛国相互尊重、共同发展的立场文件》，中华人民共和国外交部网站，2022 年 5 月 30 日，https: //www. mfa. gov. cn/web/ziliao_ 674904/tytj_ 674911/zcwj_ 674915/202205/t20220530_ 10694631. shtml。

③ Nuku'alofa, “A Closer and More Comprehensive Cooperation Between China and Pacific Islands Countries”, Matangi Tonga, May 30, 2022, https: //matangitonga. to//2022/05/30/closer - and-more-comprehensive-cooperation-between-china-and-pacific-islands-countries.

④ 李萌：《习近平就汤加火山爆发造成严重灾害向汤加国王图普六世致慰问电》，中国政府网，2022 年 1 月 19 日，http: //www. gov. cn/xinwen/2022-01/19/content_ 5669368. htm。

⑤ 《习近平向瓦努阿图新任总统武罗巴拉武致贺电》，中国政府网，2022 年 7 月 29 日，http: //www. gov. cn/x2022-07/29/content_ 5703418. htm。

⑥ 胡碧霞：《习近平致电祝贺图伊马莱·阿利法诺连任萨摩亚国家元首》，新华网，2022 年 9 月 1 日，https: //h. xinhuaxmt. com/vh512/share/11079141? d=1348be5。

⑦ 郝瑀然：《习近平向第二次中国-太平洋岛国外长会发表书面致辞》，中国政府网，2022 年 5 月 30 日，http: //www. gov. cn/xinwen/2022-05/30/content_ 5693 037. htm。

中国与太平洋岛国领导人就地区问题通过多种形式进行沟通交流，促进团结合作。11 月 18 日，习近平主席在曼谷会见巴新总理詹姆斯·马拉佩。①习近平主席表示，中国愿意为巴新地震灾后重建工作提供帮助，希望继续与巴新共建“一带一路”，深化互利合作。2 月 5 日，国务院总理李克强会见巴新总理詹姆斯·马拉佩，双方就发展两国关系、渔业、农林、油气等共同关心的问题深入交换意见，达成广泛共识。9 月 23 日，中国国务委员兼外长王毅会见基里巴斯总统兼外长塔内希·马茂（Taneti Mamau）。双方一致同意充分利用中国-太平洋岛国合作平台，拓展应对气候变化、人力资源培训等各领域合作。8 月 17 日，全国人大常委会委员长栗战书在北京人民大会堂同汤加议长法卡法努阿（Lord Fakafanua）举行视频会议。4 月 19 日，全国政协主席汪洋与萨摩亚议长帕帕利举行了视频会议，双方一致同意加强交流协作，为两国关系发展加强社会和民意基础。②

2022 年是中国同瓦努阿图共和国建交 40 周年。1982 年 3 月 26 日，中国和瓦努阿图共和国建立大使级外交关系。长期以来两国互相尊重、合作共赢，取得一系列成果。3 月 26 日，习近平主席同瓦努阿图共和国总统塔利斯·奥贝德·摩西（Tallis Obed Moses）互致贺电，庆祝两国建交 40 周年。③习近平主席表示，中国高度重视与瓦努阿图的友好关系，愿以建交 40 周年为新起点，深化拓展两国交流合作，推动中瓦全面战略伙伴关系更长远发展。同日，国务院总理李克强同瓦努阿图总理鲍勃·拉夫曼（Bob Loughman）互致贺电。中国驻瓦努阿图大使馆与瓦努阿图共同举办了多样活动，共同庆祝两国建交 40 周年。12 月 14 日，中国驻瓦努阿图大使馆同瓦努阿图外交部共同举办庆祝中瓦建交 40 周年活动。瓦努阿图政府主要官员、华人华侨、学校师生等 200 余人参加了活动。与会人员纷纷盛赞中国共

---

① 《习近平会见巴新总理马拉佩》，中华人民共和国外交部网站，2022 年 11 月 18 日，https：//www. mfa. gov. cn/web/zyxw/202211/t20221118_ 10977850. shtml。

② 温馨：《汪洋会见萨摩亚议长帕帕利》，《光明日报》2022 年 4 月 19 日，第 3 版。

③ 《习近平同瓦努阿图总统摩西就中瓦建交 40 周年互致贺电》，中华人民共和国外交部网站，2022 年 3 月 26 日，https：//www. mfa. gov. cn/web/zyxw/202203/t20220326_ 10656089. shtml。

产党带领中国人民取得的举世瞩目成就和中国文化的博大精深，盛誉中瓦关系发展让瓦努阿图国家和人民切实获利受益。①

10月16日，中国共产党第二十次全国代表大会在北京召开。太平洋岛国对中国过去十年的经济社会发展的成功以及中国对世界政治理念演进的重大贡献深表赞赏，认为中共二十大的成果对双边关系发展具有重要意义。斐济、巴新、所罗门群岛等国领导致电中共中央和习近平总书记，热烈祝贺中国共产党第二十次全国代表大会胜利召开。② 10月17日，基里巴斯总统塔内希·马茂接受中央广播电视总台记者专访时，对中国共产党第二十次全国代表大会致以最热烈的祝贺和良好的祝愿。③ 我各驻太平洋岛国大使向太平洋岛国领导人赠送《习近平谈治国理政》一书并在当地权威报纸刊发中国共产党二十大宣介专版，在使馆及所在地学校举办中共二十大精神交流座谈会、媒体吹风会，太平洋岛国各领域人士均出席会议。7月14日，第二届中国-太平洋岛国政党对话会以视频连线方式举办，与会太平洋岛国政党领导人高度评价在以习近平同志为核心的中共中央坚强领导下，中国在抗击新冠疫情、消除绝对贫困等方面取得的辉煌成就。太平洋岛国政党感谢中国在基建、抗疫等方面提供的宝贵支持，表示将继续同中国共产党加强党际交流合作和互学互鉴。④

（二）拓展地方友好合作，助推“一带一路”建设

地方合作是中国同太平洋岛国关系的重要组成部分，中国与太平洋岛国不断缔结新的省市伙伴关系，2022年双方建立了1对友好省州（山东省与所

① 《驻瓦努阿图使馆同瓦外交部共同举办庆祝中瓦建交40周年活动》，中华人民共和国驻瓦努阿图大使馆网站，2022年12月14日，http://vu.china-embassy.gov.cn/sgdt/202212/t20221214_10990419.htm/。

② 邓坤伟：《世界政党政要友好人士热烈祝贺中共二十大召开》，央视新闻客户端，2022年10月17日，http://news.enorth.com.cn/system/2022/10/17/053228322.shtml。

③ 《中国之行印象深刻 中国共产党的二十大意义重大——基里巴斯总统马茂》，央视网，2022年10月16日，https://tv.cctv.com/2022/10/16/VIDEf19FADvoDdeRWoE2Gdhk221016.shtml。

④ 孙楠：《第二届中国-太平洋岛国政党对话会举行》，中国一带一路网，2022年7月14日，https://www.yidaiyilu.gov.cn/xwzx/gnxw/261390.htm。

罗门群岛伊莎贝尔省）和3对友好城市（青岛-基里巴斯泰奈纳诺市、聊城-基里巴斯比休岛市、江门-所罗门群岛首都霍尼亚拉市），青岛市和聊城市向基里巴斯友城捐赠了急需的机械设备。在已建立的友好省市伙伴关系框架下，双方在卫生、农业、教育、抗疫等多领域开展了多种形式的交往和务实合作，取得积极成效。3月17日，贵州省组派中国首批援所罗门群岛医疗队，迈出了中、所两国医疗卫生合作的历史性步伐。12月16日，广东省江门市与所罗门群岛首都霍尼亚拉市举行友好城市交流视频会，江门同所罗门群岛首都霍尼亚拉签署《中华人民共和国广东省江门市与所罗门群岛霍尼亚拉市医疗卫生合作备忘录》。广东省江门市向所罗门群岛首都霍尼亚拉市援助了一批摩托车和医疗物资，霍尼亚拉市市长艾迪·夏普（Eddie Siapu）对此表示感谢。① 5月，广东、山东、福建三省相继发布了与太平洋岛国合作成果清单，全面涵盖了合作领域，总结了合作经验，明确了三省未来与太平洋岛国的合作方向。②

（三）第二届中国-太平洋岛国外长会深化各领域合作

2022年，国务委员兼外长王毅对太平洋岛国进行访问，积极推进中国-太平洋岛国外长会定期化、机制化，中国同太平洋岛国的合作呈现双边主渠道、多边新平台“双轮驱动”的生机勃勃新局面。③

首先，此次访问拓展了双方合作领域。国务委员兼外长王毅访问期间，同10个建交太平洋岛国17位国家领导人、30余位部长级官员进行深入交流对话，中国与太平洋岛国签署并达成52项双边合作成果，涵盖

---

① 《广东省江门市与霍尼亚拉市举行友好城市交流视频会》，中华人民共和国驻所罗门群岛大使馆网站，2022年12月19日，http：//sb. china-embassy. gov. cn/sgxw/202212/t20221219_10991923. htm。

② 《广东、山东、福建三省发布与太平洋岛国合作成果清单》，中华人民共和国外交部网站，2022年5月25日，http：//new. fmprc. gov. cn/web/wjbxw_ new/202205/t20220525_ 10692440. shtml。

③ 《王毅：中国同南太建交岛国合作呈现“双轮驱动”的生机勃勃局面》，中华人民共和国外交部网站，2022年6月3日，https：//www. mfa. gov. cn/web/wjbzhd/202206/t20220603_10698436. shtml。

应对气候变化、抗击疫情、防灾减灾、绿色发展、医疗卫生、农业、贸易、民航、旅游、地方等 15 个合作领域，推动各领域合作走深走实，拓展了双边合作的广度和深度，为未来双方合作提供了全方位、多领域、宽层次的发展空间。

其次，搭建六大合作平台。第二次外长会后，中国发表了立场文件，提出 15 条原则倡议和 24 项具体举措，包括根据太平洋岛国发展需要，打造应对气候变化、减贫与发展、防灾减灾、农业推广、菌草技术和应急物资储备库 6 个区域合作中心。① 建设六大针对太平洋岛国发展的多边合作平台，为双方进一步加强交流协作提供了新的机会，使中国–太平洋岛国合作机制更加深入和专业化，并朝着更加整合和高效的方向发展。

二　深化开放合作，高质量共建“一带一路”

2022 年，大部分太平洋岛国国内经济有所恢复，斐济国内生产总值同比增长最多，增长率达到了 12.5%，但萨摩亚、汤加、帕劳等国内生产总值为负增长②，太平洋岛国整体经济发展仍然处于落后状态，经济发展存在不平衡、不充分等问题。中国通过经贸平台合作、共建“一带一路”等措施，帮助太平洋岛国经济向着高质量、绿色、可持续方向发展。

（一）通过经贸平台筑牢合作基础

中国与太平洋岛国通过多方合作平台，扩大经贸合作。11 月 5 日至 10 日，第五届中国国际进口博览会在上海举行，所罗门群岛总理梅纳西·索加

---

① 截至 2023 年 3 月 22 日，已有五大合作中心启动：中国–太平洋岛国应急物资储备库、中国–太平洋岛国应对气候变化合作中心、中国–太平洋岛国减贫与发展合作中心、中国–太平洋岛国防灾减灾合作中心、中国–太平洋岛国菌草技术示范中心。

② 根据澳大利亚外交和外贸部太平洋岛国经济数据库整理，Australian Department of Foreign Affairs and Foreign Trade，https：//www. dfat. gov. au/trade/trade – and – investment – data – information–and–publications/trade – and – economic – fact – sheets – for – countries – economies – and – regions#t。

瓦雷（Manasseh Sogavare）应邀请，以视频方式出席开幕式并致辞。[①] 索加瓦雷表示，“中国是所罗门群岛第一大出口目的地国，两国拓展经贸合作潜力巨大”。在本届进博会上，萨摩亚再次在进博会线上国家展中亮相，借助虚拟现实、三维建模等技术，全方位展示了萨摩亚的发展成就和自然风光。瓦努阿图、斐济、马绍尔群岛等国家企业展出当地传统特色商品，为全球观众带来了一场别样的海岛体验。2022 年 8 月，中国国际服务贸易交易会全球服务贸易峰会在北京举行，会上，来自斐济、巴新、萨摩亚、瓦努阿图、库克群岛、马绍尔群岛等太平洋岛国特色展品亮相。10 月 15 日，第 132 届中国进出口商品交易会于线上开幕，斐济的日用品品牌展出。中国与太平洋岛国的经济合作，为太平洋岛国商品提供了多种销售平台，更多优质产品走出国门，进入中国市场，双方共享发展红利，造福人民。

（二）“一带一路”倡议引领发展全局

太平洋岛国位于“21 世纪海上丝绸之路”的南线。一直以来，双边秉持“共商、共建、共享”原则，推动实现更高水平、更深层次的区域合作。2022 年，双方围绕政策沟通、设施联通、贸易畅通、资金融通、民心相通等领域开展务实合作，取得积极进展。5 月 27 日，中国政府与基里巴斯政府签署了《中华人民共和国政府与基里巴斯共和国政府关于共同推进“一带一路”建设的实施方案》，为双方深入推进共建“一带一路”合作提供了总体指导。

在政策沟通方面，中国与巴新不断加强沟通，一致同意加强“一带一路”倡议和巴新“2050 年愿景”“2010~2030 年发展战略规划”“联通巴新”发展战略的对接，推动实现互利共赢，促进共同发展。瓦努阿图政府支持加速“全球发展倡议”与瓦努阿图“人民的计划”的政策和战略对接，加强“一

---

① 《所罗门群岛总理以视频方式出席第五届中国国际进口博览会开幕式并致辞》，央视网，2022 年 11 月 5 日，https：//news. cctv. com/2022/11/05/ARTIF6FiqM2eGJhLCRJuMi6I221105. shtml。

带一路”框架内全方位友好交流和务实合作。[①] 中国与太平洋岛国多方达成一致，不断促进“2020~2025 年太平洋贸易援助战略”“太平洋高质量基础设施倡议”“蓝色太平洋大陆 2050 年战略”等政策同“一带一路”倡议的对接，推动双方合作进一步提质升级，形成规模效应，释放更多红利。中国与太平洋岛国战略对接和政策沟通不断升级，强化共建“一带一路”的愿景与行动。

中国援建的公路项目均取得不同程度进展，极大提升了太平洋岛国互联互通水平。中国援纽埃环岛公路升级项目前期工作准备完成，处于预启动状态，预启动仪式上纽埃总理多尔顿·塔格拉吉（Dalton Tagelagi）在致辞中强调，中国政府为纽埃经济社会发展提供大量无私援助，对纽埃社会经济发展发挥了重要作用。环岛公路升级项目是纽埃政府当前优先关注项目，纽埃社会各界对此热情期盼并寄予厚望。[②] 中国援建瓦努阿图塔纳岛公路项目、彭特考斯特岛公路项目一期工程均正式开工，中国援助瓦努阿图马勒库拉岛公路二期项目部分路段顺利完成交接。同时，中国还援助了太平洋岛国海关检测设备、拖驳船、客货两用船等海运交通设施，提高海运能力，促进人员和物资流通，提升人民福祉。

除公路项目外，中国还援助太平洋岛国建设办公楼、公园、体育场等一系列基础设施，中国政府援瓦努阿图总统府、财政部和外交部办公楼项目均已开工。5 月，由中国企业承建的总高 64.235 米的斐济 FHL 大厦项目核心筒主体结构已顺利封顶，项目建成后，将成为斐济乃至南太平洋地区第一座 AAA 级绿色建筑办公楼。10 月 25 日至 26 日，中国援助所罗门群岛社区服务中心正式落成，此次援建的社区服务中心将成为所政府官员在伊莎贝尔省的办公地点，有助于促进该省经济社会发展。中国援所罗门群岛体育场馆项目

① 《驻瓦努阿图大使周海成在瓦媒体发表联名文章〈风雨同舟四十载 砥砺前行创未来〉》，中华人民共和国外交部网站，2022 年 3 月 24 日，http：//russiaembassy. fmprc. gov. cn/web/wjdt_ 674879/zwbd_ 674895/202203/t20220324_ 10654874. shtml。

② 《王小龙大使与纽埃总理塔格拉吉共同出席中国援助纽埃环岛公路项目预启动仪式和广播电视维修项目完工仪式》，中华人民共和国驻新西兰（库克群岛、纽埃）大使馆网站，2022 年 11 月 25 日，http：//nz. china-embassy. gov. cn/chn/zxgx/202211/t20221125_ 10980894. htm。

训练跑道、援萨摩亚友谊公园、援密克罗尼西亚联邦丘克州萨托万岛“中密友好”多功能体育场款项均已顺利交接。中国的援助契合太平洋岛国迫切的实际需求，将改善当地的交通基础状况，有力地推动当地经济社会发展。

在“一带一路”框架下，2022 年中国与太平洋岛国经贸投资合作成果显著。据中国海关统计，2022 年中国与太平洋岛国进出口额超过 102 亿美元，同比增长 18.6%。其中，中国对太平洋岛国地区出口 60.6 亿美元，同比增长 16.5%；从太平洋岛国地区进口 41.4 亿美元，同比增长 21.4%。液化天然气、镍湿法冶炼中间产品、热带木原木交易额位列中国从太平洋岛国进口商品交易额前三，共计超过 2 亿美元。① 中国政府鼓励企业到太平洋岛国投资，中国公司在承建太平洋岛国重要项目时大量雇用当地人员，给太平洋岛国创造了数量可观的高质量就业机会。据中国商务部统计，2021 年，中国在太平洋岛国地区对外承包完成营业额 97109 万美元。②

中国与太平洋岛国积极开展多渠道多层次多形式的文化交流，推动双边民心相通，人文交流呈现新局面。通过当地博物馆、中国驻太平洋岛国大使馆、中国文化中心等平台，举办了包括妇女培训交流、中国文化体验等各种不同主题的交流活动，增进了太平洋岛国人民对中国文化的了解和兴趣，巩固加深了双边的友谊。斐济邮政与斐济中国文化中心合作发行虎年生肖邮票，该邮票由中国设计者结合中国和斐济两国文化的特点设计而成。12 月 20 日，萨摩亚总理菲娅梅·内奥米·马塔阿法（Fiame Naomi Mata' afa）出席中国援萨文化艺术中心项目交接仪式并致辞，菲娅梅感谢广东省和惠州市政府为项目建设提供的无私援助，强调文化艺术中心顺利移交是萨摩亚文化事业发展的里程碑，同时也是中萨关系更加牢固的体现，相信文化艺术中心将在萨摩亚和社会发展进程中发挥重大作用。③

① 根据中华人民共和国海关总署网站统计数据库整理，http：//stats. customs. gov. cn/。

② 《中国统计年鉴 2022》，国家统计局网站，http：//www. stats. gov. cn/tjsj/ndsj/2022/indexch. htm。

③ 《萨摩亚总理菲娅梅与巢小良大使共同出席援萨文化艺术中心交接仪式》，中华人民共和国驻萨摩亚独立国大使馆网站，2022 年 12 月 20 日，http：//ws. china-embassy. gov. cn/chn/sgxw/202212/t20221221_ 10993049. htm。

三　聚焦太平洋岛国民生，发展援助支持岛国发展

2022 年，太平洋岛国普遍面临新冠疫情后经济复苏、改善民生、维护社会稳定等任务。中国针对太平洋岛国的现实情况与发展需求，通过援助不断支持其发展，援助方向涵盖了人文、环境、医疗卫生、防灾减灾、农业、减贫扶贫、警务等多个领域。

（一）教育援助提高教育质量

目前，太平洋岛国经济社会发展需要高素质人才，但当地高等教育水平有限，太平洋岛国政府致力于提升高等教育普及率和教学质量。中国通过支持太平洋岛国高校共建孔子学院或孔子课堂、开展中文教育、提供奖学金（中国政府奖学金、中国大使奖学金等奖学金），援助了大批学习物资，帮助其发展教育事业。萨摩亚国立大学孔子学院、巴新科技大学孔子学院等正常运行，积极组织多边交流活动。巴新科技大学孔子学院与巴新机场公司合作，对机场高级管理人员开展“中文+职业技能”教育培训。中建科工集团有限公司巴新公司与巴新科技大学孔子学院举行“国际中文日”主题联建共建活动，活动安排了中国书法、戏曲、旗袍文化等课程。巴新科技大学孔子学院还将菌草引入校园并举行了点种仪式。孔子学院已经成为太平洋岛国人民学习中国文化、了解当代中国的重要场所，受到当地社会各界的热烈欢迎。中国首次在萨摩亚设立“中国大使奖学金”，标志着中萨文化交流又向前迈出了关键一步。[①] 2022 年，中国政府奖学金援助汤加留学生启程，中国驻汤加大使馆临时代办阮德文和汤加首相兼教育大臣胡阿卡瓦梅利库（Hu'akavameiliku）共同为获奖留学生颁发录取通知书。12 月 21 日，中国驻汤加大使曹小林与汤加王国教育与培训部代理首席执行官西凯里奥科（Isikelioko）共同签署《关于合作开展汤加王国中文教

① 《驻萨摩亚大使巢小良出席首届“中国大使奖学金”颁奖仪式》，中华人民共和国驻萨摩亚独立国大使馆网站，2022 年 7 月 1 日，http：//ws. china-embassy. gov. cn/chn/sgxw/202207/t20220701_ 10713359. htm。

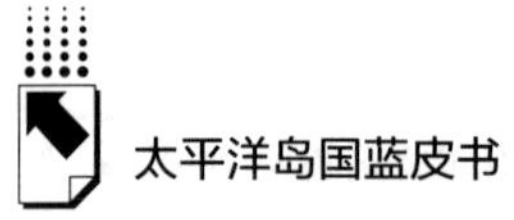

育项目的谅解备忘录》①，中国将同汤加教育部选派中文教学顾问，与汤方教育专家联合研制中文教学课程大纲，支持汤加建设中文教师队伍，增进双方语言文化交流。中国还不断向太平洋岛国学校援助校车、学习用品、中文图书、电脑等教学物资，中国援所罗门群岛国立大学宿舍楼项目已开工，所罗门群岛总理梅纳西·索加瓦雷出席开工仪式并表示，该项目建成后将极大地提升国家形象。②

（二）医疗援助帮助解决看病就医负担

为帮助太平洋岛国解决医疗卫生条件落后、医疗设备紧缺问题，中国分多批向太平洋岛国派遣医疗队，中国向基里巴斯、瓦努阿图、所罗门群岛派遣了首批医疗队，第 12 批援巴新医疗队、第 7 批援萨摩亚医疗队履新，为当地人民提供高水平医疗服务，同时指导和培训医务人员，有力促进太平洋岛国公共卫生事业发展。太平洋岛国政府领导人表示，中国医疗队的到来是中国重信守诺和两国人民深情厚谊的生动体现，太平洋岛国人民期待体验中国医疗队精湛的医术和中国传统医学魅力。③ 12 月 2 日，中国巴新友好微创外科中心正式在莫尔兹比港总医院挂牌，这是巴新乃至太平洋岛国设立的首家微创外科中心，该中心正式投入使用将极大提高巴新微创介入诊疗服务水平。④ 中国援建巴新的恩加省医院项目竣工并交接，该医院将成为巴新乃至太平洋岛国地区最现代化的综合性医院之一，巴新总理詹姆斯·马拉佩对中国政府的关

---

① 《中国与汤加签署中文教育合作谅解备忘录》，中华人民共和国驻汤加王国大使馆网站，2022 年 12 月 21 日，http://to. china-embassy. gov. cn/chn/sgxw/202212/t20221221_ 10993017. htm。

② 《李明大使和索加瓦雷总理共同出席中国援所国立大学宿舍楼项目开工仪式》，中华人民共和国驻所罗门群岛大使馆网站，2022 年 6 月 24 日，http://sb. china-embassy. gov. cn/sgxw/202206/t20220624_ 10709209. htm。

③ 《中国首批援所医疗队拜会所卫生部长》，中华人民共和国驻所罗门群岛大使馆网站，2022 年 4 月 7 日，http://sb. china-embassy. gov. cn/sgxw/202204/t20220407_ 10665296. htm。

④ 《曾凡华大使出席中巴新友好微创外科中心挂牌及物资捐赠仪式》，中华人民共和国驻巴布亚新几内亚独立国大使馆网站，2022 年 12 月 3 日，http://pg. china-embassy. gov. cn/chn/xwdt/202212/t20221203_ 10984893. htm。

键性资金支持表示由衷的感谢，并表示恩加省医院体现了“中国建造”的高水平，将在巴新发挥积极的示范作用。①

（三）农渔业援助提高人民生活水平

中国积极与太平洋岛国开展农业合作，提升太平洋岛国发展能力，助力太平洋岛国脱贫。中国实施多个农业技术援助项目，通过建设示范农场、培训示范农户、推广作物良种、召开专家交流会议、提供技术和物资支持等方式，帮助当地提升农业生产能力。菌草技术援助项目是中国将自身脱贫经验应用于全球减贫和可持续发展的成功实践。1997 年以来，中国援助太平洋岛国菌草技术项目取得良好成效，菌草扶贫脱贫项目不断拓展。2022 年 8 月，中国援助斐济菌草技术示范中心与斐济农业部共同组织举办了第 35 期菌草技术培训班，菌草技术增进了双边友好关系，目前菌草项目已覆盖多个太平洋岛国，提高了当地农民收入，取得了良好经济社会生态效益。② 在中国、基里巴斯共同举办的基里巴斯外岛椰子产业发展视频会议上，中国热带农业科学院专家结合中国椰子产业综合利用的经验，提出在基里巴斯外岛开展椰子产品多元化的方案和建议。7 月 20 日，中国-太平洋岛国减贫与发展合作中心正式启用，该中心以菌草技术为主要载体，针对太平洋岛国的农业农村可持续发展举办线上培训，助力太平洋岛国加快减贫脱贫。中国还积极援助太平洋岛国化肥、拖拉机、农用推车、犁具等农机设备，体现了中国政府高度重视同太平洋岛国的农业合作，太平洋岛国领导人感谢中国政府在农业方面的支持，并希望未来继续加强与中国的农业合作，为太平洋岛国提供更多技术支持和技能培训，提

① 《曾凡华大使出席我援建巴布亚新几内亚恩加省医院项目竣工交接仪式》，中华人民共和国驻巴布亚新几内亚独立国大使馆网站，2022 年 6 月 21 日，http：//pg. china-embassy. gov. cn/chn/xwdt/202206/t20220621_ 10706923. htm。

② 郑学方：《菌草技术助力构建人类命运共同体》，中国网，2022 年 3 月 30 日，http：//www. china. com. cn/txt/2023-03/30/content_ 85200694. shtml。

高农产品种类和质量。①

丰富的海洋资源是南太平洋地区独特的人文特征之一，中国通过帮助太平洋岛国开发渔业资源、召开经验交流会议等，促进太平洋岛国渔业可持续发展。近年来，青岛市不断加强与太平洋岛国的渔业合作。3月，青岛浩洋远洋渔业有限公司两艘金枪鱼围网渔船“浩洋77”“浩洋88”顺利抵达中西太平洋渔场，在基里巴斯、瑙鲁等太平洋岛国专属经济区开展捕捞作业，这两艘渔船单船年产能约7000吨，进一步开发了岛国的海洋资源优势。②为深化合作，青岛市与中国驻所罗门群岛大使馆举办了远洋渔业合作线上交流会，参会渔业企业代表就开展远洋渔业投资合作的具体问题进行了深入交流。中国与太平洋岛国举办了多边会议，交流海洋合作与保护的经验。12月14日，2022年中国-太平洋岛国渔业技术线上培训研讨班拉开帷幕。本次培训班旨在加强中国与太平洋岛国在创新渔业技术方面的合作与交流，重点分享中国水产养殖发展的模式和成功经验，推广对虾、贝类、海参等水产品的养殖技术和病害诊断技术等。近年来，中国海洋生产总值逐年递增，中国的成功经验有助于太平洋岛国的海洋经济发展，帮助当地提高捕捞技术，规范捕捞数量，以防过度捕捞。③

四 夯实双边安全合作，共同应对多种风险挑战

针对太平洋岛国的疫情防控、地区安全以及气候变化带来的各领域调整，中国政府提供了多方面支持。

---

① 《驻基里巴斯使馆举办基外岛椰子产业发展视频会议》，中华人民共和国驻基里巴斯共和国大使馆网站，2022年10月11日，http：//ki. china-embassy. gov. cn/sghd/202210/t20221011_ 10780998. htm。

② 《我市新增两艘金枪鱼围网远洋渔船》，青岛市海洋发展局网站，2022年3月21日，https：//ocean. qingdao. gov. cn/yykj/202203/t20220321_ 4950416. shtml。

③ 《2021年中国海洋经济统计公报》，中华人民共和国自然资源部网站，2022年4月6日，http：//gi. mnr. gov. cn/202204/t20220406_ 2732610. html。2021年全国海洋生产总值首次突破9万亿元，达90385亿元，比上年增长8. 3%，2022年全国海洋生产总值为94628亿元，比上年增长4. 69%。

（一）深化双方安全合作

中国与所罗门群岛深化警务、司法等安全领域合作，双方秉持共同、综合、合作、可持续的安全观，共同促进地区和平和安全。[①] 2021 年以来，所罗门群岛政府面临着当地社会维稳和疫情的双重压力，为帮助所罗门群岛政府应对面临的严峻考验，中国公安部快速组建警务顾问组，及时援助警用装备和防疫物资，有序组织中所警务培训，为所罗门群岛警方提高应对突发事件能力和一线抗疫发挥了积极作用。[②] 3 月，中国警务顾问组同所罗门群岛警察部队进行中所警务培训，此次警务培训充分结合所罗门群岛警方实际情况，分六批组织实施，包括装备使用、警务技能、防暴处突等内容。3 月 18 日，中国公安部党委书记、分管日常工作的副部长王小洪与所罗门群岛警察、国家安全与惩戒部部长安冬尼·维科（Anthony Veke）举行视频会晤并签署中所警务合作谅解备忘录，维科表示，“所方高度重视对华关系，愿加强所中警务执法合作，推动两国关系不断向前发展”。[③] 4 月，中国国务委员兼外长王毅和所罗门群岛外长杰里迈亚·马内莱（Jeremiah Manele）分别代表两国政府，正式签署中所政府间安全合作框架协议，中所安全合作框架协议将加强两国共同应对传统和非传统安全挑战，为所罗门群岛以及地区安全环境注入正能量和稳定性。

中国与其他太平洋岛国也开展了不同形式的警务安全合作，为加强太平洋岛国警察部队能力建设、维护国家稳定和社会发展发挥了重要作用，受到了当地人民和政府的一致欢迎。中国援助萨摩亚警察学院项目开工仪式隆重

① 《中国关于同太平洋岛国相互尊重、共同发展的立场文件》，中华人民共和国外交部网站，2022 年 5 月 30 日，https：//www. mfa. gov. cn/web/ziliao_ 674904/tytj_ 674911/202205/t20220530_ 10694631. shtml。

② 《李明大使同中国公安部警务顾问组座谈交流》，中华人民共和国驻所罗门群岛大使馆网站，2022 年 2 月 20 日，http：//sb. china-embassy. gov. cn/sgxw/202202/t20220220_ 10643756. htm。

③ 《王小洪同所罗门群岛警察、国家安全与惩戒部部长维科举行视频会晤》，中华人民共和国驻所罗门群岛大使馆网站，2022 年 3 月 23 日，http：//sb. china-embassy. gov. cn/sgxw/202203/t20220323_ 10654480. htm。

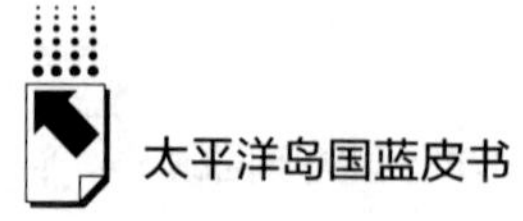

举行，萨摩亚总理菲娅梅·内奥米·马塔阿法等政府官员出席仪式，萨摩亚警察部长萨拉·法塔·皮纳蒂（Sala Fata Pinati）表达诚挚谢意，表示相信警察学院建成后，将为所有有志于警察事业的萨摩亚青年提供机会，并帮助萨摩亚警察队伍提高专业技能。① 11 月 23 日，中华人民共和国首席大法官、最高人民法院院长周强与巴新首席大法官吉布斯·萨利卡（Gibbs Salica）举行视频会议。② 双方一致同意在法官培训、案例交流、信息化建设、法律统一适用等领域加强交流互鉴、持续深化合作，共同应对非传统安全威胁。11 月 22 日，首次中国-部分南太岛国执法能力与警务合作部级对话以视频形式举行。中国希望通过执法能力与警务合作部长级对话，同太平洋岛国建立更友好的合作关系，形成更高效的合作方式。③

（二）支持太平洋岛国应对气候变化

太平洋岛国是全球受气候变化负面影响最严重的地区之一，太平洋岛国领导人高度重视气候变化问题。中国通过建设新合作平台、拓展合作领域、持续开展能力建设培训等方式，帮助太平洋岛国提升应对气候变化的能力。4 月 28 日，中国-太平洋岛国应对气候变化合作中心正式启动，该中心是中国在气候变化领域成立的第一个多边合作平台，对加强中国与太平洋岛国之间应对气候变化交流、推动开展务实合作具有重要意义。④ 中国与基里巴斯签署《中华人民共和国生态环境部与基里巴斯共和国总统办公室关于应对

① 《巢小良大使出席援萨摩亚警察学院项目开工仪式》，中华人民共和国驻萨摩亚独立国大使馆网站，2022 年 10 月 27 日，http://ws.china-embassy.gov.cn/chn/sgxw/202210/t20221027_10792826.htm。

② 于子平：《周强与巴新独立国首席大法官萨利卡举行视频会议》，中华人民共和国最高人民法院网站，2022 年 11 月 23 日，https://www.court.gov.cn/xinshidai-xiangqing-380751.html。

③ 《首次中国-部分南太岛国执法能力与警务合作部级对话举行》，中国政府网，2022 年 11 月 23 日，https://www.gov.cn/xinwen/2022-11/23/content_5728365.htm。

④ 《中国-太平洋岛国应对气候变化合作中心启动仪式顺利举办》，中华人民共和国生态环境部网站，2022 年 4 月 28 日，https://www.mee.gov.cn/ywdt/hjywnews/202204/t20220428_976550.shtml。

气候变化南南合作物资援助项目第一期执行协议——户用光伏发电系统子项目》[①]，中国将通过向基方援助应对气候变化相关物资，帮助基里巴斯提高应对气候变化能力。6月、11月，中国-太平洋岛国应对气候变化合作中心举办两场针对太平洋岛国应对气候变化的线上培训班。与会太平洋岛国代表表示，中国在气候治理领域拥有丰富经验，为国际社会应对气候变化做出了重要贡献，将珍惜和利用培训的机会，努力学习专业知识并运用到本国应对气候变化的实践中去。[②] 9月14日，中国-太平洋岛国应对气候变化对话交流会在北京召开，中国气候变化事务特使解振华与汤加、斐济、密克罗尼西亚联邦、所罗门群岛、基里巴斯、萨摩亚、瓦努阿图7个太平洋岛国的驻华使节就应对气候变化政策行动、COP27成果预期、气候变化南南合作需求交换意见。中国帮助太平洋岛国提升应对气候变化能力，也得到太平洋岛国的一致赞赏和感谢。汤加首相胡阿卡瓦梅利库高度评价中国设立应对气候变化合作中心。所罗门群岛总理梅纳西·索加瓦雷表示愿同中国加强应对气候变化合作，共同维护中小国家的政党权益。萨摩亚总理菲娅梅表示，应对气候变化已成为太平洋岛国同中国开展合作的重要领域。

（三）助力太平洋岛国应对多样挑战

2022年1月以来，多个太平洋岛国新冠病毒感染确诊病例激增，疫情防控形势严峻。面对困难局面，中国政府和救援组织迅速回应有关太平洋岛国请求，积极为其抗击疫情提供支持和帮助。据不完全统计，2022年中国向建交太平洋岛国援助超15万剂新冠疫苗、超33万支检测试剂，并分批支援口罩、血氧仪、防护服等抗疫物资。1月下旬，所罗门群岛发生疫情社区传播并迅速扩散，每天确诊病例达500余例。中国政府对此高度关注，应所

---

① 《中国与基里巴斯签署应对气候变化南南合作光伏物资援助项目第一期执行协议》，中华人民共和国生态环境部网站，2022年6月2日，https：//rmh. pdnews. cn/Pc/ArtInfoApi/article？id=29044825。

② 《巢小良大使出席“中文+应对气候变化”培训项目启动仪式》，中华人民共和国驻萨摩亚独立国大使馆网站，2022年12月1日，http：//ws. china - embassy. gov. cn/chn/sgxw/202212/t20221201_ 10983620. htm。

罗门群岛政府请求第一时间通过包机紧急援助 5 万剂新冠疫苗、2 万支检测试剂、6 万只医用口罩等抗疫物资，帮助所罗门群岛控制疫情传播。中国驻所罗门群岛大使馆向当地捐赠大米等食品，以解民众燃眉之急，受到所罗门群岛热烈欢迎，《所罗门星报》头版发表《感谢中国》的文章，衷心感谢中国政府和人民及时提供抗疫援助。9 月 6 日，中国对密克罗尼西亚联邦新冠肺炎防疫现汇援助交接仪式在密联邦卫生部举行，中国此次通过“中国-太平洋岛国抗疫合作基金”向密联邦提供防疫现汇援助，为推进中密抗疫合作、中密全面战略伙伴关系发展注入新的动力，密克罗尼西亚联邦总统府网站、官方脸书账号对交接仪式进行了积极报道。①

中国不仅帮助太平洋岛国应对疫情挑战，而且第一时间就太平洋岛国自然灾害提供紧急人道主义救灾援助。2022 年 1 月 15 日，汤加遭受火山海啸灾情，经济损失巨大。中国第一时间行动，成为全球首个向汤加提供应急物资的国家，分多批向汤加提供移动板房、发电机、净水器、应急食品等总价值约 2128 万元人民币的紧急物资援助，有效助力当地灾后重建和经济社会发展。其中，中国红十字会分两次向汤加政府提供总计 50 万美元现金援助，并向汤加提供总价值逾 100 万元人民币净水设备，紧急调拨了 3000 个总价值约 92 万元人民币的家庭包，驰援汤加红十字会抗灾行动。2 月 15 日，汤加首相索瓦莱尼在物资抵达港口时接受了中央广播电视总台记者的采访。索瓦莱尼表示，“汤加感谢中国给予汤加急需的援助物资，中国提供给我们的援助，解决了我们的燃眉之急，也助力了我们灾后重建”。9 月 29 日，针对巴新 7.6 级地震，中国红十字会对巴新进行抗震救灾人道主义援助。巴新政府代表、国防部秘书长对中国红十字会的及时援助表示感谢，并期待同中国进一步加强防灾减灾领域交流合作。②

---

① 《黄峥大使向密联邦卫生部部长萨莫移交防疫现汇援助》，中华人民共和国驻密克罗尼西亚联邦大使馆网站，2022 年 9 月 8 日，http：//fm. china-embassy. gov. cn/chn/xwdt/202209/t20220908_ 10763729. htm。

② 《驻巴布亚新几内亚使馆临时代办陈季良出席中国红十字会捐赠巴新抗震救灾人道主义援助转交仪式》，中华人民共和国驻巴布亚新几内亚独立国大使馆网站，2022 年 9 月 29 日，http：//pg. china-embassy. gov. cn/chn/xwdt/202209/t20220929_ 10774474. htm。

结　语

2022 年，中国和太平洋岛国继续相互支持、相互帮助，坚定维护彼此核心利益和重大关切，不断巩固拓展全面战略伙伴关系。在共同努力下，双边关系取得突破性的发展，双边的对话与合作机制建设逐步完善。尽管未来中国-太平洋岛国关系发展依然面临诸多挑战，但中国愿同太平洋岛国一道，通过加强双方顶层设计、开展战略对接、拓宽合作渠道等措施，坚定共迎挑战的信心，凝聚共识共谋发展，汇聚合力共创未来，携手构建更加紧密的中国同太平洋岛国命运共同体。①

① 《习近平向第二次中国-太平洋岛国外长会发表书面致辞》，中华人民共和国外交部网站，2022 年 5 月 30 日，https：//www. mfa. gov. cn/web/zyxw/202205/t20220530_ 10694467. shtml。

附　录　2022年太平洋岛国大事记

林　娜*

1月

3 日　马绍尔群岛举行 2022 年第一次议会会议，其中谈到该国国民大量移民到美国的问题。总统戴维·卡布阿（David Kabua）指出，“我们需要‘一点一点地’研究、改善当地的居民服务，以增加不同岛屿的发展机会，留住本国人民”。2021 年人口普查显示，该国总人口减少 1 万多人，其中大部分迁往美国。

5 日　萨摩亚旅游局公布的 2019~2020 财政年报显示，萨摩亚旅游业在该财年净盈利仅为 3.753 亿塔拉（约合 1.4 亿美元），远低于上一年度的 5.142 亿塔拉，且拥有总计超 2 亿塔拉的不良贷款。报告指出，旅游业是疫情以来萨摩亚受打击最大的行业之一，但作为萨摩亚的经济支柱产业之一，旅游业仍有希望在疫情过后有力带动萨摩亚的经济复苏。目前，政府正计划通过适当的财政政策与资源分配刺激旅游业的复苏。

11 日　帕劳和斯坦福区块链创新研究机构（Cryptic Labs）宣布推出根名称系统（RNS）并正式开展数字驻留计划。数字驻留计划将为世界各国的商人提供基于区块链的法律 ID 和数字居留权，帮助全球商业实现机会均等化，并进行远程公司组建和运营。

---

* 林娜，博士，聊城大学外国语学院副教授，聊城大学太平洋岛国研究中心研究员，研究方向为日本与太平洋岛国关系史、日本史。

15 日 汤加海底火山喷发，在太平洋引发海啸。

17 日 由于担心太平洋国家有争议的“黄金护照”计划，欧盟委员会提议暂停与瓦努阿图的免签证旅行安排。这一提议仍需欧盟国家投票表决，如果表决通过，所有持瓦努阿图自 2015 年 5 月 25 日发放的护照的人将受到影响。

17 日 太平洋岛国论坛秘书处和联合国贸易和发展会议、联合国开发计划署和联合国资本发展基金为其联合管理的太平洋数字经济方案签署了 50 万美元的融资协议。这笔赠款将用于为太平洋地区电子商务的相关战略行动提供后盾；由此所有支持太平洋地区电子商务发展的合作伙伴将能以有序和协调的方式开展合作。

19 日 中国国家主席习近平就汤加火山爆发造成严重灾害向汤加国王图普六世（King Tupou VI）致慰问电。中国国务院总理李克强向汤加首相肖西·索瓦莱尼（Siaosi Sovaleni）致慰问电。中国红十字会已向汤加提供 10 万美元紧急人道主义现汇援助。中国政府以最快的速度筹措了一批饮用水、食品等应急物资，于 19 日交付汤加，汤加对此表示衷心感谢。这是灾害发生后汤加政府收到的首批应急救援物资。

21 日 瓦努阿图和巴布亚新几内亚在联合国大会上的投票权因未缴会费而被暂时取消。

24 日 澳大利亚电信（Telstra）公司将在 2023 年第一季度末完成收购 Digicel Pacific 的太平洋地区业务。虽然交易尚未敲定，但 Digicel Pacific 即将作为一个独立的业务运营公司由 Telstra 全权负责。据悉，原来业务遍布巴布亚新几内亚、斐济等六国的南太地区最大的移动运营商 Digicel Pacific 公司因破产而于 2021 年 10 月宣布被 Telstra 以 16 亿美元收购，澳大利亚政府将为 Telstra 提供大量资金支持。

26 日 澳大利亚和巴布亚新几内亚签署价值 15 亿基那的海事基础设施投资合同。该项投资主要用于支持广泛的基础设施建设，包括电气化、道路、航空、电信、卫生、教育和市场。这是澳大利亚在巴布亚新几内亚最大的单笔海事投资。

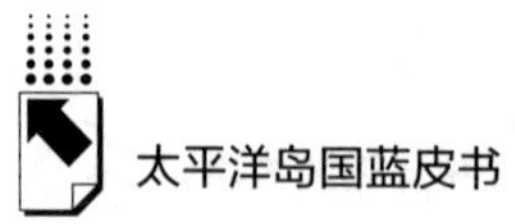

31日 巴布亚新几内亚总理詹姆斯·马拉佩（James Marape）将出席北京冬季奥运会开幕式。马拉佩将与习近平主席进行会谈。马拉佩本次到访，将与中国在经贸、气候、援助等方面达成一致合作，促进双方协同发展。

31日 中国海军五指山舰与查干湖舰应汤加的请求，向汤加运输救援物资。中国表示，中方将根据汤方应对灾情及重建的需求，尽全力提供各种形式的帮助。美、日、英、澳等国家以及联合国、欧盟、红十字会等国际组织都对汤加提供了物资和资金等方面的支持。

2月

1日 巴布亚新几内亚总理詹姆斯·马拉佩以发布新闻稿的方式，向中国人民致以新春祝福。

2日 斐济外交事务常任秘书长约格什·卡兰（Yogesh Karan）在苏瓦会见了克罗地亚驻斐济和太平洋岛屿区域非常驻大使贝蒂·帕维利奇（Betty Bernardica Pavelich）。卡兰指出，斐济希望在海洋、气候、旅游、信息通信技术、海洋生物技术和可再生能源等领域与克罗地亚展开合作。帕维利奇表示克罗地亚将进一步支持斐济发展。

5日 中国国务院总理李克强在钓鱼台国宾馆以视频方式会见巴布亚新几内亚总理詹姆斯·马拉佩。双方发表《中华人民共和国和巴布亚新几内亚独立国联合声明》并签署多项双边合作文件。

10日 日本外务省、经济产业省等政府部门在线举行了太平洋岛国年轻行政官培训项目。本次项目共培训来自太平洋岛国的11名年轻行政官，他们皆在各自国家负责日本与太平洋岛国的外交工作，且将来有可能担任重要职务。

11日 中国援助的119台重型机械设备，包括推土机、卡车、挖掘机等抵达汤加。这是中国根据汤加需求，在汤加遭受火山灾害后提供的又一次重大援助，有助于加快灾后重建进程，促进基础设施建设和社会经济发展。

11日 太平洋岛国论坛秘书长、库克群岛前总理亨利·普纳（Henry

Puna）作为太平洋专员出席了“一个海洋”峰会，他呼吁世界各国在维护海洋健康方面共同发挥积极作用。

12 日 美国国务卿布林肯访问斐济，并与 18 个太平洋岛国和地区的领导人举行视频会议。此系 1985 年以来美国国务卿首次访斐。

15 日 日本制造的约 7000 剂新冠疫苗运抵汤加，以支援该国的疫情防控。

15 日 新任日本驻萨摩亚全权大使千田惠介（Senta Kaisuke）在萨摩亚元首官邸举行了全权证书交接仪式。千田大使称，1973 年建交以来，两国一直保持着友好的外交关系，此后也将通过扩大合作范围的方式确保两国关系进一步发展。萨摩亚元首图伊马莱阿利法诺·瓦莱托阿·苏阿劳维二世（Tuimaleali'ifano Va'aletoa Sualauvi Ⅱ）则表示愿意与日方加强合作，并对两国关系的进一步发展表达了美好的祝愿。

23 日 汤加首相肖西·索瓦莱尼发言称，美国太空探索技术公司（Space X）向汤加捐赠了 50 个 Starlink 用户终端，目前，在光纤通信恢复之前，汤加将极大依赖卫星通信。而目前卫星的可用带宽容量只能满足汤加 12.5%的需求，需要进行细致的分配使用。

25 日 密克罗尼西亚联邦向俄罗斯表示，两国之间的外交关系已被切断。

3月

4 日 斐济农业、水道和环境部长马亨德拉·雷迪（Mahendra Reddy）在联合国环境大会上发表讲话强调，斐济致力于保护和恢复生态系统，积极将基于自然的解决方案纳入和推广到其日益增多的灾害管理模式中。雷迪还谈到斐济《2021 年气候变化法案》（Climate Change Act 2021），介绍了应对气候变化的解决方法。

13 日 由全球核问题专家组成的独立小组正在支持太平洋国家与日本就其向太平洋排放经处理的核废水的意图进行磋商。该小组预期将为太平洋

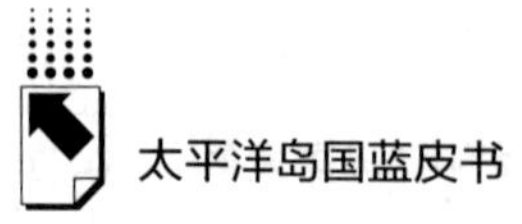

岛国方面与日本官员和福岛第一核电站代表正在进行的对话提供独立的技术咨询。

18 日 中国、所罗门群岛两国警方签署所罗门群岛政府与中华人民共和国政府关于警务合作的谅解备忘录，积极推进警务执法务实合作。

22 日 根据中国、所罗门群岛两国政府签订的相关议定书，首批援所中国医疗队一行 6 人抵达所罗门群岛，开展为期一年的医疗工作。

22 日 美国政府任命美国国务院前朝鲜政策特别代表尹汝尚（Josephp Yun）为总统特使，牵头与马绍尔群岛、密克罗尼西亚联邦和帕劳三个太平洋岛国围绕修正《自由联系条约》的某些条款进行谈判。美国与马绍尔群岛和密克罗尼西亚联邦的协定于 2023 年到期，与帕劳的协定于 2024 年到期。

22 日 帕劳与尼泊尔建立外交关系。尼泊尔常驻联合国代表阿姆利特·巴哈杜尔·莱伊（Amrit Bahadur Rai）和帕劳常驻联合国代表伊拉娜·维多利亚·赛义德（Ilana Victorya Seid）在尼常驻联合国代表团举行的简短仪式上签署一份联合公报。两国就共同关心的各种问题交换了意见，以加强双方在国家和多边场合的合作，特别是在联合国论坛上实现两国的互利共赢。

23 日 斐济总理弗兰克·姆拜尼马拉马（Frank Bainimarama）在总理办公室接待了新西兰国防部长皮尼·赫内尔（Peeni Henare）。姆拜尼马拉马感谢新西兰政府在斐济发生自然灾害时向斐济提供人道主义、财政和技术援助，并希望加强两国在气候行动、防灾减灾、经济复苏和可持续发展方面的合作。赫内尔则表示期待与斐济建立长期合作关系，实现两国的共同目标。

23 日 英国政府与斐济政府就海上安全问题达成一项新协议。英国驻斐济高级专员布莱恩·琼斯（Brian Jones）表示，该协议的签署意味着斐济水手将能够登上英国皇家海军的船只，这将使英、斐两国开展更密切的合作，共同打击太平洋的非法海上活动。

26 日 中国国家主席习近平同瓦努阿图共和国总统塔利斯·奥贝德·

摩西（Tallis Obed Moses）互致贺电，庆祝两国建交40周年。同日，中国国务院总理李克强同瓦努阿图总理鲍勃·拉夫曼（Bob Loughman）互致贺电。

29日　斐济总理弗兰克·姆拜尼马拉马与新西兰外交部长纳纳娅·马胡塔（Nanaia Mahuta）在苏瓦签署了《杜瓦塔合作协议》（Duavata Partnership）。该协议是两国伙伴关系的扩展声明，有助于加强两国在气候变化、国家安全和可持续经济发展等方面的合作。姆拜尼马拉马强调，该协议的签订是两国合作进程中的一项里程碑式成就，未来两国合作将不断加强。

4月

1日　巴布亚新几内亚总理詹姆斯·马拉佩访问印度尼西亚，并与印尼总统佐科（Joko Widodo）进行会晤。双方就推动贸易、商业、经济、公共服务、卫生和教育服务领域合作进行了深入探讨。佐科呼吁达成双边投资协议，马拉佩对疫情期间印尼对巴新提供的帮助表示感谢。

2日　斐济商务、贸易、旅游、运输部长法亚兹·科亚（Faiyaz Koya）代表斐济政府与阿联酋人力资源部长阿卜杜拉曼·安瓦尔（Abdulrahman Abdulmannan Al War）签署了人力资源领域的谅解备忘录。该谅解备忘录将为斐济人在阿联酋就业提供一个平台，并为在阿联酋正式工作的斐济人提供保护。阿卜杜拉曼表示，备忘录的正式签署巩固了两国关系，阿联酋也期待通过互利合作成为更多斐济人的家园。

5日　清明节之际，中国驻巴布亚新几内亚大使馆在巴新中国抗战将士和遇难同胞陵园举办祭扫活动，缅怀先烈。当地中资企业、华侨华人和陵园管理方代表等参加活动。位于巴新拉包尔市的中国抗战将士和遇难同胞陵园安眠着被侵华日军带到巴新充当劳工的被俘抗战将士和同胞英灵。陵园于2009年由中国政府拨款修建，并于2020年列入国家级抗战纪念设施、遗址名录。每逢清明节，驻巴新大使馆都会举行祭奠活动并资助陵园土地主人加强管理维护。

5日　斐济总理弗兰克·姆拜尼马拉马在国会大厦会见了以色列驻斐济非常驻大使罗伊·罗森布利特（Roi Rosenblit）。姆拜尼马拉马感谢以色列在台风“温斯顿”后提供的援助，并强调两国在农业、国防、抗灾能力和安全方面的合作将不断向前推进。罗森布利特表示，以色列将与斐济和太平洋地区团结一致，致力于从疫情和气候变化的影响中重建经济，增强医疗系统韧性，促进旅游业、可再生能源以及中小企业的发展。

7日　由太平洋岛国论坛主办的太平洋区域债务会议（Pacific Regional Debt Conference）在苏瓦举行，通过会议，太平洋岛国政府与其债权人进行了会谈，讨论和解决债务加重和气候变化问题。澳大利亚银禧组织（Jubilee Australia）负责人弗莱彻（Luke Fletcher）表示，解决债务与气候问题是太平洋岛国的重中之重，各国应该在这两方面对岛国加大财政支持力度，且在这两个问题上，中国处于至关重要的位置，有必要日后与中国进行更加密切的沟通。

12日　斐济总理弗兰克·姆拜尼马拉马在总理办公室会见了加拿大新任驻斐济高级专员乔安妮·勒梅（Joanne Lemay）。姆拜尼马拉马表示，斐济和加拿大在气候变化和海洋领域的合作正在不断向前推进，两国将团结一致，共同应对气候变化和新冠疫情带来的挑战。此外，双方还谈到加拿大外交使团的设立和加拿大地方激励基金（Canada Fund for Local Initiatives）资助斐济小社区发展等问题。

12日　瓦努阿图与澳大利亚签署关于太平洋融合中心（Pacific Fusion Centre）在维拉港长期运作的谅解备忘录。位于瓦努阿图的太平洋融合中心作为太平洋岛国论坛的正式组成部分，由澳大利亚发起，于2021年9月开始运行，主要围绕瓦澳地区面临的关键安全问题向太平洋岛国论坛成员相关决策者提供评估和建议，这些问题包括气候、人力和资源安全、环境和网络威胁以及跨国犯罪。

13~14日　第七届“我们的海洋大会”（Our Ocean Conference，OCC）在帕劳科罗尔举行。这是该活动首次在小岛屿发展中国家举行，会议主题为“我们的海洋、我们的人民、我们的繁荣”。会议由帕劳和美国组织，与会者有来自政府间组织、学术和研究机构、私营部门和民间社会组织的 500 多名代表。

19 日　中国和所罗门群岛正式签署中国、所罗门群岛双边安全合作框架协议。

22 日　美国国家安全委员会印太政策高级协调员库尔特·坎贝尔（Kurt Campbell）率团访问所罗门群岛，与所罗门群岛总理梅纳西·索加瓦雷举行会谈。

23 日　第四届国际论坛“亚太水峰会”在日本熊本市召开。日本首相岸田文雄与出席会议的图瓦卢总理卡乌塞亚·纳塔诺（Kausea Natano）举行了会谈，并对俄乌局势进行了探讨。

25 日　澳大利亚将在斐济拉米（Lami）建设一个新海军基地。该基地以总理姆拜尼马拉马的名字命名，由澳大利亚政府提供资金建设，新西兰也将支持这一项目的开展。姆拜尼马拉马表示，该基地将类似于楠迪的黑石军营（Blackrock Camp）。据悉，新海军基地的建造将于 6 月开始，预期两年完工。

25~27 日　日本外务副大臣上杉谦太郎乘坐自卫队飞机访问所罗门群岛。在此次访问中，他与所罗门群岛政要在日本与所罗门群岛传统良好关系的基础上，就加强双边关系及在国际场合开展合作交换了意见。

26 日　斐济大选正式开始。选举办公室发布竞选指导方针，详细规定了各政党在竞选活动中必须遵守的事项，包括民意调查限制、不干涉竞选和竞选材料要求等。此外，选举办公室推出了一个投诉网站，方便公众在选举前或选举期间投诉有关问题。

27 日　由太平洋岛国论坛聘请的多学科专家小组成员经过研究认为，日本核废水排放计划可能存在安全风险。专家小组成员罗伯特·里士满（Robert Richmond）表示，海洋中有大量的浮游生物，通过氚等放射性元素将可能大量地进入食物链，而日本对核废水的采样分析样本容量所占总体比例过小，并不足够安全可信，太平洋岛国论坛专家组希望与国际原子能机构合作，进行进一步的验证。

28 日　中国-太平洋岛国应对气候变化合作中心启用仪式暨中国-太平

洋岛国应对气候变化高端对话会开幕式在山东省济南市举行。该中心的办公地点设在聊城大学太平洋岛国研究中心。上午，中国外交部副部长谢锋出席启用仪式，发表致辞《携手应对气候变化，打造更加紧密的中国－太平洋岛国命运共同体》。中国生态环境部副部长邱启文出席仪式并致辞，并与基里巴斯基础设施和可持续能源部部长威利·托卡塔阿克（Willie Tokataake）共同签署《中华人民共和国生态环境部与基里巴斯共和国总统办公室关于应对气候变化南南合作物资援助的谅解备忘录》。山东省与所罗门群岛伊莎贝尔省、青岛市与基里巴斯泰奈纳诺市、聊城市与基里巴斯比休岛市签署建立友好省州、友好城市关系协议和意向书。下午，召开首届中国－太平洋岛国应对气候变化高端对话会。

29 日　所罗门群岛总理梅纳西·索加瓦雷（Manasseh Sogavare）在议会发表讲话时说，所罗门群岛同中国签署安全合作框架协议是因为所罗门群岛与澳大利亚签署的安全协议存在不足；所罗门群岛知道战争的代价，因此不会接受太平洋地区军事化。索加瓦雷还批评澳大利亚在未与太平洋岛国协商的情况下就与美国、英国结成三方安全伙伴关系“奥库斯”（AUKUS）。

29 日　中国援助基里巴斯外岛 20 辆校车交接仪式在基首都塔拉瓦举行，中国驻基里巴斯大使唐松根和基里巴斯教育部长亚历山大·蒂博（Alexander Teabo）签署校车交接证书。基教育部长蒂博代表基政府感谢中国政府向基捐赠 20 辆校车和复交以来在各领域对基方的支持和援助。

5月

6~8 日　日本外务大臣林芳正访问斐济和帕劳。

9 日　通过“帕劳国际机场改造、扩建和管理项目”建设的新帕劳国际机场航站楼在帕劳全面启用。帕劳总统萨兰格尔·惠普斯、日本外务大臣林芳正等出席开幕式。这是帕劳最大的基础设施开发项目，也是太平洋岛国第一个得到日本公司支持的合作项目。

10 日　斐济总理弗兰克·姆拜尼马拉马致电尹锡悦（Yoon Suk Yeol），

祝贺他就任韩国总统。斐济政府期待与韩国密切合作，加强斐、韩两国之间的长期合作关系。

23 日　所罗门群岛总理梅纳西·索加瓦雷宣布从 2022 年 7 月 1 日开始重新全面开放国际边境。

24 日　中国外交部发布《中国-太平洋岛国合作事实清单》。清单包括政治、安全与地区事务合作，经济和发展合作，抗疫和卫生合作，海洋、防灾减灾与应对气候变化合作，农渔业合作，教育、旅游与文化合作，民间和地方友好合作七个部分，以及序言和展望。

26 日~6 月 4 日　中国国务委员兼外长王毅应邀对所罗门群岛、基里巴斯、萨摩亚、斐济、汤加、瓦努阿图、巴布亚新几内亚、东帝汶八国进行正式访问，对密克罗尼西亚联邦进行“云访问”，同库克群岛总理兼外长、纽埃总理兼外长举行视频会晤，并在斐济主持召开第二次中国-太平洋岛国外长会。

26 日　中国国务委员兼外长王毅抵达所罗门群岛，会见了所罗门群岛总理梅纳西·索加瓦雷、代总督帕特森·奥蒂（Patteson Oti）以及外长杰里迈亚·马内莱（Jeremiah Manele）。王毅介绍了此访期间中、所两国就加强互利合作达成的八方面重要共识：一是共同筑牢中所关系政治基础，二是共同建设“一带一路”，三是共同落实全球发展倡议，四是共同打造安全稳定环境，五是共同促进互联互通，六是共同应对气候变化，七是共同促进地方交往，八是共同维护发展中国家利益。

27 日　在中国国务委员兼外长王毅与基里巴斯总统兼外长塔内希·马茂（Taneti Maamau）的见证下，中国驻基里巴斯大使唐松根代表中国生态环境部和基里巴斯内阁常秘娜奥米·比瑞博（Naomi Biribo）共同签署《中华人民共和国生态环境部与基里巴斯共和国总统办公室关于应对气候变化南南合作物资援助项目第一期执行协议——户用光伏发电系统子项目》。此次签署的光伏物资执行协议是落实习近平主席提出的应对气候变化南南合作“十百千”倡议和“一带一路”应对气候变化南南合作计划的又一具体举措。

27 日 瓦努阿图宣布该国进入气候紧急状态，成为第一个宣布面临气候紧急状况的太平洋小岛屿发展中国家。瓦努阿图总理鲍勃·拉夫曼表示，海平面上升和恶劣天气已经对太平洋造成“不成比例”的影响，地球对于瓦努阿图来说已经太热且太不安全了，瓦努阿图已处于危险之中。瓦努阿图的处境并非个例，包括瑙鲁、图瓦卢、纽埃在内的太平洋岛国均面临着生存危机。

27 日 斐济宣布加入“印太经济框架”，成为首个加入该框架的太平洋岛国。该框架由美国总统拜登发起，首批参与方包括美国和日本等 13 个国家，旨在加强数字经济、供应链、绿色能源和反腐斗争等关键领域成员国之间的一体化。美国国家安全顾问杰克·沙利文（Jake Sullivan）表示，斐济的加入将提升该框架在气候变化等方面的价值。

27 日 第一批援助基里巴斯中国医疗队顺利抵达基里巴斯。本批中国医疗队由滨州医学院附属医院首次整建制派出，共 3 名队员，将执行为期 6 个月的援外医疗任务。这是中国第一次派医疗队援助基里巴斯。

28 日 中国国务委员兼外长王毅与萨摩亚总理兼外长菲娅梅·内奥米·马塔阿法（Fiame Naomi Mata'afa）举行会谈时强调，中方已建立中国-太平洋岛国应对气候变化合作中心，愿继续通过南南合作框架，帮助小岛屿国家加强应对气候变化能力建设。同时敦促发达国家切实承担减排历史责任，履行应尽的义务。

30 日 中国国务委员兼外长王毅同斐济总理兼外长弗兰克·姆拜尼马拉马在苏瓦共同主持第二次中国-太平洋岛国外长会。此次会议是 2021 年 10 月中国-太平洋岛国外长会机制建立以来首次在太平洋岛国举办。中国国家主席习近平专门向会议发来书面致辞，为会议成功召开指明了方向。第二次外长会上，中方宣布建立中国-太平洋岛国农业合作示范中心、防灾减灾合作中心、菌草技术示范中心。

30 日 在中国国务委员兼外长王毅及斐济总理兼外长弗兰克·姆拜尼马拉马的见证下，中国驻斐济大使钱波代表中国生态环境部与斐济总理办公室常秘约盖什·卡兰（Yogesh Karan）共同签署《中华人民共和国生态环境部与斐济总理办公室关于应对气候变化南南合作物资援助的谅解备忘录》。斐方对中方提供的支持与帮助表示感谢，并高度称赞中方在开展南南合作方面的努力与贡献。

30日　日本新任驻所罗门群岛大使三和义明（Miwa Yoshiaki）拜访了所罗门群岛总理梅纳西·索加瓦雷，双方就未来合作展开交流。

31日　中国国务委员兼外交部长王毅会见汤加国王图普六世，双方进行了友好交流，并对两国的友谊进行了总结和肯定。随后，王毅会见汤加首相肖西·索瓦莱尼并签署了防灾减灾、农渔业、卫生等领域的双边合作协议。王毅表示，“路遥知马力，日久见人心”，中国将是汤加和其他太平洋岛国可以信赖的真朋友。

6月

1日　瓦努阿图总理鲍勃·拉夫曼率内阁主要成员在维拉港同中国国务委员兼外长王毅举行集体会谈。王毅表示，中方愿同瓦努阿图深化政治互信、拓展互利合作、维护共同利益。拉夫曼表示，瓦愿继续以坚守一个中国政策为政治基石，以共建“一带一路”为合作引领，推动瓦中全面战略伙伴关系不断迈上新台阶。

2日　澳大利亚新任外交部长、参议员黄英贤（Penny Wong）访问萨摩亚，双方讨论了安全与私营部门劳动力流动等重要问题，并签署了合作协议。澳大利亚承诺，将在一年内赠予萨摩亚一艘新的巡逻艇，并将与萨摩亚保持为期八年的伙伴关系。

3日　巴布亚新几内亚总理詹姆斯·马拉佩在莫尔兹比港会见了中国国务委员兼外长王毅。马拉佩表示，巴新坚定奉行一个中国政策，加快双方商签自贸协定，并为中国企业赴巴新投资提供便利。同日，王毅同巴新外长索罗伊·埃奥（Soroi Eoe）举行会谈，并出席了合作文件签字仪式，共同会见了记者。

7日　密克罗尼西亚联邦总统戴维·帕努埃洛（David W. Panuelo）、帕劳总统萨兰格尔·惠普斯携同马绍尔群岛共和国特使约翰·希尔克（John Silk）与太平洋岛国论坛领导人进行了高级别政治对话。密克罗尼西亚联邦将从2024年开始担任下一任太平洋岛国论坛秘书长，任期五年。

15日　新西兰国防部长皮尼·赫内尔透露，正在与所罗门群岛共同制订海上安全计划。皮尼·赫内尔会见了所罗门群岛国家安全部长安东尼·韦克（Anthony Veke）并进行了“建设性讨论”。赫内尔表示，双方同意共同制订一项工作计划，以加强海上安全领域的合作，合作将包括海上搜索与救援以及渔业检测等自然领域，这是新西兰在该地区应承担的责任。

16日　密克罗尼西亚联邦总统戴维·帕努埃洛与美国国务卿安东尼·布林肯（Anthony Blinken）进行了电话会谈，并讨论了包括太平洋岛国领导人会议与联合国人权理事会第50届会议召开在内的一系列问题。帕努埃洛向美国保证，密克罗尼西亚联邦不会采取或允许采取任何威胁地区安全与稳定的行动。

17日　澳大利亚外交部长黄英贤抵达所罗门群岛，对首都霍尼亚拉进行了为期一天的访问，她表示期待“解决我们共同的安全问题”，以及在气候变化等领域开展更广泛的合作。

17日　作为“勇敢盾牌”演习的一部分，美国太平洋陆军第1防空炮兵团（1st Air Defense Artillery Regiment，1-1ADA）查理连队（the Charlie Battery）进行了演习，美国陆军在战区举行两年一度的联合演习。这次演习是爱国者陆基防空系统首次在太平洋岛国帕劳发射，此外帕劳还参加过包括2021年12月举行的“圣诞空投行动”的美军其他演习。

18日　瓦努阿图总理鲍勃·拉夫曼未能再次推动宪法改革。此次改革包括延长议会任期、重新定义瓦努阿图公民、扩大内阁规模等方面，受到反对派的强烈抗议。

19日　沙特阿拉伯旅游部长、发展基金董事会兼任主席艾哈迈德·阿基尔·阿卡尔迪布（Ahmed Aqeel Al Khateeb）访问汤加并会见了汤加首相肖西·索瓦莱尼与其他内阁成员。汤加方面称，此次会谈双方讨论了两国就双边关系共同关心的问题。两国于2020年建交，并在纽约发表了联合公告。

20 日 中国-太平洋岛国应对气候变化与绿色低碳发展南南合作线上培训班开班仪式成功举办，来自基里巴斯、萨摩亚、汤加、斐济、瓦努阿图、密克罗尼西亚联邦等国的 40 余位气候变化领域的专业人员参加培训。此次培训班由中国生态环境部应对气候变化司组织，生态环境部对外合作与交流中心具体实施，中国-太平洋岛国应对气候变化合作中心提供支持。培训课程涵盖全球和中国气候变化治理、低碳能源、气候适应与生态修复、中太气候合作研讨、珊瑚礁保护、热带岛屿南南合作低碳示范区案例分析等。

25 日 美国、澳大利亚、新西兰、英国、日本五国发表联合声明，宣布建立“蓝色太平洋伙伴关系”（the Partners in the Blue Pacific，PBP）。

27 日~7 月 1 日 由联合国主持、肯尼亚和葡萄牙政府共同主办的 2022 年联合国海洋大会在葡萄牙里斯本举行。斐济总理弗兰克·姆拜尼马拉马代表太平洋岛国论坛成员国在大会上发表讲话，强调保护海洋的重要性，呼吁全球重视太平洋岛国气候变化问题，并宣布斐济将与帕劳和新西兰发起暂停深海采矿的国家联盟。

28 日 巴布亚新几内亚队以 33 金、28 银和 19 铜的优异成绩结束了太平洋运动会，凭 80 枚奖牌位居奖牌榜榜首。巴新队不仅名列榜首，举重组合迪卡·图阿（Dika Toua）和莫里亚·巴鲁（Morea Baru）还被评为奥运会优秀运动员。

7月

1 日 中国驻基里巴斯大使唐松根代表中华人民共和国教育部与基里巴斯共和国教育部部长蒂博共同签署了《关于合作开展基里巴斯中文教育项目的谅解备忘录》，面向基里巴斯高中、高等教育及职业教育阶段开展中文教学和文化交流。

1 日 在日本国际协力机构的支持下，一支由日本科学家、技术人员与评估人员组成的 14 人团队抵达汤加，他们将履行日本政府在汤加火山灾害后对汤加的援助承诺，协助汤加推进国家预警项目，建立国家预警系统（NEWS），以防止或减少突发性灾害对汤加造成的损失。据悉，此项目暂定于 2023 年 9 月完成。

8 日 斐济总理弗兰克·姆拜尼马拉马出席二十国集团外长会。他表示，太平洋国家深受气候变化影响，气候变化是对岛国粮食系统最严重的长期威胁，斐济希望各国能加大削减碳排放力度，以应对气候危机。此外，斐济承诺到 2030 年继续加大海洋的保护力度，生产 16 万公吨以上可持续养殖的海洋产品。

9 日 在第 51 届太平洋岛国论坛召开之际，基里巴斯总统塔内希·马茂向太平洋岛国论坛秘书处致信表示，他的国家已做出“主权决定”，会“立即”退出这个拥有 51 年历史的论坛。基里巴斯退出该论坛的原因是不同意岛国论坛秘书长亨利·普纳继续担任该职务，也不同意几周前为解决密克罗尼西亚国家与其他成员国之间的裂痕而达成的协议。基里巴斯还希望会议推迟。

11 日 日本与萨摩亚签署援助额为 1.5 亿日元（时值约合 110 万美元）的无偿资金援助项目。日本为萨摩亚提供小型警备艇，以完善该国海上安保体系，提升执法能力。

11 日 第 51 届太平洋岛国论坛在斐济首都苏瓦举行，斐济总理弗兰克·姆拜尼马拉马主持会议。

13 日 第 51 届太平洋岛国论坛召开的第三天，美国副总统卡玛拉·哈里斯（Kamala Harris）通过视频方式在论坛框架下的渔业专题会议上发表讲话，并宣布了外交、经济、社会领域的 7 项措施。

14 日 为期 4 天的第 51 届太平洋岛国论坛在斐济首都苏瓦闭幕。会议审议通过了“蓝色太平洋大陆 2050 年发展战略”。与会国家要求世界各国对气候变化采取“紧急、立即”的应对措施。

14 日 中共中央对外联络部以线上方式举办第二届中国-太平洋岛国政党对话会。斐济、瓦努阿图、所罗门群岛、巴布亚新几内亚等国政党领袖、政府官员和工商界人士在线参会，太平洋岛国驻华使节在北京现场出席会议。会议主题为“加强交流互鉴，促进共同发展”，中共中央对外联络部部长刘建超在对话会上做主旨讲话。

18 日　詹姆斯·马拉佩宣布连任巴布亚新几内亚塔里波里选区国会议员。这是马拉佩第三次在大选中成为第一位当选议员。

20 日　中国-太平洋岛国减贫与发展合作中心启用仪式在福州举行。福建省委书记尹力在仪式上致辞，省长赵龙出席。与会嘉宾共同为合作中心揭牌，并见证相关合作项目签约。

22 日　第 12 批援助巴布亚新几内亚中国医疗队出征仪式在重庆举行。援巴新中国医疗队每批 10 人，包括 8 名卫生专业技术人员和 2 名随队辅助人员，医疗队工作地点在巴新首都莫尔兹比港总医院。为支撑“中国巴新微创外科中心”运行，医疗队配备有 1 名泌尿外科专家、1 名妇产科专家、1 名神经外科专家、1 名普外科专家和 1 名手术室护士。

24 日　选举团经过 8 轮艰苦投票后，尼克尼克·武罗巴拉武（Nikenike Uurobaravu）最终被选举为瓦努阿图第 12 任总统。武罗巴拉武获选后承诺将致力于促进全国团结和积极应对气候变化。

25 日　马绍尔群岛人聚集在埃比岛，参加半个世纪以来最高酋长迈克尔·拉玛尼尼·卡布阿（Michael LaMañiñi Kabua）的首次加冕仪式，凸显了马绍尔群岛传统制度的活力。仪式所举办的地点是美国陆军里根试验场导弹试验设施所在地，该基地为在夸贾林经营的美国最先进的导弹和反导弹防御试验场之一，通过与马绍尔群岛签订的长期协议，目前每年向包括卡布阿在内的土地所有者支付超过 2000 万美元的使用权费用。

29 日　中国国家主席习近平致电尼克尼克·武罗巴拉武，祝贺他就任瓦努阿图共和国第 12 任总统。习近平指出，2022 年是中瓦建交 40 周年，中方高度重视中瓦关系发展，愿同武罗巴拉武总统一道努力，为中瓦关系开辟更加广阔的前景，造福两国和两国人民。

29 日　汤加首相胡阿卡瓦梅利库任命佩图尼娅·图珀（Petunia Tu Pou）为汤加最高法院大法官。据悉，汤加最高法院在 2018 年认命了第一位女性司法委员，佩图尼娅是汤加最高法院第一位终身任命的女性大法官。

8月

1日　斐济总理弗兰克·姆拜尼马拉马出席《不扩散核武器条约》(Non-Proliferation of Nuclear Weapons) 第十次审议大会，并呼吁世界各国在核裁军方面立刻采取行动。他表示，斐济及其他太平洋国家强烈呼吁所有拥有核武器国家履行《不扩散核武器条约》第六条规定的核裁军义务，希望拥有核武器国家加快制订详细且透明的裁军计划，以维护世界和平与安全。

2日　作为对萨摩亚总理访问新西兰的回应，以及对新西兰与萨摩亚签署《新西兰-西萨摩亚友好条约》60周年的庆祝，新西兰总理杰辛达·阿德恩（Jacinda Ardern）访问萨摩亚并与萨摩亚总理菲娅梅·内奥米·马塔阿法进行了会晤，并讨论了条约的改进问题。

8日　瓜达尔卡纳尔岛战役80周年纪念仪式在所罗门群岛首都霍尼亚拉举行。来自美国、日本、新西兰和澳大利亚的代表团齐聚霍尼亚拉，缅怀因战争牺牲的人。美国驻澳大利亚大使卡罗琳·肯尼迪向太平洋战役中冒着生命危险的所罗门群岛人致以感谢。瓜达尔卡纳尔岛战争时期，美国和日本军队之间的斗争导致1200架飞机、49艘船只和多达35000名美国和日本人的生命损失。

9日　美国副国务卿温迪·舍曼（Wendy Sherman）率团结束为期7天的太平洋岛国之行。舍曼此行第一站是萨摩亚，她是该国8月1日向国际游客重开边境后到访的首位美国高级官员。8月5日舍曼到访汤加，这是历史上访问汤加级别最高的美国官员。舍曼与汤加高层讨论了开设美国大使馆等问题。此后，舍曼还访问了所罗门群岛、澳大利亚和新西兰。

9日　詹姆斯·马拉佩在莫尔兹比港宣布高票连任巴布亚新几内亚总理。

12日　瓦努阿图提交了一份巴黎气候协议承诺，包括逐步淘汰化石燃料、如何应对海平面上升和恶劣天气造成的破坏成本等问题，并承诺到2030年前用可再生能源生产近100%的电力。同时，瓦努阿图呼吁根据《联合国气候变化框架公约》建立损失和损害融资机制，以弥补世界上最脆弱的国家面临的严重资金缺口，并解决损失和损害问题。

15日 斐济总理弗兰克·姆拜尼马拉马在接受新西兰塔拉纳广播电台独家采访时，公开重申斐济政府坚持一个中国原则并对中斐关系给予积极评价。姆拜尼马拉马表示，斐济政府坚持一个中国原则，斐中关系强劲牢固，在灾害救援、教育、基础设施建设、国防以及疫情期间的医疗援助等方面有诸多合作。中国在气候变化问题上做出承诺，而这一点对斐济和太平洋岛国尤为重要。

20日 日本海上自卫队"雾雨"号驱逐舰根据2022年印度洋-太平洋部署（IPD22），从斐济调往汤加，并与汤加海军进行了联合军事演习。汤加王储图普托阿·乌卢卡拉拉（Tuputo'a' Ulukalala）受邀登舰参观，双方对两国的友谊以及海洋安全方面的合作表达了肯定。

20日 新西兰外交部长纳纳娅·马胡塔（Nanaia Mahuta）在与汤加卫生部部长及一线医护人员交流后，结束了对汤加的访问，并宣布将与汤加建立新型伙伴关系，以帮助汤加构筑有复原力的卫生工作劳动力。访问期间，她还同汤加国王图普六世与首相肖西·索瓦莱尼等人进行了会谈，并宣布将同汤加举行代号为"热带暮光"（Tropic Twilight）的灾害应对演习。

22日 美国国际开发署公开了其为期5年（2022~2027年）的太平洋岛屿战略框架，该框架将指导其接下来5年内在12个太平洋岛屿国家的工作。战略框架宣称旨在推进岛国的民主、繁荣以及复原力建设，并将与岛国政府、民间组织、私营部门开展广泛的合作。

23日 萨摩亚立法议会再次任命图伊马莱阿利法诺·瓦莱托阿·苏阿劳维二世为萨摩亚元首，任期5年。图伊马莱阿利法诺自2017年起一直担任国家元首一职，而2019年的宪法修正案规定国家元首任期5年，最多担任2个任期，即最多以国家元首职位服务10年。据此，他将于2027年最终卸任此职。

24日 中国政府已承诺在巴布亚新几内亚建立一个国家毒品实验室，以在巴新日益增长的跨国有组织犯罪活动中提高巴新警察的毒品监察能力。

警察局长大卫·曼宁（David Manning）表示，这种援助不仅能够使巴新应对当前毒品挑战，还能在其他领域向巴新提供帮助；毒品实验室的建设是国家未来发展的重要标志，将使警察和其他执法机构处于有利地位。

24日 在中国和巴布亚新几内亚政府共同支持下，68名巴新学生乘坐新几内亚航空公司临时航班前往中国继续留学。中国驻巴新大使曾凡华表示，中国和巴新政府都非常重视教育和人才培养，巴新的经济社会发展以及中国与巴新越来越密切的经贸投资合作都需要大量熟练掌握中文、了解中国的巴新优秀人才。

24日 韩国SK电讯的高级官员会见了帕劳共和国总统萨兰格尔·惠普斯，双方讨论了大洋洲电信基础设施升级方面的合作。据悉SK电讯首席执行官柳永相（Ryu Young-sang）提出了与帕劳政府合作的建议，将帕劳电信公司目前的4G基础设施升级为5G。SK电讯是韩国最大的移动通信运营商。

25日 中国驻斐济大使钱波代表中国政府通过中国-太平洋岛国论坛合作基金向太平洋岛国论坛秘书处提供了108万美元的年度资金捐款。在交接仪式上，太平洋岛国论坛秘书长亨利·普纳对中国的资助表达了感谢，并对中国与论坛间牢固的友谊以及强力合作给予了高度肯定。

26日 据美国《星条旗报》、路透社等媒体报道，所罗门群岛22日拒绝了美国海岸警卫队一艘舰艇停靠该国港口，该舰艇于第二天改道前往巴布亚新几内亚进行补给工作。

30日 中国国家主席习近平致电图伊马莱阿利法诺·瓦莱托阿·苏阿劳维二世，祝贺他连任萨摩亚独立国国家元首。

30日 新任中国驻瓦努阿图特命全权大使李名刚在瓦总统府向总统尼克尼克·武罗巴拉武递交国书。李大使表示，中瓦建交40年来，两国政治互信不断增强，中方期待同瓦政府和社会各界一道努力，拓展“一带一路”框架内各领域务实合作，共同落实全球发展倡议，推动两国关系迈向更高水平。武罗巴拉武表示，瓦方高度重视发展对华关系，坚定支持一个中国原则，期待与中方密切各领域交流合作，推动瓦中全面战略伙伴关系不断迈上新台阶。

31日 巴布亚新几内亚新任外交部长贾斯廷·特卡琴科（Justin

Tkatchenko）透露，巴新正着手与澳大利亚（可能还有新西兰）谈判签订一项安全条约，此举可能对该地区产生深远的战略影响。据称，澳巴双方有着密切的安全联系，但两国从未签署过正式条约。此外，澳联邦政府已经在与美国合作，投入1.75亿美元对位于巴新马努斯岛的洛伦高（Lombrum）海军基地进行升级。

9月

1日　法国开发署团队访问斐济，双方围绕气候融资、气候适应、生物多样性保护、可再生能源、妇女创业方面的合作前景展开深入探讨。斐济外交事务常任秘书长约格什·卡兰表示，斐济期待与法国开发署深入合作，以补充斐济国家发展的优先事项和“蓝色太平洋大陆2050年发展战略”。法国代表维吉尼·布莱特拉赫（Virginie Bleitrach）表示，法国希望继续通过“基瓦倡议”（The Kiwa Initiative）支持斐济加强应对气候变化的能力。

7~10日　帕劳总统萨兰格尔·惠普斯访问日本，这是惠普斯于2021年1月任总统后首次访日，也是与日本首相岸田文雄的首次会谈。

8日　日本与帕劳签署援助额为21.4亿日元（时值约合1490万美元）的无偿资金援助项目，日本在科罗尔岛、巴伯达奥布岛和马拉卡尔岛建设输电系统，提高岛屿电力供应的稳定性并促进可再生能源的导入。

9日　所罗门群岛议会投票以37票赞成、10票反对决定支持总理梅纳西·索加瓦雷将全国选举推迟到2024年。所罗门群岛反对党领袖马修·瓦勒（Mathew Wale）指责索加瓦雷“策划”继续掌权并欺骗选民。但索加瓦雷澄清说，宪法修正案不会禁止人们投票，也不会限制任何基本权利。由于国家财政不能负担同一年举行两次重大活动，所以需要将选举推迟到2023年底的太平洋运动会之后。

12日　由8名医生、1名护士组成的首批援瓦努阿图中国医疗队出征，这是中国第一次向瓦努阿图派遣医疗队。队员皆来自北京世纪坛医院，将开展为期1年的援外工作。

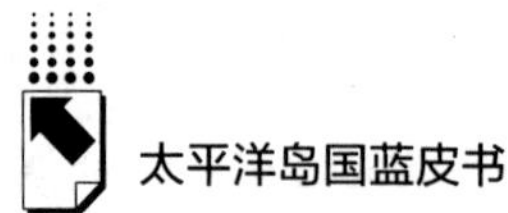

19日 所罗门群岛外交部长杰里迈亚·马内莱和巴巴多斯外交部长杰罗姆·沃尔科特（Jerome X. Walcott）在纽约举行的特别仪式上签署联合公报并正式建立外交关系，该公报进一步加强了两国关系。在正式建立关系之前，双方已通过联合国、小岛屿发展中国家、非洲加勒比和太平洋国家集团以及英联邦等各种国际机构接触，且两国均提倡降低全球碳排放和开展应对气候变化行动。

19日 在第77届联合国大会期间，汤加首相肖西·索瓦莱尼会见了巴林王国外交部长阿卜杜拉蒂夫·本·拉希德·扎亚尼（Abdullatif bin RashidAl Zayani）。双方就区域和国际关系领域的最新状况展开了会谈，并讨论了两国在多个领域开展双边合作的相关事宜。双方随后签署了一份联合公报，声明汤加与巴林正式建立外交关系。

20日 英国国王查尔斯三世在白金汉宫会见了巴布亚新几内亚总理詹姆斯·马拉佩。马拉佩表达了巴新人民对女王逝世的哀悼。查尔斯国王认同巴新及其他太平洋岛国在全球变暖和海平面上升的情况下所面临的困境，认为巴新必须得到工业化国家和碳排放大国对其树木保护的报酬，还表示愿意进一步在森林保护领域帮助巴新。

21日 中国国务委员兼外交部长王毅与所罗门群岛外交部长杰里迈亚·马内莱举行会晤，就中国与所罗门群岛之间的关系展开讨论。王毅表示，中国与所罗门群岛在建交三年间取得了丰硕成果，中国将继续推进与所方在多个领域开展合作。马内莱重申所罗门群岛致力于发展对华关系，并期待同中方加强各领域务实合作，推动两国关系取得更大发展。除此之外，双方还就加强在农业、治安、教育和渔业等领域的双边和多边合作展开了讨论。

22日 美国、英国、澳大利亚和新西兰参加的，在斐济举行的为期11天的军事演习结束。此次演习目的是对抗中国在该地区日益增长的影响力。中国外交部发言人汪文斌表示，中国对有关国家之间开展正常的防务合作不持异议，但有关合作不应针对第三方。

22日 密克罗尼西亚联邦外交秘书坎地·埃莱伊萨尔（Kandhi A.

Elieisar）代表密联邦分别同巴拿马共和国、巴林王国签署建立正式外交关系的联合公报。

23 日　“蓝色太平洋伙伴关系”首次外长会议在美国纽约举行。澳大利亚、新西兰、英国、美国、德国、加拿大、日本等国外长，以及斐济总理兼外长姆拜尼马拉马等太平洋岛屿国家和地区代表出席了会议，并发表了共同声明。声明强调支持太平洋岛国地区于 2022 年 7 月制定的《蓝色太平洋大陆 2050 年战略》，并在地区主义、透明性、问责制等共同原则下，推进与太平洋岛国的紧密对话与合作。

27 日　在中国与瓦努阿图建交 40 周年暨佛山市与维拉港市结好 5 周年之际，佛山援建瓦努阿图维拉港市社区综合运动场线上交付仪式成功举行，中国驻瓦努阿图大使李名刚、瓦努阿图副总理伊什梅尔·卡尔萨考（Alatoi Ishmael Kalsakau）、佛山市市长白涛、维拉港市市长基尔（Kiel）出席仪式并分别致辞。

27 日　日本首相岸田文雄在日本前首相安倍晋三葬礼前会见巴布亚新几内亚总理詹姆斯·马拉佩。日本积极寻求与巴新开展液化天然气供给合作以取代俄罗斯的天然气，马拉佩同意为日本公司提供新气田优先开采权并开展液化天然气（LNG）加工项目，具体内容包括巴新通过持续供应液化天然气来满足日本的能源安全需求，并且如果有任何额外的气田开发需求，日本将优先开发这些气田。

28~29 日　首届美国-太平洋岛国峰会在华盛顿举行。来自 14 个太平洋岛国的领导人和代表参加，澳大利亚、新西兰和太平洋岛国论坛秘书长作为观察员出席。拜登谈及公布的“太平洋岛国伙伴关系战略”时称，这是美国面向太平洋岛国的第一份国家战略，也是美国更广泛的“印度-太平洋战略”的关键组成部分。美国宣布将为太平洋岛国提供超过 8.1 亿美元的额外援助，以加强在气候变化、疫情应对、经济复苏、海上安全、环境保护、推进自由开放的印太地区等关键问题上的合作。此次美国与太平洋岛国共同发表了包括 11 项要点的《美国与太平洋地区伙伴关系宣言》。

白宫特别发布了《21 世纪美国-太平洋岛国伙伴关系路线图》，开篇就明确了美国同太平洋岛国加大接触的目的，即扩大美国自身影响力。除详细阐述发展与太平洋岛国关系的愿景外，路线图还明确指出“太平洋岛国伙伴关系战略”是美国“印太战略”的补充，将与太平洋岛国论坛达成的《蓝色太平洋大陆2050年战略》保持一致。美国还将大幅增加在该地区的整体外交存在感，其中包括在所罗门群岛、汤加和基里巴斯开设大使馆，新增美国各政府机构在该地区国家的派驻人员，以及加强美国海岸警卫队及国防部门与该地区国家的接触等。此外，美国还提出支持太平洋岛国与东盟、美日印澳四国安全对话机制（Quad）的合作。

10月

1日　在出席首届美国－太平洋岛国峰会期间，斐济总理弗兰克·姆拜尼马拉马与美国海岸警卫队司令琳达·法甘（Linda L. Fagan）就海事合作等问题展开深入探讨。姆拜尼马拉马表示，海军和其他监视能力有限的小岛屿国家在管理大片水域和监测公海活动时面临巨大挑战，希望美国海岸警卫队能进一步协助太平洋地区，改善太平洋国家之间的监测和信息共享。

5日　马绍尔群岛向联合国人权理事会发起与美国核遗产相关的倡议，寻求联合国人权机构的帮助，以应对美国遗留的核遗产所带来的人权挑战。该提案得到澳大利亚和斐济、瓦努阿图、萨摩亚及瑙鲁等太平洋岛国的支持，要求联合国人权事务高级专员办事处向马绍尔群岛国家核委员会提供技术援助“核正义”以及“过渡正义”，并于2024年9月向联合国安理会提交报告。

12日　中国驻瓦努阿图大使李名刚会见瓦努阿图总统尼克尼克·武罗巴拉武。李名刚表示，中国共产党第二十次全国代表大会的召开将为世界合作提供新机遇，中方愿同瓦方继续加强各领域的交流与合作，推动中瓦全面战略伙伴关系的发展。武罗巴拉武表示，对瓦中合作前景充满期待，瓦方将继续在一个中国政策的基础上，与中方进一步加强战略对接，深化合作，推动两国关系发展。

18 日　为期两天的第七届南太平洋国防部长会议（SPDMM）在汤加努库阿洛法召开，来自澳大利亚、智利、斐济、法国、新西兰和巴布亚新几内亚的代表以及观察员国日本、英国和美国的代表出席。2019 年以来，该会议首次在线下召开，汤加国王致辞表示会议将致力于推进成员国的合作、加强反应能力、促进信息共享，以提高“互操作性”。汤加首相兼国防部长肖西·索瓦莱尼主持了此次会议。

20 日　密克罗尼西亚联邦常驻联合国代表吉姆·利普威（H. E. Jeem Lippwe）大使和保加利亚常驻联合国代表拉切扎拉·斯托耶瓦（H. E. Lachezara Stoeva）大使在纽约签署了建立正式外交关系的联合公报。保加利亚是第 96 个与密克罗尼西亚联邦建立外交关系的国家。

21 日　澳大利亚副总理兼国防部长理查德·马尔斯（Richard Marles）访问斐济，并与斐济国防和国家安全部长伊尼亚·塞鲁伊拉图（Inia Seruiratu）签署《部队地位协定》（A Status of Forces Agreement，SOFA）。塞鲁伊拉图表示，该协议加强了双方在卫生、教育、劳动力流动、人道主义援助和救灾等方面的合作。马尔斯称，该协议的签署表明两国国防伙伴关系的发展，将有利于两国在危机时期相互协助。两位领导人一致认为，该协议是斐济和澳大利亚之间防务关系的一个里程碑。

24~27 日　基里巴斯驻华大使戴维·蒂阿博（David Teaabo）一行到访山东，依次访问了青岛、济南、聊城的相关高校与企业等，表示期待双方在今后的工作中，进一步深化合作，互利共赢，推进双方合作不断迈上新台阶。具体行程如下：24 日访问中国海洋大学；25 日访问中鲁远洋公司，其间，青岛浩洋远洋渔业有限公司、青岛奥海特船舶有限公司、青岛造船厂有限公司等企业参加座谈；26~27 日访问聊城大学中国-太平洋岛国应对气候变化合作中心、聊城职业技术学院等，并与部分项目负责人进行深入洽谈。

26 日　第五届韩国-太平洋岛国外长会议在釜山召开，韩国和 14 个太平洋岛屿国家的高级外交官举行了会谈，讨论如何在包括气候变化在内的区域问题上加强合作。韩国外交部长朴振（Park Jin）在会上表示，韩国致力于加强与太平洋岛屿国家的伙伴关系，以实现区域可持续发展和增强复原力，根据“蓝色太平洋大陆 2050 年发展战略”，韩国将增加官方发展援助（ODA），以有效满足太平洋国家的需求。

纽埃总理多尔顿·塔格拉吉（Dalton Tagelagi）出席会议并致开幕词。塔格拉吉表示，“蓝色太平洋大陆 2050 年发展战略”具有里程碑式的意义，作为蓝色太平洋国家，太平洋岛国论坛的中心地位加强了气候变化、海洋治理、经济领域等方面的合作。这次会议将深化韩国和太平洋岛国论坛的伙伴关系，加强双方在减少灾害风险、海洋、海事和渔业及全球问题上的合作。

27 日　欧盟与巴布亚新几内亚塞皮克地区的学生和教师合作举办“气候外交周”，意在宣传可再生能源的重要性、益处和实用功能，提高环保意识。参与的学校包括帕萨姆国家卓越学校、那古姆（Nagum）中学和夏威因（Hawain）技术高中。

31 日　澳大利亚宣布向所罗门群岛提供 1.03 亿美元的援助计划。澳大利亚在霍尼亚拉的高级专员拉克伦·斯特拉汉（Lachlan Strahan）表示，这笔资金是堪培拉承诺在未来 4 年内增加对该地区的海外发展援助的一部分，包括对卫生、教育、治理和选举、基础设施、司法、妇女领导、私营部门发展、2023 年太平洋运动会的支持。另外，拉克伦指出，澳大利亚政府正在改进和扩大太平洋劳动力流动（PALM）计划，为所罗门群岛工人创造更多机会。

11月

4 日　瓦努阿图温和党联盟主席伊什梅尔·卡尔萨考当选总理并宣誓就职。

6~18 日　《联合国气候变化框架公约》第 27 次缔约方大会（COP27）在埃及度假胜地沙姆沙伊赫举行。会议期间，各国经过激烈讨论最终艰难达成共识，签署历史性协议，同意设立“损失与损害”（Loss & Damage）基金，以补偿发展中国家因发达国家碳污染引发极端天气造成的损失和损害。

7 日　据太平洋岛屿新闻协会网报道，马绍尔群岛议会通过了两项决议，重申了其在太平洋岛国论坛的成员资格。这两项决议分别是议长肯尼斯·凯迪（Kenneth Kedi）提出的第63号决议和主要由外交部长基特兰·卡布阿（Kitlang Kabua）提出的第77号决议。

11日　斐济驻美国大使兼常驻联合国代表普拉萨德（Prasad）在《联合国气候变化框架公约》第27次缔约方大会的会外活动上宣布启动蓝色混凝土倡议。普拉萨德表示，斐济政府优先考虑气候行动的承诺，采取行动减少混凝土和基础设施供应链中的碳排放。该项目将有利于区域减缓和适应气候变化。

12日　斐济政府收到中国捐赠的化肥。斐济外交事务常任秘书长约格什·卡兰称，在新冠疫情以及俄乌冲突的影响下，中国的及时捐赠有助于确保斐济化肥的持续供应，期待斐济和中国开展更多合作。

13日　据美国地质勘探局消息，当地时间13日16时55分，汤加希希福以东113公里处发生5.0级地震，震源深度10千米。

16日　帕劳国务部长古斯塔夫·艾塔洛（Gustav Aitaro）和密克罗尼西亚联邦环境、气候变化和应急管理部长安德鲁·亚提曼（Andrew Yatilman）发表联合声明。在声明中，他们重申了太平洋领导人的呼吁，即通过在《联合国气候变化框架公约》第27次缔约方大会上建立“损失与损害”基金和过渡委员会，将损失和损害作为长期解决方案的一部分。

18日　中国国家主席习近平在曼谷参加亚太经合组织第二十九次领导人非正式会议期间会见巴布亚新几内亚总理詹姆斯·马拉佩。

18日　日本与巴布亚新几内亚签署关于建立联合信贷机制（Joint Crediting Mechanism，JCM）的合作备忘录。

21日　首期中国-太平洋岛国应对气候变化高级培训班以视频方式正式开班，来自7个太平洋岛国的36名政府官员、专家、学者参训。山东省委外办副主任陈白薇以视频方式致辞。本次培训班为期10天，来自中国社会科学院、中国科学院等的顶级专家团队为太平洋岛国参训学员授课。这是中国-太平洋岛国应对气候变化合作中心成立后举办的首期培训班。

22日　首次中国-部分南太岛国执法能力与警务合作部级对话以视频方式举行。中共中央书记处书记、公安部部长王小洪和所罗门群岛警察、国家

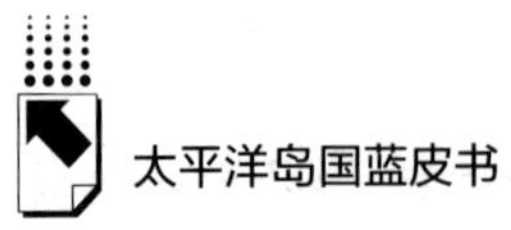

安全与惩戒部部长维科共同主持并做主旨发言。斐济、瓦努阿图、基里巴斯、汤加、巴布亚新几内亚警察部门总监、副总监、代理署长等出席并发言。

23日 所罗门群岛的大部分地区在22日至23日发生了一系列地震，其中最严重的是7.0级地震。

25日 中国国家主席习近平就22日所罗门群岛遭受的7.0级地震灾害向所罗门群岛总督武纳吉致慰问电。同日，中国国务院总理李克强向所罗门群岛总理索加瓦雷致慰问电。

26日 来自太平洋和澳大利亚的年轻领导人在首届太平洋-澳大利亚新兴领导人峰会上齐聚一堂，共同倡导建立“整个太平洋地区健康的环境”。峰会为期4天，由太平洋教会会议（PCC）组织，聚集了22~35岁的新兴领导人，讨论了年轻人及其社区的关键发展优先事项。峰会执行主任蒂姆·科斯特罗·奥（Tim Costello Ao）牧师表示，年轻人将在澳大利亚和太平洋国家间的关系中发挥至关重要的作用。

28日 法国外交部分管发展、法语国家事务和国际伙伴关系的国务秘书扎哈罗普卢（Zacharopoulou）访问巴布亚新几内亚，巴新总理詹姆斯·马拉佩、外交部长贾斯廷·特卡琴科和副总理约翰·罗索（John Rosso）与其举行了会谈。会谈重申了要加强法国与巴新的双边关系，坚持共同应对气候变化、保护生物多样性，以及深化双边经贸关系。扎哈罗普卢表示，法国将与欧盟、澳大利亚、新西兰和加拿大等国共同出资4000万欧元，以帮助巴新保护其生物多样性。

29日 据《纽约时报》报道，由于遭受网络攻击，瓦努阿图政府的政务网站已瘫痪三周，部分公务员被迫使用纸笔进行日常业务。

12月

1日 第一届政府间谈判委员会（INC）在乌拉圭埃斯特角城召开会议。会上，基里巴斯常驻联合国副代表约瑟芬·莫特（Josephine Moote）表示，作为一个小岛屿发展中国家，基里巴斯更容易受到自然灾害的影响，尤其是气候变化的不利影响，海洋废物和污染是基里巴斯政府最关心的问题之一。目前，基里巴斯致力于解决塑料污染问题并且制定了 2020~2030 年基里巴斯废物管理和资源回收战略，将塑料废物确定为首要废物流。

5 日　据萨摩亚气象部门消息，距萨摩亚首都阿皮亚西南方向 184.08 千米处发生 6.4 级地震，震源深度 10 千米，当地气象部门已发布海啸警报。

5~7 日　中国-太平洋岛国减贫与发展合作中心成功举办主题为“聚焦农业减贫，推进太平洋岛国农业农村可持续发展”的农业农村可持续发展线上培训。来自基里巴斯、斐济、巴布亚新几内亚、萨摩亚、所罗门群岛、瓦努阿图 6 国的官员和专家共 35 人参加培训，驻岛国中资机构也派员参加。

6 日　巴布亚新几内亚外长贾斯廷·特卡琴科与印度尼西亚外长雷特诺·马苏迪（Retno Marsudi）进行了双边会晤。巴新与印尼将根据《基本边界协定》和《防务合作协定》结成边境国防双边伙伴关系，此协议包括举行联合边界巡逻等演习。印尼将为巴新的部分项目提供约 2000 万基那的援助。

14 日　澳大利亚民航安全局与汤加民航司签署了一份谅解备忘录。根据备忘录，两国将在技术、监管和安全事项上进行更密切的合作。同时，汤加将在资金支持与季节性工人运送等方面受益。澳大利亚民航安全局首席执行官兼航空安全总监斯彭思（Pip Spence）表示，该安排是澳大利亚支持亚太航空安全的一种方式。

15 日　为响应联合国关于生物多样性的号召，联合国常务副秘书长阿米娜·穆罕默德（Amina J. Mohammed）同佛得角与萨摩亚代表共同发起成立了小岛屿发展中国家自然联盟（SIDS Coalition for Nature）。联盟由萨摩亚、佛得角和塞舌尔政府共同领导，太平洋岛国地区的成员国还包括基里巴斯、所罗门群岛、图瓦卢和瓦努阿图。

18 日　瓦努阿图马勒库拉岛公路二期项目部分路段交接仪式顺利举行，中国驻瓦努阿图大使李名刚、瓦努阿图基础设施与公共事业部长马塞利诺·巴赛莱米（Marcellino Barthelemy）、马兰帕省省长、当地酋长、有关部门、中国土木工程集团及当地社区代表等三百余人出席交接仪式。

20 日 基里巴斯国家博物馆举行中国文化展开幕式，中国驻基里巴斯大使唐松根等应邀出席并致辞。广东省肇庆市向基方捐赠富有代表性的中国文化艺术品。基内政部长巴特里基（Bateriki）代表基政府和人民向中方致以诚挚谢意，表示这是基里巴斯国家博物馆首次举办外国文化展，是基中文化友好交流的关键一步。与会宾客现场参观了丰富多彩的中国传统文化展品，包括文房四宝、脸谱、剪纸、旗袍、雕刻等。

20 日 澳大利亚可再生能源公司奥特奈（Alternergy）运营商在帕劳建设的太阳能光伏和电池储能项目即将完工，其子公司太阳能太平洋能源公司（Solar Pacific Energy Corp，简称 SPEC）正在帕劳承建 15. 3 兆瓦峰值太阳能光伏和 12. 9 兆瓦时电池储能系统，该太阳能混合项目旨在为帕劳提供高达 2300 兆瓦时的清洁和可再生能源，占该地区年度能源需求的 20%以上。澳大利亚通过太平洋项目为太阳能混合项目提供了总计 2200 万美元的融资方案。

24 日 斐济举行大选。人民联盟党、民族联盟党、社会民主自由党组成的政党联盟击败执政 16 年的弗兰克 · 姆拜尼马拉马及其领导的斐济优先党，赢得大选，人民联盟党领袖西蒂维尼 · 兰布卡（Sitiveni Rabuka）出任总理。

Abstract

In 2022, the political situation of the Pacific island countries was relatively stable. Fiji, Papua New Guinea, Vanuatu, and Nauru held leadership elections respectively to complete the change of government. Elections in Fiji showed a more democratic slant, and Nauru's elections went relatively well. However, the new government faces many challenges amid frequent violence in Papua New Guinea's general election. Affected by multiple factors such as the escalation of the crisis in Ukraine, the continuation of the COVID-19 epidemic, and global inflation, the economic recovery of the Pacific island countries was slow in 2022. The basic industries of the Pacific island countries have been deeply affected. Coupled with the fact that the negative impact of the marine industry has not yet been eliminated, the development of the marine economy and ocean governance are under greater pressure. In terms of diplomacy, the Pacific island countries are facing multiple challenges such as division of regionalism and intensified competition among major powers.

In terms of regional development, in Papua New Guinea, although James Marape defeated his competitors and successfully re-elected as the twelfth prime minister of Papua New Guinea, due to the impact of the COVID-19 epidemic, the domestic political situation, social security, economic conditions, people's lives still face many problems. Vanuatu's constitutional amendment crisis led MPs to sign a no-confidence motion against Prime Minister Bob Loughman, and Parliament was dissolved; Vanuatu's early general elections established a thirteenth government headed by Ishmael Kalsakau, and in for the first time there are women MPs in Parliament. The Whipps government in Palau is actively pushing for minimum wage reform and renegotiating the renewal of the Treaty of Free Association with the United States. Solomon Islands is facing problems such as rising prices, blocked import and export trade, increasing unemployment and poverty, and shortage of living materials. The Solomon Islands government actively responded by taking measures to restart the economy, protect people's livelihood, and develop diplomacy. Multiple policies have been strengthened to improve efficiency, stabilize the economy and protect people's livelihood.

2022 is the second year of the Biden administration in the United States. The diplomatic work of the US government still focuses on the "Indo - Pacific strategy". As part of the U. S. "Indo-Pacific strategy", the Biden administration hosted the first "U. S. -Pacific Island Summit" in Washington, and released the first "Pacific Partnership Strategy" in history. New Zealand actively participated in the Pacific Islands Forum Leaders' Meeting and the Ministerial Meeting, and the two sides cooperated in areas such as democracy, economy, security, social welfare, climate and disaster resistance. Japan is also continuously deepening exchanges and cooperation with Pacific island countries, increasing assistance to Pacific island countries for infrastructure construction, and cooperating to cope with global climate change and complex international situations. China maintains close high-level exchanges with Pacific island countries. China and Vanuatu ushered in the 40th anniversary of the establishment of diplomatic relations, China's first "full coverage" visit to the Pacific island countries with diplomatic relations. When China hosted the Winter Olympics, the leaders of Vanuatu, Kiribati, Solomon Islands and other countries expressed their congratulations to Beijing for successfully hosting the Olympic Games. The Prime Minister of Papua New Guinea was invited to attend the opening ceremony of the Winter Olympics and spoke highly of China's hosting of the Winter Olympics. The economic and trade cooperation between China and the Pacific continues to deepen, and the cooperation under the framework of "the Belt and Road" continues to advance.

In 2023, Pacific island countries face multiple pressures such as climate change, ocean governance, geopolitical competition among major powers, and economic recovery. In this context, the realization of stability and development in the Pacific island region remains a top priority. Governments of various countries are accelerating the promotion of the "Blue Pacific Plan" and "Blue Pacific

Continental 2050 Strategy" to realize the connection with "the Belt and Road", safeguard bilateral interests, and promote the stable economic recovery of Pacific island countries.

Keywords: Pacific Island Countries; Geo-Competition; Climate Change; The Belt and Road Initiative

Contents

Ⅰ General Report

Abstract: In 2022, the politics of the Pacific island countries was basically stable, and the general elections completed in Fiji, Papua New Guinea, Vanuatu and Nauru. The social governance capabilities of the Pacific island countries continue to improve. After the opening of the border, the economy of the Pacific Island countries has achieved certain growth. While maintaining trade relations with traditional partners such as Australia and New Zealand, the Pacific island countries are also continuously strengthening trade ties with Asian countries. The major powers outside the region not only brings risks to the region, but also expands the opportunities for countries to obtain foreign aid. The United States has upgraded its policies and strategies toward Pacific island countries, trying to increase its regional influence by expanding its diplomatic presence. The Pacific island countries hope that China will assist in the construction of local infrastructure and enhance the intercommunication capabilities within the islands. They look forward to taking the express train of China's "The Belt and Road" Initiative to achieve economic recovery and increase employment. At the same time, the Pacific island countries all face common challenges-being highly vulnerable to natural disasters, climate change and the global economic downturn. All of these lead to the inability of Pacific island countries to invest in the long-term, further enhance the resilience of the economy, and hinder the economic and social development of Pacific island countries.

Keywords: Pacific Island Countries; Political Situation; Economic Situation; "The Belt and Road" Initiative

Ⅱ Topical Reports

Abstract: In 2022, the political situation of the Pacific island countries is relatively stable, and some countries experience turmoil in the national election, and there also are some problems in the operation of the political system afterwards. Fiji, Papua New Guinea, Vanuatu, and Nauru hold leadership elections respectively to complete the change of government. Election in Fiji shows a more democratic leaning, and Nauru's election is relatively well. However, Vanuatu dissolves parliament early to hold election, and Papua New Guinea's electoral process is disrupted. The independence of New Caledonia and Bougainville still needs to continue to be negotiated, and the prospects are uncertain. The crisis of division of the Pacific Islands Forum is lifted, and the four Micronesian countries successively cancel their withdrawal plans, and the Pacific island countries return to cooperation.

Keywords: Pacific Island Countries; Political Situation; National Elections; Pacific Islands Forum

Abstract: In 2022, the world is facing many complex issues such as inflation, food crisis and energy security due to multiple factors such as the escalating crisis in Ukraine and the ongoing COVID - 19 pandemic, when economic recovery is generally sluggish around the world. Pacific Island countries, far from the centre of the world economy system, are gradually promoting economic recovery in a difficult international and regional environment. After a period of travel restrictions and quarantine during the COVID-19 pandemic, the second half of 2022 saw Pacific island countries re-opened their doors and borders to facilitate tourism and trade. The economic situation in Pacific island countries improved in 2022, with regional economic growth rates rising, driven by a rebound in tourism and resource export industries. Looking ahead, the economic recovery of Pacific island countries face high uncertainties due to a variety of persistent economic, financial, geopolitical and environmental risks.

Keywords: Pacific Island Countries; Economic Status; Tourism; Trade; Inflation

Abstract: In 2022, the South Pacific region faced multiple challenges including cracked regionalism and intensified competition among major powers. Pacific island countries have strived to repair internal differences by diplomatic means, to resist the passive involvement in major power competition, and to promote regional cooperation in a proactive way in areas such as disaster relief assistance and climate governance. 2022 has witnessed the stable development of China-Pacific Islands relationships in multiple areas; the U. S. has enhanced its diplomatic engagement and investment of resources at a record-high level; Australia's new government sought to create a "new climate" for relations with island countries; Japan and New Zealand continue to promote development assistance cooperation with island countries. In the context of geo-political tensions in the region, the Pacific island countries struggled to maintain their independence and strategic balance.

Keywords: Pacific Island Countries; South Pacific Regionalism; Major Power Competition; Climate Diplomacy

Ⅲ Countries Reports

Abstract: In 2022, Papua New Guinea held a national election and the incumbent Prime Minister James Marape was re-elected as the twelfth Prime Minister of Papua New Guinea, defeating his rival and former Prime Minister Peter O'Neill. At this time, Papua New Guinea's political situation, social security, economic conditions, and people's lives were worrisome due to the impact of the COVID-19 pandemic. The Marape government took a series of measures in the political and economic fields to stabilize the political situation, develop the economy and improve people's livelihoods. China and Papua New Guinea, as models of solidarity, cooperation, and mutual benefit among developing countries, have strengthened their comprehensive strategic partnership of cooperation. Western nations have continuously increased their external intervention in Papua New Guinea, which has affected the diplomatic trend of Papua New Guinea.

Keywords: Papua New Guinea; Political Election; Economy; External Relations

Abstract: The year 2022 witnessed turmoil in the politics of Vanuatu: the crisis on the amendments of the Constitution led to the Act against Prime Minister Bob Loughman. This resulted the snap election in October, where the 13th government was formed in November. In economy the government attached importance to agriculture. The border was reopen to international travelers and tourism began to rebound. In the climate-change field Vanuatu showed its leadership, and Vanuatu kept close ties with its neighboring countries, the USA, Australia and New Zealand, but disputes emerged on the citizenship issue between EU and Vanuatu. At the same time Vanuatu kept close relation with China and became a model of cooperation and unity between China and other Pacific island countries.

Keywords: Vanuatu; The Crisis on the Amendments of the Constitution; China-Vanuatu Cooperation

B.7 An Overview of Palau's Political, Economic and Diplomatic Development in 2022

Li Defang, *Sun Xuemei* / 106

Abstract: There were milestone events in the politics, economy and diplomacy in the Republic of Palau in 2022. In the political field, the government led by Whipps Jr. promoted the reform of minimum wage, negotiated with the U. S. to renew the Compact of Free Association, and launched several "special" political elections. In economy, tourism began to rebound and the number of tourists nearly doubled that of 2021, so the economic downturn was curbed. In diplomacy, Palau became a focus of world powers as high officials from the U. S. , Australia, Japan and Germany all visited Palau, and the climate diplomacy by the Whipps Jr. government also made the voices of Palau heard for many times on the world stage.

Keywords: Palau; Politics; Economy; COFA; Diplomacy

Abstract: The Solomon Islands' domestic economic and social development remain under significant pressure in 2022. The Solomon Islands' domestic economy continues to shrink and decline from 2021 on due to slowing global economic growth, a tightening financial environment, the changing world situation, the ongoing impact of the Honiara riots, the severe COVID-19 epidemic, and disruptions in its tourism, fishing, and forestry pillar industries. The Solomon Islands is faced with rising prices, disruptions in import and export trade, increased unemployment and poverty, and shortages of household goods. The two sides have signed a framework agreement on bilateral security cooperation and agreed to build a landmark project called "The Belt and Road", which has achieved fruitful results.

Keywords: Solomon Islands; Economy; Society; Diplomacy; China-Solomon Islands Relations

Abstract: Fiji's economic performance in 2022 has been remarkable as the country gradually emerges from the effects of the COVID-19 epidemic, but the high level of indebtedness of the central government has led to significant changes in public opinion, directly affecting the outcome of the general election to be held in late 2022. The leader of the People's Alliance Party and former Prime Minister Rabuka, together with the National Federation Party and the Social Democratic Liberal Party, successfully formed a coalition government in the 2022 general election. China-Fijian relations have maintained steady growth, but are set to be challenged by the outcome of the general election and extraterritorial factors that will affect bilateral relations.

Keywords: Fiji; Politics; Economy; China-Fijian Cooperation; Chinese Media

Ⅳ Special Reports

B.10 Review of New Zealand's Relations with Pacific Island Countries in 2022

Abstract: New Zealand is actively participating in the Pacific Islands Forum Leaders' Meeting as well as the Ministerial Meeting in 2022, and asserts that it will conduct diplomacy with Pacific island countries with respect. New Zealand, Pacific island countries and each other work together on areas such as democracy, the economy, security, social welfare, climate and disaster resilience, and emphasise the importance of coordinated responses to future pandemics, achieving gender equality, reducing violence against women and improving cooperation in education, culture and sport. New Zealand reaffirmed its commitment to tackling the challenges of climate change, pledging NZ $ 1.3 billion in climate change financing over the period 2022-2025. Meanwhile, security is a key issue in New Zealand's diplomacy with the Pacific, including transnational issues such as climate change, transnational crime and cybercrime. 2022 sees New Zealand redefine its national strategy, with an increased focus on working with allies in security and strategic areas.

Keywords: New Zealand; Pacific Island Countries; New Zealand-Pacific Island Countries Relations; Development Assistance

Abstract: In 2022, the COVID-19 epidemic continued to spread, and its impact on the ocean industry and ocean governance of Pacific island countries was still obvious. The ocean industry is moving forward in difficulties, the development of fishery economy is relatively stable, and the impact on tourism is still greater. Many countries have tried to reopen their borders, and the number of tourists in Fiji and Papua New Guinea has increased significantly. There are constant voices against deep-sea mining. In terms of ocean governance, Pacific island countries pay more attention to marine environmental changes and climate change, regional ocean policy formulation and international ocean cooperation, and express their governance concepts and development demands on many international occasions.

Keywords: Pacific Island Countries; Ocean Economy; Ocean Governance

Abstract: In 2022, the Biden administration further enhanced the position of Pacific island countries in the U. S. foreign strategy and announced the first "Pacific Partnership Strategy" specifically targeting Pacific island countries in the American history, and listed its Pacific island countries policies into the U. S. "National Security Strategy". Under the guidance of the above strategic policies, the Biden administration comprehensively strengthened its policies and contacts with Pacific island countries again in terms of military security, political diplomacy, climate change, epidemic response, economic and trade development, and social culture. As the U. S. policy towards Pacific island countries is hegemonic and outward-looking (targeting foreign powers), it does not really care about the needs of the people of the Pacific island countries, and the U. S. government and society themselves are full of problems, the effectiveness and sustainability of the U. S. policy towards the Pacific island countries still deserves attention.

Keywords: The United States; Biden Administration; Pacific Partnership Strategy; Pacific Island Countries

Abstract: In 2022, in the face of global climate change and severe political and economic situation at home and abroad, the relationship between Japan and Pacific island countries has become closer, and the diplomatic relations have changed. Japan attaches greater importance to the strategic position of Pacific island countries, and the two sides are more committed to the strategy of sustainable development. In the field of economic diplomacy, Japan attaches greater importance to helping Pacific island countries achieve industrial revitalization, and advances technological support from individual countries to the region as a whole. In the area of government development assistance, Japan will increase its assistance to Pacific island countries in infrastructure construction, and further deepen exchanges and cooperation with them in such areas as personnel training, energy development, response to natural disasters and climate change, disaster prevention and reduction. In addition, Japan's local governments, private enterprises and the island nation cooperation is also closer.

Keywords: 2050 Strategy for the Blue Pacific Continent; Pacific Island Countries; Japan

Abstract: Deconstructing New Zealand's climate change support policy towards Pacific island countries in 2022 not only helps China cope with the power game in the Pacific region, but also helps China carry out climate change support to Pacific island countries. In 2022, New Zealand's climate change support policy towards Pacific island countries began to undergo a transformation. In terms of policy development, climate change support plans were developed, with funding increasing the original amount of climate change support by four times. The implementation method was implemented through the New Zealand International Climate Finance Strategy, and the Climate Change Loss and Damage Fund was first established. The direct reason for this adjustment is the intensification of the game between major powers in the South Pacific region. The important reason is that China's influence in the South Pacific region has increased, and the fundamental reason is that China's competition and influence in the Pacific region have led to a "strategic anxiety" in New Zealand in this region. The adjustment of New Zealand's climate change support policies to South Pacific island countries in 2022 fully reflects the strategic position of South Pacific island countries intertwined with the complexity of climate change issues. Climate change assistance to South Pacific island countries has become one of the main battlefields for the interests of various countries.

Keywords: New Zealand; Climate Support; Pacific Island Countries; Climate Change

Abstract: The Autonomous Government of Bougainville actively promoted the consultation process, taking into account economic independence while launching political consultations with the central government of Papua New Guinea on the future of Bougainville since 2019 referendum. After Toroama took over as President of the Bougainville Autonomous Government in 2020, he proposed a six-point strategy to prepare the region for the coming independence from the political, economic and diplomatic levels. According to the latest negotiations between the two sides, the PNG Parliament will start the ratification process in 2023, however, whether Bougainville can achieve political clarity between 2025-2027 remains uncertain.

Keywords: Papua New Guinea; Bougainville; Constitutional Referendum; Political Trend

Ⅴ Relations of China-Pacific Island Countries

B.16 Review of China-Pacific Island Countries Relations in 2022

Abstract: 2022 is a pivotal year for the development of a comprehensive strategic partnership between China and Pacific island countries. The two sides have had close high-level exchanges, and China has conducted a "comprehensive coverage" visit to Pacific island countries that have established diplomatic relations for the first time. Economic and trade cooperation continues to deepen, and collaboration within the framework of "the Belt and Road" Initiative is being steadily advanced. China has made significant progress in supporting Pacific island countries in addressing challenges and promoting economic recovery. In response to the development needs and the aspirations of the people in Pacific island countries, China has made significant efforts to establish six major cooperation platforms and enhance bilateral cooperation. The dialogue and cooperation mechanisms between the two sides are constantly improving, and a win-win cooperation situation is gradually forming, bringing new opportunities for the development of Pacific island countries. Pacific island countries are increasingly recognize China's wisdom as a major country and its international responsibilities. They are willing to work in partnership with China to push bilateral relations into a new era.

Keywords: China; Pacific Island Countries; "The Belt and Road" Initiative

皮 书

智库成果出版与传播平台

✧ 皮书定义 ✧

皮书是对中国与世界发展状况和热点问题进行年度监测，以专业的角度、专家的视野和实证研究方法，针对某一领域或区域现状与发展态势展开分析和预测，具备前沿性、原创性、实证性、连续性、时效性等特点的公开出版物，由一系列权威研究报告组成。

✧ 皮书作者 ✧

皮书系列报告作者以国内外一流研究机构、知名高校等重点智库的研究人员为主，多为相关领域一流专家学者，他们的观点代表了当下学界对中国与世界的现实和未来最高水平的解读与分析。

✧ 皮书荣誉 ✧

皮书作为中国社会科学院基础理论研究与应用对策研究融合发展的代表性成果，不仅是哲学社会科学工作者服务中国特色社会主义现代化建设的重要成果，更是助力中国特色新型智库建设、构建中国特色哲学社会科学“三大体系”的重要平台。皮书系列先后被列入“十二五”“十三五”“十四五”时期国家重点出版物出版专项规划项目；自 2013 年起，重点皮书被列入中国社会科学院国家哲学社会科学创新工程项目。

皮书网

（网址：www.pishu.cn）

发布皮书研创资讯，传播皮书精彩内容
引领皮书出版潮流，打造皮书服务平台

栏目设置

◆ **关于皮书**

何谓皮书、皮书分类、皮书大事记、
皮书荣誉、皮书出版第一人、皮书编辑部

◆ **最新资讯**

通知公告、新闻动态、媒体聚焦、
网站专题、视频直播、下载专区

◆ **皮书研创**

皮书规范、皮书出版、
皮书研究、研创团队

◆ **皮书评奖评价**

指标体系、皮书评价、皮书评奖

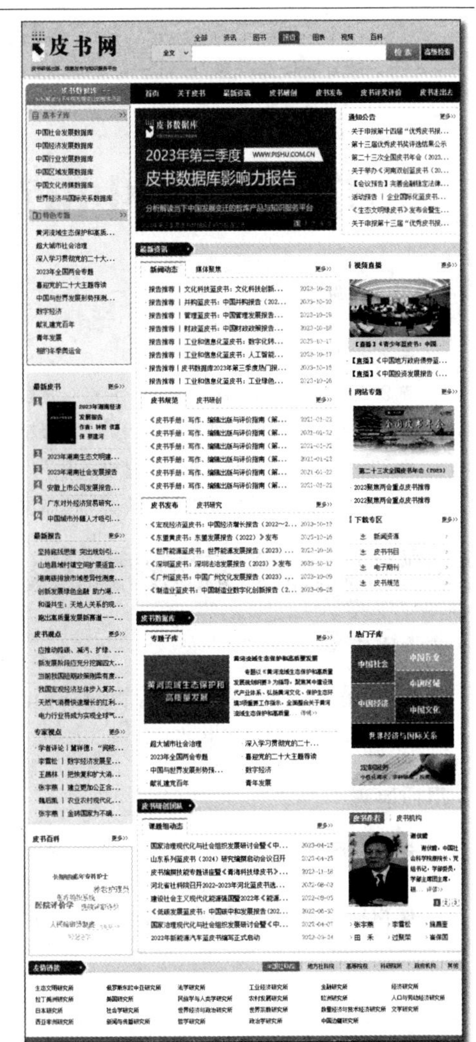

所获荣誉

◆ 2008 年、2011 年、2014 年，皮书网均在全国新闻出版业网站荣誉评选中获得“最具商业价值网站”称号；

◆ 2012 年，获得“出版业网站百强”称号。

网库合一

2014年，皮书网与皮书数据库端口合一，实现资源共享，搭建智库成果融合创新平台。

皮书网

“皮书说”
微信公众号

中国社会发展数据库（下设 12 个专题子库）

紧扣人口、政治、外交、法律、教育、医疗卫生、资源环境等 12 个社会发展领域的前沿和热点，全面整合专业著作、智库报告、学术资讯、调研数据等类型资源，帮助用户追踪中国社会发展动态、研究社会发展战略与政策、了解社会热点问题、分析社会发展趋势。

中国经济发展数据库（下设 12 专题子库）

内容涵盖宏观经济、产业经济、工业经济、农业经济、财政金融、房地产经济、城市经济、商业贸易等12个重点经济领域，为把握经济运行态势、洞察经济发展规律、研判经济发展趋势、进行经济调控决策提供参考和依据。

中国行业发展数据库（下设 17 个专题子库）

以中国国民经济行业分类为依据，覆盖金融业、旅游业、交通运输业、能源矿产业、制造业等 100 多个行业，跟踪分析国民经济相关行业市场运行状况和政策导向，汇集行业发展前沿资讯，为投资、从业及各种经济决策提供理论支撑和实践指导。

中国区域发展数据库（下设 4 个专题子库）

对中国特定区域内的经济、社会、文化等领域现状与发展情况进行深度分析和预测，涉及省级行政区、城市群、城市、农村等不同维度，研究层级至县及县以下行政区，为学者研究地方经济社会宏观态势、经验模式、发展案例提供支撑，为地方政府决策提供参考。

中国文化传媒数据库（下设 18 个专题子库）

内容覆盖文化产业、新闻传播、电影娱乐、文学艺术、群众文化、图书情报等 18 个重点研究领域，聚焦文化传媒领域发展前沿、热点话题、行业实践，服务用户的教学科研、文化投资、企业规划等需要。

世界经济与国际关系数据库（下设 6 个专题子库）

整合世界经济、国际政治、世界文化与科技、全球性问题、国际组织与国际法、区域研究 6 大领域研究成果，对世界经济形势、国际形势进行连续性深度分析，对年度热点问题进行专题解读，为研判全球发展趋势提供事实和数据支持。

法律声明

“皮书系列”（含蓝皮书、绿皮书、黄皮书）之品牌由社会科学文献出版社最早使用并持续至今，现已被中国图书行业所熟知。“皮书系列”的相关商标已在国家商标管理部门商标局注册，包括但不限于LOGO（ ）、皮书、Pishu、经济蓝皮书、社会蓝皮书等。“皮书系列”图书的注册商标专用权及封面设计、版式设计的著作权均为社会科学文献出版社所有。未经社会科学文献出版社书面授权许可，任何使用与“皮书系列”图书注册商标、封面设计、版式设计相同或者近似的文字、图形或其组合的行为均系侵权行为。

经作者授权，本书的专有出版权及信息网络传播权等为社会科学文献出版社享有。未经社会科学文献出版社书面授权许可，任何就本书内容的复制、发行或以数字形式进行网络传播的行为均系侵权行为。

社会科学文献出版社将通过法律途径追究上述侵权行为的法律责任，维护自身合法权益。

欢迎社会各界人士对侵犯社会科学文献出版社上述权利的侵权行为进行举报。电话：010-59367121，电子邮箱：fawubu@ssap.cn。

社会科学文献出版社